赢家之道

——涨停板战法与分时战法

（第二版）

沧桑战神　著

地震出版社
Seismological Press

图书在版编目（CIP）数据

赢家之道：涨停板战法与分时战法/沧桑战神著．
—2版．—北京：地震出版社，2021.7
ISBN 978-7-5028-5210-8

Ⅰ.①赢…　Ⅱ.①沧…　Ⅲ.①股票交易-基本知识
Ⅳ.①F830.91

中国版本图书馆CIP数据核字（2020）第175979号

地震版　XM4656/F(6011)

赢家之道——涨停板战法与分时战法(第二版)
沧桑战神　著
责任编辑：范静泊
责任校对：凌　樱

出版发行：地震出版社
北京民族学院南路9号　　　　邮编：100081
发行部：68423031　68467991　　　　传真：68467991
总编室：68462709　68423029
证券图书事业部：68426052
http://seismologicalpress.com
E-mail：zqbj68426052@163.com
经销：全国各地新华书店
印刷：北京盛彩捷印刷有限公司

版（印）次：2021年7月第二版　2021年7月第三次印刷
开本：787×1092　1/16
字数：395千字
印张：22
书号：ISBN 978-7-5028-5210-8
定价：88.00元

前 言

2009年年初，应《中证内参》主编沈鹏的邀请，笔者开始定期为《中证内参》供稿。笔者潜心研究的系列战法——“涨停板战法”“分时战法”等以连载的形式陆续在该杂志发表，期间有出版社曾与本人联系，但当时工作过于繁忙，出版这事就一推再推，直到2012年年初笔者生病休养期间才有时间修改、整理这些文章，这才有了出版这本书的机会。

股市中没有多少新鲜事，日升日落，春夏秋冬，周而复始，一些规律性的东西在不断地重复。笔者研究系列战法的初衷是想系统地揭示股市运行的一般性规律，想让更多散户成为职业投资者。在A股这种跌宕起伏让人伤心多过欣喜的市场环境中，中小投资者如果没有基本的职业投资技术素养，就会是待宰的羔羊，被人鱼肉是早晚的事。工欲善其事，必先利其器，投资者要想在股市中有一番作为，夯实自己的技术基础便显得非常重要。笔者的战法“经典底部形态研究”“经典顶部形态研究”及“均线战法”是趋势方面宏观的技术基础，“分时战法”是细节方面微观的技术基础，“涨停板战法”是实战运用方面的强化升级，这五种战法旨在从宏观和微观层面来夯实投资者的技术基础，提高实战运用能力，为大家驰骋股市奠定一个坚实的基础。

这次仅将笔者的战法中对股民最为实用的“涨停板战法”和“分时战法”做了大幅修改，增添了很多内容，使之更接近实战，更具有可操作性，于是这两部分合编成册。

古人云：运用之妙，存乎一心。技术分析中最核心的是心态，当人的内心被贪婪和欲望控制时，就会该买时不敢买，该卖时又不敢卖，技术再精湛又有何用？所以，技术投资者一定要加强心态的修炼，下跌时要忍得住寂寞，坚持等待，底部出现时要敢买，上涨时要耐心持股，顶部出现时要舍弃贪婪、敢卖。在运用这些战法时心态自控非常重要，平时就要养成果断的性格，不要被自己的贪嗔痴牵引。

数以千计的《中证内参》读者曾以邮件等形式指出了本书在文字和配图

方面存在的一些错误和疏漏，并和笔者就该书一些细节交流了意见和看法，上海兆石投资管理有限公司运行总监刘威延、《中证内参》主编沈鹏对本书内容提供了中肯的建议。笔者基于这些建议和帮助对书稿内容做了修改，在此对他们表示深深的谢意。本书写作期间得到家人的大力支持和鼓励，至爱至亲无以言谢。

这部书整理完成之际，正是A股底部酝酿之时，也是投资者夯实自己基础的好机会，希望这部书能为中小投资者将来驰骋股市带来帮助，最后希望大家都能投资顺利！

目 录

上篇 涨停板战法

下篇　分时战法

上篇

涨停板战法

“涨停板战法”最初（2010年5月）发表于财经杂志《中证内参》，当时的火爆程度远超乎我的想象，根据《中证内参》发布的浏览数据，我的“涨停板战法”每期浏览量都达20万左右，网络就有这种神奇的力量，我的这些作品因此也被广泛流传于各大网站上。

我原本并无出书的打算，所以早期对百度、新浪、中华文库、豆丁网等的侵权行为并无怨言，这些网站发表我的文章只要能让读者免费下载使用也算功德一件。但后来百度、新浪、中华文库、豆丁网等竟然有偿销售我的文章，这让我忍无可忍，我本人曾投诉百度等并欲以法律手段解决，但由于工作繁忙抽不出时间去跟他们“折腾”，最后只好作罢。由于流传于网络的我的“涨停板战法”从最初的《中证内参》到各大网站这个过程中几经倒手，最后到读者手中的文章不少已经出现了严重的错误，也会引起一些误导，这些亟待我来勘正；另外就是从我文章发表到2012年已经有近三个年头了，文章所列举的案例需要不断更新，而且这段时间我在实战中对“涨停板战法”有了更深地认识，战法的细节需要不断更新和补充。基于上述原因，这次对“涨停板战法”一半以上的内容做了修改。和原来的内容相比，本书“涨停板战法”部分，语言更加简洁，内容更贴近实战，新增案例更着重于操作过程的分析和实战心态的拿捏。操作本身就是如此，有对有错、有成有败，本书不是马后炮，案例分析也不重结果，着眼点全在对实战操作过程的把握上。

本篇的逻辑结构：第一章是涨停板战法的综述部分，其强调的操作环境、资金管理和心态控制适用于其后所有的实战操作环节；第二章介绍涨停板战法选材方面的内容，是对之后介绍的六种涨停板战法的一个铺垫；第三章至第八章揭示了六种涨停板战法秘诀，是本书的核心内容，对于这六种涨停板战法读者朋友一定要死抠细节，里面有不少需要记忆的地方，比如第四章追涨法中的涨停强度、涨停封单和第六章芙蓉出水涨停板中大单的标准等，这些需要平时下功夫；第九章是介绍主力资金运作层面的内容，是对涨停板战法的深化。

对于初学涨停板战法的朋友，一定要先通读之后再去实战，实战初期要先通过小仓位操作让自己对战法内容熟练掌握，从知到行需要一个过程，不可操之过急。我从酝酿涨停板战法到成稿经过了六个年头，实战中经历了无数次考验才有了这么点儿心得，对于其中很多操作细节需要在实战中反反复复地验证，你才可能深刻证明和真正把握。千秋霸业，百战成功，股市也是如此。

第一章

战术、纪律和心态

心态是最核心的技术，心态不过关，无论你能力多强，无论你有多好的战术和多严明的纪律，最终的结果一定是悲惨的，股市就是一个修炼人性的地方，若不能战胜自己的贪嗔痴，则最终会被人性的这些弱点吞噬。

涨停板战法是我的实战体系中非常核心的部分，在实战中经过多次反复检验，我对涨停板战法再次做了升级，涨停概率提升至 39%，大涨概率为 42%，平盘及微利概率为 10%，亏损概率为 9%。实战是检验战法研究成功的唯一标准，这次实战检验的效果基本符合我的预期，现在写出来和大家分享。当然，如果在实战运用中出了问题，朋友可以及时和我或出版社联系，我的涨停板战法本身就是一套需要不断改进的、开放的战法体系。

股市中的涨停板是短期内主力拉升做盘的极致，因此好的短线高手往往数日内赚了大家一年多赚到的钱。下面是近期的一些个股案例，有的效果还不错，当然失败的案例也有，接近总数的 10%，以后这些案例也会拿出来和大家一起分析原因，在变化莫测的股市哪有万战不败的技法，我们能做的就是不断地提高操作的成功率。炒股是一门严谨的系统科学，求真务实是最起码的态度，不欺人、不自欺。

如图 1－1 和图 1－2 所示，大家通过这两个案例可以看到涨停板战法的效果，股市中那些黑马大多是从涨停中产生的，因此不论你是投资者还是投机者，对此都不应弃之不理，如果你还想对自己的钱袋负责，还想在股市中赚取属于自己的那部分利润，那你就要不断地吸取各类有用的知识，不断地提高自己。

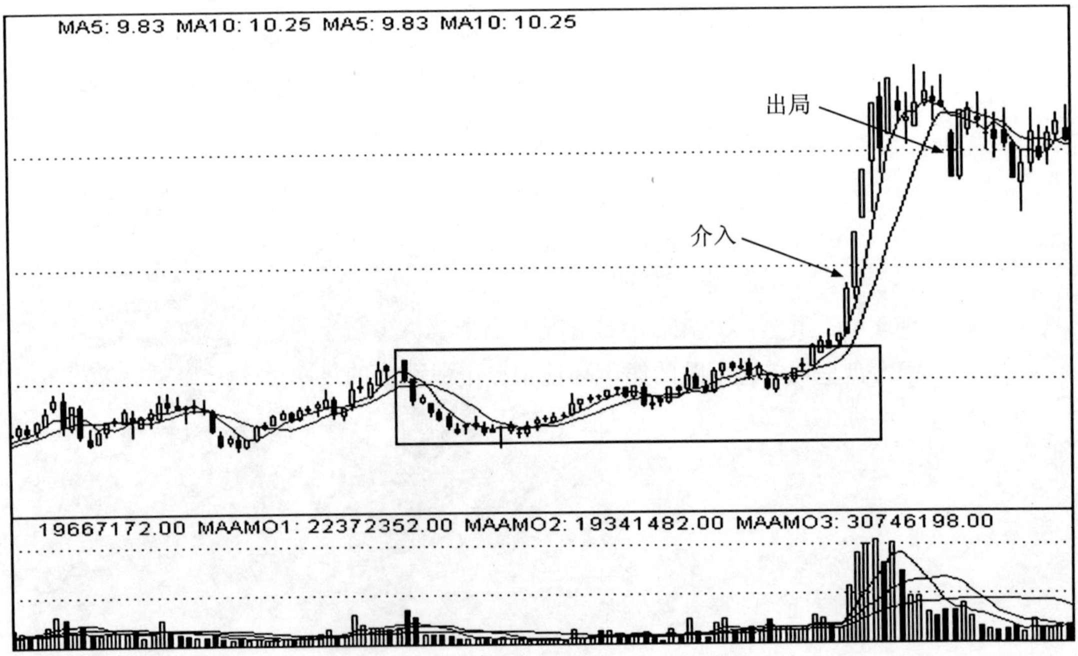

图 1－1　轴研科技（002046）2010 年 4 月走势

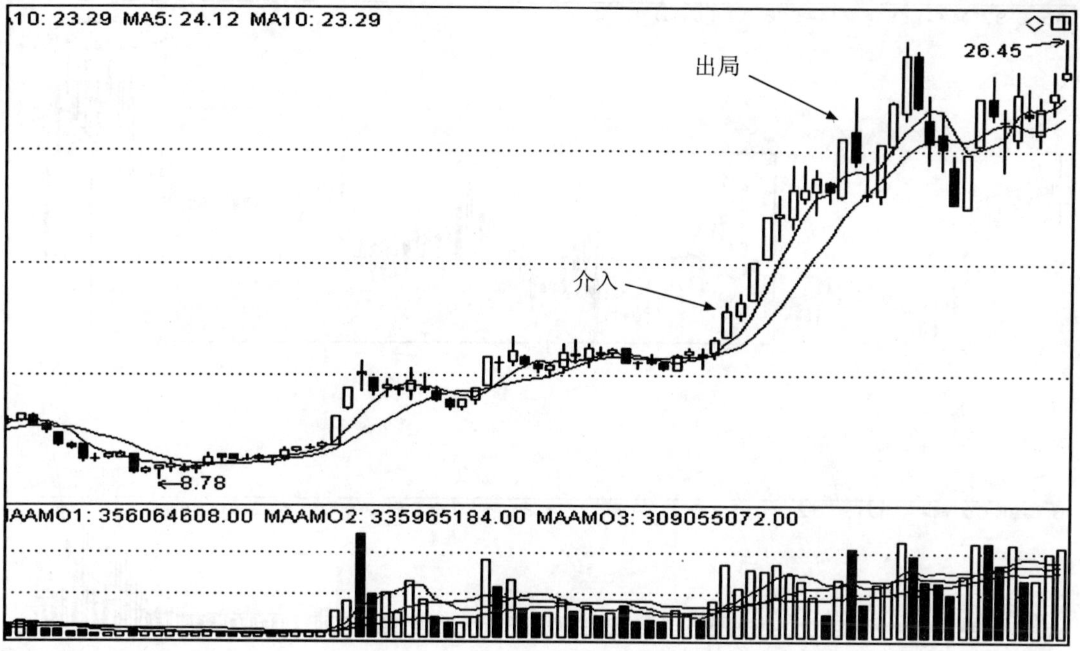

图 1－2　德赛电池（000049）2010 年 4 月走势

第一节　系统环境

在介绍涨停板战法之前，首先我们来谈一下系统风险，即在什么样的环境中才可以使用涨停板战法，这点非常重要。所谓系统风险，就是指大盘环境，虽然在大盘恶化的情况下也会有极少数个股强势涨停，但在实战中大盘呈现单边下跌的熊市环境中，个股涨停的概率远小于大盘在牛市环境中涨停的概率。下面我列举一个近期失败的案例。

如图 1－3 所示，广弘控股（000529）走势呈箱体横盘半年之久，4 月 26 日盘口强势，回踩前期箱体后该股当日涨停，临盘发现量价配合良好，在涨至 8% 处短线 30% 仓位狙击，当日涨停，第二日回调买入第二仓 30% 仓位狙击。灾难发生在第四天，大盘暴跌，该股主力无力拉升掉头向下暴跌 7%，盘口观察主力资金杀跌明显，结果很无奈，按事前既定的战术纪律亏损 3% 必须止损出局。这是个很经典的失败案例，从介入条件看并无太大问题，但大盘系统环境过于恶化恐怕是失败的最主要原因。

图 1－3　广弘控股（000529）2010 年 4 月走势

所以我的涨停板战法对系统环境有严格要求，它对大盘的要求有以下三点。

（1）大盘必须处于牛市环境或者震荡平衡市环境中才适用，操作策略：此时可大仓位参与。

（2）大盘 K 线下降的斜率如果小于 45°，操作策略：此时可小仓位参与。

（3）大盘下降的角度大于 60°，操作策略：此时除绝顶高手外，其他人最好不要参与。

我们来看大盘下降趋势中的情形。如图 1－4 所示，大盘第一波跳水斜率接近 75°，第二波接近 45°，这种环境，建议最好不要使用涨停板战法。对此大家心里一定要有数，系统环境太坏时，就是要学会等待。

这时问题来了，因为很多朋友可能要问，何为牛市？何为熊市？何为平衡市？如果不先对这个问题理解清楚，那操作起来恐怕要犯大势方面的错误，我们姑且不谈这里涉及的经济基本面的问题，只是谈一下技术上对它们的理解。

首先，如果大盘 30 日线和 60 日线拐头同时向上，且二线完成金叉，则大盘处于日线级别的牛市中；其次，如果大盘 30 日线和 60 日线拐头同时向下且死叉，则大盘处于日线级别的熊市中；最后，如果 30 日线和 60 日线只有一条拐头向下，另一条走平或向上，且二线反复缠绕，则大盘处于平衡市中。

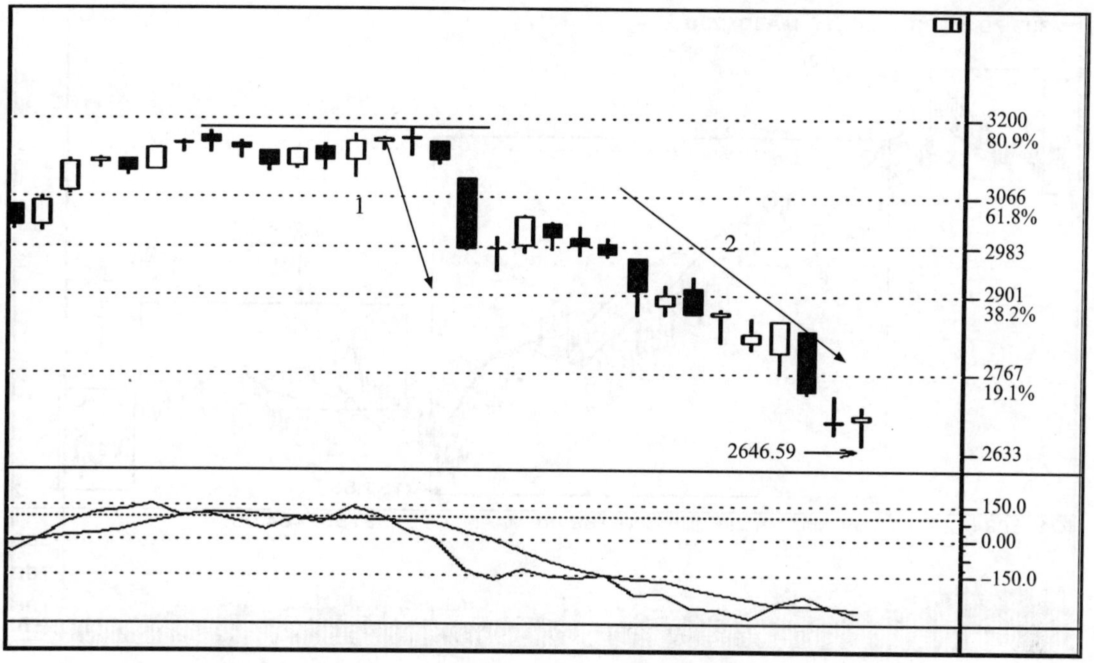

图 1－4　上证指数 2010 年 4～5 月走势

关于大盘牛熊标准的理解如图 1－5 和图 1－6 所示。

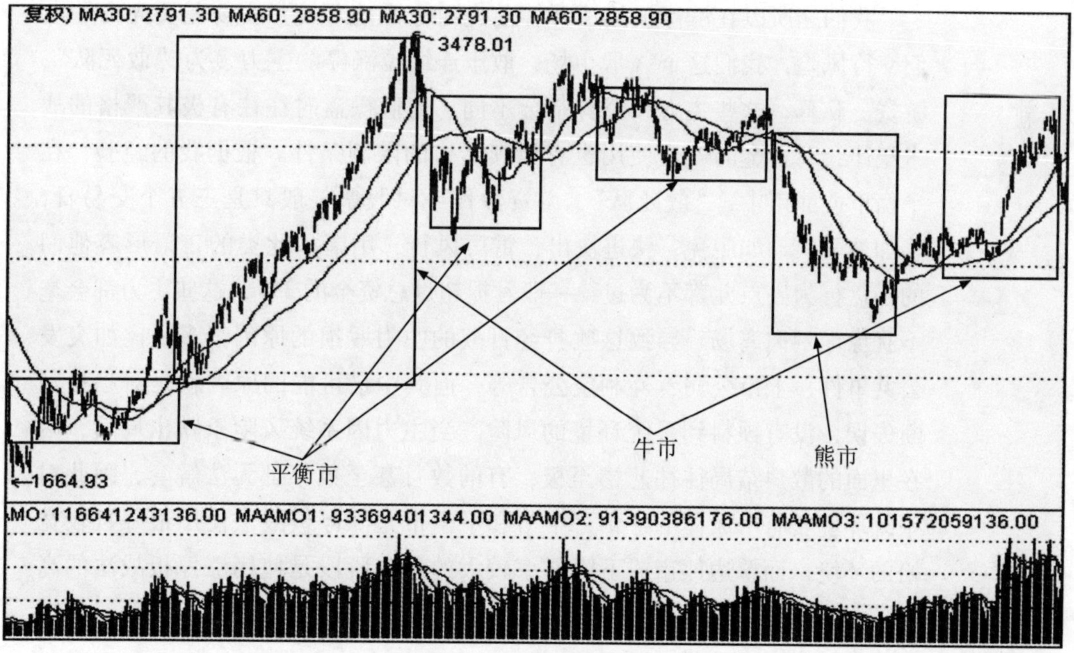

图 1－5　上证指数 2009—2010 年走势

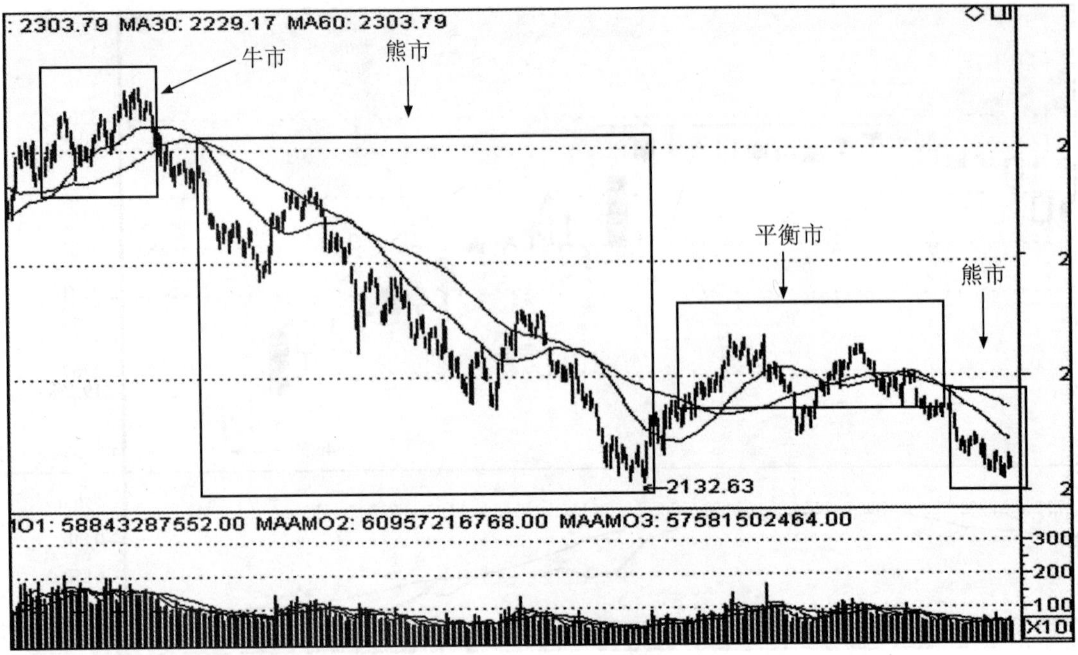

图 1-6　上证指数 2011—2012 年走势

目前这个时候（2012 年 8 月）大盘显然是比较严峻的，使用此战法凶险较大。

我们之所以在涨停板战法开篇前先讨论系统环境，主要是要先向朋友们交待风险，我们这个 A 股市场，敢于连续拉涨停的主力多为“敢死队”、游资、私募，这些主力和公募基金不同，他们操盘时往往有极其严格的战术纪律，对资金的安全使用也有极其严格的限制条件。根据我的经验，在平衡市或熊市中，“敢死队”、游资炒作一只股票一般只是三五个交易日，静如处子、动如脱兔，快进快出，雷厉风行，用诸如此类的言语形容他们的操盘行为一点儿都不为过，一般亏损超过总资金的 3%，这些主力都会毫不犹豫地割肉离场。导致这些身经百战的主力亏损的原因很多，比如突发公共事件、上市公司意外利空公告等，但其中最可能的原因就是对趋势判断失误，没有预料到系统环境的风险。当主力因系统风险杀跌出局后，留在里面的散户结局往往悲惨至极，有的数月甚至数年都无法解套，因此对系统环境要有个大体的评估，牛市和平衡市是涨停板战法使用最好且较宽松的环境，而单边熊市或下降斜率较大的调整阶段是使用涨停板战法的高危环境。

第二节　资金管理

涨停板战法是短线获利最大的技法，因此便注定了是风险最大的操作，所以除第一节系统环境要求的熊市少参与外，即便在牛市也要有十分严格的资金管理。如果资金管理不严格，制定的战术纪律无法遵守，即便是牛市也照样让你赔得体无完肤，资金管理往往被技术分析者忽视，但其实资金管理也是技术分析体系中最核心的技术之一，为什么这么说呢？

这里请大家先明白涨停板的实质，涨停板是主力有计划地买进和卖出，或有目的地操纵股价走势的行为。有的是游资的一日游，有的可能是获知企业内幕的私募或热钱三五天行情，当然还有一些是中长线主力的大资金的长期运作。但无论他们是什么，相对于散户，他们对股价短期走势都具有决定性的作用。由于散户没有合力也没有资金实力来拉出涨停板，所以本质上，涨停板都是主力或主力操纵股价的行为，散户做涨停板就是虎口拔牙，抑或是与狮子抢肉，主力有肉吃你能喝点汤就很好了，如果想要避免争食不成反倒被食的悲剧，就必须有严格的资金管理纪律。

下面谈谈对各种环境资金使用管理方面的个人建议。

（1）在熊市中虽不建议做涨停板，但很多职业股民有大量的时间看盘，可以动用资金总量的1/10左右来练练手。熊市中资金使用建议如下：

①第一仓，即涨停首日使用资金量约为投入资金量的30%（总资金量的1/10的30%，下同此）盘中买入或追涨停；

②第二日如果有回调，则可再次加仓30%资金扫货；

③留有40%资金滚动操作使用，T+0以降低持仓成本；

④如果出现亏损超过投入资金量的3%，则必须无条件斩仓出局。

下面我们结合具体实战案例和大家一起感受一下在熊市中操作失败的经历。

以久其软件（002279）为例，如图1-7所示，这只股票两次操作都没成功，图中涨停都是属于熊市下的表现，是该股30日线和60日线死叉状态下的涨停，出现这种情况投入的资金量自然要小，这里以该股第二处矩形标注涨停为例来说明一下操作。

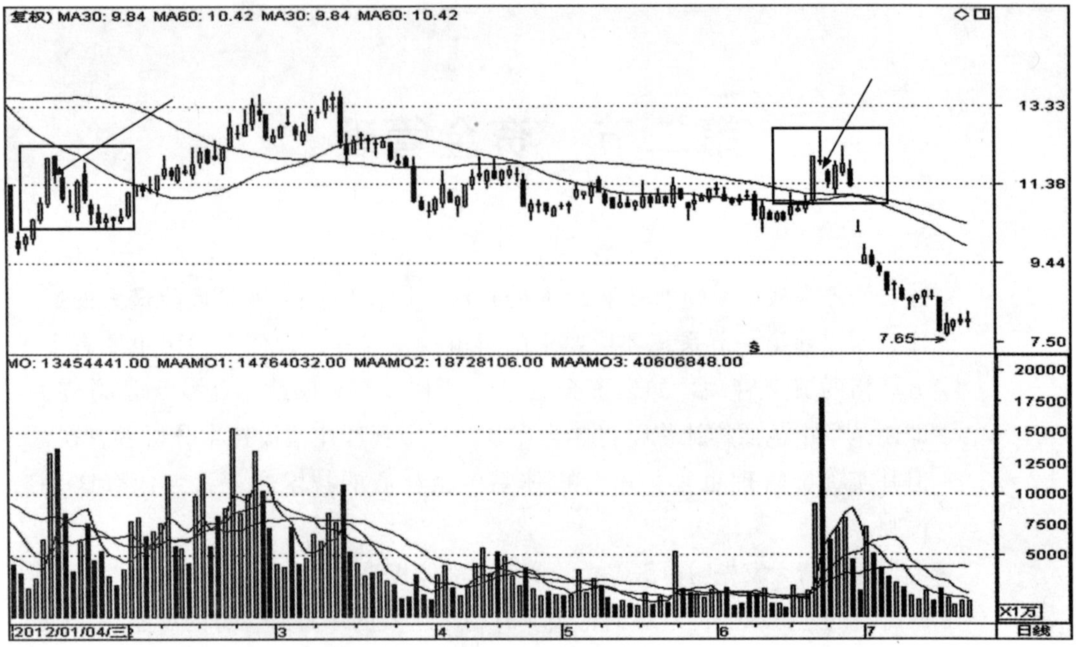

图1－7　久其软件（002279）2012年1—6月走势

该股30日和60日均线死叉，按战术纪律可投入总资金量的1/10参与。如图1－8所示，该股于2012年6月20日下午1:40封死了涨停，从早盘到1:40这个时段看，该股分时量能较为健康，买盘力道不错，当最后一笔大的卖单被消灭时使用投入资金量的30%作为第一仓果断涨停买入。真正的问题来了，成交后发现，当日封单虽然尚可，但涨停后抛盘量较大，此时心里有些不安起来，当时操作时就是这样的心态，发现量能良好时就决意涨停买入，买入后出现问题就只能次日解决了。

第二日该股早盘冲高，从图1－9中发现早盘量能结构较为散乱，出现这种情况大体有两种原因：一是主力暗中派发；二是上方抛压过大导致攻击受阻。但无论哪种情况，作为散户，先兑现一部分利润就能让自己处于主动地位，涨至4%时股价略出现拐头时即做了些高抛，随后盘中观察当天大部分时间该股一直处于缩量回调状态，可见主力当日应该是洗盘状态，尾盘时再次加码买了回来，此时投入资金量按计划已经使用了投入资金的60%。

但6月25日的情况不妙，如图1－10所示，这超出了当时操盘的预期，该股直接低开，全天股价在跌幅3%左右徘徊，但盘中发现主力有较强的短线吸筹行为，继续用20%的资金买入。

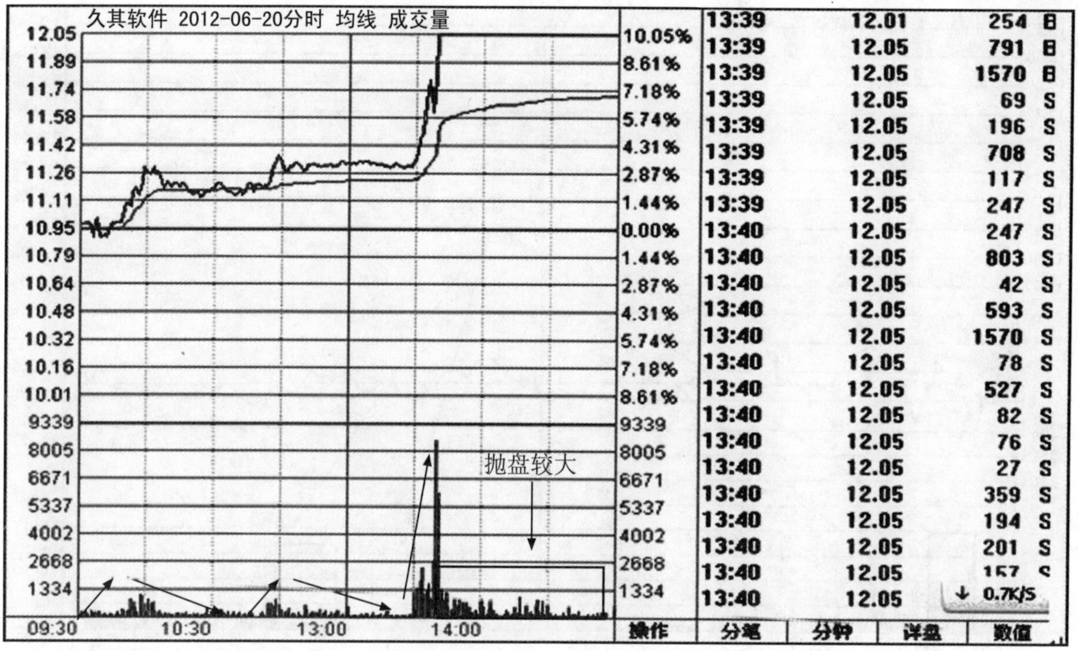

图 1－8　久其软件（002279）2012 年 6 月 20 日分时图

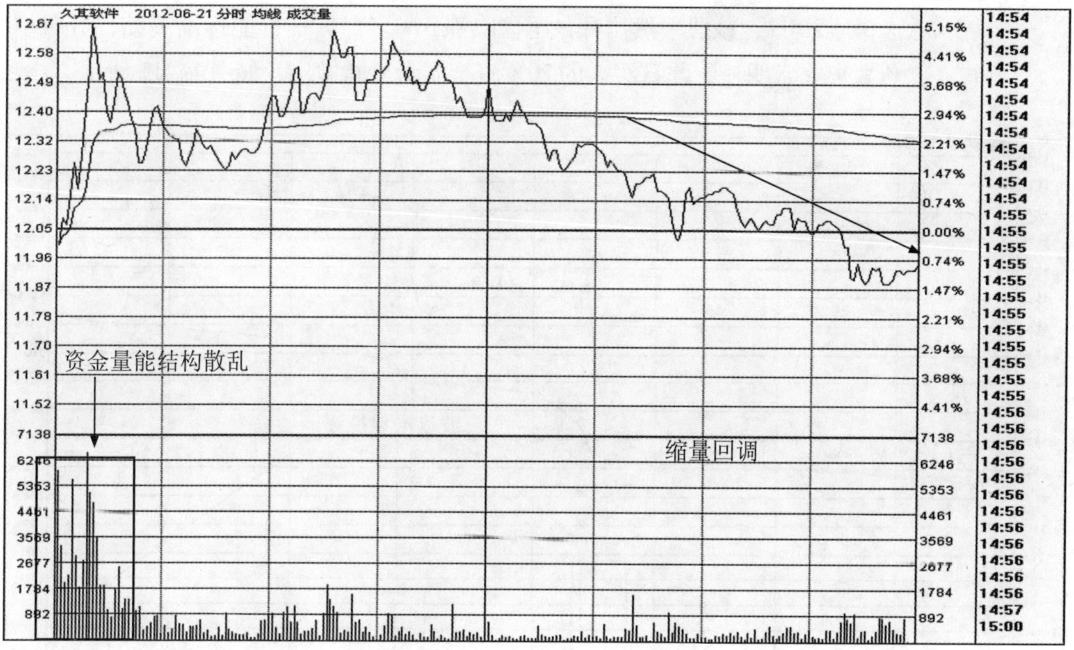

图 1－9　久其软件（002279）2012 年 6 月 21 日分时图

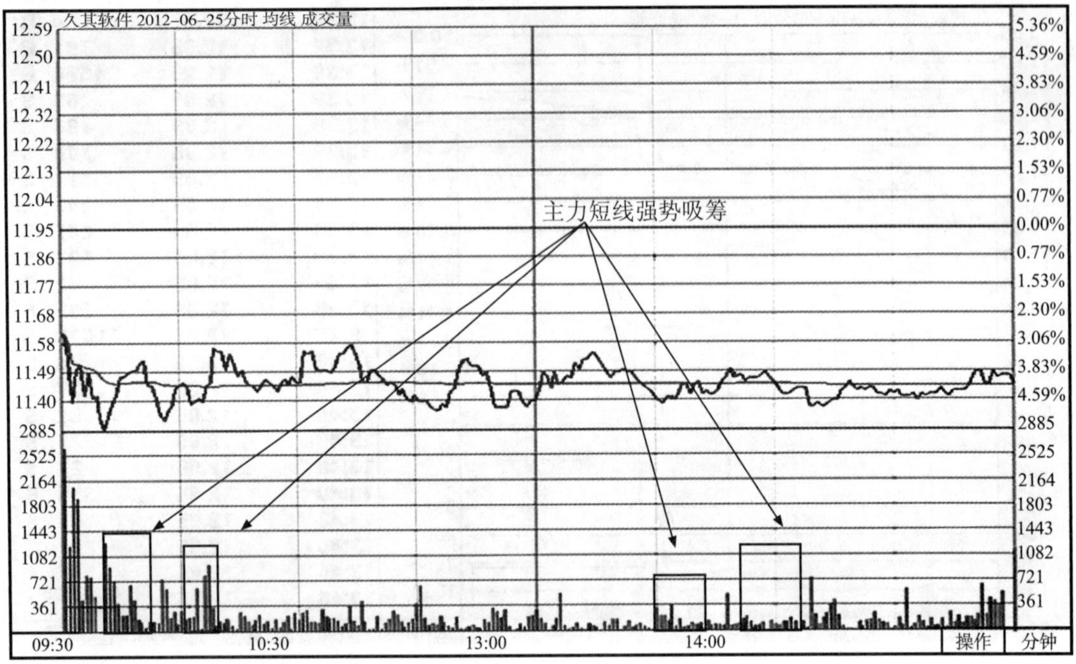

图 1－10　久其软件（002279）2012 年 6 月 25 日分时图

6 月 26 日，该股果然拉升，尾盘收涨 3% 多，只是量能逐渐萎缩，分时量价背离非常明显，昨日买入的 20% 资金尾盘果断抛出，如图 1－11 所示。

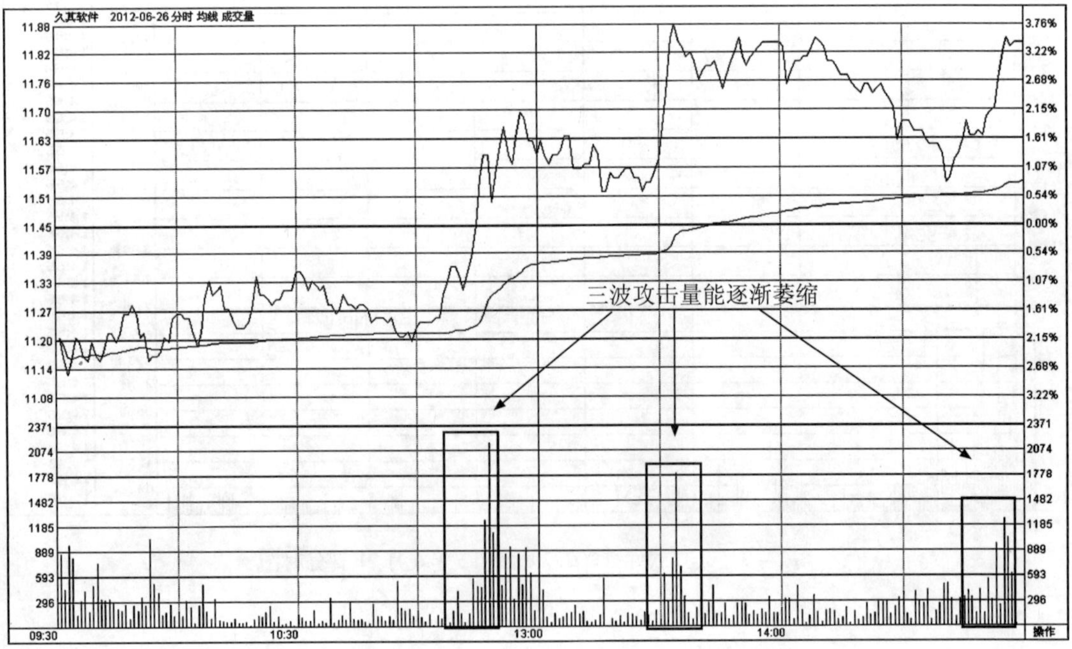

图 1－11　久其软件（002279）2012 年 6 月 26 日分时图

6月27日该股冲高回落，盘中发现回调量能较大，主力有短线出货嫌疑，收盘时减仓10%，如图1－12所示。

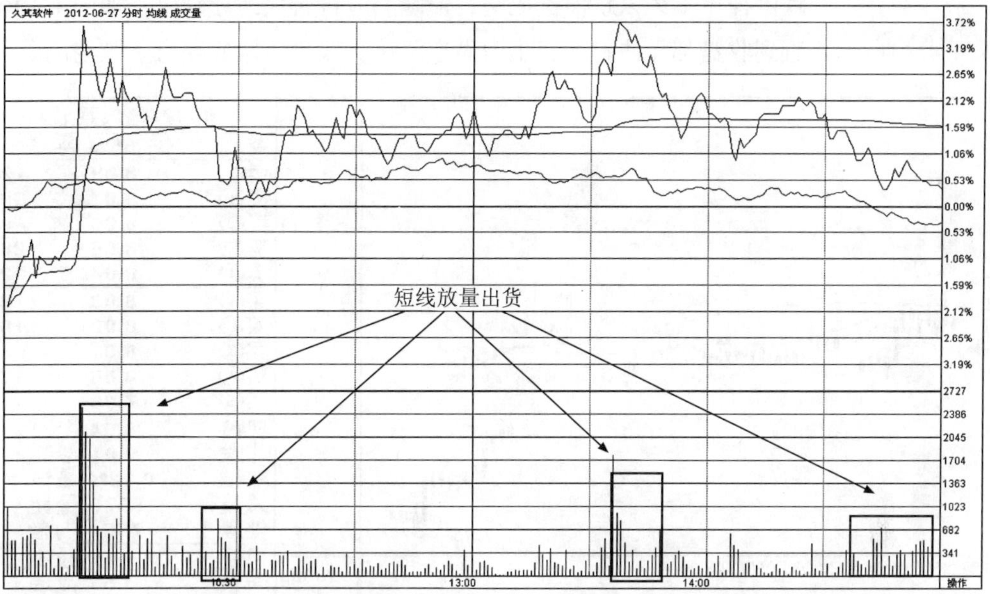

图1－12 久其软件（002279）2012年6月27日分时图

6月28日，如图1－13所示，主力杀跌出货，杀跌量能一波大过一波，尾盘继续减仓10%，股价连续整理5天，所谓久盘必跌，目前手中持有四成仓位，如果吞掉涨停K线就要全仓出局。

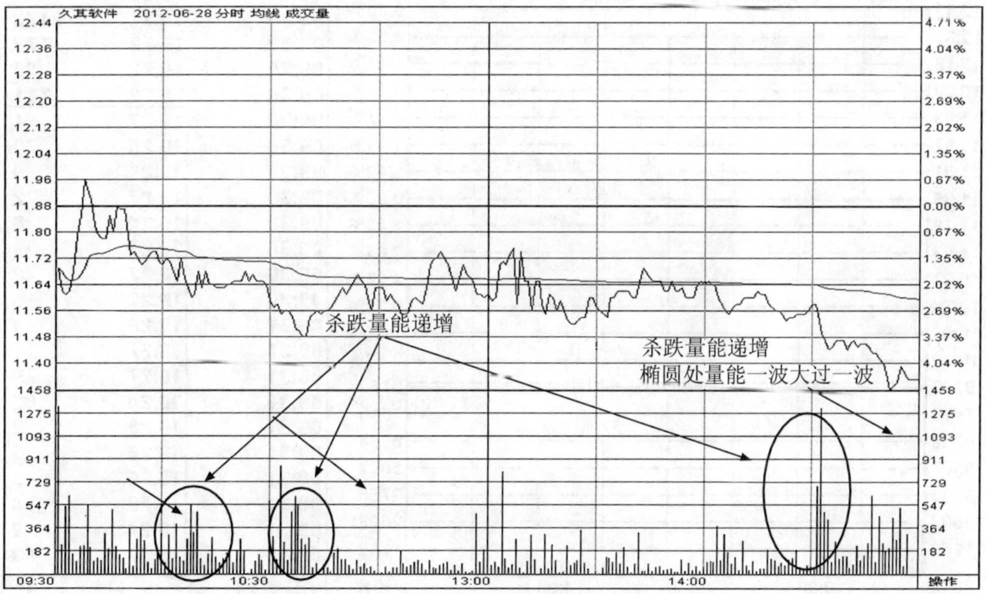

图1－13 久其软件（002279）2012年6月28日分时图

6月29日，如图1－14所示，开盘巨量封死跌停，主力出逃无疑，短线投入资金损失达到3%，果断跌停挂单卖出。盘口观察短线有少量抄底盘介入，跌停挂单不久以跌停价成交，但随后股价再次封死跌停，如图1－15所示，直到收盘都无法打开，主力做空坚决，股价短线应还有下跌空间。

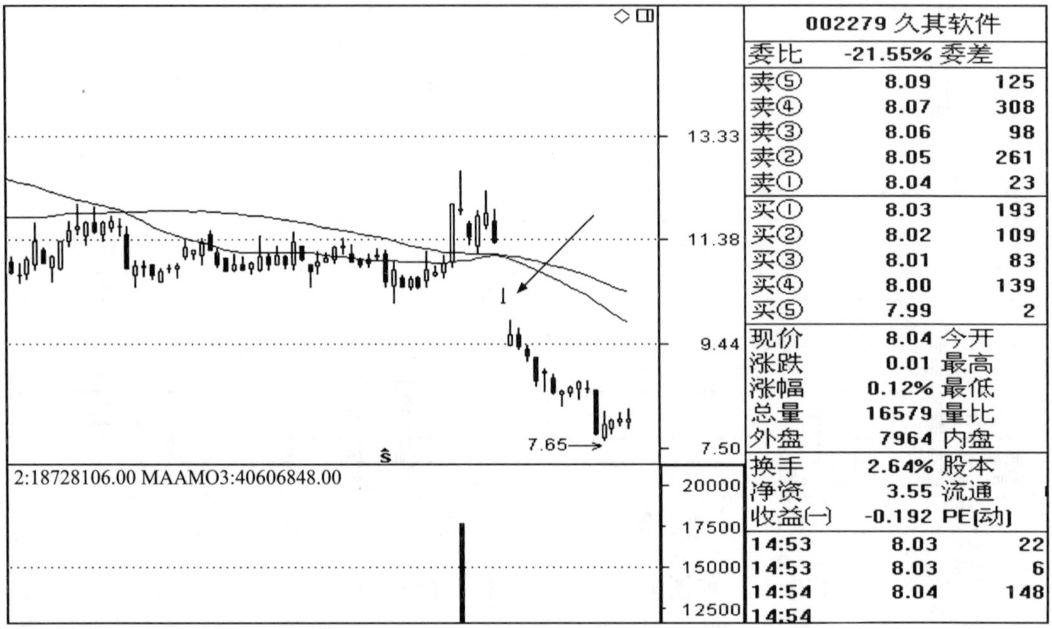

图1－14　久其软件（002279）2012年6月走势

图1－15　久其软件（002279）2012年6月29日分时图

复盘点评：就盈亏情况看，这是一次明显的失败操作；就操盘纪律看，能遵守既定的战术方针，合理使用资金，及时果断止损避免了随后更大的损失。该股随后继续下跌近 30%，可见熊市中使用涨停板战法风险是非常大的，所以资金管理方法必须要严格执行。

（2）在牛市中，可投入总资金量的 70% 参与涨停板战法。具体资金使用建议如下：

①第一仓，即涨停首日使用资金量约为资金量的 30%（注：总资金量的 70% 的 30%）盘中买入或追涨停；

②第二日如果有回调，则可再次加仓 30% 资金扫货；

③留有 40% 资金滚动操作使用，T+0 以降低持仓成本；

④如果出现亏损超过投入资金量的 3%，此时则必须无条件斩仓出局。

这方面的成功案例非常多，就不一一举例了，放两个图大家自己看一看，可以想想，如果出现这种情况该如何处理，见图 1-16 和图 1-17。

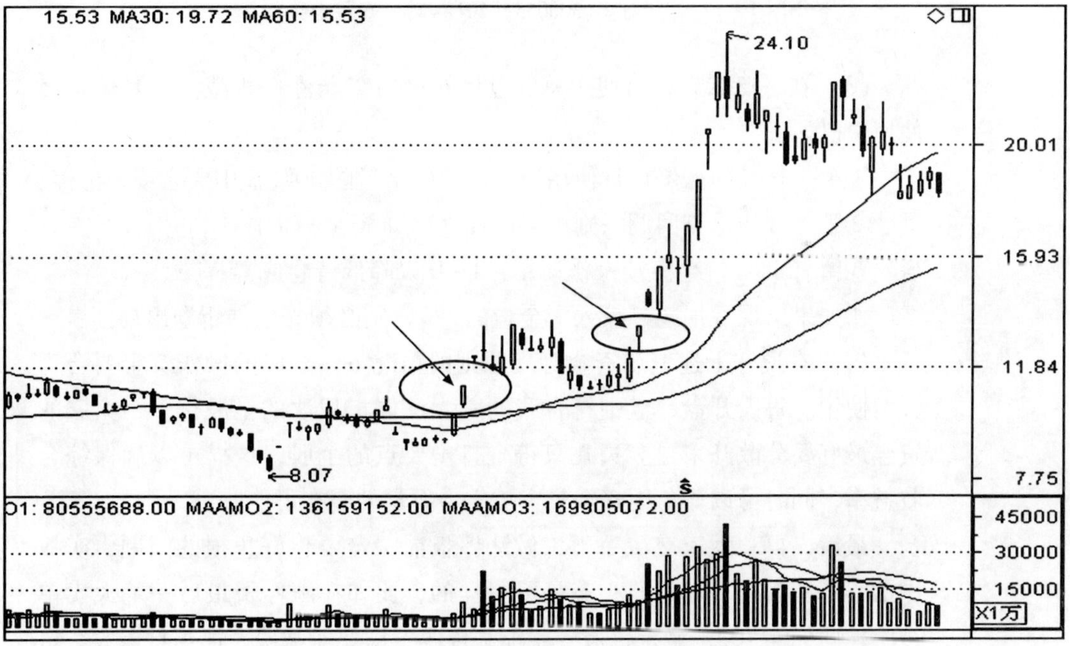

图 1-16 巴安水务（300262）2012 年 3—6 月走势

图 1－17　万邦达（300055）2012 年 4—6 月走势

（3）在平衡状态，可使用总资金量的 40% 参与涨停板战法。具体资金使用建议如下：

①第一仓，即涨停首日使用资金约为资金量的 30% 盘中买入或追涨停；

②第二日如果有回调，则可再次加仓 30% 资金扫货；

③留有 40% 资金滚动操作使用，T＋0 以降低持仓成本；

④如果出现亏损超过投入资金量的 3%，则必须无条件斩仓出局。

（4）在遵守上述三点资金管理原则的情况下，个股的操作资金要合理分散使用。每天开盘、盘中符合我的六大涨停板战法的个股很多，大家的资金最好要分散开来，多买几只符合打击要点的个股，这样可以确保综合收益率，同时可以避免因资金量大被主力发觉的潜在可能。

最后，再和大家交待一下，做涨停板前一定要想好止损的问题，实战中的心态和盘后复盘时的心态是不一样的，比如在涨停板最后一笔大卖单被吃掉前你能 100% 确定该股一定能涨停吗？即便能涨停，那当日该股一定能封死涨停板直到收盘吗？我们实战中有很多技巧可以提高当日封死涨停的概率（随后的六种涨停板战法会提及），如当日买盘的力道、盘中大买单持续的情况、盘中分时量能结构等，但没有谁能 100% 确定会涨停，所以事先设定止损是极为必要的。为什么国内很多股票方面的书大家读起来头头是道，用起来却破绽百出、亏损严重呢？只因那些作者往往只列举成功的案例说事，这就给大家造成了其百战不殆的错觉。实际上在复杂多变的股市中出现操作失误、出现亏损是常态，这是无法回避的事实。如果一个战法操作十次能有七八次成功，就是一个很好的方法，对可能出现的这两三次失败要做好防备，这是我一直想强调的，也是一直想请读者朋友注意的操作要领。

第三节　卖点与止损

做股票如果仅从投机角度看，那我们只要处理好买点和卖点即可，说得更坦白一点儿，无论你是价值投资者、成长股投资者，还是纯粹的技术投机者，来到股市不就是为了盈利赚钱吗？因此不必虚伪地把自己的那一套理论在道德上吹乎的那么高尚。在我们每个成熟投资者心中都有自己的价值评估体系，每个人的这一套理论体系是决定你在市场中成为输家或者赢家的关键所在。上一节谈到了资金管理，资金管理是控制风险的有效措施，这一节我们从风险防范的另一个方面和朋友们交流一下涨停板的卖点和止损。

涨停板战法是短线技术，短线有短线的玩法，具体止损或卖出要根据自己参与的资金量大小，并结合自己的那一套理念来综合决断。下面我和朋友们交流常用的止损或卖出方法。

（1）股价严重背离企业盈利和成长能力，出现此种情况，在任何时候卖出都是正确的。

这一类投资者以价值投资的巴菲特和成长股投资的费雪等人为代表，格雷厄姆是该类的祖师爷，他们强调在企业估值较低的时候买入，在企业估值合理或被高估时卖出，从收益上看，这类投资者获得了巨大成功。

如图 1－18 所示，莱茵生物（002166），根据对企业基本面的研究，很多业内人士都认为 2009 年该股每股收益在 0.20～0.40 元之间，小盘股可以给予 60 倍的市盈率估值，所以可以预估 2009 年其股价的上限为 24 元/股。根据成长股价值投资的这一套理论评价体系，此时连续拉升的涨停板在 2009 年 24 元以上任何一个价位卖出都是正确的。实际上，该股 2009 年每股收益 0.11 元，但股价 2009 年最高时到了 49 元/股。

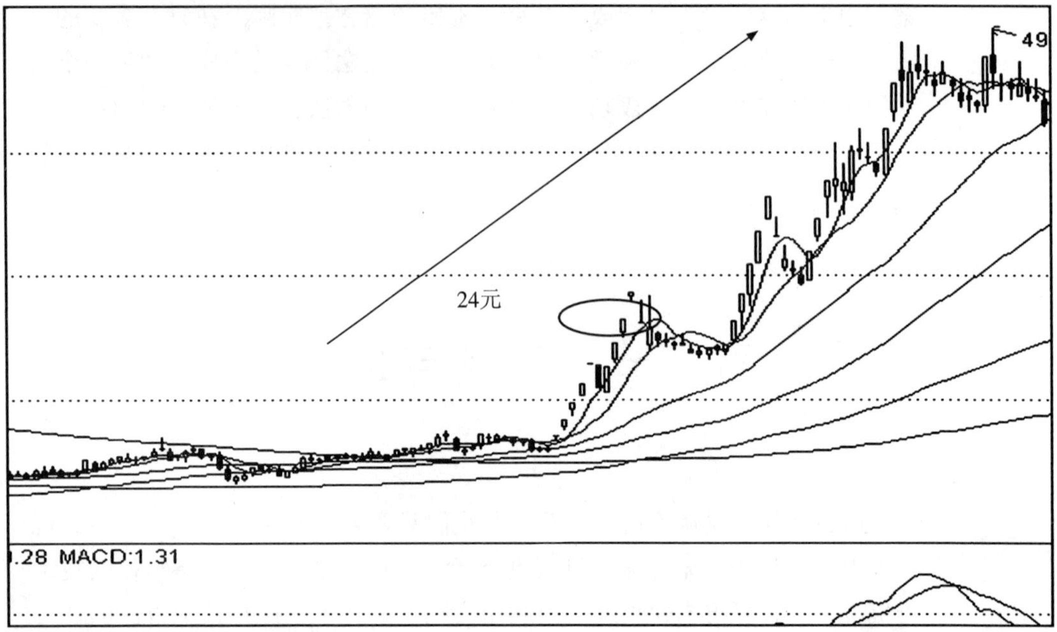

图 1－18　莱茵生物（002166）2009 年走势

价值投资理论一直都被认为是市场投资理念的泰山北斗，但它的缺憾是，由于对企业盈利的估算本身是非常困难和复杂的事情，事物发展也充满了变数，该体系很难真正精准地评估企业的成长能力，而且对企业隐藏的潜在利好往往无能为力或是无法分析的。

（2）对于连续大幅拉升或连续涨停的强势股，收盘跌破 5 日线即无条件卖出或止损。

这是纯技术的处理方法，简单干脆，操作起来很直观，易执行。

图 1－19 所示为强势股西藏城投（600773）。有的读者和我交流时问什么时候才能跌破 5 日线？这个只能等待，反正 9 元多的买入价，主力出货也套不住你，但何处卖出止盈要做到胆大心细，5 日线不破就坚持住，收盘跌破就卖出走人即可。这种处理方法是不关注企业基本面的，是很纯粹的投机行为，持有者其实对股价最终能到什么高度是没底的，所以只能天天盯着盘面，辛苦得很。

（3）对于连续涨停或大幅拉升的强势股，跌破 10 日操盘线无条件出局。

其实这种处理方法和第二种方法很相似，但还是要单独拿出来讲解，因为跌破 10 日线对股价来说通常意味着波段行情的终结，大多数机构特别是私募操盘手都受过严格的训练，10 日线在操盘手那里被称为盘态控制线，主力内心都非常清楚该线的重要意义，对于那些连续涨停或大幅拉升的股票，一旦跌破特别是放量跌破 10 日线的股票，一定要谨慎对待。

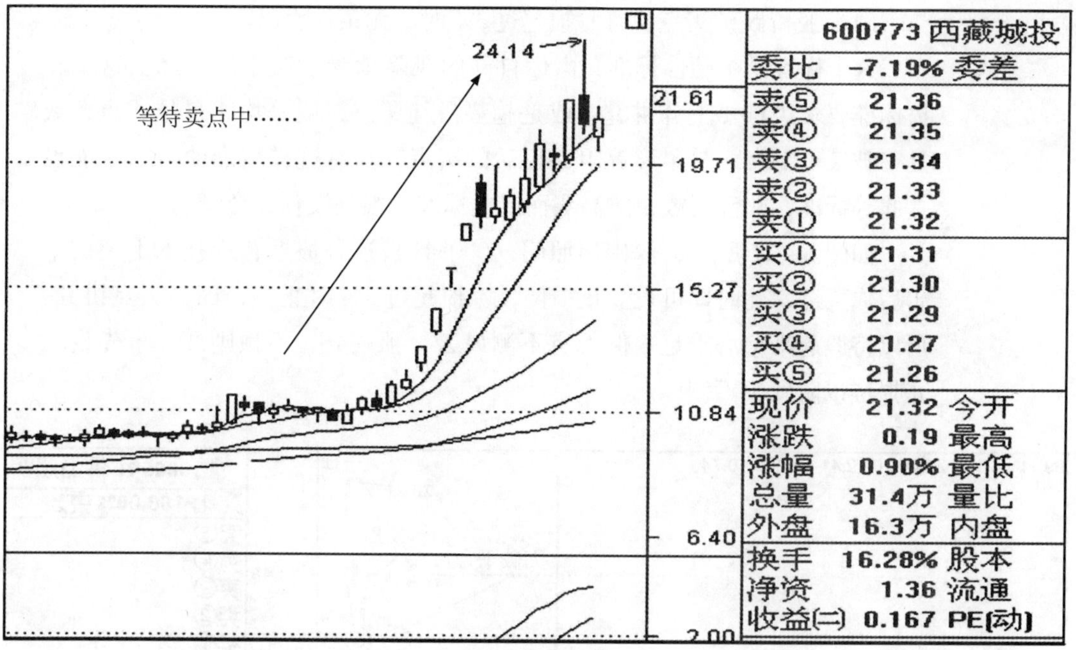

图 1－19 西藏城投（600773）2010 年 9 月走势

如图 1－20 所示，江特电机（002176），2010 年 9 月 6 日，股价自波段启动以来，第一次放量跌破 10 日线操盘线，这说明波段行情结束，如果此时出现 5 日线死叉 10 日线的情形就是对这结论的确认。

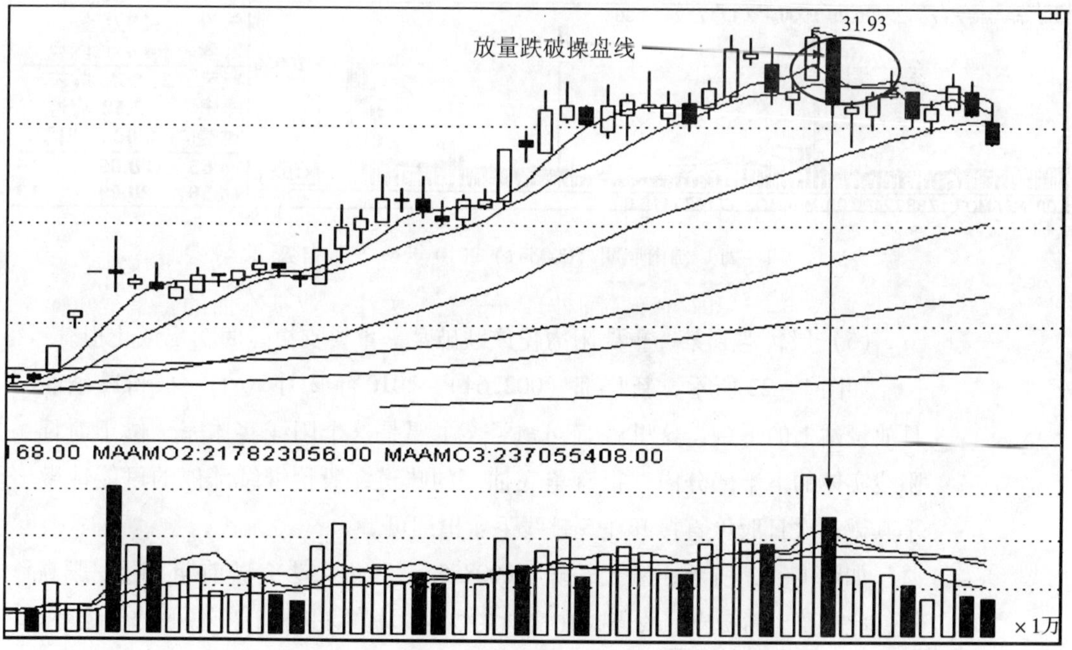

图 1－20 江特电机（002176）2010 年 9 月走势

（4）股价跌破买点，且亏损超过3%时，无条件卖出。

这个标准是个硬性标准，由你自己的风险承受度决定。实际上这个止损标准要求买点要十分讲究，或是趋势最佳买点，或是均线最佳买点，或是突破某一平台、三角形等阻力位后的买点，只有这样精准的买点才能设立此等标准，胡乱买或是追高买而以此标准止损是没什么意义的。

如图1－21所示，像佛山照明（000541）这种股票，等技术上突破平台后你买进，此时即可设立止损位，亏损超过3%时止损，因为买点讲究，所以持股起来信心十足。但天有不测风云，预则立，不预则废，事先设立止损位以防发生不测。

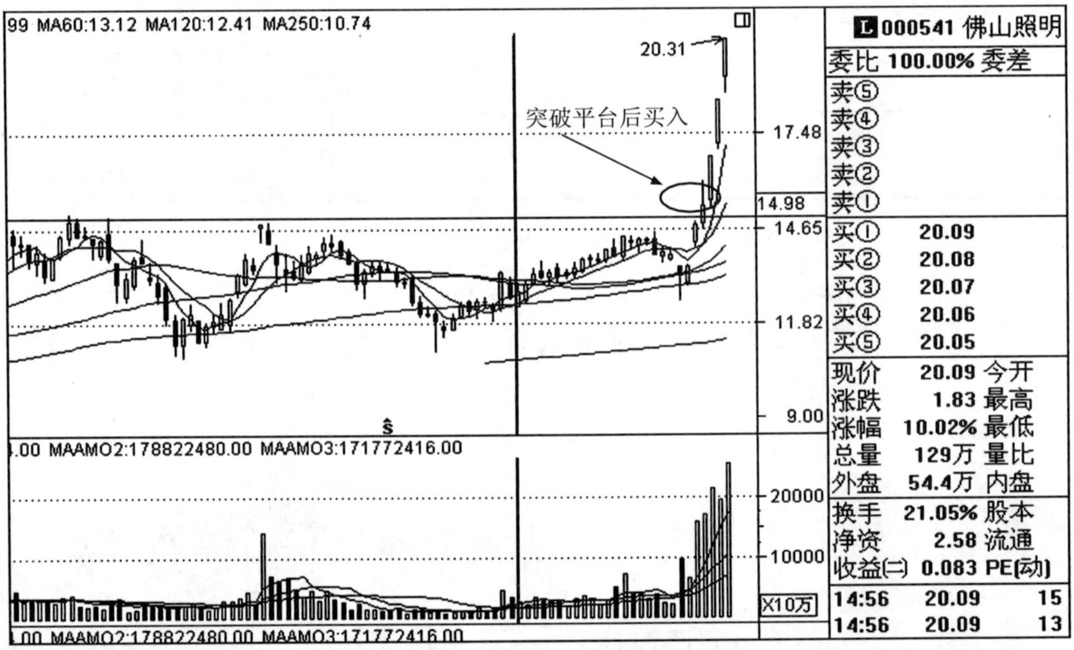

图1－21　佛山照明（000541）2010年8—9月走势

（5）股价遇到某一重要阻力位或跌破某一重要支撑位时卖出或止损。

如图1－22所示，新华都（002264），2010年2月26日，股价跌破前日放量站上的平台，这里就有问题了，主要是这个阳线实体完全位于前日阳线实体的下半部分内，很有釜底抽薪的味道，股价继续涨停的可能性微乎其微，次日股价直接开在5日线下卖出即可。

如图1－23所示，航天长峰（600855），股价无法突破前期14元/股高点，此时要果断卖出，我当时在实盘讲课时，提示过7月29日的分时走势。如图1－24所示，我们再来看看该股的分时走势。它是经典的钓鱼波出货走

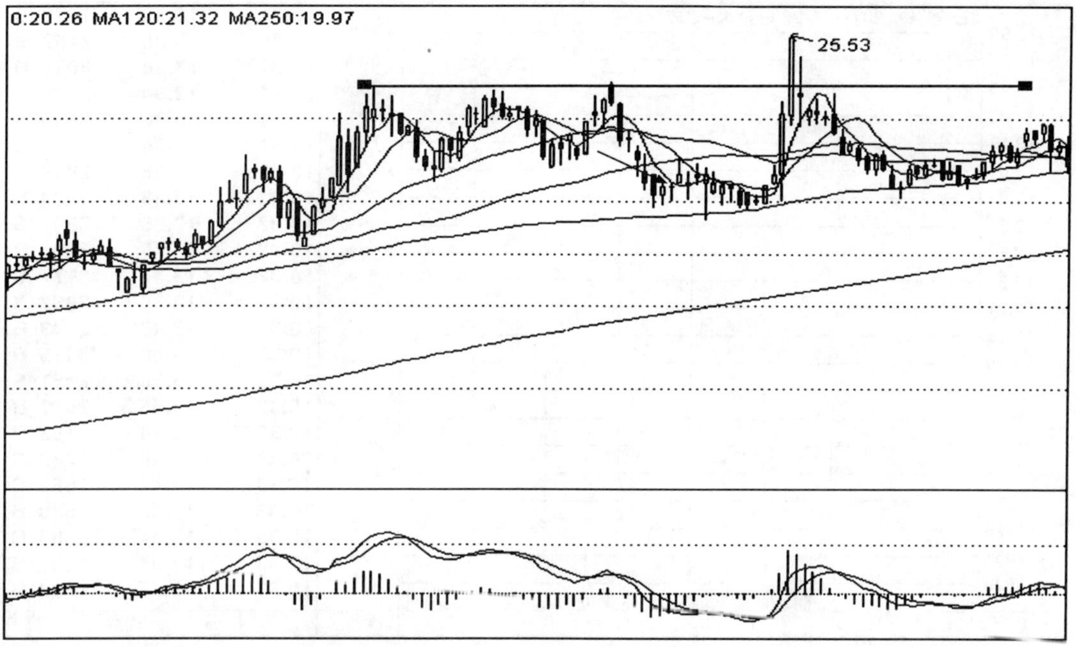

图 1－22　新华都（002264）2010 年 2—3 月走势

图 1－23　航天长峰（600855）2010 年 7 月走势

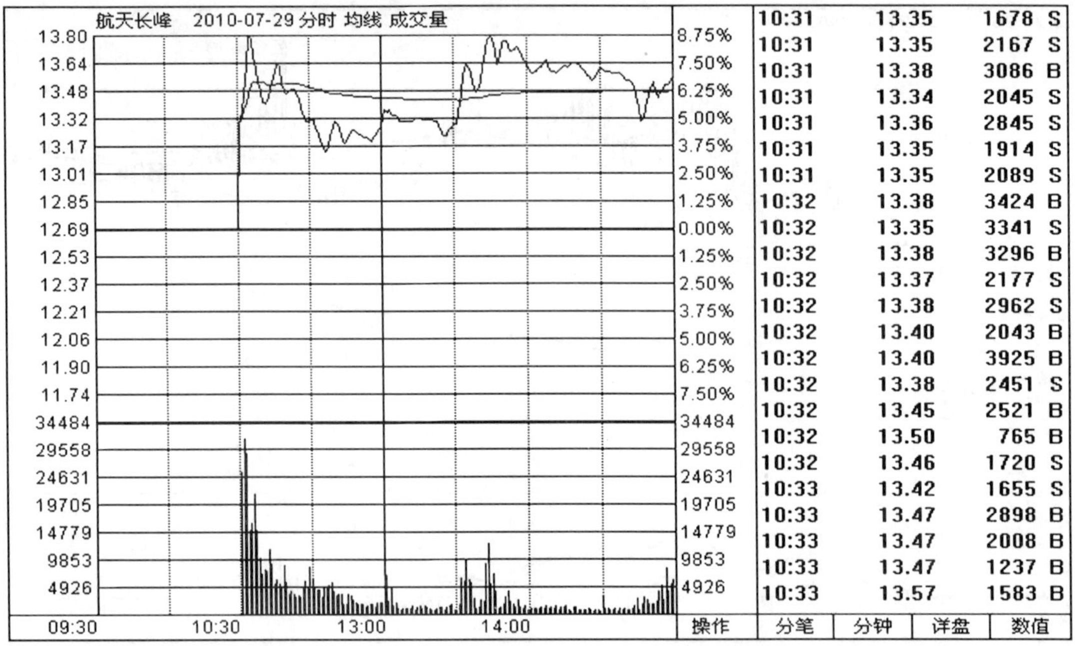

图 1－24　航天长峰（600855）2010 年 7 月 29 日分时图

势，早盘几笔大单虚拉之后，全天都在放量出货，午盘和尾盘只是几笔大单象征性地拉升了一下，经验丰富的老股民一看此情形便能窥出其中端倪。20 世纪 90 年代，我国的证券市场监管比较松散，那个时候钓鱼波是主力高位出货的主要手法，现在监管得相对严了，这种出货方法已经不大常用。

以上是常用的五种卖点和止损方法，在卖点的处理上很多技术分析者也会用一些技术指标，但实战中证明 KDJ、MACD、RSI、BOLL 等在处理连续涨停的股票上基本没什么效用，短期强势股走势很多都是超越技术指标的，所以这里对这些技术指标的使用就不再多谈。

第四节　心态控制

股市本就是个大喜大悲的地方，而涨停板战法操作更容易把这种大喜大悲演变到极致。极端的情绪化对人体的伤害是非常大的，在股市这种高强度脑力劳动的地方，不少职业操盘手不到 40 岁就去世了，更何况是无法控制自己的贪婪和欲望的一些散户。所以养成良好的自我心态控制习惯、做好自己的操盘心理按摩，不但对操盘成功有重要作用，而且关乎自身的生命健康。

（1）要严格遵守自己的操盘纪律，包括资金管理纪律、止盈和止损纪律等，养成坚决果敢的性格。

符合我涨停板战法出击条件的要敢买，即使第二天跌停也要买，即买错也要买；到了止损位或止盈位，那就一定要卖，即便后面还有100个涨停也要卖，即卖错了也要卖。股市中需要的就是这种手起刀落的强悍，婆婆妈妈、优柔寡断早晚会在股市中灰飞烟灭。

（2）静气凝神，乾坤独断，独立思考。

养成良好的习惯，不去看股评，不去打听小道消息，除正规渠道发布的公司公告外，其他一概不理。根据我的经历，主力要中长线运作一只股票，一些媒体往往可能是其帮手，需要建仓时就让某些媒体或股评发布一些利空，需要拉升时你会看到媒体或股评对个股好评如潮，大资金运作有一整条完整的利益链，你看不到摸不着，但操作多了就会隐隐感觉到它的存在。

（3）允许自己亏损、失败，不苛求所有的操作都完美成功。

股市中没有完美的操盘战法，既然不完美，那失败就是不可避免的。操作出现了亏损很正常，这一点要看淡，要允许自己失败，不要因一次失败而陷入长时间自责甚至萎靡状态中，郁郁寡欢会严重影响自己的操盘判断力，但失败后一定要深刻反思。同时绝不能容忍因一时操作失败就对战术纪律弃之不理，甚至自暴自弃从而导致亏损继续扩大的操盘行为，这两种失败不是一种性质，一种是外在因素造成的，另一种是自己造成的。

（4）每天盘后都留给自己一小时以做静心之用。

不因操作成功而沾沾自喜、忘乎所以，不因一时亏损而郁结寡欢，要排解心中的浮躁之气和抑郁之气。平时盘后要做好自己的心理按摩，要深刻审视自己当日的操盘状态，反省一下自己是否做到了不受外界干扰，是否做到了独立操作，是否能无论涨跌都能心静如水。

（5）万事看透、看破。

人内心最大的疑虑和不安不外乎四个字，即生、死、成、败，能参透这四个字，则你内心必然是安详的、无恐惧的。有了这样的心态，你才能不被贪婪和恐惧羁绊，才能不被主力打压和拉升的花拳迷惑，才能对股价走势看得更清、更远。

心态是最核心的“技术”，心态不过关，无论你能力多强，最终的结果一定是悲惨的。股市就是一个修炼人性的地方，若不能战胜自己的贪嗔痴，则最终会被人性的这些弱点吞噬。

第二章

个股质地　涨停基因

股票走势的好坏是由成交量决定的，是由资金推动的；公司的好坏是由公司业绩决定的。个股的涨停基因是我们使用涨停板战法时重要的参考准度。

第一节 个股质地

这节我和大家谈谈涨停战法的个股质地，个股质地就是指个股的基本面情况、成长性评估、突发利好评估等。这里需要和朋友们交代一下，其实质地好的股票是主力敢于拉升涨停的胆气，这当然是主力炒作股票前期必备的功课，散户朋友对此也应该有所了解。

我在多种场合讲过，股票和股票所属的公司严格说并不一致，因为股票走势的好坏是由成交量决定的，是由资金推动的；公司的好坏是由公司业绩决定的。所以，我们在市场上经常看到好公司的股票长时间不涨或横盘整理，而一些垃圾股或无业绩支撑的公司的股票却能涨势很好，显然好股票和好公司的内在动因是不一样的。在 A 股市场中，股价和公司盈利状况经常会发生较严重的背离，出现这种情形的原因：一是 A 股投资者的投资理念和投资行为不成熟，游资推动散户跟风是目前股市炒作的主流；二是股市中的暗箱操作，内幕交易是股市中的大毒瘤，一些表面看起来很垃圾的股票往往内里藏着惊天巨好，主力提前得知内幕所以才会有恃无恐；三是大小非的解禁压力和市值大小不同，好的企业当市值较大时推动上涨需要更多的资金，需要更多主力的合力才能办到，对主力来说这远不如小盘股操纵起来方便。出现这种情况我们也很无奈，虽然从超短线看，只要技术形态好，资金介入明显，我们无需对股票基本面做太多的研究就可介入，赚了走人就是，但随着我们 A 股市场退市制度的完善、信息披露监管力度的加强、对内幕交易打击力度的深入以及投资者投资理念和投资行为的成熟，我坚信那些基本面好、成长性高的公司的股票会得到市场更多地认可，公司质地的好坏和公司股票走势的强弱将会逐步趋于一致，过分背离的现象将会逐步消除。因此涨停板战法不抛弃对基本面的研究，所以首先对 ST 类股票、动态市盈率过高的股票、有退市风险的股票谨慎操作或不操作，涨停板战法虽看起来更像是短期投机行为，但我们这里兼顾价值投资和成长性投资。

因此，在同样可能涨停的个股中，我们优先选取符合以下四个标准的个股：

（1）市场热点板块的龙头个股优先考虑，这类股很容易得到市场的青睐，最强也最安全。

（2）新兴产业的高成长性小盘股优先考虑，成长性投资已经成为当今世界成熟资本市场投资的共识。

（3）公司即将迎来企业业绩拐点的股票优先考虑，投资者只关心股票的未来。

（4）个股流通盘不能太大，一般不应超过10亿股，原则上我们不参与蓝筹股的涨停，盘子太大，行情的持续性就差，没有哪个主力会去炒作中国银行。

在实战中，我们大体坚持以上四个基本面选股原则，说白了就是尽可能地兼顾趋势投资和成长性投资，由于新版退市制度的规定，上市企业退市的底线被大幅提高，读者朋友这方面的操作理念也要有所加强，特别是那些触及了退市底线的企业，由于不知道什么时候就有可能停牌暂停上市，此时就不是什么技术风险了，退市风险是最大的风险，股票退市就到了三板上了，那时股价基本算是归零了，如果真的中了招，那你一辈子的积蓄可就化为乌有了。

如图2－1所示，金智科技（002090），2010年3月23日股价越过长期阻力线放量涨停，由于整理时间很长，股价一旦起来往往不可收拾，所以当日集合竞价一看巨量高开直接挂单买进。我们来看看当时主力的胆气来源，如图2－2所示。

图2－1 金智科技（002090）2010年3月走势

002090金智科技 在所有A股(1762支)中市场关注度排名第1522位
较前日上升55位　　关注度等级：★
说明：关注度是基于机构研究报告以及各大财经网站个股关注数据经过计算得出

【最新简要】

★最新主要指标★	10-03-31	09-12-31	09-09-30	09-06-30	09-03-31
每股收益(元)	0.0996	0.4926	0.3648	0.2433	0.0917
每股净资产(元)	4.6186	4.5190	4.3846	4.2228	4.3211
净资产收益率(%)	2.1600	10.9000	8.3200	5.7600	2.1200
总股本(亿股)	1.0200	1.0200	1.0200	1.0200	1.0200
实际流通A股(亿股)	0.8774	0.8774	0.2550	0.2550	0.2550
限售流通A股(亿股)	0.1426	0.1426	0.7650	0.7650	0.7650

★最新公告:04-28公布2010年一季报(详见后)
★最新报道:04-12金智科技(002090):高管套现过亿 涉嫌内部对敲(详见后)

★最新分红扩股和未来事项:
【分红】2009年度　10转10派2.5(含税)(决案)
【分红】2009中期　中期利润不分配(实施)
【分红】2008年度　10派2.5(含税)(实施) 股权登记日:2009-06-02 除权除息日:2009-06-03

★特别提醒:
【业绩预告】预计2010年1-6月归属上市公司股东的净利润为2,200-2,700万元。(信息来源: 2010-04-28一季报)

图2-2　金智科技（002090）简要资料

从图2-2中我们可以看到，2009年每股收益接近0.5元，公司决定10转10派2.5回报股东，金智科技是智能电网的绝对龙头，公司毛利率高达36%，这在电力行业中比较罕见，属于同行的领袖企业，基本面相当优秀，长期波段持有自然无后顾之忧，结合当日的强势盘口，我们综合研判，可以追高买入。

如图2-3所示，罗平锌电（002114），该股2012年1月10日封死涨停，单日因为有色板块群体异动，这个股盘子最小，最有龙头相，而且根据我自己的看盘程序，对该股两次发出买入指示。

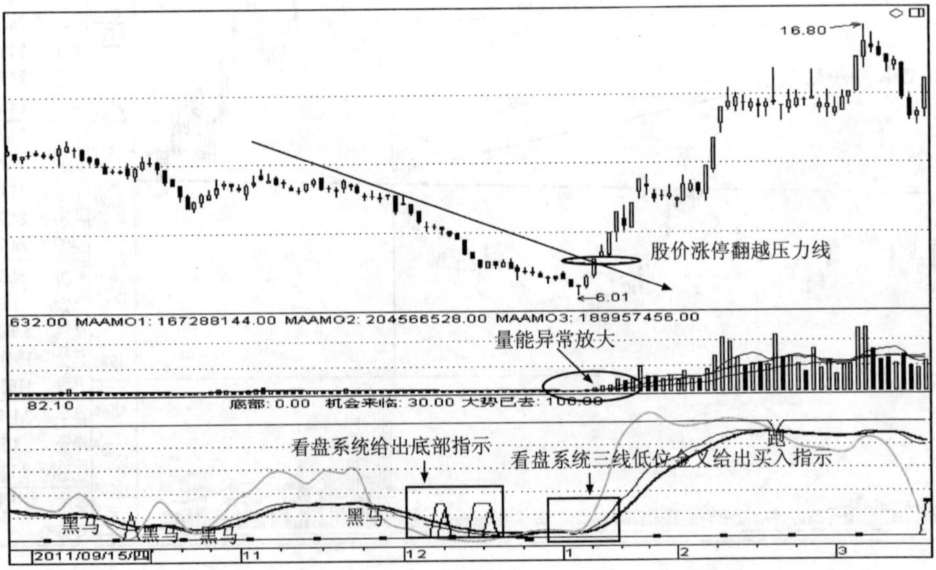

图2-3　罗平锌电（002114）2012年1月走势

该股1月10日放量涨停突破压力线，看盘系统10多天前就给出了该股底部指示，该股涨停前一天看盘系统三线低位金叉再次给出买入信号，从纯技术分析买入没多少问题，但仔细一看公司基本面我自己都有些傻眼了：从图2－4中可以看到，公司自2008年开始出现了连续亏损或微利状态，这在有色板块中属于质地比较差的个股，公司暗含退市风险，这在我看来是天大的风险，基本没多少犹豫，在尾盘涨停的那一刻放弃了。

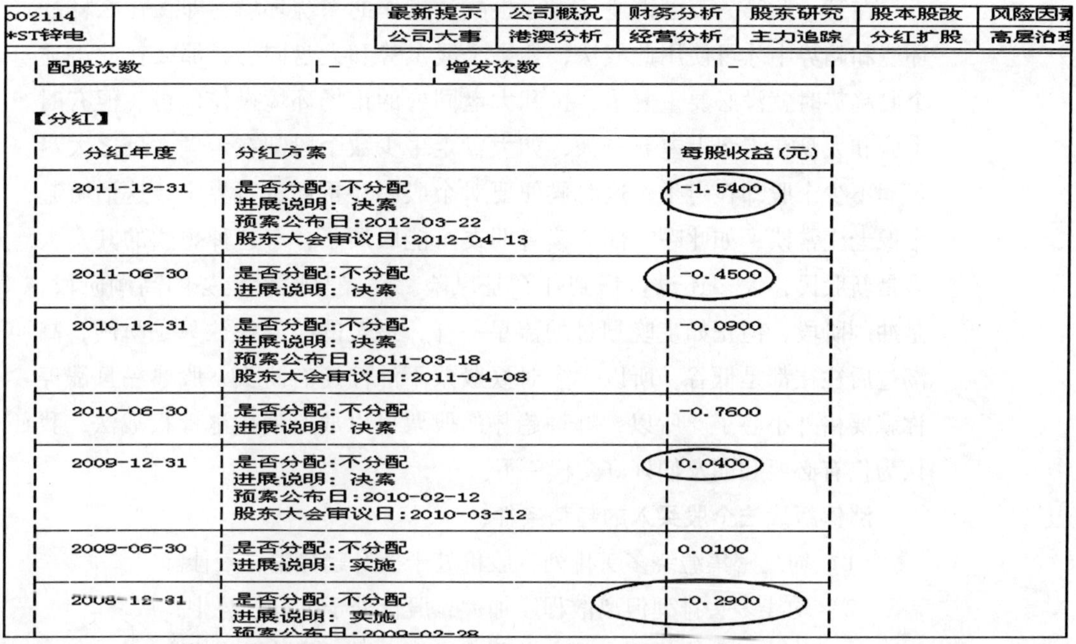
002114
*ST锌电

最新提示	公司概况	财务分析	股东研究	股本股改	风险因素
公司大事	港澳分析	经营分析	主力追踪	分红扩股	高层治理

配股次数	–	增发次数	–

【分红】

分红年度	分红方案	每股收益(元)
2011-12-31	是否分配：不分配 进展说明：决案 预案公布日：2012-03-22 股东大会审议日：2012-04-13	-1.5400
2011-06-30	是否分配：不分配 进展说明：决案	-0.4500
2010-12-31	是否分配：不分配 进展说明：决案 预案公布日：2011-03-18 股东大会审议日：2011-04-08	-0.0900
2010-06-30	是否分配：不分配 进展说明：决案	-0.7600
2009-12-31	是否分配：不分配 进展说明：决案 预案公布日：2010-02-12 股东大会审议日：2010-03-12	0.0400
2009-06-30	是否分配：不分配 进展说明：实施	0.0100
2008-12-31	是否分配：不分配 进展说明：实施 预案公布日：2009-02-28	-0.2900

图2－4　罗平锌电（002114）基本资料

有意思的是，该股自1月10日涨停启动短短数10天翻了两倍多，自己也只有眼馋的份儿，市场中有很多机会，但不是每次机会都能把握到，买不到也没啥好后悔的，战术纪律应该被无条件遵守执行。不过值得欣慰的是，该股随后的情况基本验证了当时的判断，基本面继续恶化，被披星戴帽，股价又回到了原点。

这一正一反的两个案例，也可看作一成一败的两次操作，如果像我一样对个股基本面比较看重，那这种实战操盘的取舍即便再来一次，恐怕也是如此。因为涨停板战法属于技术战法，大多时候无需考虑基本面，但基本面一旦坏到有退市风险的地步就务必要慎重了，这还不是虎口拔牙的风险，很有点儿肉包子打狗的味儿，所以实战中对个股质地至少要有个大致的了解，君子不立危墙之下，一定要避免让自己陷入万劫不复的境地。

第二节　个股趋势

在第一章第一节已讲述了涨停板战法操作的系统环境，即在什么样的环境和趋势中才可使用此战法，如果个股走势和大盘同态，那么在此讲述个股趋势时就没必要重复了，按和大盘同处的市场环境操作即可。但有时个股和大盘在走势上差异较大，如大盘走牛少数个股却在走熊，反之大盘走熊不少个股却在走牛，这时候便要对个股趋势重新进行界定。这话听起来像老生常谈，如此啰唆部分读者朋友可能厌烦了，有这种想法的其实大多是新股民，大多还没认识到什么是风险。涨停是股价走势的高潮阶段，是冲刺阶段，但正如夜晚划过的流星一样，最美的时候往往只是瞬间，高潮过后往往都是低谷，所以大多时候股票不涨停还有盼头，股票一旦涨停你就要格外小心了。所以，哪种趋势的股票可以放心使用涨停板战法，我认为仍有必要和朋友们好好交代一下。

涨停板战法个股买入的趋势条件：

（1）均线密集缠绕多头排列，股价处于上升趋势中，最佳。

（2）均线多头排列但离散程度加大，股价处于上升趋势中，次之。

（3）均线虽空头排列，但离散程度极大，属于超跌反弹概念，最次。

当股价长期处于较小区间时，且整理后，均线密集缠绕、拐头略微向上已成多头序列，是最理想的情况。

如图2-5所示，广电网络（600831）2010年1月8日时出现了两个技术特征：一是均线紧密缠绕且拐头略微向上已成多头排列；二是这个涨停越过阻挡趋势线。这样的涨停作用很明显，它确立了股价上升的趋势，上涨的空间被打开，均线密集缠绕说明趋势乖离很小，后续的趋势空间还很大。这类股票买点有三个：①越过图中阻挡线追进；②涨停后排队买进；③第二天开盘涨幅如小于3%可追进。1月9日，第二个涨停板后，均线之间的离散程度越来越大，趋势乖离程度越来越大，危险系数越来越高，这就是趋势条件中所说的第（2）种情况，此时的涨停板如图2-5中第二处椭圆所标注的情况时投资者就要谨慎了，短线不宜再追高。

下面的案例，浪潮软件（图2-6）和莱茵生物（图2-7）都是这种情况，大家可以仔细观察一下。股市中规律性的东西都在不断地重复，发生

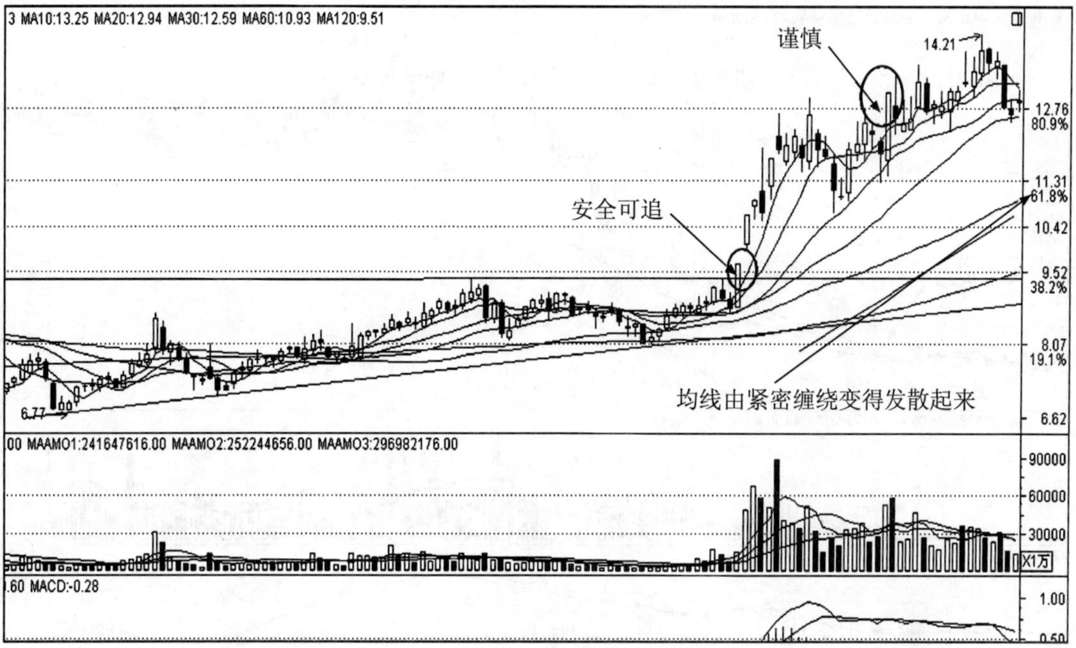

图 2－5　广电网络（600831）2010 年 1 月走势

过的，以后还会再发生，天底下根本就没有什么新鲜事，投资者通过对过往历史的研究能很好地预知未来。

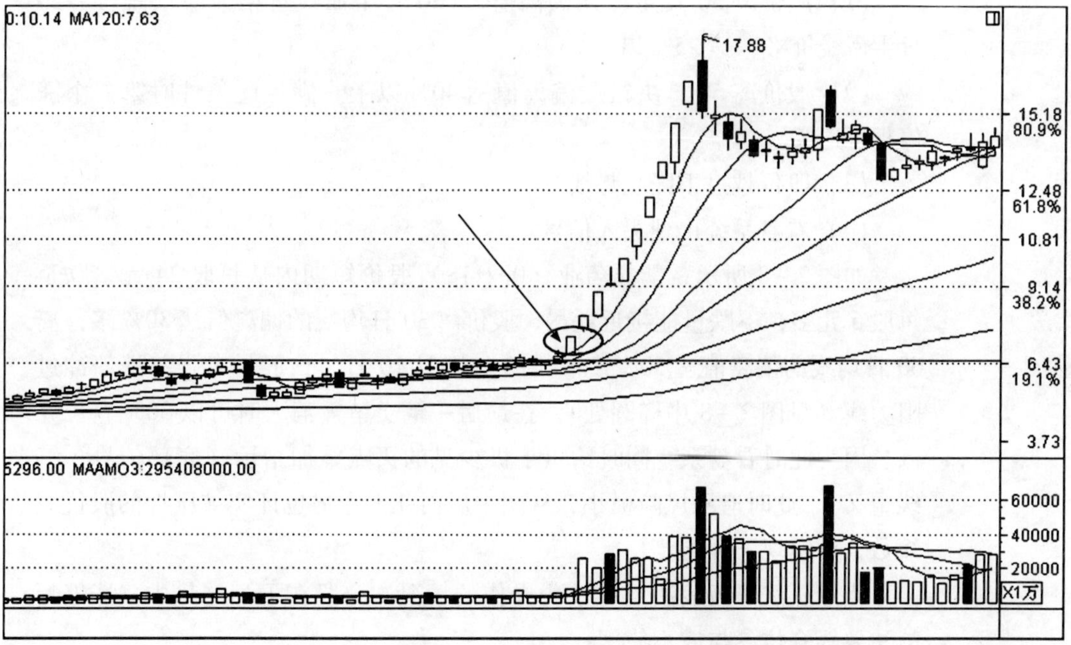

图 2－6　浪潮软件（600756）2009 年 4 月走势

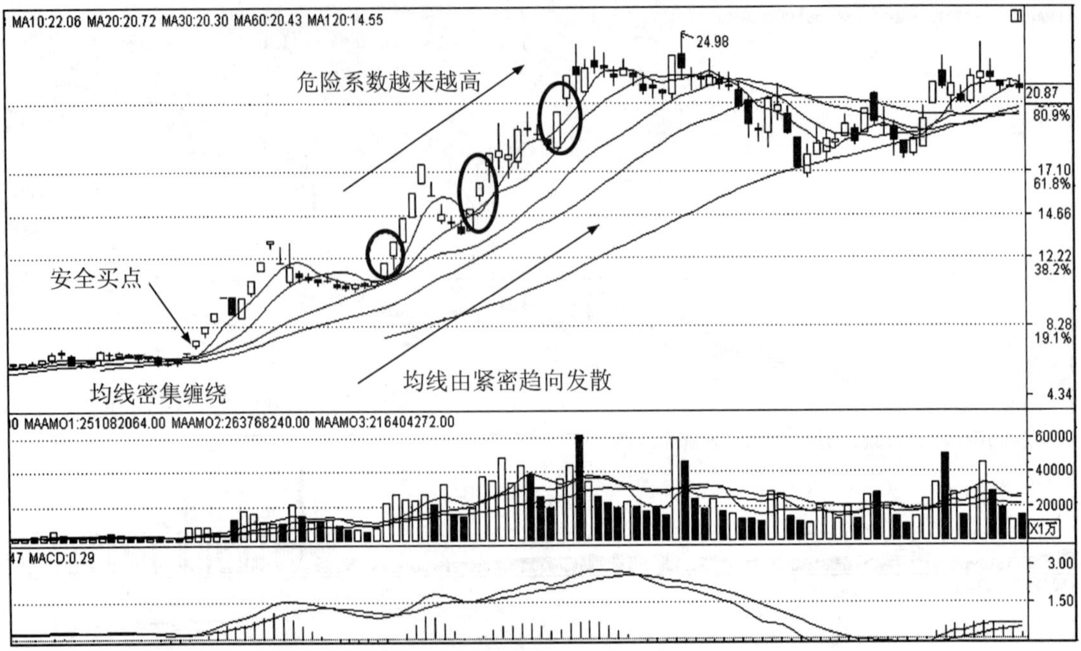

图 2－7　莱茵生物（002166）2009 年 4—7 月走势

趋势条件中第（3）种情况则属于均线空头排列下的超跌反弹概念，需满足以下四个条件：

（1）股价离 30 日生命线偏离值｛(30 日生命线价格－股票现价)/30 日生命线价格｝达 25% 以上。

（2）股价离 60 日决策线偏离值达 40% 以上。满足此条件时第一个涨停板可追买。

（3）股价越过下降趋势线。

（4）看盘系统出现买入信号。

如图 2－8 所示，紫鑫药业（002118）股价短期内从每股 24 元多跌至每股 6 元多，下跌量能接近耗尽，股价离 30 日均线的偏离值达 30% 多，离 60 日均线的偏离值达 50% 多。2012 年 1 月 10 日，该股早盘强势涨停冲过阻力线（见图 2－8 中椭圆处），在最后一笔卖单被消灭时可以 30% 仓位介入，因为此时看盘系统同时给出了极少见的买点叠加指示（底部信号＋三线金叉），此时追涨风险极小，从图中后面几天走势也证实被压抑的股价短短数天便实现了翻倍。

当然，涨停板战法也有禁止操作的情况，个股在下列趋势中，涨停板战法要轻仓位参与或不使用：

（1）股价处于下跌初始阶段，均线已经空头排列。

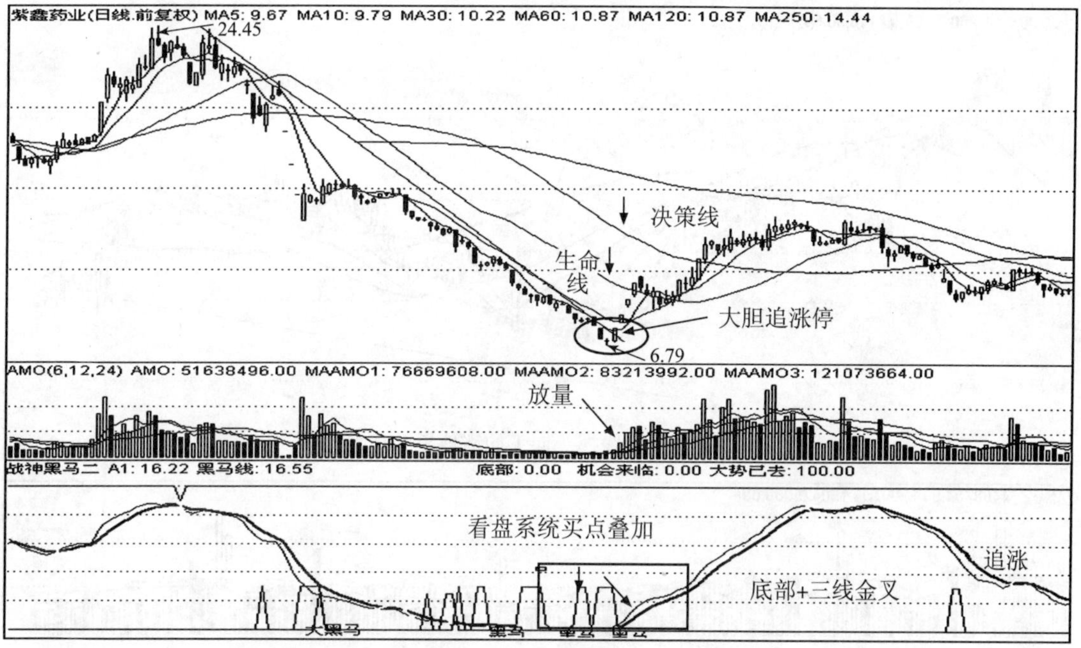

图 2－8 紫鑫药业（002118）2012 年 1 月走势

（2）30 日生命线、60 日决策线死叉且拐头向下，股价与此二线的偏离值不足 20% 最为恶劣，禁止买入。

此两个条件兼而有之或居其一的股票最好都回避，这也是风险制控的战术纪律之一。

如图 2－9 所示，世联地产（002285），在 2009 年 12 月 24 日和 2010 年 5 月 5 日都出现了涨停板，但都明显地处于下降趋势中，均线已成空头排列，生命线和决策线对股价压制明显，这种情况属于弱势涨停，只有分时盘口极好的绝顶高手才可参与，普通散户只有观望的份儿。

信维通信（300136）也是类似情况。如图 2－10 所示，2012 年 6 月 20 日，该股涨停，但 30 日线和 60 日线死叉且拐头向下，且股价与其偏离值也很小，这种个股在其大势已坏的情况下出现涨停板，除少数绝顶高手外，其他人最好不要操作。

这里，我们希望通过对比个股可操作条件和不可操作条件的案例，让诸位朋友明白，弱势环境下的涨停一般多为主力利用涨停板出货，强行参与被套的概率比较大。至于极度超跌的股票的涨停板也最好只做第一个涨停，只有多头市道、上升趋势中的涨停才有较高参与的价值，其中均线密集缠绕且多头排列的情况下安全系数最高。

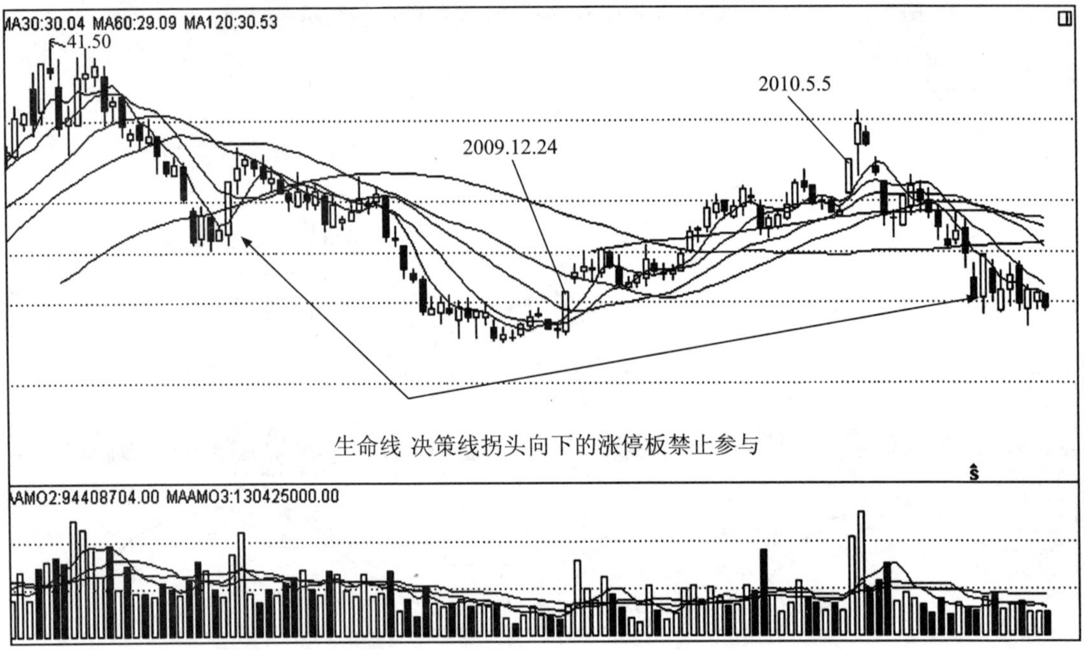

图 2-9　世联地产（002285）2009 年 12 月—2010 年 5 月走势

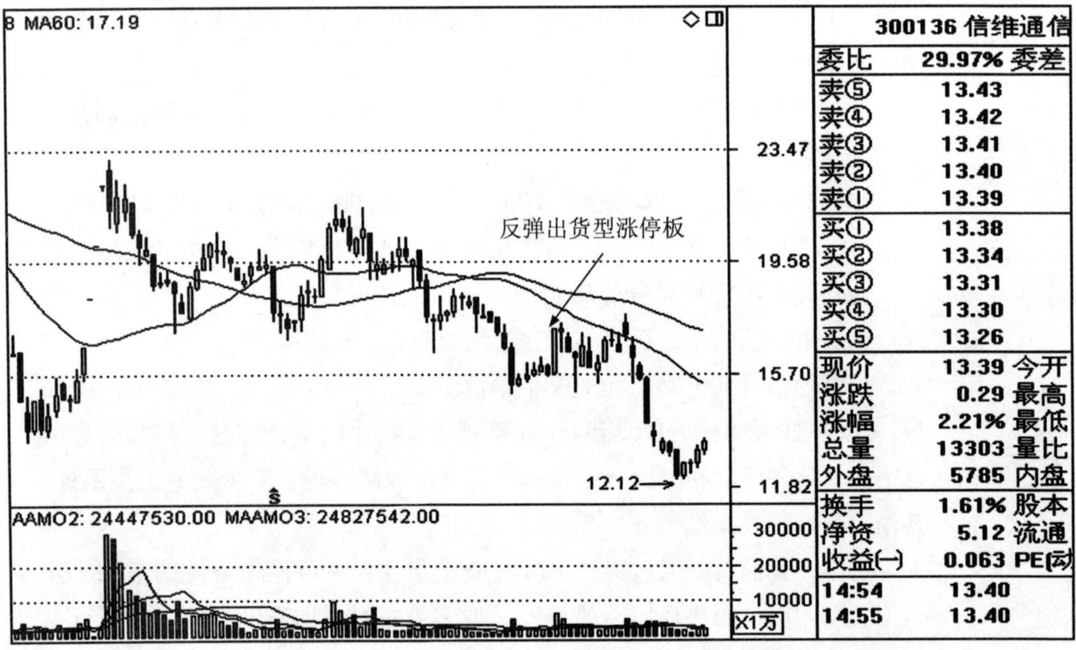

图 2-10　信维通信（300136）2012 年 6 月走势

第三节 涨停基因

我们经常说性格决定命运，对于股票也同样如此。一只股票的过往走势记载了该只股票的气质，一只经常出现涨停的股票在关键时刻往往敢于涨停，一只经年累月不见一个涨停板的股票其涨停的概率必然就小，这就是股票的涨停基因，它在我们涨停板战法运用上也具有重要的参考意义。

股票走势的背后是该股操盘手的性格记载，一些性格豪爽、心胸开阔的操盘手操作股票时往往大开大合，有事没事就常拉个涨停板给你瞧瞧；一些谨小慎微、瞻前顾后的操盘手操作起股票来往往几个月甚至几年都不见一个涨停板，这是气质决定的。其实依我的个人经验，拉涨停板与其说是严谨的技术活，倒不如说是一种气势。关键时刻该出手时就出手，敢拉涨停跟风盘就多，只要大盘环境不太坏，往往会比那些畏畏缩缩、小家子气的股票走势更能提高操盘资金的使用效率。

因此，通过对股票过往走势的认识和解读，了解股票的涨停基因，这也为提升涨停板战法成功率增添了一个可参考的维度。对那些具备强势涨停基因的股票使用涨停板战法时可胆子大一些、仓位重一些；对那些缺乏涨停基因的股票使用涨停板战法时就务必要慎重些。

如图 2－11 所示，中兴通讯（000063）。自 2009 年 1 月到现在（发表在《中证内参》上的时间是 2010 年 5 月），该股都还没出现过一个涨停板，这就说明该股的主力操盘手性格过于稳健，导致该股缺乏涨停基因。对这样的股票我们使用涨停战法时就要格外小心，即便基础盘口语言给出可能涨停的信息也要慎重考虑。根据过往的走势来看，虽然不能说这股票就一定不会涨停，但这种基因突变的概率和买彩票中奖的概率差不多，其实盘涨停难度较大，涨停的概率很小（这次整理稿件时发现该股其后于 2011 年 2 月 21 日涨停，可谓“N 年等一回”，着实不容易，如图 2－12 所示）。

如图 2－13 所示，三安光电（600703）在 2010 年 1—6 月已经出现了 6 个涨停板，可谓强庄股。其实该股 2009 年 1 月—2010 年 6 月一共出现了 22 个涨停板，平均每个月 1.37 个涨停板，这就说明该股有优秀的涨停基

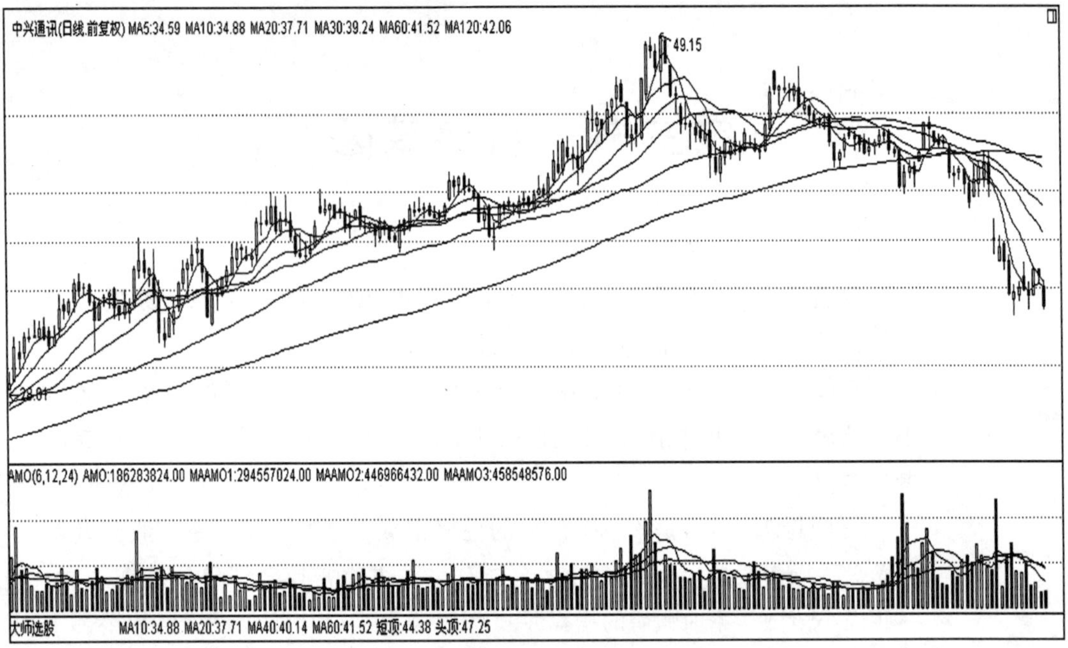

图 2-11　中兴通讯（000063）2009—2010 年走势

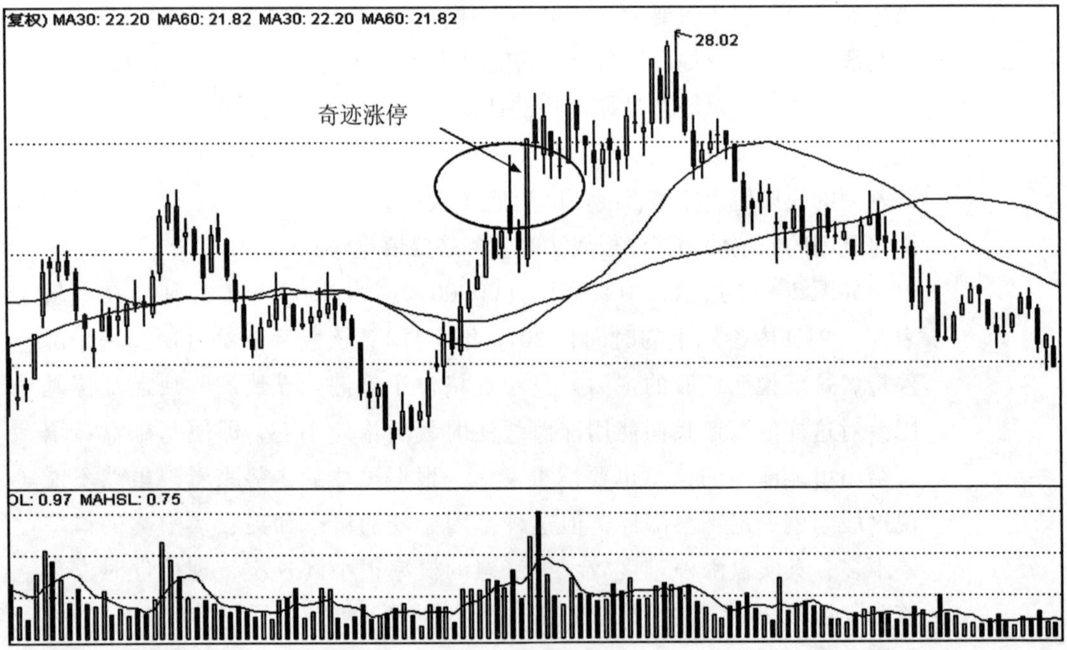

图 2-12　中兴通讯（000063）2011 年 2 月 21 日奇迹涨停

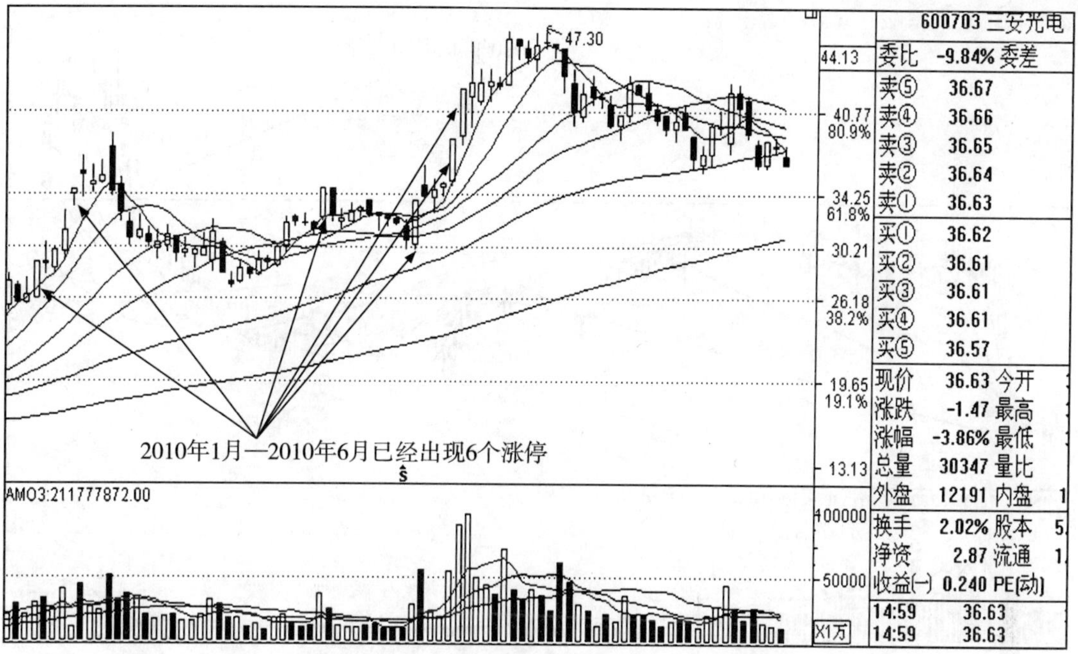

图 2－13　三安光电（600703）2010 年走势

因。对股票历史走势的仔细研究能提高我们涨停板战法成功的概率，试想一下，当某天出现两只类似中兴通讯和三安光电气质的股票，在基础盘口相同的情况下，你会倾向于哪只股票更能涨停呢？答案是不言而喻的。

涨停基因是我们使用涨停板战法时重要的参考维度，这是基于对历史的尊重，虽然有些股票有时也可能莫名地一改往日颓势，从不涨停的股票却突然来了个涨停板，但这是基因突变，是小概率事件，小概率事件在数学上是可以忽略不计的。

如图 2－14 所示，包钢稀土（600111），2010 年 4 月 20 日在越过前期重要阻挡线时出现了涨停盘口。通过对 2009 年的走势研究发现，该股 2009 年间出现了 12 个涨停，平均每月一个涨停板，当时考虑该股主力非常凶悍，所以即使大盘环境不佳也仍有涨停可能，可以轻仓一搏，结果效果不错，在实战中涨停基因好的股票成功的概率更高。

在此把涨停基因单独立篇只是想告诉大家，不要割断历史看股价走势，因此在下单前一定要仔细看看操作个股的过往走势，这会对股价能否涨停起到非常重要的作用。多一个角度参考，成功便多一份保障，摸清主力的脾气才能更好地判断他们下一步的行为，因为主力的操盘习惯是一时很难更改的，做涨停板其实本质上也是一种跟庄猎庄行为。

图 2－14　包钢稀土（600111）2010 年 4 月 20 日 K 线图

第三章

涨停板战法一
——集合竞价选涨停

“一年之计在于春，一日之计在于晨”。股价当日走势的强弱大多时候早盘一开盘就注定了，集合竞价时出现的巨量高开必定意味着当日股价会大幅拉升或涨停。

第一节　巨量高开（上）

股价当日走势的强弱其实大多时候早盘一开盘就注定了，因为主力具有开盘定价权，这跟我们股市的制度设计有关。早盘集合竞价成交有个规定，即数量优先、时间优先、价格优先，但最为关键的是数量优先，数量优先要排在时间优先及价格优先之前，这样掌握大量筹码和资金的主力就拥有了定价权。比如流通盘 1 亿股的股票，主力想让它在早盘以 9.25 元/股开盘，那只需要在早盘集合竞价时用一个账户以 9.25 元/股卖出 10 万股，用另一个账户以 9.25 元/股买入 10 万股，通过这样简单的对敲就让开盘价 9.25 元/股板上钉钉了。实际上，由于散户不愿掌控股价的这种跟随心理，故主力所需的筹码往往更少。

因此主力想做盘，那早盘开盘价和集合竞价成交量就是重要的参考，当日若不想拉升的话，那集合竞价时主力是不会参与过问的；如果当日想大幅拉升或涨停的，则一般集合竞价时会出现巨量高开的情形。

对于下降趋势中的股票，要想逆转乾坤或强势涨停，需要的就是量能的配合，只有主力做多的意志异常坚定才可能逆转颓势。我下面所讲的巨量高开标准是通过实战中总结摸索出来的，这个标准不仅适合下降趋势中的股票，也适合上升趋势中的股票，这里提出来仅供读者朋友参考。所谓巨量高开，巨量是定语，高开是中心词，巨量有巨量的标准，高开有高开的标准，既符合巨量标准又符合高开标准的才能称为巨量高开。性子急的朋友读下面的标准时必须要静下心来，否则容易记混或者把自己搞糊涂，或者每天收盘后拿着我说的标准去印证一下，这样才会记忆深刻。从本节开始，我们的涨停板战法进入了微观盘口环节，这是临盘能否成功的关键所在。

因为高开的标准容易记忆，所以我们在这儿先说高开的标准，高开有四档标准。

1. 第一档，寻常高开或普通高开（也称一般高开）

（1）条件：①高开幅度小于 2%；②高开回调不破当日开盘价，或者高开回调不破前日收盘价，至多只能稍稍击破前日收盘价。

（2）实盘操作要领：符合上面两个条件，个股波段涨幅小于25%的，如果同时符合后文讲的巨量标准，则可以待股价回调时跟进。

（3）实战案例：如图3－1和图3－2所示。

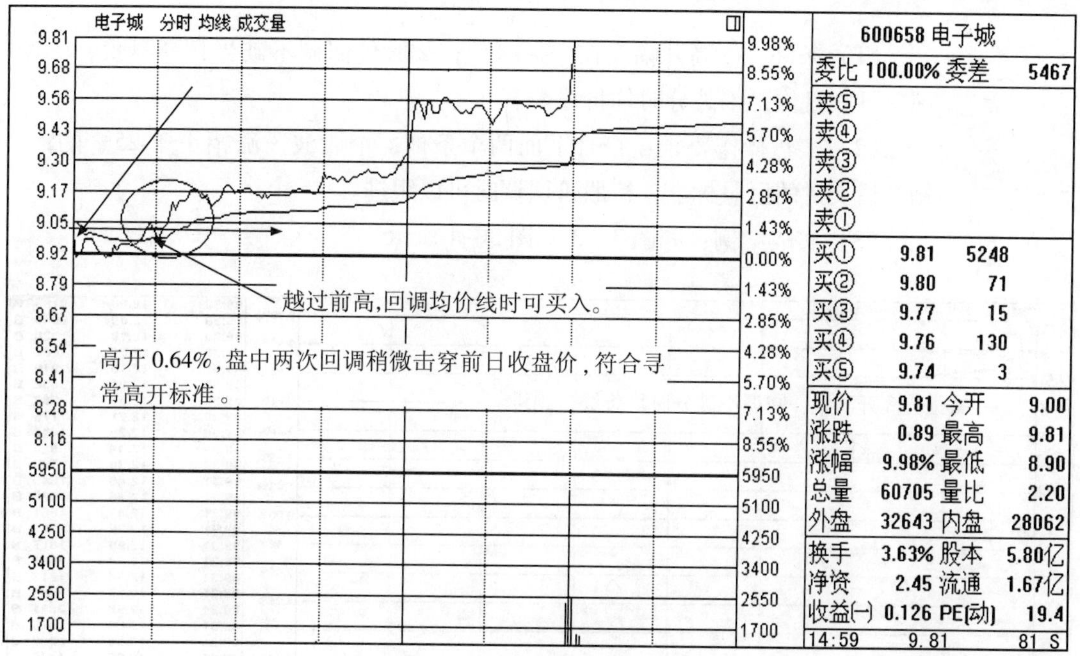

图3－1 电子城（600658）2010年5月27日分时图

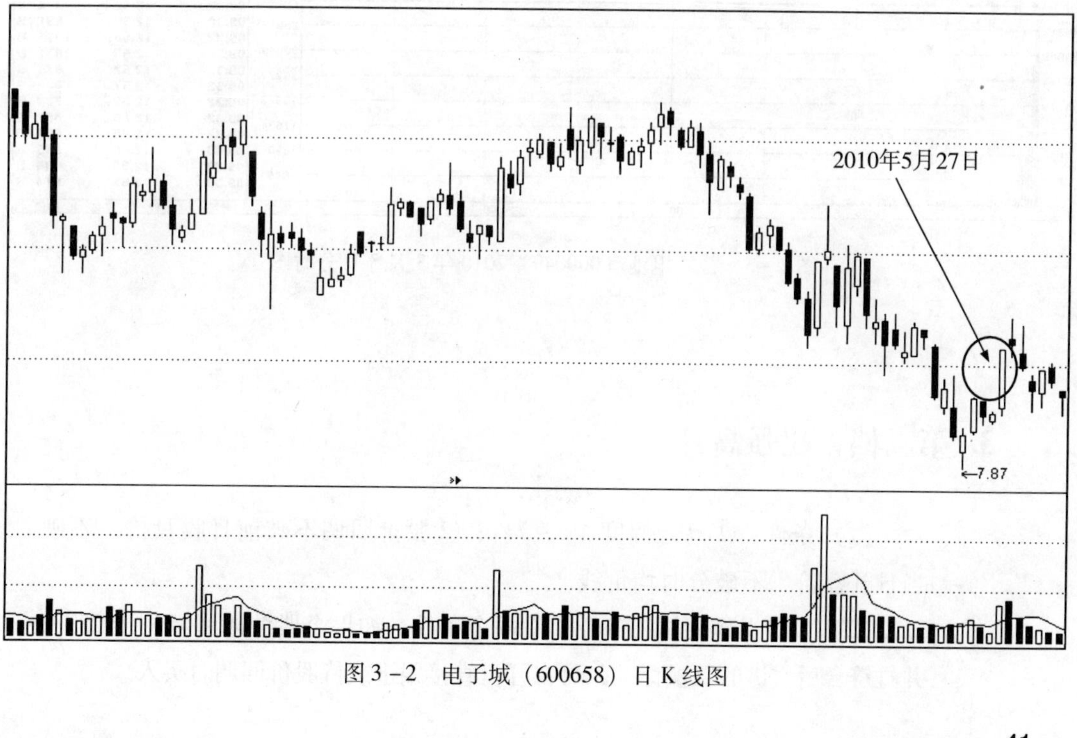

图3－2 电子城（600658）日K线图

2. 第二档，强势高开

（1）条件：①高开幅度在 2%～4%；②股价回调不破当日开盘价，不破前日收盘价，不破分时均价线。

（2）实盘操作要领：符合上面两个条件，个股波段涨幅小于 25% 的，结合后文讲的巨量标准，待股价回调时可以跟进。

（3）实战案例：如图 3－3 和图 3－4 所示。

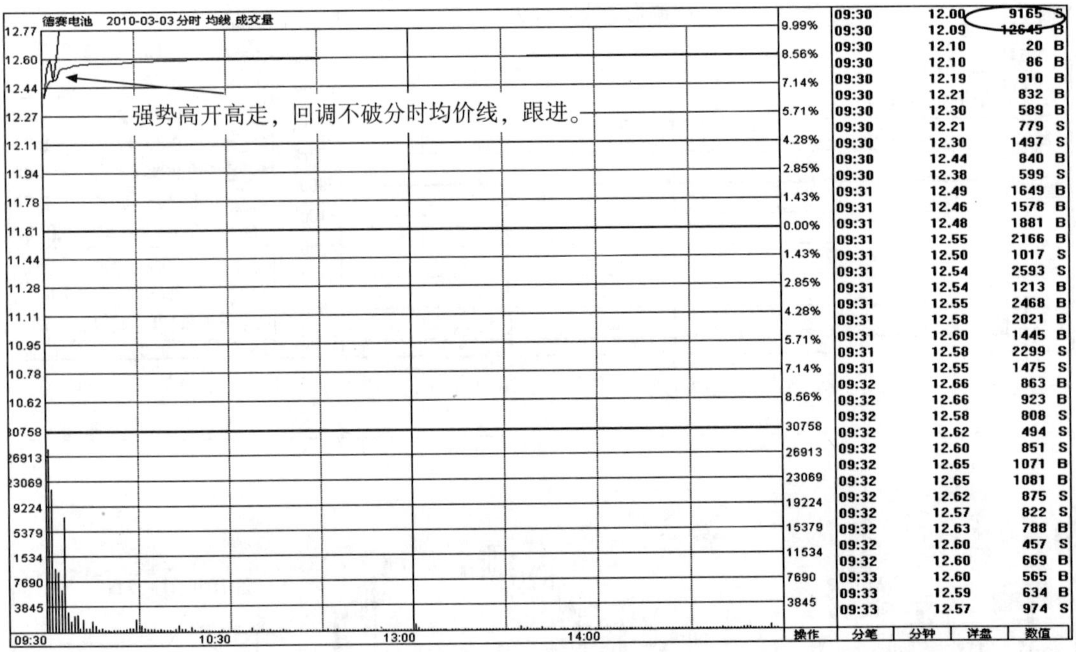

图 3－3 德赛电池（000049）2010 年 3 月 3 日分时图

3. 第三档，超强高开

（1）条件：①高开幅度 4%～7%；②股价回调不破前日收盘价，不破当日开盘价，不破分时均价线。

（2）实盘操作要领：符合上面两个条件，如果个股波段涨幅小于 25%，并且符合后文讲的巨量标准，可在开盘直接跟进或待股价回调时买入。

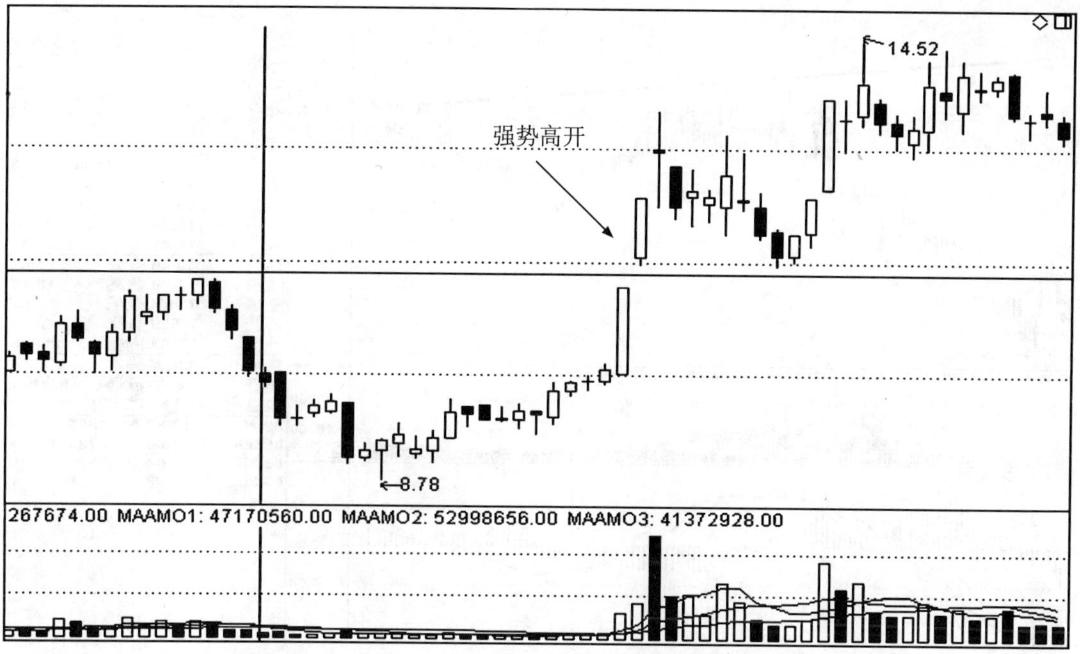

图 3－4　德赛电池（000049）2010 年 3 月日 K 线图

（3）实战案例：如图 3－5 和图 3－6 所示。

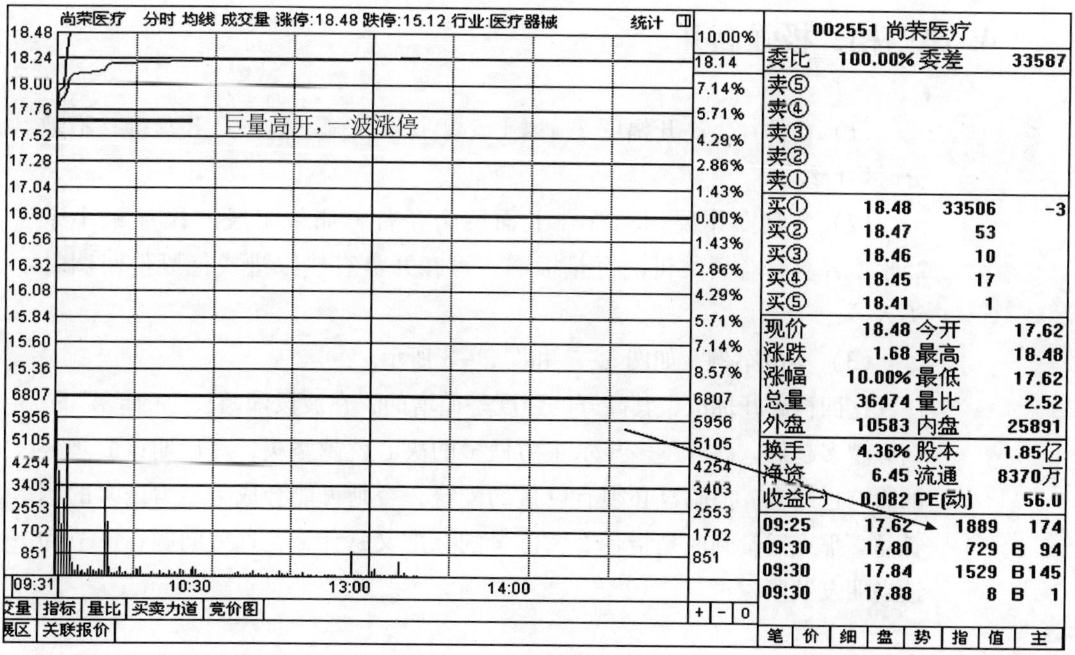

图 3－5　尚荣医疗（002551）2012 年 7 月 25 日分时图

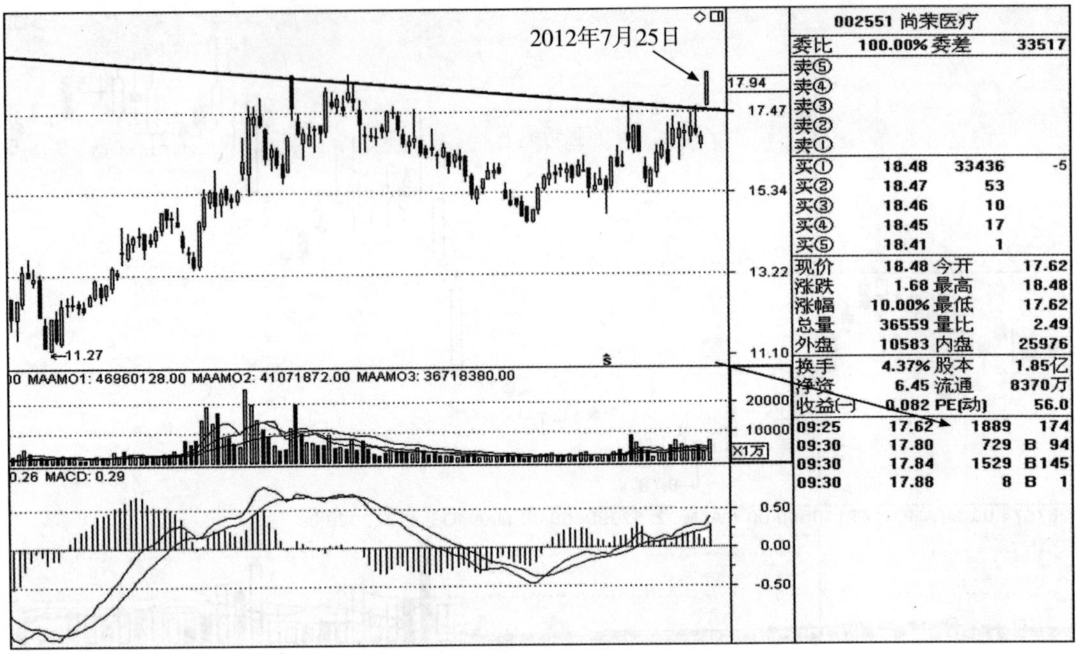

图 3－6　尚荣医疗（002551）日 K 线图

4. 第四档，极强高开

（1）条件：①高开幅度 7% 以上；②股价回调不破当日开盘价，不破分时均价线。

（2）实盘操作要领：符合上面两个条件，如果个股波段涨幅小于 25%，并且符合后文讲的巨量标准，可在开盘直接跟进或待股价回调时买入。

（3）实战案例：如图 3－7 和图 3－8 所示。

这四档高开标准，其高开的强度是递增的，在波段涨幅较小的情况下，高开越多越好，高开越多显示主力做多的决心就越坚决，对后期该股趋势的影响也越大。但临盘必须有巨量的配合，否则可能会成为主力诱多的牺牲品。那么巨量到底是指什么？巨量的标准又是什么？这些问题在下节和读者朋友共同探讨。

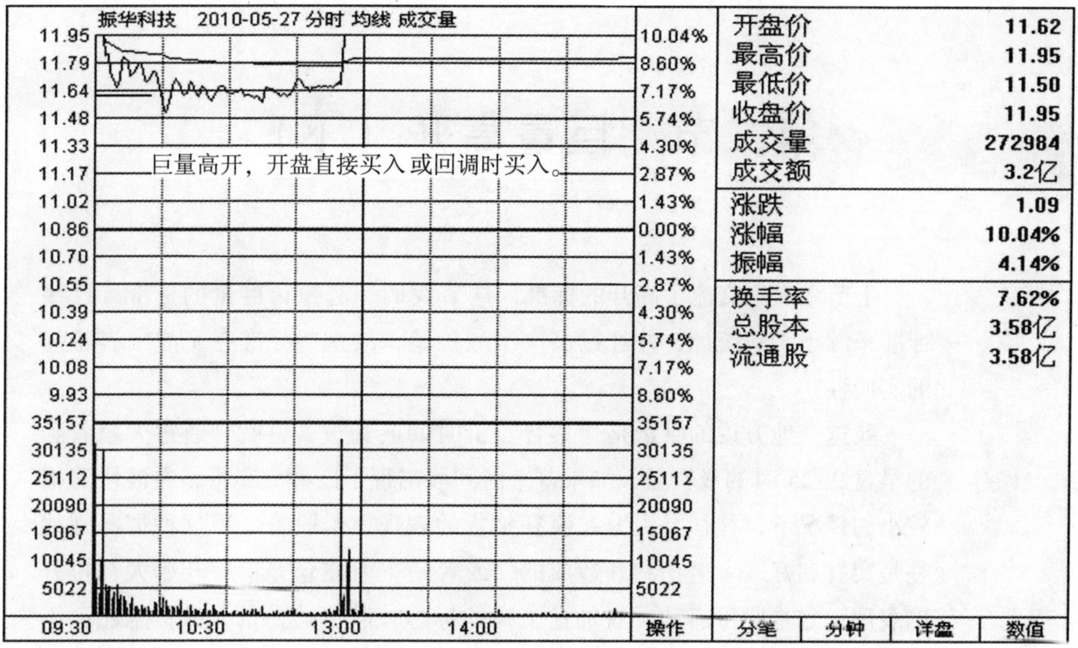

图 3-7 振华科技（000733）2010 年 5 月 7 日分时图

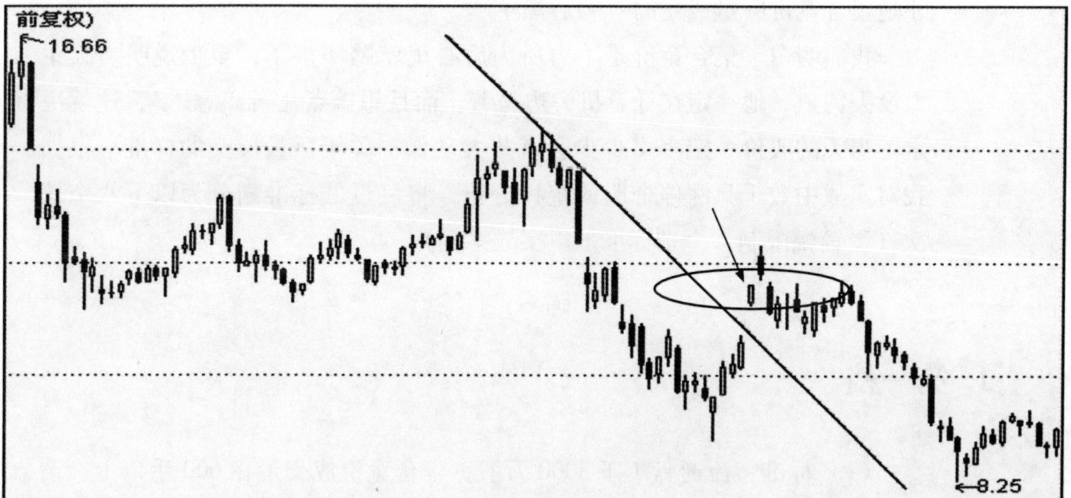

图 3-8 振华科技（000733）日 K 线图

第二节　巨量高开（下）

上节和大家交流了高开的标准，这节我们一起探讨巨量的标准，这些标准来源于实战统计，并经过多次实战检验，故这些标准在实战中有较强的实操性。

我这个地方说的巨量是指集合竞价时的成交量，也就是通常大家看到的早盘 9:25 时的成交量，如果这个时间段出现了巨额成交量，在波段涨幅较小的情况下，往往是主力在疯狂扫货的表现，个股若出现这种情况则往往是突发利好或者潜在利好造成的，或者是主力建仓完毕后开始大幅拉升的表现，它是股价启动或者加速上扬的标志。散户的力量分散，意愿也不统一，获取企业信息的渠道也很单一，所以集合竞价中的巨量成交不可能是散户所为。而对突发利好进行了精心分析或者提前获知企业内幕的主力才是集合竞价巨量成交的"幕后黑手"。

我们明白了集合竞价是主力所为后心里就踏实多了，至少说明当天主力没去钓鱼，他一定在计算机旁边坐着，而且想搞点儿新"意思"，这就决定了当天的股价一定多多少少会有些大动作。关于巨量成交的标准，根据我对实战中数千只涨停个股的统计分析，将巨量的标准划分为以下八个档次（受篇幅限制，个别标准不举实战案例）。

1. 第一档

（1）标准：流通盘小于 3000 万股，集合竞价成交量在 600 手以上，谓之巨量成交。

这个地方和大家交代一下，由于中小板股票上市数量的增多，最近出现了很多流通盘 800 多万股、1000 多万股的股票。现在两市流通盘小于 3000 万股的股票有 115 只，这个数量以后会越来越多，这里面有些高成长性的好股票，眼下行情，这些股票就是市场的热点，在市场资金面短缺的情况下，只有那些有题材、盘子小的股票才能炒起来。目前中国的 A 股已经进入了漫长的底部震荡时代，结构性行情、局部性行情将是未来很长一段时间内的主流。

（2）实战案例：如图 3 -9 和图 3 -10 所示。

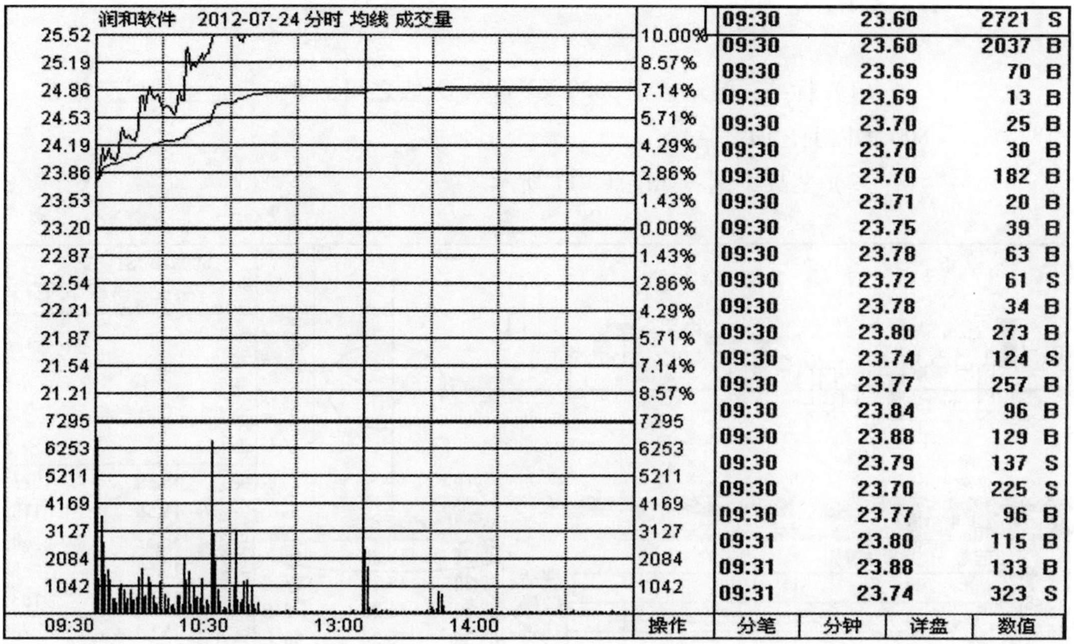

图 3 -9 润和软件（300339）2012 年 7 月 24 日分时图

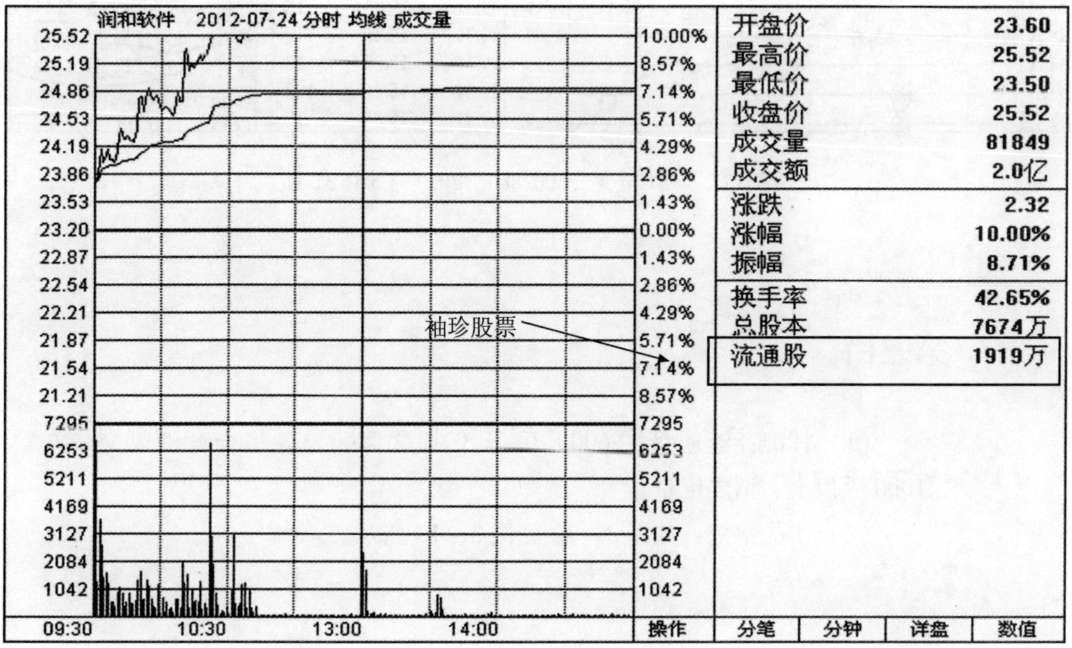

图 3 -10 润和软件（300339）盘口

2. 第二档

（1）标准：流通盘在 3000 万~6000 万股之间，早盘集合竞价成交量在 800 手以上，谓之巨量。

（2）实战案例：如图 3－11 所示。

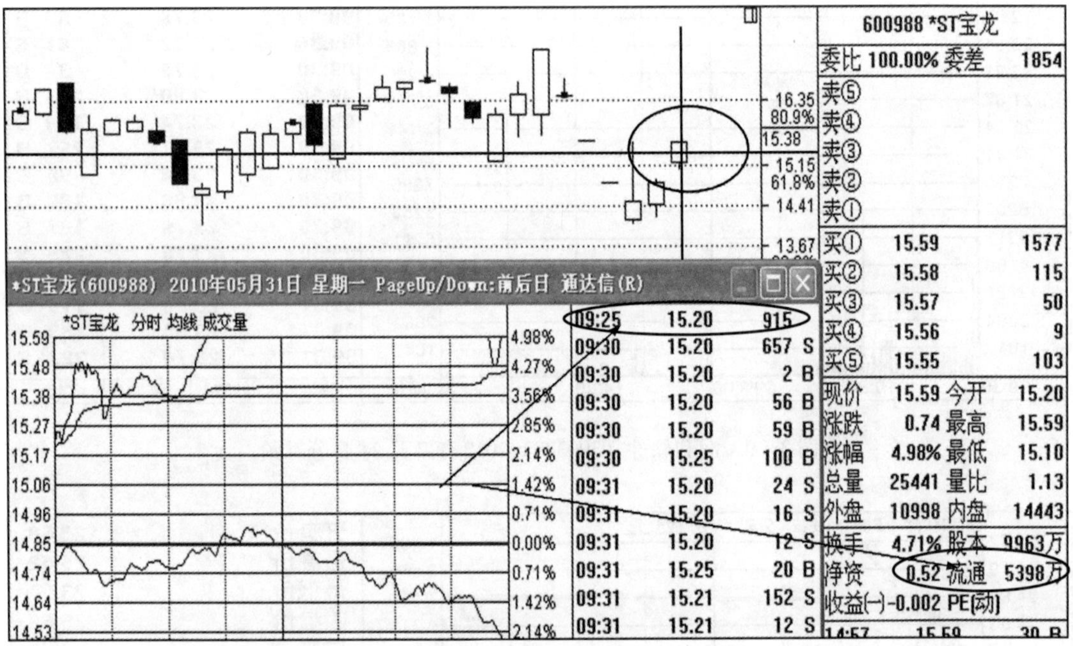

图 3－11 *ST 宝龙（600988），2010 年 5 月 31 日

3. 第三档

（1）标准：流通盘在 6000 万~1 亿股之间，早盘集合竞价成交量在 1000 手以上，谓之巨量。

（2）实战案例：如图 3－12 和图 3－13 所示。

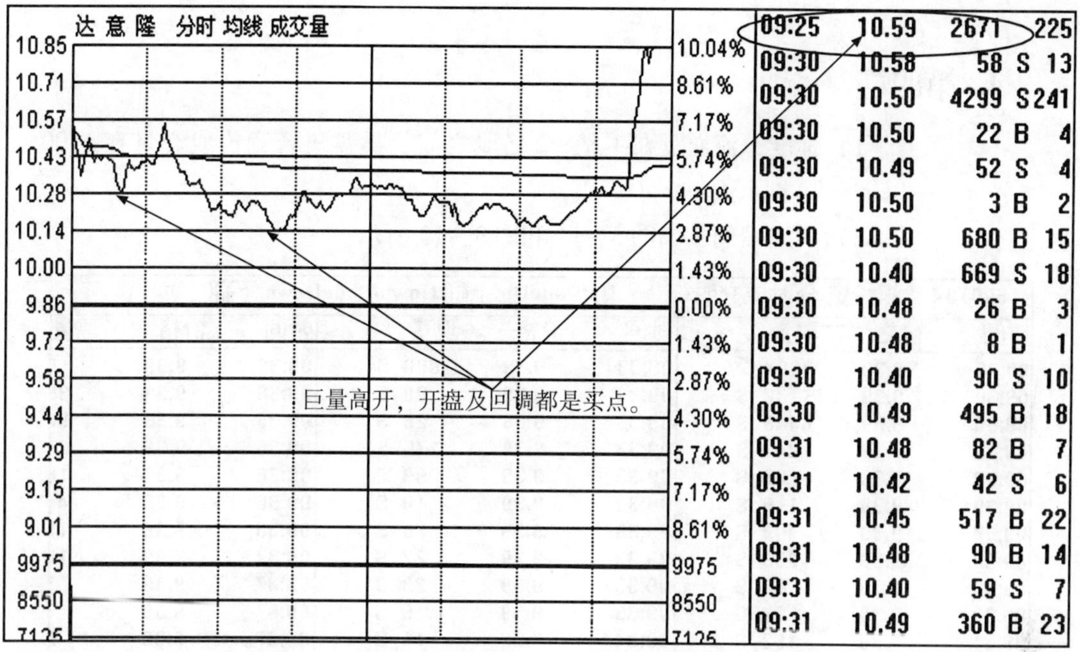

图 3－12 达意隆（002209）2010 年 5 月 28 日分时图

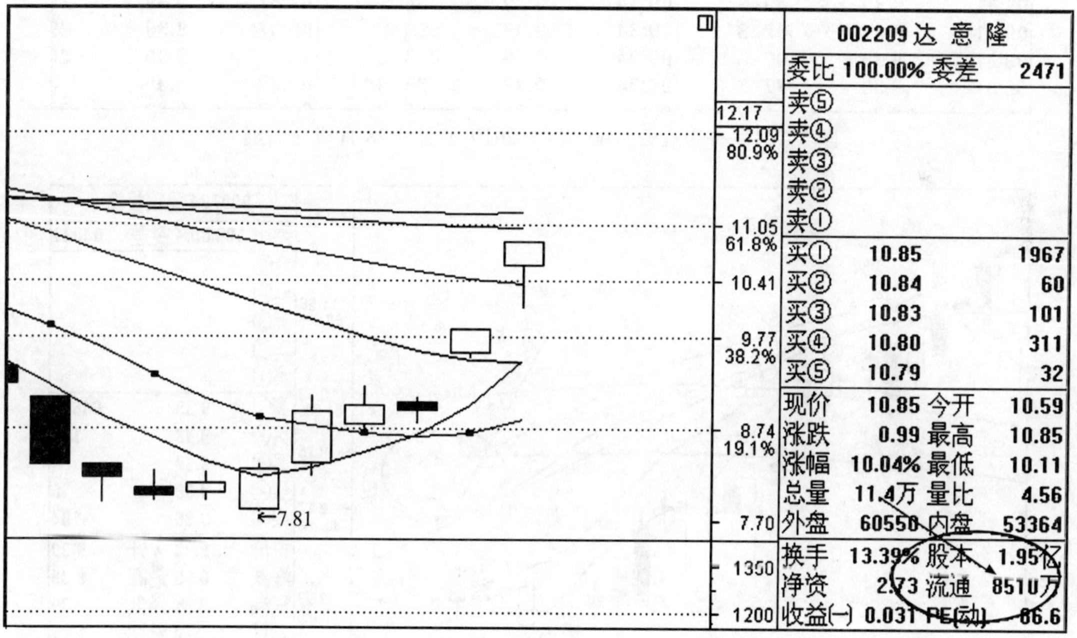

图 3－13 达意隆（002209），2010 年 5 月 28 日

4. 第四档

（1）标准：流通盘在 1 亿~2 亿股之间，早盘集合竞价成交量在 1500 手以上，谓之巨量。

（2）实战案例：如图 3－14 和图 3－15 所示。

600784 鲁银投资 分时成交明细　Up/PageUp:上翻 Down/PageDown:下翻

时间	价格	现量	时间	价格	现量	时间	价格	现量
09:25	9.39	7204	09:33	9.39	1000 S	09:36	9.39	6
09:30	9.39	11132 S	09:33	9.39	90 S	09:36	9.39	35
09:30	9.39	6448 S	09:33	9.39	28 S	09:36	9.39	92
09:30	9.39	247 S	09:33	9.39	175 S	09:36	9.39	21
09:30	9.39	63 S	09:33	9.39	99 S	09:36	9.39	16
09:30	9.39	116 S	09:33	9.39	10 S	09:36	9.39	44
09:30	9.39	403 S	09:33	9.39	26 S	09:36	9.39	18
09:30	9.39	239 S	09:33	9.39	22 S	09:37	9.39	16
09:30	9.39	98 S	09:33	9.39	23 S	09:37	9.39	3
09:30	9.39	54 S	09:33	9.39	5 S	09:37	9.39	4
09:31	9.39	162 S	09:34	9.39	11 S	09:37	9.39	5
09:31	9.39	8 S	09:34	9.39	517 S	09:37	9.39	30
09:31	9.39	147 S	09:34	9.39	195 S	09:37	9.39	542
09:31	9.39	75 S	09:34	9.39	98 S	09:37	9.39	25
09:31	9.39	549 S	09:34	9.39	65 S	09:37	9.39	26
09:31	9.39	87 S	09:34	9.39	694 S	09:37	9.39	25
09:31	9.39	105 S	09:34	9.39	270 S	09:37	9.39	20
09:31	9.39	77 S	09:34	9.39	35 S	09:37	9.39	8

图 3－14　鲁银投资（600784）2010 年 5 月 28 日成交明细

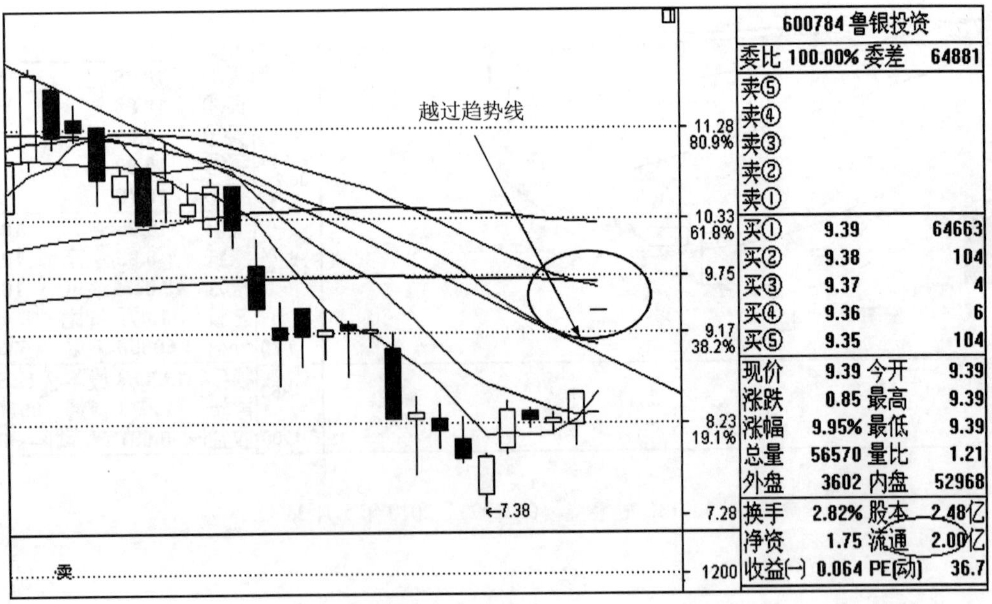

图 3－15　鲁银投资（600784），2010 年 5 月 28 日

5. 第五档

（1）标准：流通盘在 2 亿~4 亿股之间，早盘集合竞价成交量在 2000 手以上，谓之巨量。

（2）实战案例：如图 3－16 所示。

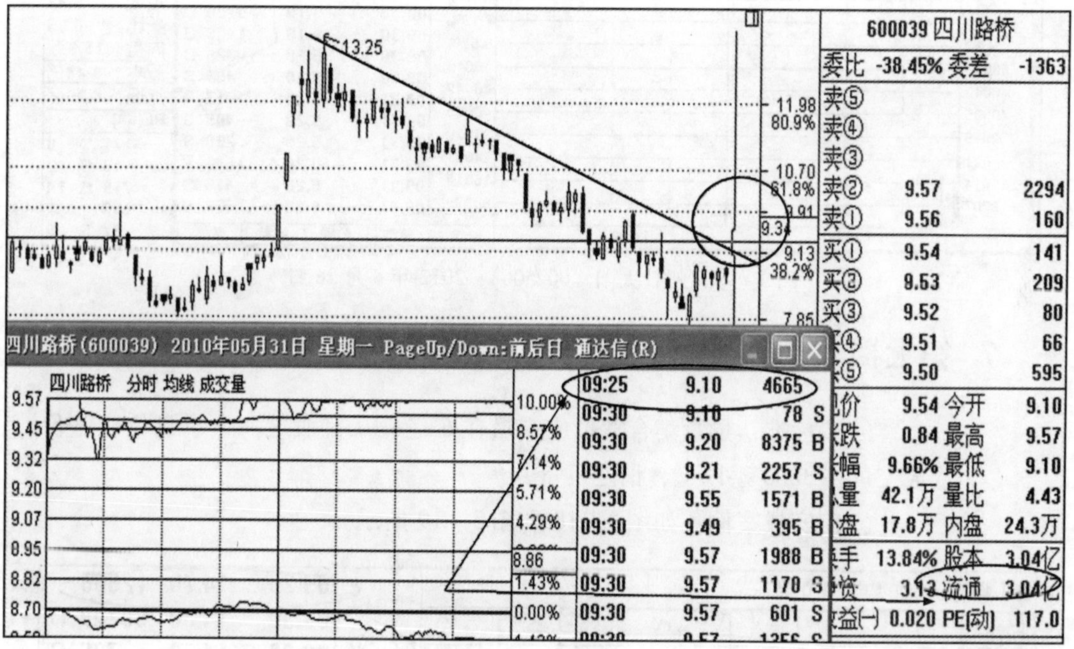

图 3－16 四川路桥（600039），2010 年 5 月 31 日

6. 第六档

（1）标准：流通盘在 4 亿~6 亿股之间，早盘集合竞价成交量在 2500 手以上，谓之巨量。

（2）实战案例：如图 3－17 所示。

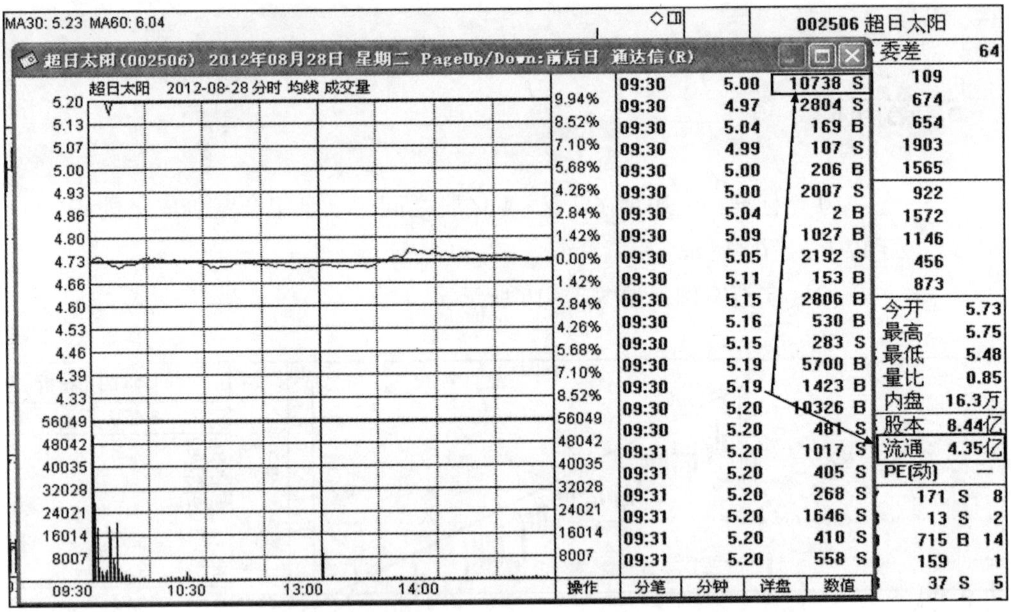

图 3－17　超日太阳（002506），2012 年 8 月 28 日

7. 第七档

（1）标准：早盘集合竞价成交量在 6 亿~10 亿股之间，早盘集合竞价成交量在 3000 手以上，谓之巨量。

（2）实战案例：如图 3－18 和图 3－19 所示。

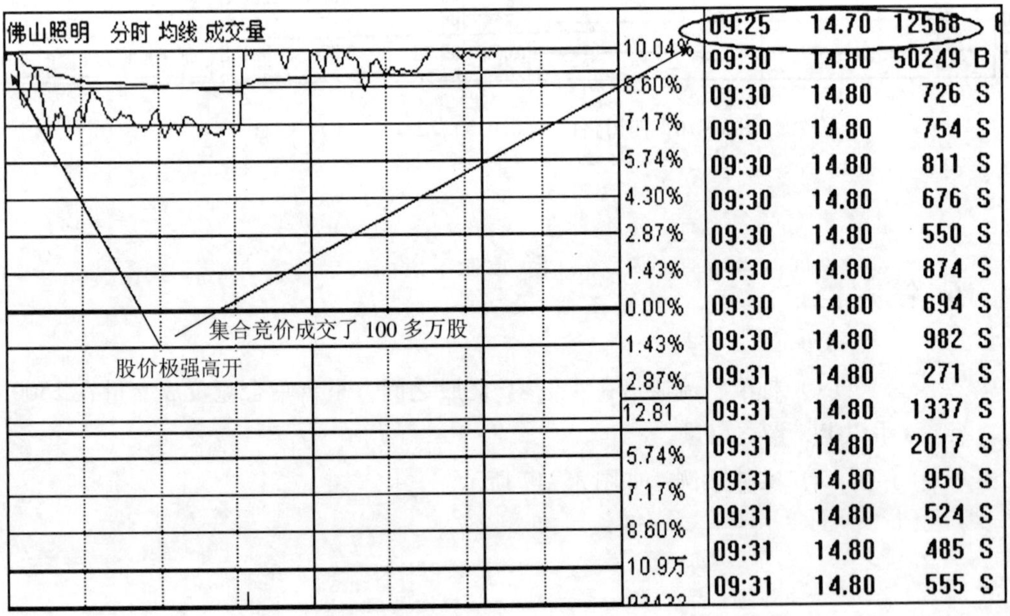

图 3－18　佛山照明（000541）2010 年 5 月 28 日分时图

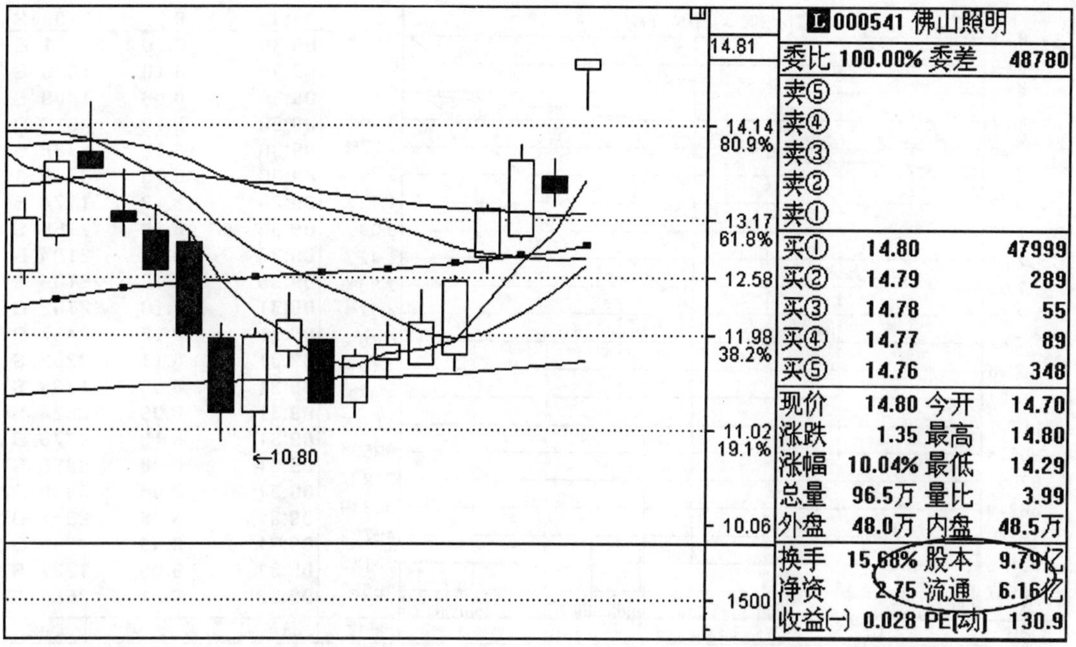

图 3－19 佛山照明（000541），2010 年 5 月 28 日

8. 第八档

（1）标准：流通盘在 10 亿股以上，早盘集合竞价成交量在 6000 手以上，谓之巨量。

（2）实战案例：如图 3－20 所示。

这八档标准来源于我和我的团队数以千计的实战统计分析，花费和倾注了我们很多心血，虽不是铁一样的不可更改的标尺，但在实战中应该会对读者朋友有重要的参考价值。事实上有时误差一点儿可能实战效果就差了很多，希望读者朋友能亲自去实战中检验，这样才能对这个量能标准有较为深刻的理解。讲完了高开的标准和巨量的标准，在此基础上，下一节将隆重推出我的涨停板战法——集合竞价选涨停。

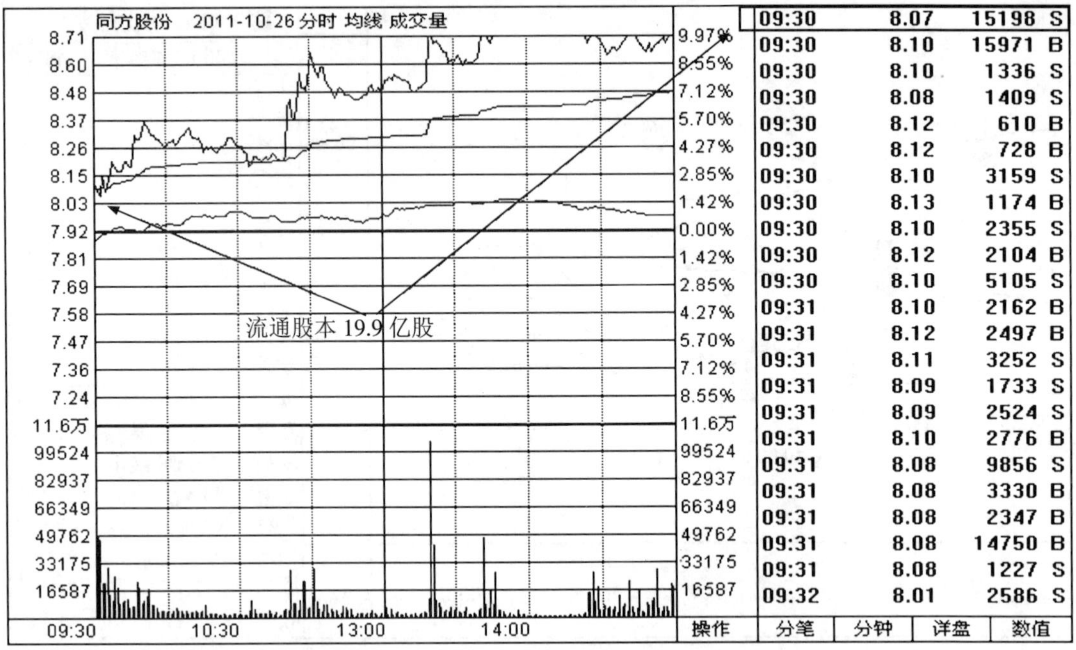

图 3－20 同方股份（600100）2011 年 10 月 26 日分时图

第三节 集合竞价选涨停

有了前面两节的内容做铺垫，这里首先推出的是涨停板战法一——集合竞价选涨停。

1. 集合竞价选涨停的操作条件

（1）股票波段涨幅小于 25%。

这里解释一下，80% 以上的个股波段涨幅在 40% 左右就会展开调整或者平台型整固，涨幅在 25% 以上的个股往往是波段涨幅的末期，再追高去买就会有被套的风险，这里要求在集合竞价选涨停前个股涨幅小于 25% 为宜。

（2）符合高开的四个标准（见本章第一节）。

这里需要说明一下，早盘集合竞价必须高开，一般要求高开在2%以上为宜，即股价至少要符合强势高开标准。

（3）符合巨量的八个标准（见本章第二节）

（4）开盘一小时股价处于强势中，回调不破开盘价、分时均价线或前日收盘价。

（5）个股均线系统多头排列最佳，30日线、60日线、120日线多头排列次之，5日线和10日线金叉最次，均线完全空头排列慎用。

（6）大盘处于牛市或波段上涨行情中最佳，大盘处于牛市小级别调整行情或平衡市中次之，大盘处于熊市或牛市大级别二浪调整中慎用。

2. 集合竞价选涨停的操作策略

（1）遵循严格的资金管理。

大盘处于牛市环境中，参与仓位可以在七成以上；平衡市四成左右的资金；大盘处于熊市环境或牛市二浪调整环境参与仓位严格控制在一成左右。这方面在第一章第二节中强调过，这里再次强调，审时度势的资金管理是职业操盘手的必备素质。

（2）在条件（1）的前提下，对符合涨停板战法的个股在资金使用上要合理分配、分散使用，个股形态好的资金多分配一些，形态不好的少分配些，但切忌孤注一掷。

股市变化莫测，涨停板战法是短打套利行为，系统环境及突发事件往往会改变个股的短线走势，主力操盘手们也不是傻子，会根据环境的改变而采取不同的策略。集合竞价选涨停法只能保证总体涨停的成功率在40%左右，无法保证某一只股一定涨停，却基本能保证盈利的概率在80%以上。因此资金分散使用有两个好处：一是能最大限度地回避因某只股票的操作失败而陷入被套的尴尬局面；二是能保证综合盈利的稳定性和持续性。

（3）实战案例。

如图3－21所示，四川路桥（600039）流通盘3.04亿，2010年5月31日，该股集合竞价时4665手巨量成交且超强高开4.3%，远高于该档的2000手标准，资金注入强度值极高。我们再看看该股的技术形态，如图3－22所示。

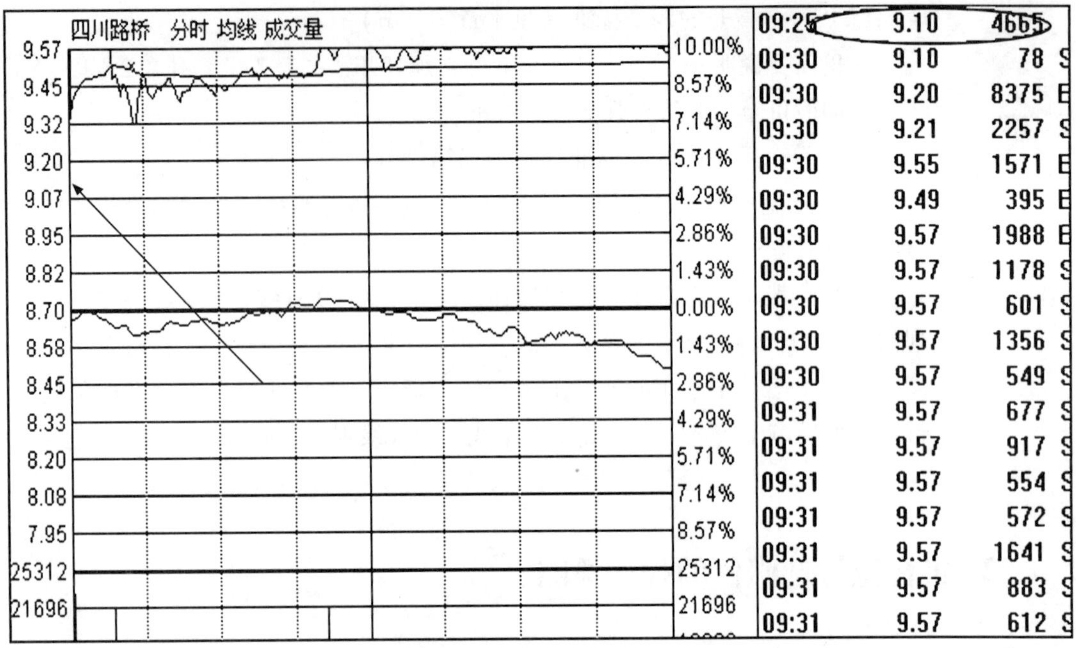

图 3－21 四川路桥（600039）2010 年 5 月 31 日分时图

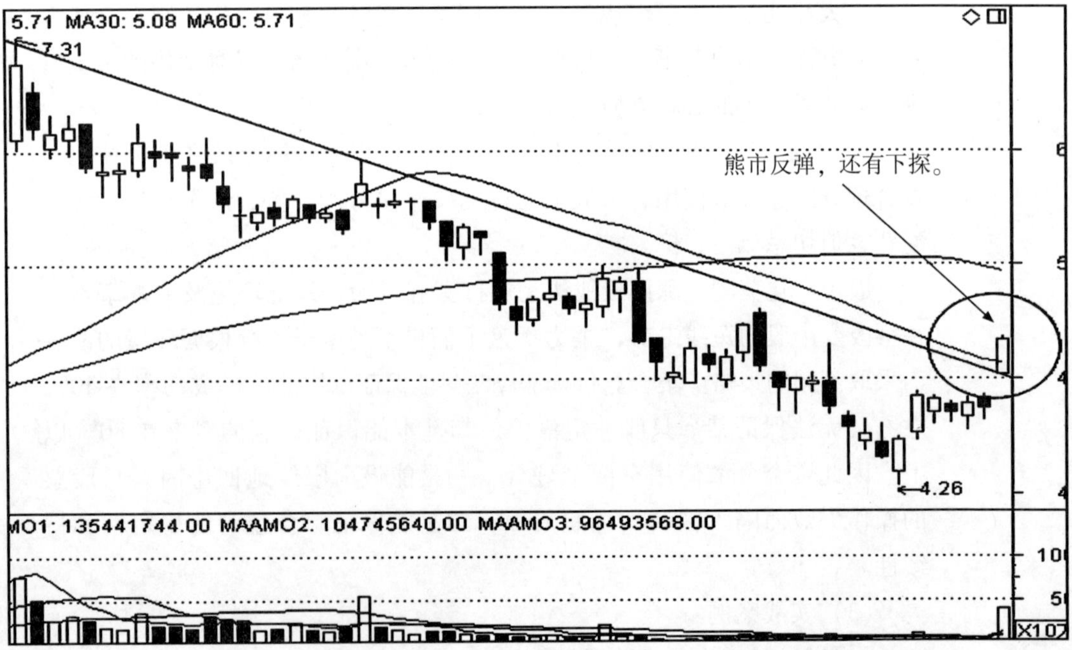

图 3－22 四川路桥（600039），2010 年 5 月 31 日

从图 3－22 中看到，该股当日刚刚突破下降趋势，但均线系统显示个

股仍处于弱势环境，大盘目前正处于下降趋势，系统环境一般，该股见底后波段反弹幅度还小。综合考虑，一成仓位参与，具体买点如图 3－23所示。

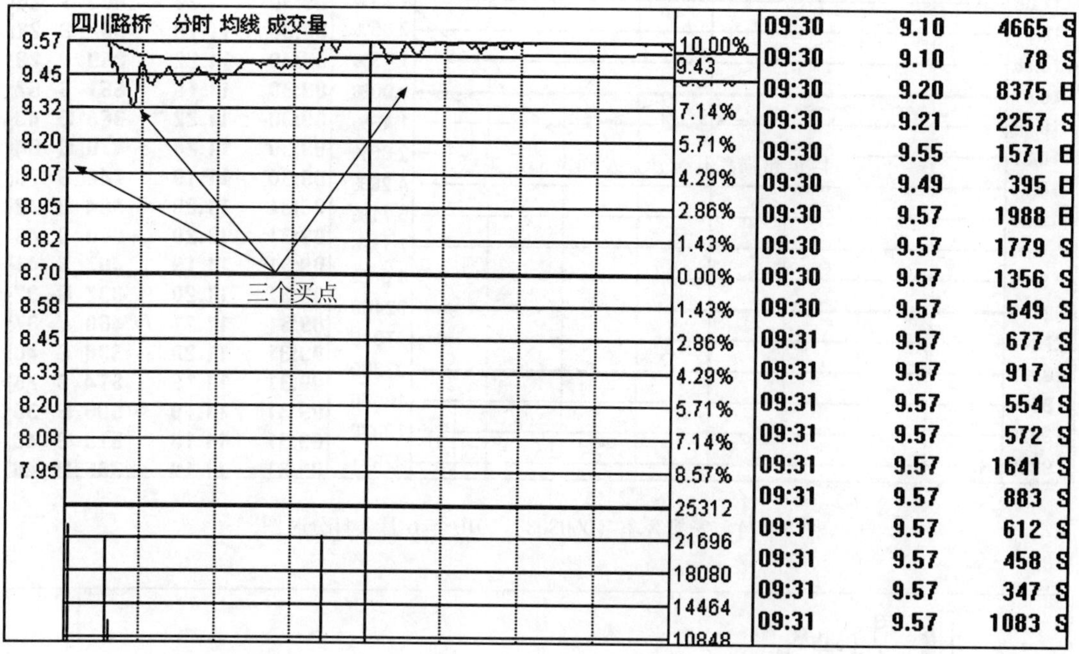

图 3－23 四川路桥（600039）2010 年 5 月 31 日买点

图 3－23 显示了三个买点，早盘开盘后可三成资金（总资金量 10% 的三成）买入，开盘回调时三成资金买入，留四成资金滚动操盘使用，该股尾盘涨停。涨停了当然皆大欢喜，但不要就此窃窃得意，该股大势环境明显较弱，此时首先要考虑的是止损问题。如果尾盘封不住涨停，那该怎么办？因此随后几日，亏损如果超过投入资金量的 3%，那就必须无条件出局。反弹不贪，贪心必被套。以下 4 个案例的分析原理同上，为节省篇章，不再废话，详情见图解，具体内容如图 3－24～图 3－31 所示。

以上是集合竞价选涨停的案例，由于大盘环境比较恶化，所以要严格按照操作条件，参与资金不要高于你仓位的三成，按资金管理使用办法投入总资金量的一成即可，练熟了到牛市中会威力无穷。

我和我的数百名学生在 2010 年 6 月 2 日和 3 日实盘时一起对集合竞价选涨停进行了实战检验，其中 6 月 2 日集合竞价符合巨量高开标准的有 11 只股票，6 月 3 日有 9 只。如图 3－32 和图 3－33 所示，为那两日选出个股收盘后的收益情况。

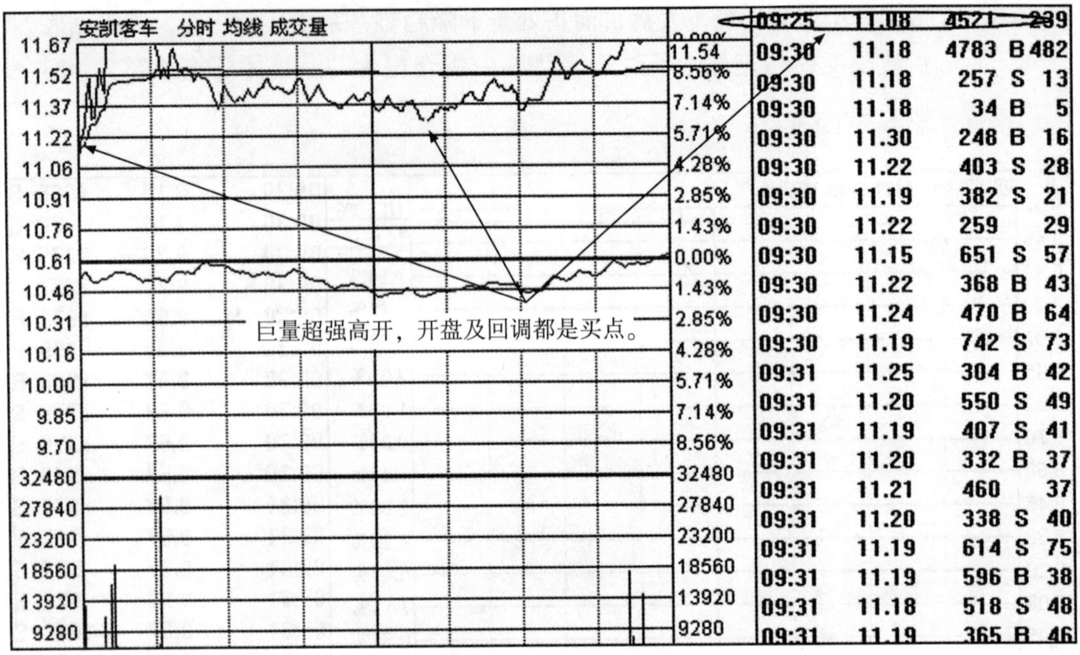

图 3－24 安凯客车（000868）2010 年 6 月 2 日分时图

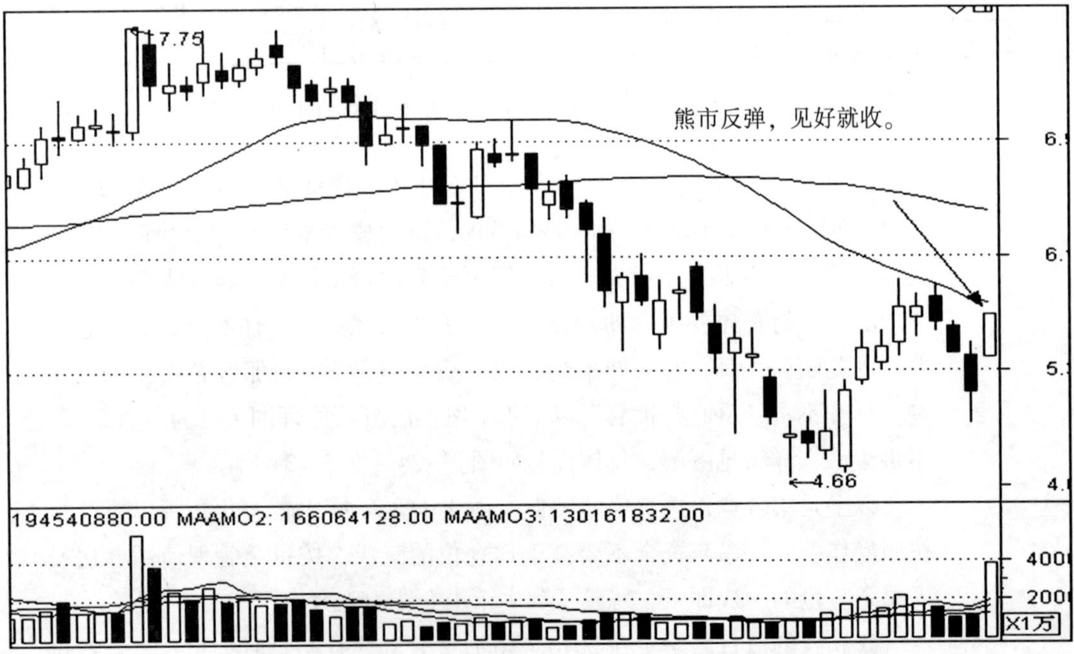

图 3－25 安凯客车（000868），2010 年 6 月 2 日

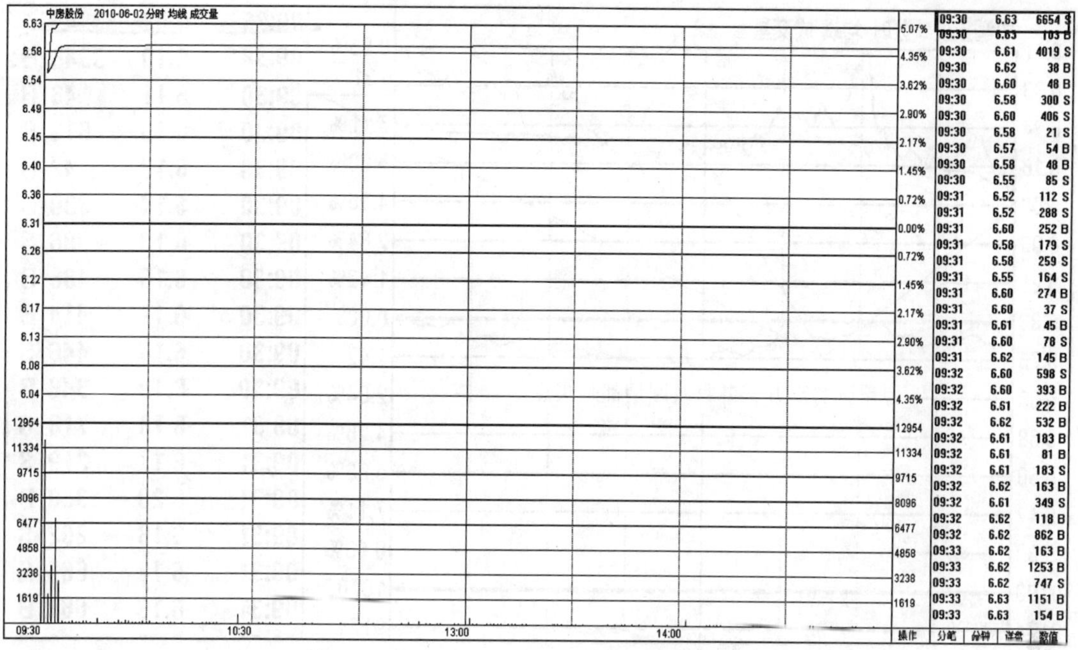

图 3－26　中房股份（600890）2010 年 6 月 2 日分时图

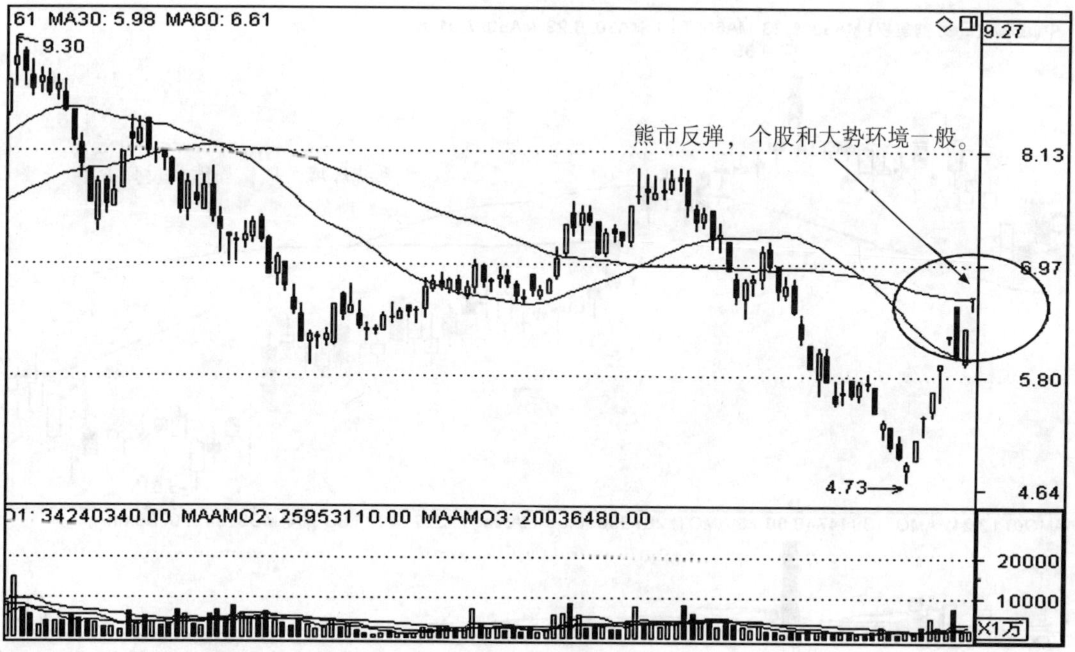

图 3－27　中房股份（600890），2010 年 6 月 2 日

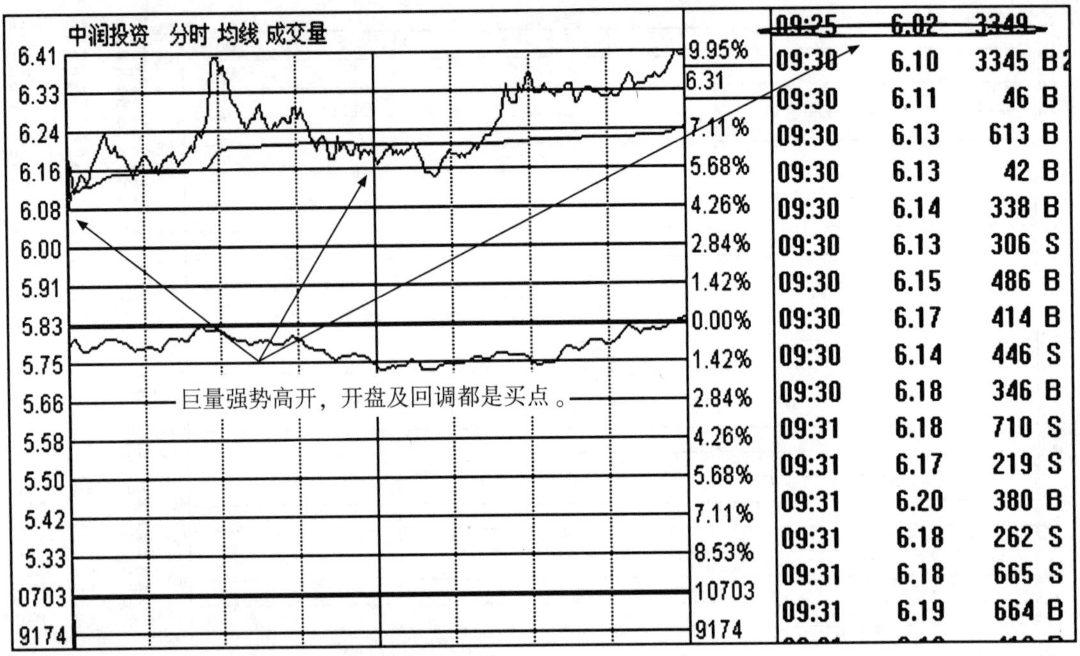

图 3-28 中润投资（000506）2010 年 6 月 2 日分时图

图 3-29 中润投资（000506），2010 年 6 月 2 日

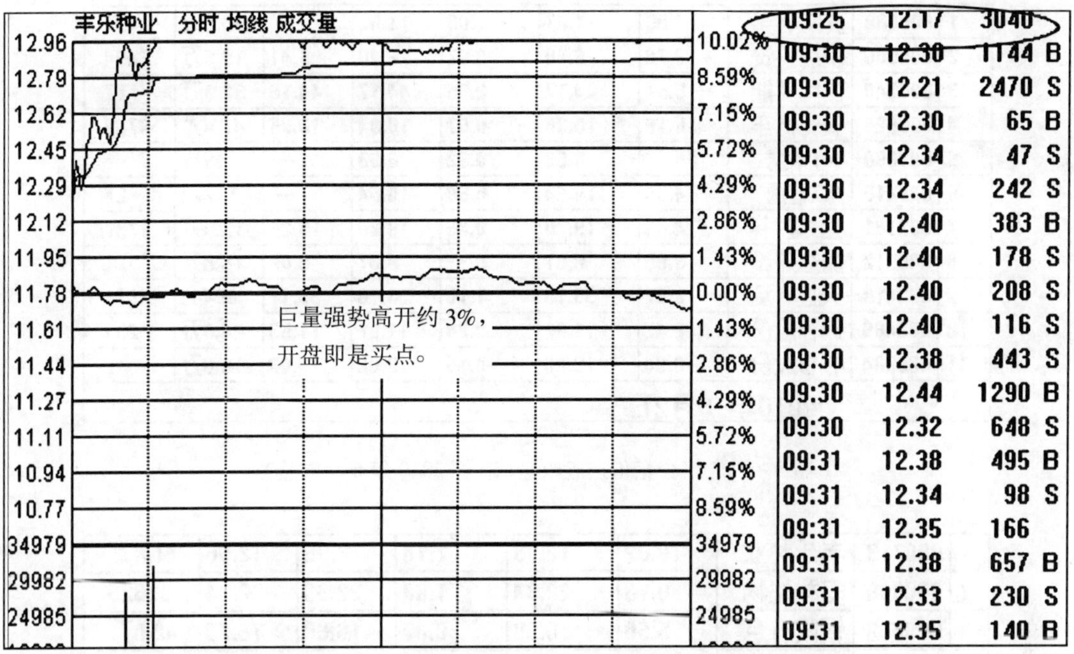

图3-30 丰乐种业（000713）2010年6月3日分时图

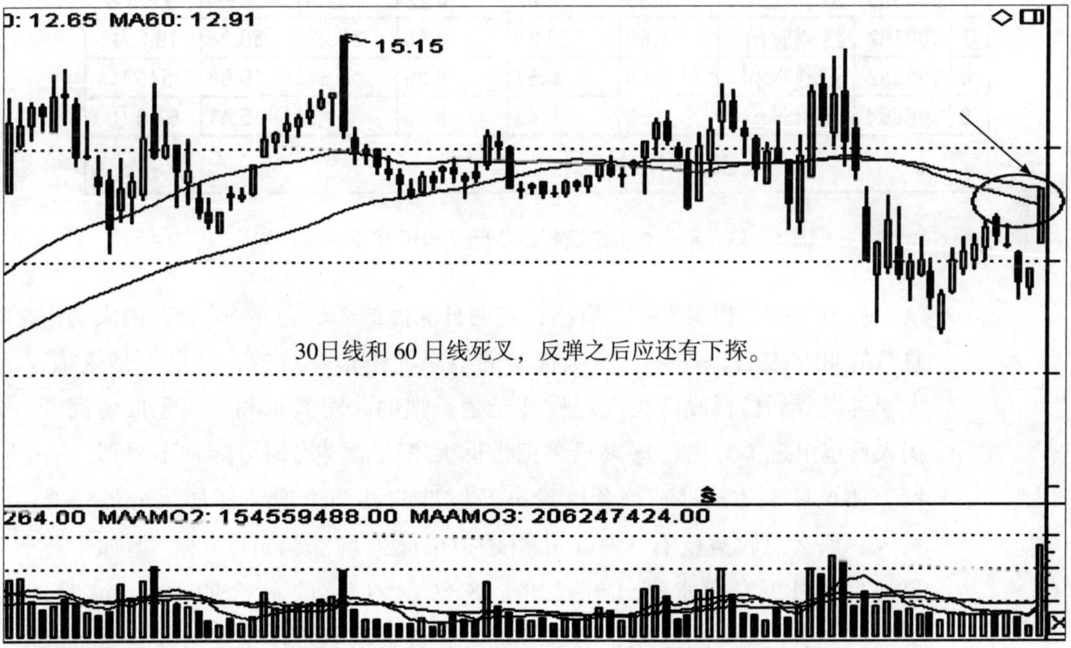

图3-31 丰乐种业（000713），2010年6月3日

1	000868	安凯客车	9.99	11.67	1.06	11.67	—	33.8万	437
2	000506	中润投资	9.78	6.40	0.57	6.40	6.41	19.5万	5494
3	600348	国阳新能	5.64	44.17	2.36	44.17	44.18	32.3万	77
4	000625	长安汽车	5.18	10.35	0.51	10.34	10.35	47.4万	3700
5	600890	*ST中房	5.07	6.63	0.32	6.63	—	30517	1
6	000415	*ST汇通	4.98	10.54	0.50	10.54	—	13779	24
7	002161	远 望 谷	4.63	19.20	0.85	19.20	19.21	12.0万	1707
8	600512	腾达建设	3.65	8.81	0.31	8.81	8.82	18.8万	1
9	002419	天虹商场	2.97	38.16	1.10	38.16	38.17	65446	571
10	600469	风神股份	2.47	11.62	0.28	11.61	11.63	24.6万	251
11	600884	杉杉股份	-0.94	19.00	-0.18	19.02	19.03	16.6万	2
2010年 6月2日									

图 3－32　集合竞价选股收盘情况（2010 年 6 月 2 日）

1	000713	丰乐种业	10.02	12.96	1.18	12.95	12.96	41.4万
2	300009	安科生物	8.13	22.34	1.68	22.33	22.34	82625
3	000630	铜陵有色	5.50	16.69	0.87	16.69	16.70	42.0万
4	000017	*ST中华A	5.05	5.82	0.28	5.82	—	9020
5	000557	ST银广夏	5.00	4.62	0.22	4.62	—	33558
6	000505	ST珠江	4.99	4.63	0.22	4.63	—	12372
7	002192	路翔股份	1.68	30.24	0.50	30.23	30.24	10.6万
8	600502	安徽水利	0.59	8.57	0.05	8.57	8.58	54531
9	600654	飞乐股份	0.56	5.40	0.03	5.40	5.41	51.0万
2010年6月3日								

图 3－33　集合竞价选股收盘情况（2010 年 6 月 3 日）

从图 3－32 和图 3－33 看出，这两日涨停的个股包括 ST 股在内大约占总数的 40% 左右，这和我多次检验的结果大体是一致的，这里不是炫耀，大家可以看到杉杉股份买入之后甚至是亏损的，安徽水利和飞乐股份高开买入后也出现了亏损，这里只是想告诉大家资金要均匀分配，不要孤注一掷。如 6 月 3 日，对于符合巨量高开标准的九档个股，你如果分散资金买入，那么总收益就有 3% （九档是指个股平均涨幅近 5%）。但如果你孤注一掷只买安徽水利（开盘价是 8. 80 元/股，收盘价是 8. 57 元/股）那么你会有近 3% 的亏损，所以合理分配资金获取总体稳定的收益是极其重要的。

3. 集合竞价在软件上的混沌操作

我们先通过表（表3－1）梳理一下集合竞价巨量标准。

表3－1 集合竞价巨量标准表

流通盘	集合竞价成交量	换手率
≤3000万股	≥600手	≥2‰
3000万~6000万股	≥800手	1.33‰~2.67‰
6000万~1亿股	≥1000手	1.00‰~1.67‰
1亿~2亿股	≥1500手	0.75‰~1.50‰
2亿~4亿股	≥2000手	0.50‰~1.00‰
4亿~6亿股	≥2500手	0.42‰~0.60‰
6亿~10亿股	≥3000手	0.30‰~0.50‰
≥10亿股	≥6000手	≥0.60‰

从表3－1中看到，集合竞价巨量成交八档标准虽成交量差异较大，但换手率区间相对稳定，大体在0.3‰~2.67‰之间浮动，由于实盘中4亿股以上的涨停个股相对较少，因此我们取前五档标准的换手率下限0.5‰，即将0.05%作为成交量的一个底线。从中可以看出这也大体兼顾了后三档标准，所以可以在软件上设置换手率>0.05%来作为一个选股条件。

同时，我们再通过表3－2来梳理一下高开的标准。

表3－2 集合竞价高开的标准

高开级别	高开幅度（用 h 表示）
寻常高开	$0<h\leq 2\%$
强势高开	$2\%<h\leq 4\%$
超强高开	$4\%<h\leq 7\%$
极强高开	$7\%<h\leq 10\%$

这四档标准高开幅度在0%~10%之间。这里有必要说一下的是，集合竞价选涨停不适用于上市首日的新股和当日无涨跌幅限制的新股，所以一

旦有上市首日的新股或当日无涨跌幅限制的股改或重组股则必须剔除。由于高开幅度在0%～1%之间的个股最后涨停的概率相对较小，所以我们取高开幅度 $h>1\%$ 为底线。

有了换手率和高开幅度这两个指标，我们就可以在软件中设置选股条件，每天早盘9:25～9:30就可以很方便地选出符合条件的股票。

第一步，在通达信软件中打开“功能→选股器→定制选股”对话框，如图3－34所示。

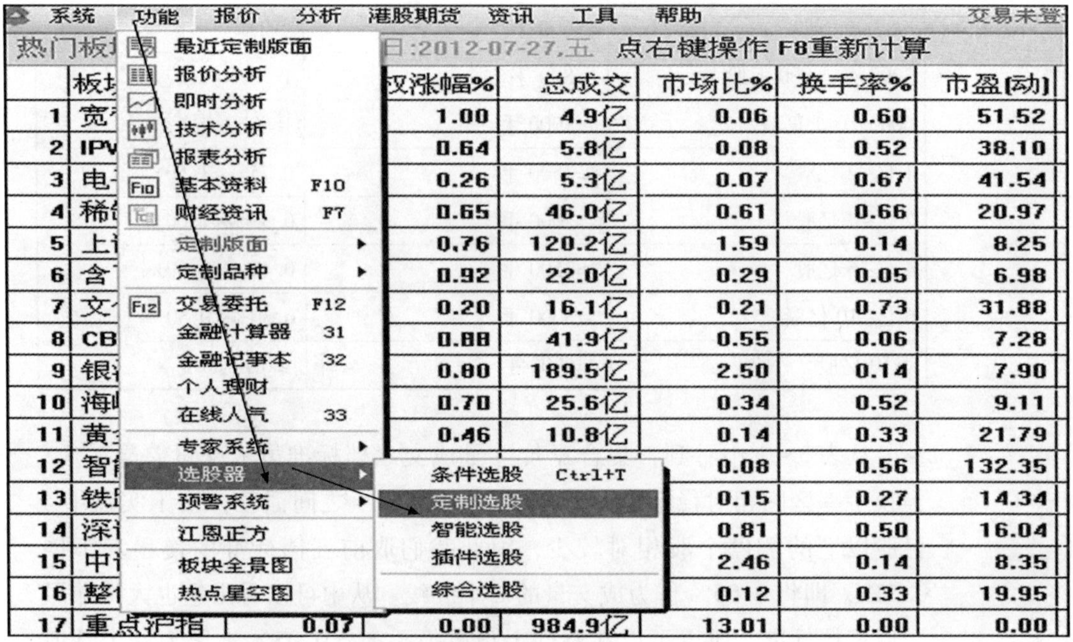

图3－34　功能→选股器→定制选股

第二步，在定制选股对话框中，单击“行情”对话框，将涨幅设为>1%加入条件，如图3－35所示。

然后，将换手率设置为>0.05%加入条件，如图3－36所示。

单击“保存方案”按钮，取名“集合竞价选涨停”，如图3－37所示。

第三步，每天早上9:25～9:30，在通达信软件中打开“功能→选股器→定制选股”对话框，然后单击“引入方案”，调出选股方案“集合竞价选涨停”，单击“确定”按钮，再单击“执行选股”按钮，就可以选出符合条件的个股了。由于只有5分钟，最好在9:25后立马执行选股，这样可留有较多时间来结合个股形态下单，如图3－38所示。

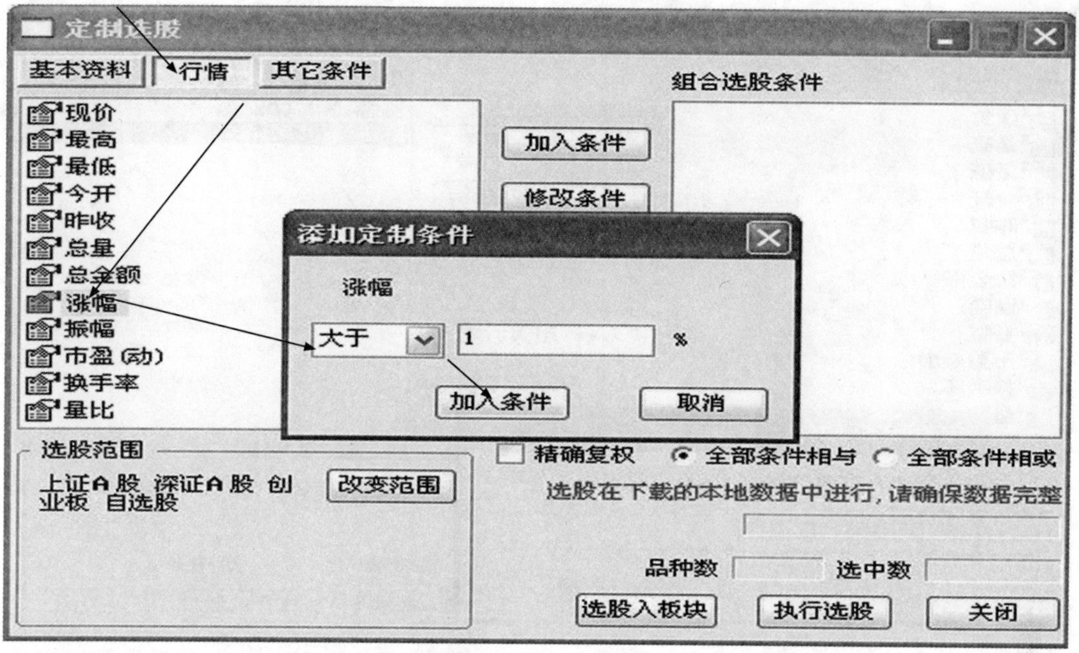

图 3-35　选股加入条件 1

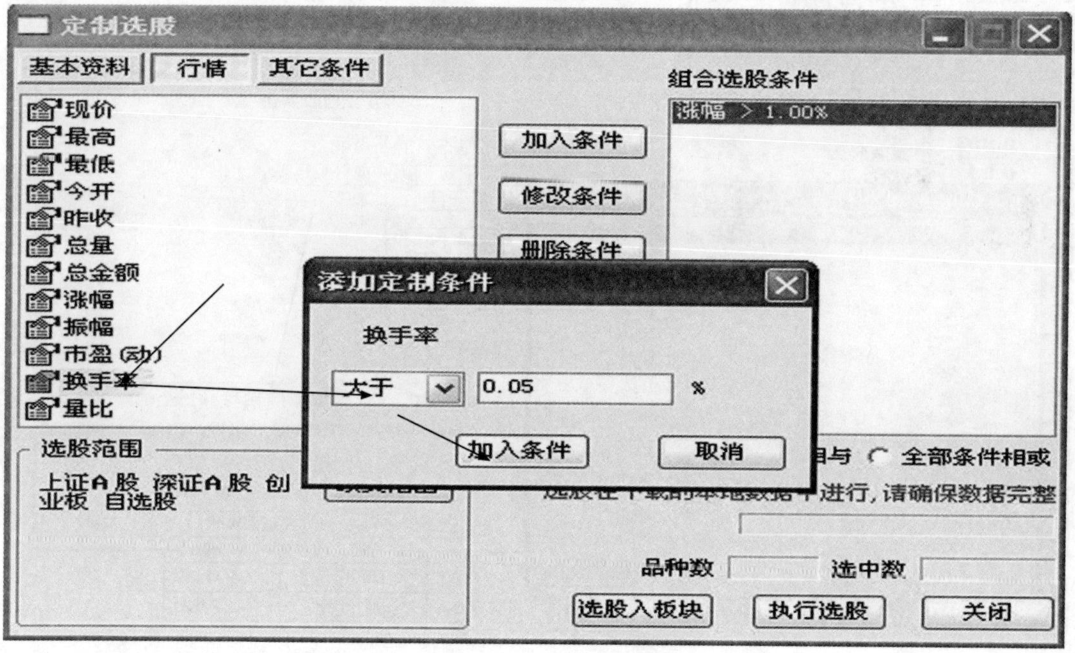

图 3-36　选股加入条件 2

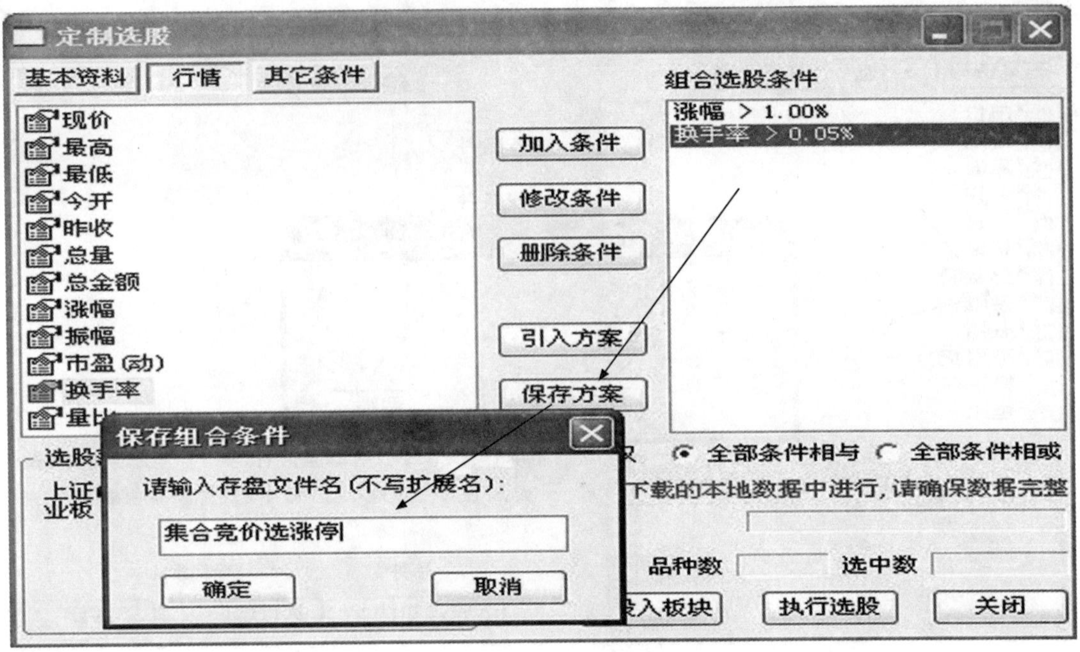

图 3－37　选股取名

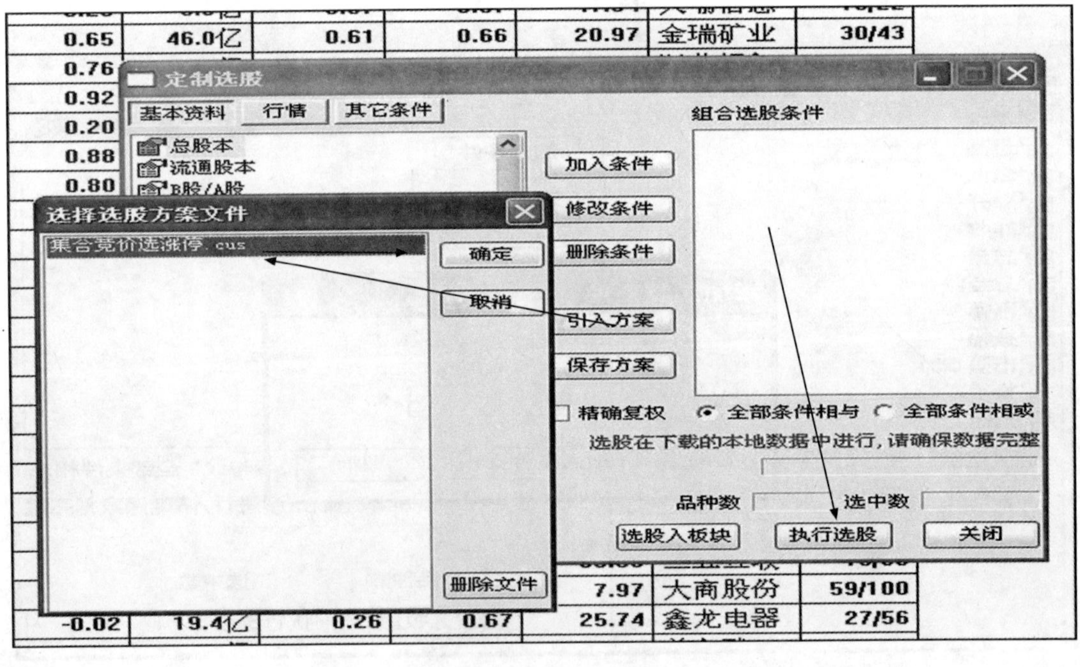

图 3－38　选股下单准备

在书稿整理时，我和我的数百名学生在 2012 年 7 月 24 日、25 日、26 日 3 天再次对集合竞价选涨停进行实盘检验，如图 3－39 所示。由于大盘处于极度弱势中，这3天每天符合条件的股平均为15.63只，涨停概率为21.24%，对符合条件的个股每天分散资金下单，3天的收益率分别为1.1%、-0.5%、2.3%，市场环境弱，收益就差了些，但考虑这3天每天盘中跌停和大跌的个股很多，所以对此结果勉强可以接受。

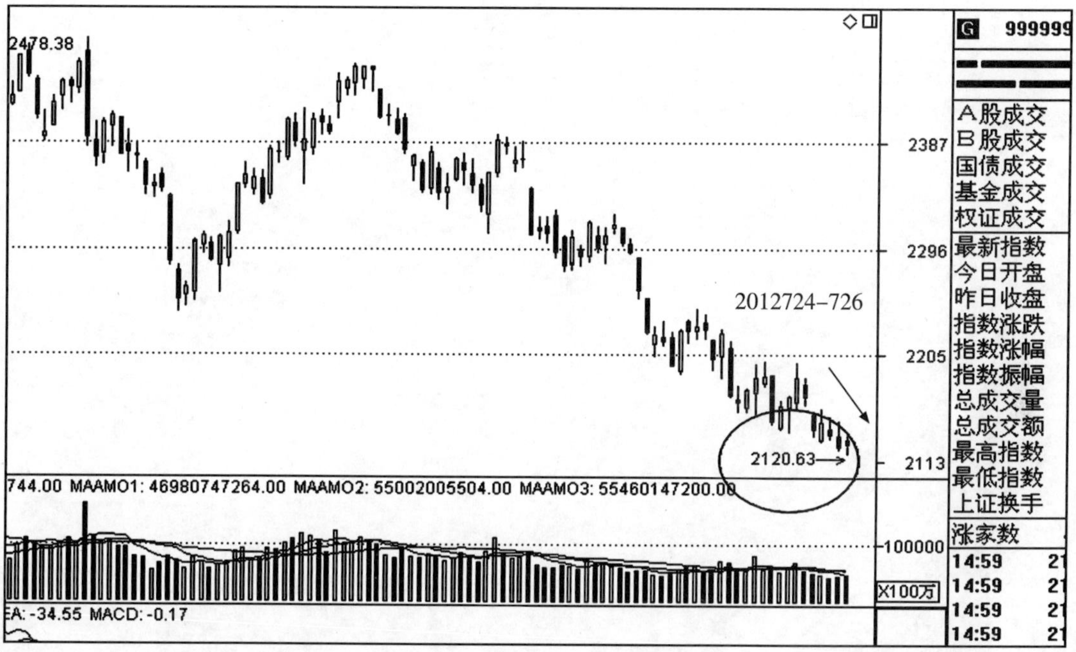

图3-39 2012年7月大盘走势

因为软件中的这种条件选股方法设置不是和巨量高开标准精确对应的，所以称之为混沌操作。但具体个股选出来后下单时还是要仔细思考的，如果记性好，那最好能和标准完全对应起来，不符合标准的个股可剔除，这样成功的精度才更高。

股市中每天涨停股不少，但实际我们通过集合竞价选涨停选出的股票只是其中的几只，另外一些涨停股票是用我们的集合竞价选涨停法选不出来的。那怎么样才能发现这些漏网之鱼呢？在下一章节中我们在涨停性质分析和涨停强度研究的基础上，推出涨停板战法二——追涨法。

第四章

涨停板战法二

——追涨法

涨停板的性质体现了个股幕后主力的意图，涨停的强度暗含着个股短线的风险和机会，识别风险，把握机会，适时介入，你定能赢过主力。

第一节　涨停性质

涨停板从来都是主力操纵股价的行为，因此它必然体现该股幕后主力的用意。从涨停板的性质来看，涨停板大体有以下三种类型：建仓型涨停板；洗盘型涨停板；出货型涨停板。

1. 建仓型涨停板

在熊市中主力很容易在低位吃到大量廉价筹码，因此熊市环境中利用涨停板建仓的概率并不大，但在牛市中由于中国股市牛短熊长的特质，基于资金运作的急迫性，从建仓到拉升直至出货势必要在短期内完成，涨停板则能实现主力快速建仓的目的，因此涨停板建仓是牛市主力常用的建仓手法之一。在牛市中，一般有两类股票容易受到主力的青睐，也是涨停板建仓的首选：一是资质甚好具备长期高成长能力的企业；二是突发中长期显著利好的企业。这两类企业的股票具备基本面的强有力支撑，主力在大势环境较好的情况下，为了取得对股价走势的发言权，势必要取得足够数量的流通筹码，因此常常采用涨停板拉升完成快速建仓任务。对于此类股票，在控制仓位分配的情况下，要敢于狙击，和主力同步建仓。

如图 4－1 和图 4－2 所示，信立泰（002294），可谓是 A 股市场上数一数二的好股票，上市首日涨幅小，第二日主力高开 5% 以上，一波涨停，观察一下分时走势，抛盘很小，稀稀疏疏，明眼人一看就知道不是主力所为，是其中不明就里的散户卖出了宝贵筹码，如此健康的盘面大可涨停价排队买入，如果挂单时间早则还是有可能买到的。

如图 4－3 和图 4－4 所示，巴安水务（300262），这只股本来基本面没多少亮点，但有个比较大的特质就是流通盘小，只有 3000 万股，流通市值 6 亿多元，适逢 2012 年 5 月份节能环保十二五规划出台。根据规划十二五环保产业产值将达 4 万亿规模，不少散户显然不能很好地解读这个产业政策，A 股上市的环保公司就那 20 多家，这个受益真不是一般的大！巴安水务便是环保板块中的一只，它的这个涨停由于以温和放量的形式站上了长

图 4－1　信立泰（002294），2009 年 9 月 11 日

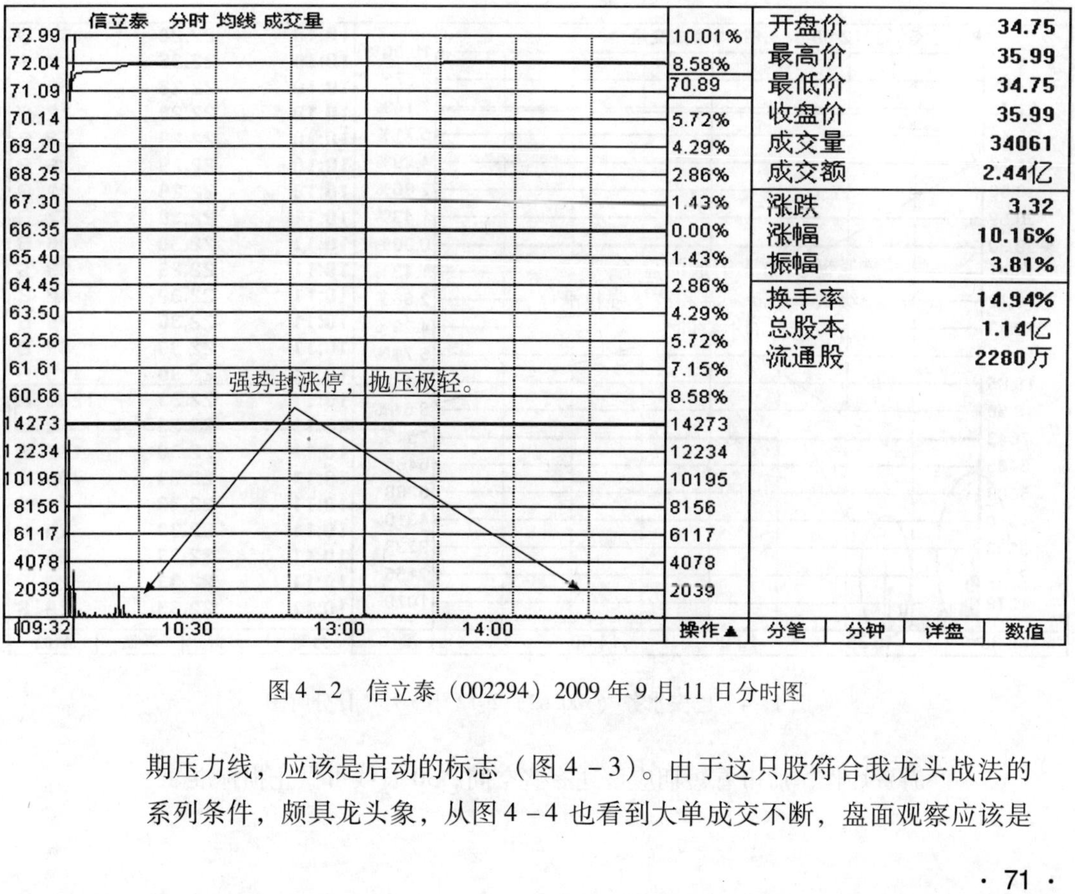

图 4－2　信立泰（002294）2009 年 9 月 11 日分时图

期压力线，应该是启动的标志（图 4－3）。由于这只股符合我龙头战法的系列条件，颇具龙头象，从图 4－4 也看到大单成交不断，盘面观察应该是

图 4－3　巴安水务（300262），2012 年 5 月 7 日

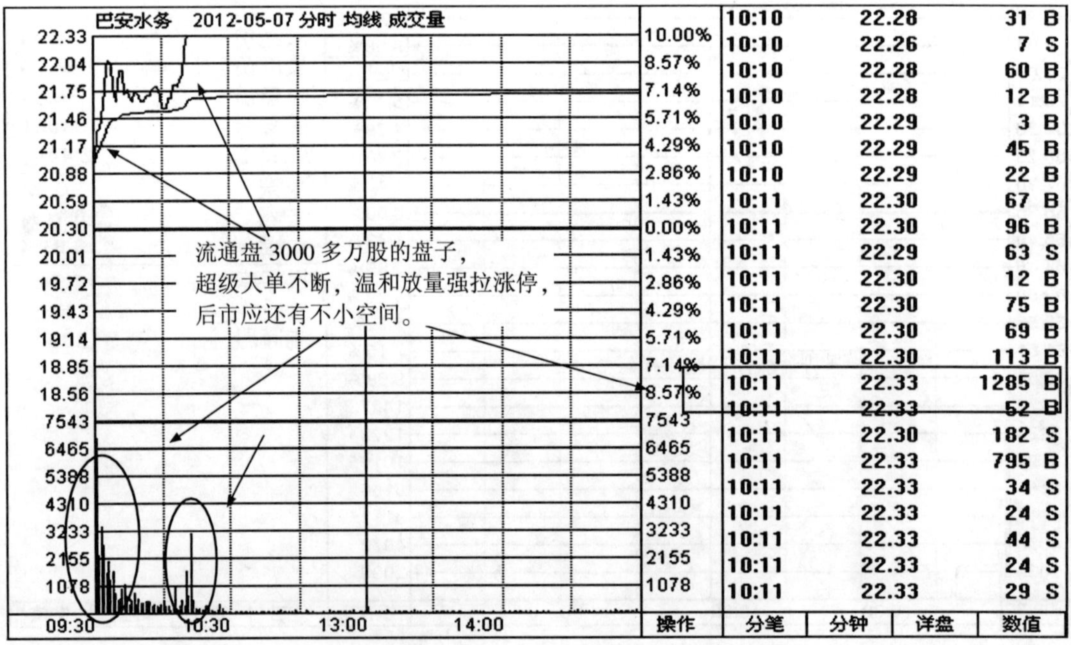

图 4－4　巴安水务（300262）2012 年 5 月 7 日分时图

游资炒作，后市看短期应该还有些空间，30 日线可做止损标准。

2. 洗盘型涨停板

散户胆子都不是特别大，和那些蜗牛般地慢慢洗盘震仓相比，涨停板洗盘无论从力度还是效率上看皆属出类拔萃者，这个在临盘甄别时还真需要下一番功夫。一般来说，只要个股涨幅不是特别大，涨停多为洗盘性质，当然这要结合当日的盘口具体分析。对于洗盘型涨停板，其价值自不如建仓型涨停板，但如果真的踏空了，这也不失为一个好的介入机会。

仍以信立泰（002294）为例，如图4－5所示，对于这只股票有点儿爱不释手，该股2009年10月20日涨停，从它的走势来看，在此涨停前该股波段涨幅并不大。从该股当日分时走势（图4－6）看，主力投入巨资拉涨停，涨停后迅速开板，但仔细观察可发现，开板抛盘量并不是特别大，这种波段涨幅不多、分时抛盘不大的情形多属于强势洗盘的走势，踏空的人可逢开板时适量买入，当然时间段最好选择下午2:30以后，那时开板量基本就可分析定性了。这个地方还需要再啰唆一句，其实很多炒股书籍都是马后炮般的照本宣科，实际上面对未知在实盘下单时，我也和大家一样总

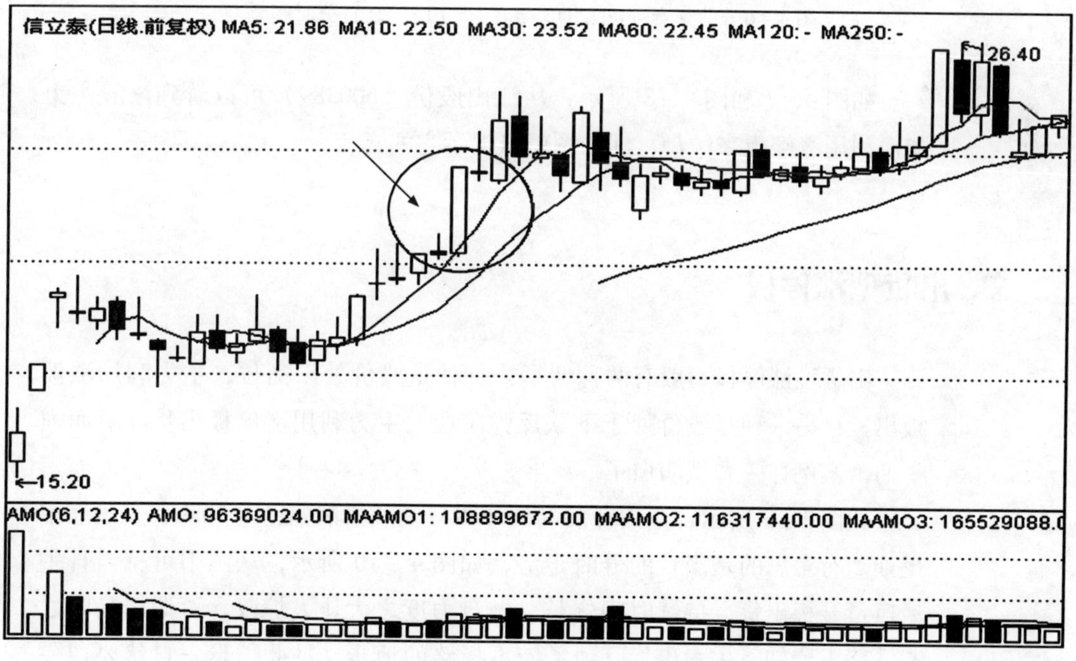

图4－5 信立泰（002294），2009年10月20日

是或多或少地存在着疑惑和恐惧，对于该股当日的涨停还要结合其他因素综合研判，比如大家看该日该股成交量能较为温和，这显然并非头部特征，5日线也异常挺拔，这种时候就要考验诸位的看盘功力了。

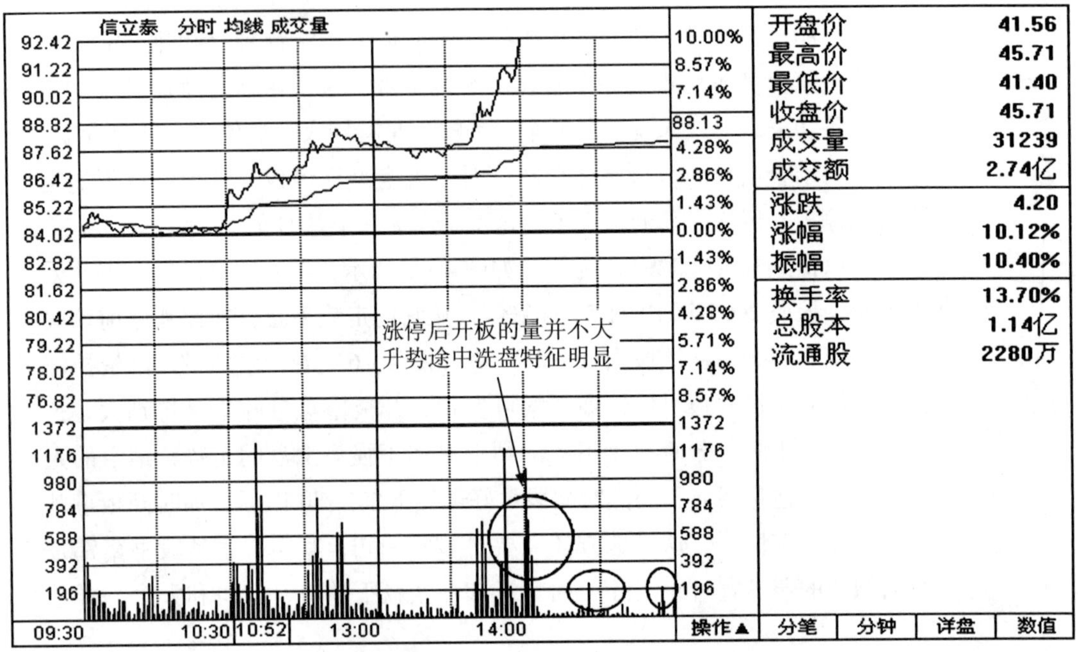

图4－6　信立泰（002294）2009年10月20日分时图

如图4－7和图4－8所示，从江山股份（600389）可以看到该股主力如何利用涨停板来洗盘，即用图就可揭示它的真相。

3. 出货型涨停板

出货型涨停板一般有两种情形：一种是股价处于高位，主力利用涨停板出货；另一种是股价处于下跌反弹阶段，主力利用涨停板出货。下面列举两个案例，一看就明白了。

如图4－9所示，金山开发（600679）的波段涨幅已过50%，属于涨幅尾期。有意思的是当日的分时走势，如图4－10所示，从图中可见当日午后巨量开板出货，持续时间之长、抛盘力度之大让人惊叹，可谓司马昭之心，路人皆知，主力出货已到了慌不择路的地步，见此情形，自然要留一手做好防备了。

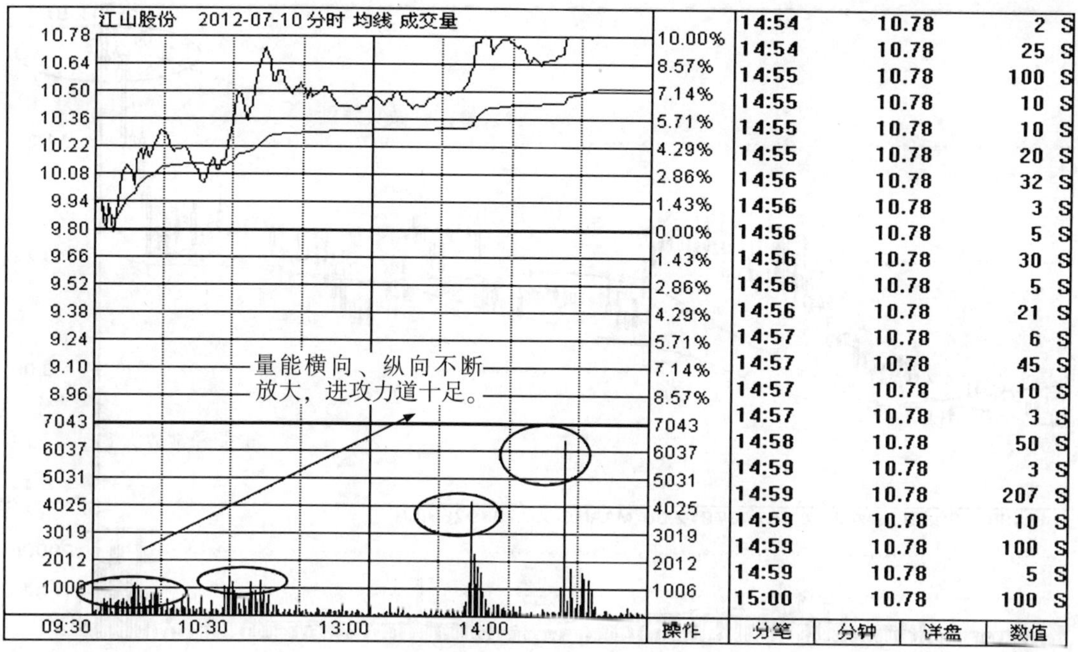

图 4－7　江山股份（600389）2012 年 7 月 10 日分时图

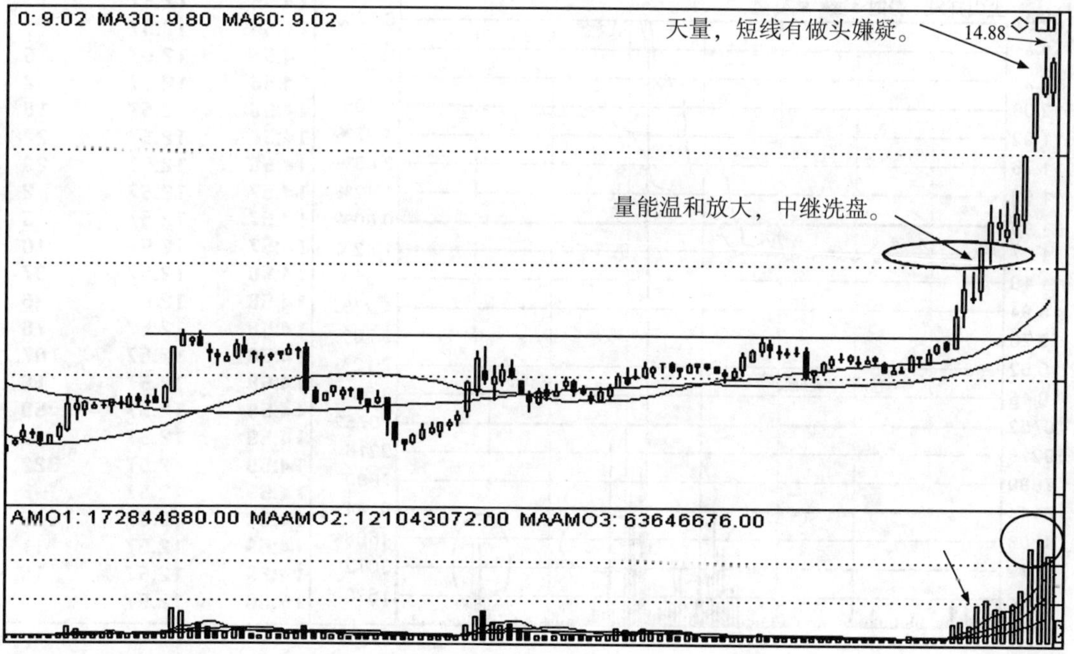

图 4－8　江山股份（600389），2012 年 7 月 10 日

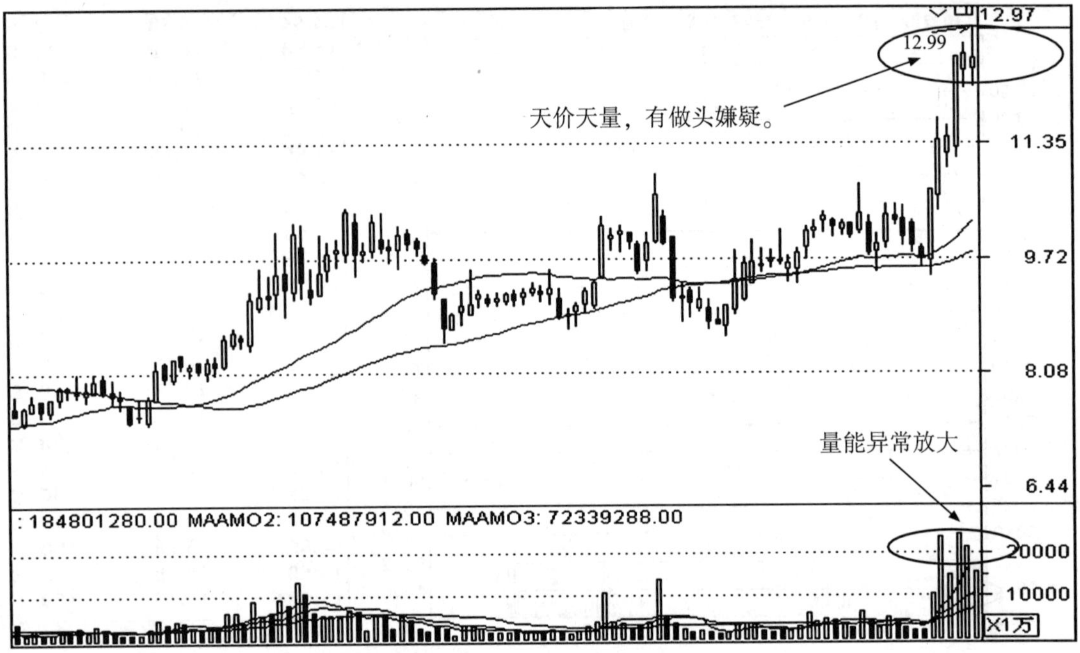

图4－9　金山开发（600679），2010年3月18日

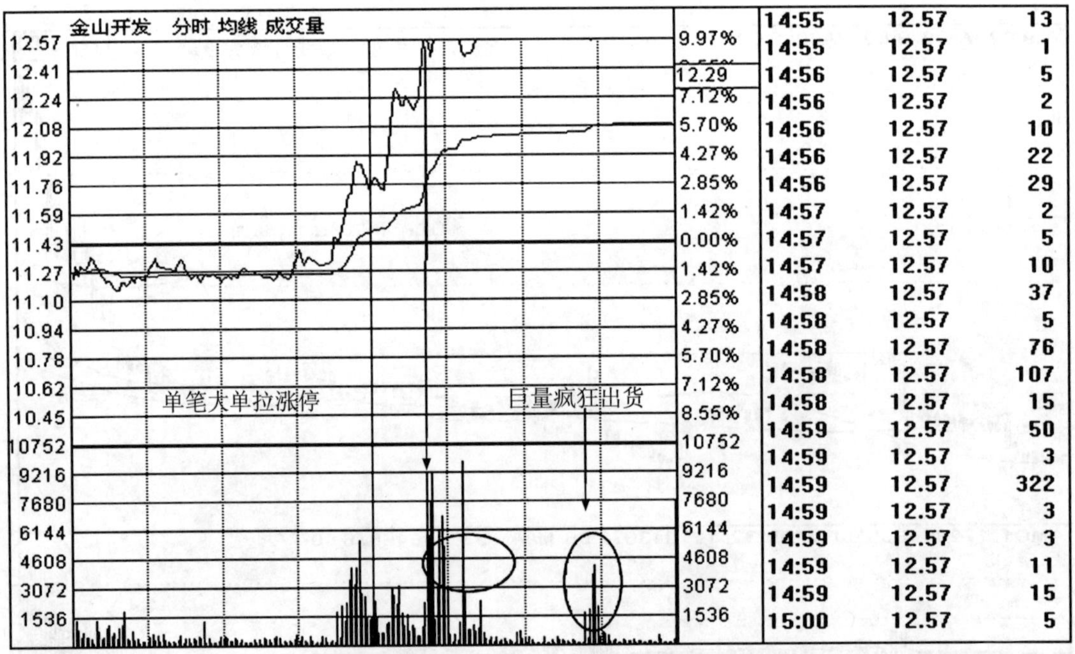

图4－10　金山开发（600679）2010年3月18日分时图

如图4－11和图4－12所示，铜陵有色（000630）在图4－11所示的下跌趋势中，且均线密集压制，拉出的涨停多半是利用涨停板出货，临盘时切

不可上当，从当日分时走势图看也是清清楚楚的，涨停板开板出货的量远胜于全天其他时段成交量之和，可见主力是在偷偷摸摸地出了。

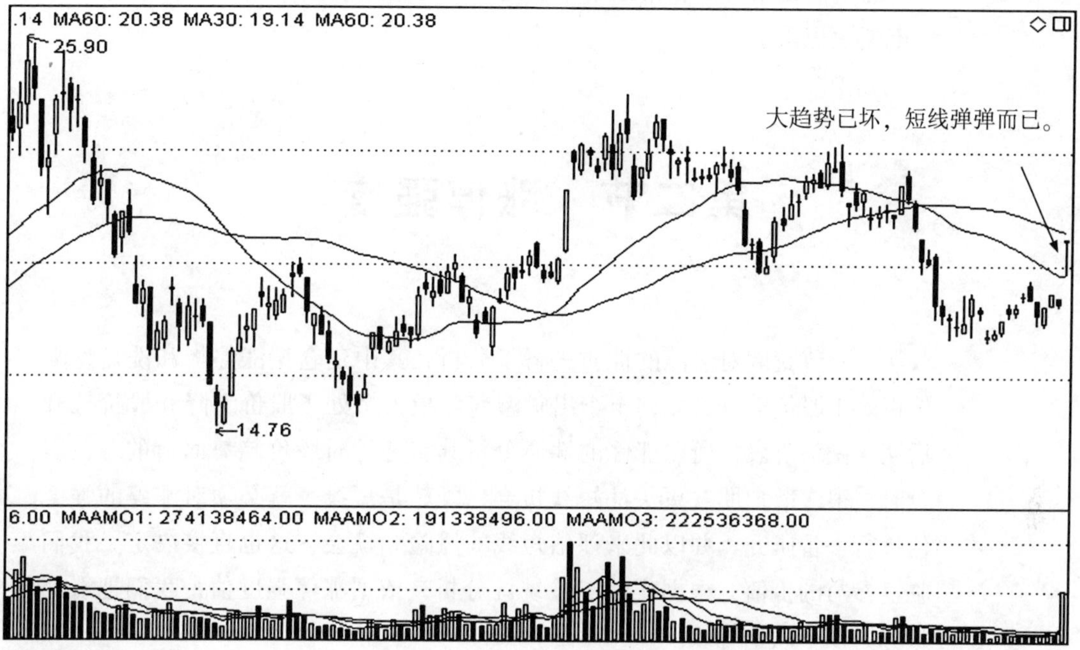

图 4－11　铜陵有色（000630），2010 年 3 月 1 日

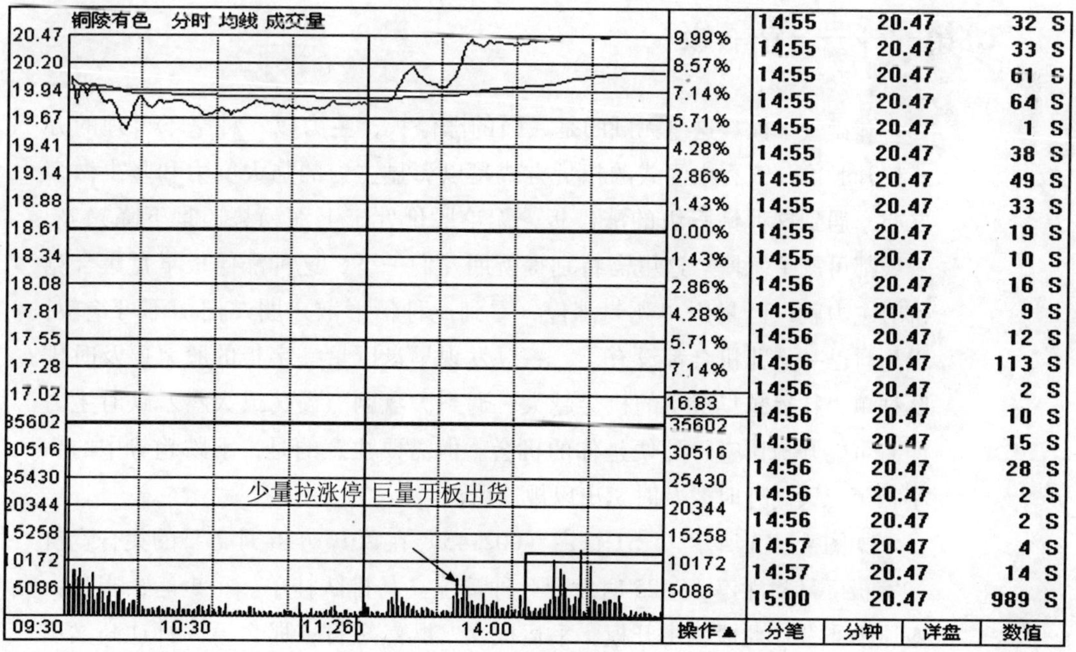

图 4－12　铜陵有色（000630）2010 年 3 月 1 日分时图

如何区分以上涨停板的这三种特性呢？一是要看大盘环境和个股趋势；二是要对个股基本面和突发利好以及对国家产业政策有较强的解读能力。第一点我们在第一章和第二章中介绍过了，第二点则需要大家在平时实践中不断地积累了。

第二节　涨停强度

上一节我们对涨停的性质进行了分析，其中建仓型涨停板和洗盘型涨停板处于股价上升阶段，至于出货型涨停板大多处于股价下降和股价拉升后期的做头阶段，所以涨停的性质分析其实是针对股价趋势而言的。在实盘时，很多散户朋友更关注短线机会，既然是短线，就必须对涨停的强度值进行一番研究，并以此来评估短线的风险和机会，这也直接决定了我们临盘参与的价值。根据实战经验统计分析，依据涨停强度值，我们把涨停板分为以下六个等级。

1. 第一等——钻石级

开盘一字板。这毫无疑问是最强的涨停板，主力以一种毫不讲理的方式拉升股价，气吞山河式的扫货方式足以彰显主力的强大实力和坚决做多之心，遇到这种钻石级的涨停板，无论股价处于上涨趋势还是下降趋势，短线都可放手一搏。这里需特别提醒朋友们一下，这种涨停板早盘集合竞价时主力就以巨量封单死封涨停，看到此种情形散户朋友们切不可绝望，以为自己一点儿机会都没有了，一旦发现早盘巨量一字板的股票要及时排队挂单，挂得越早成交的机会越大，遇到大盘剧烈震荡或大盘暴跌时主力便有可能开板诱空，那便是你的机会。但需要注意的是，下跌趋势中的一字板第二天高开时要及时卖出以规避风险。

如图 4－13 所示，*ST 钛白（002145）在 2010 年 6 月 7 日的集合竞价一字板巨量封涨停，9:25 时发现此种情况立马排队挂单。很走运，当日大盘剧烈震荡，此股盘中开板，幸运成交。既然短打，那么第二日冲高卖出是不二选择。

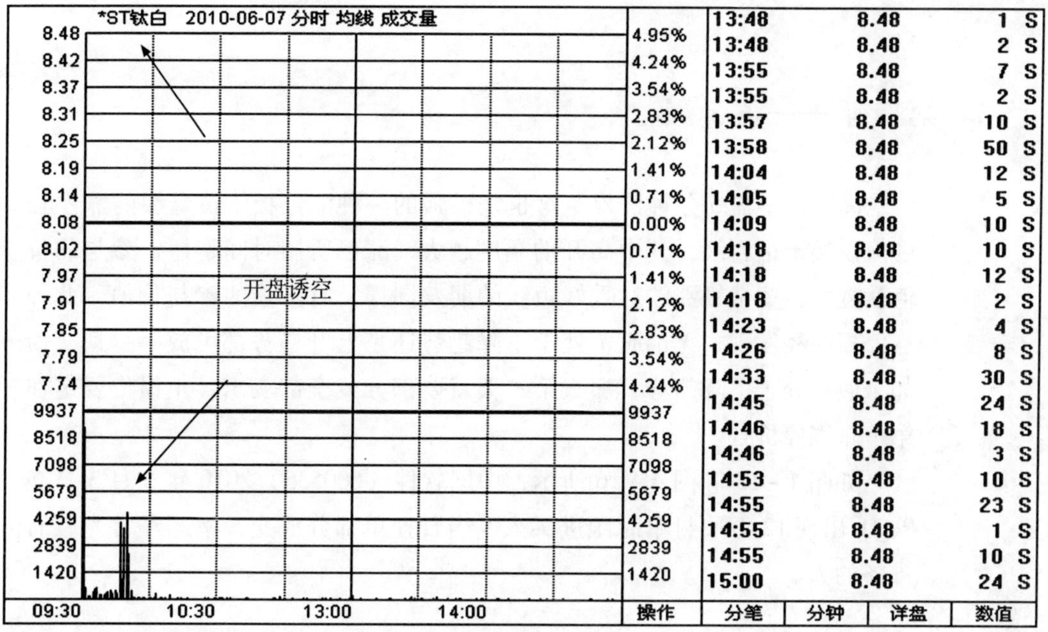

图 4－13　*ST 钛白（002145）2010 年 6 月 7 日分时图

高兴的还在后头，第二日此股开盘便巨量封死涨停，此种情形便可继续持有，但股价毕竟处于明显的下降趋势中，第三日开盘无法封涨停宜卖出。从图 4－14 中可以看出第三日该股高开诱多后便转头大跌，由于是重要阻力线受阻，沽空自然没商量。

图 4－14　*ST 钛白（002145），2010 年 6 月 7 日

2. 第二等——黄金级

高开，早盘5分钟涨停。这也是极强的一种涨停板，黄金级的涨停强度值仅逊于钻石级，其中高开的幅度越大，涨停所用时间越短，参与的价值就越大，黄金级涨停对爱好短线的朋友同样具有极强的参与价值。此种涨停板一经发现，无论股价处于下降趋势还是上升趋势都可放手一搏，但如果股价处于下降趋势，那么第二天就要部分或全部卖出，止损位要定在第一日涨停价处。

如图4-15和图4-16所示，中国软件（600536）2010年6月3日在9:31出现12万股封单时跟进买入，当日挂单部分成交，幸运经常光顾有准备的人。

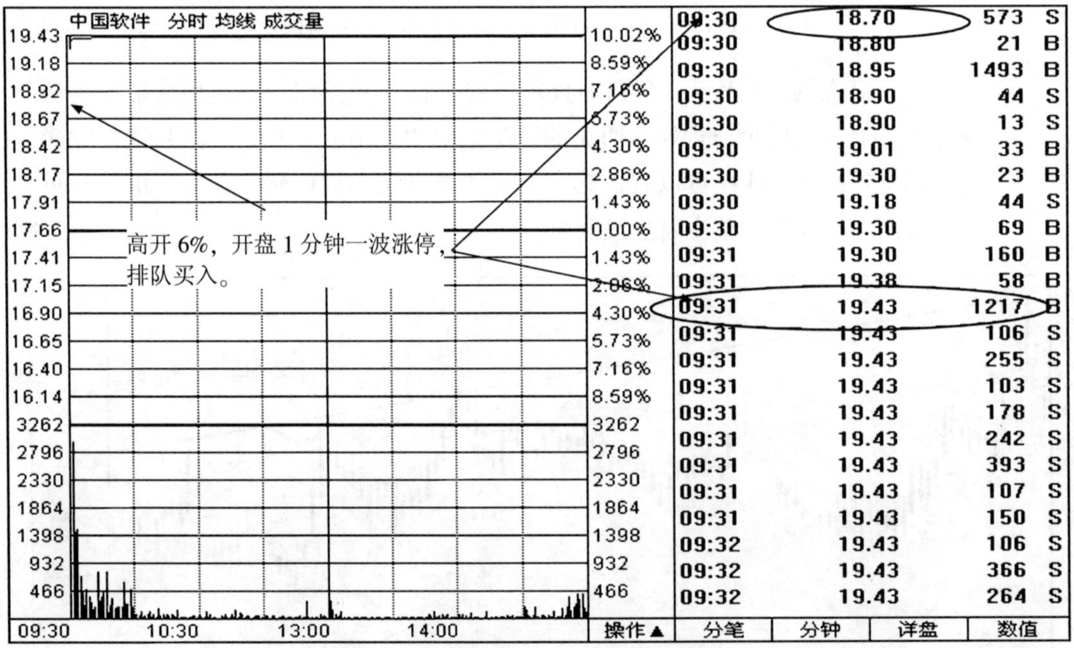

图4-15 中国软件（600536）2010年6月3日分时图

根据战术纪律，第二日早盘紧盯盘口，发现没破前日涨停价，临盘观望，直至接近涨停板时全部卖出，短线赚了10%。很可惜似乎卖早了，第三日该股继续涨停，第四日继续大涨，考虑股价处于下降趋势，少赚一点儿就少赚一点儿，只要不赔就可接受，想来只能这样安慰自己了。其实耐

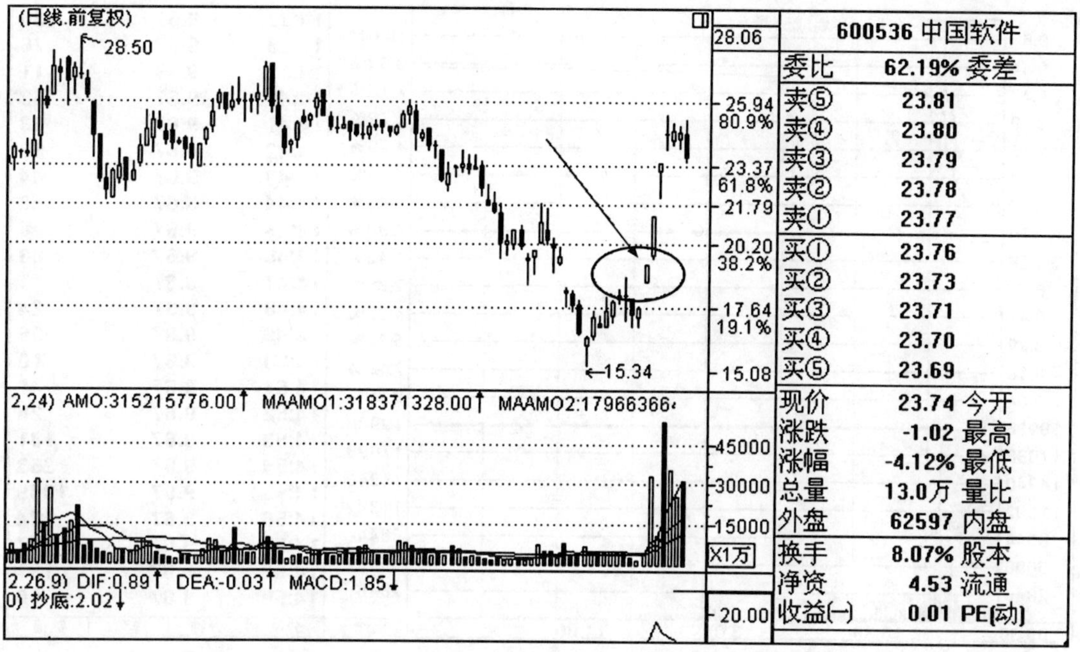

图4－16 中国软件（600536），2010年6月3日

心的朋友在第二日涨停后可观望，只要第三日不破第二日收盘价便可持有，第四日、第五日及其后可同样处理。

3. 第三等——白银级

高开，早盘开盘1小时内封死涨停。这里是指在早盘9:30～10:30之间封死涨停的股票，这个时间段内封死涨停时间越早其强度值越高，临盘参与的价值也便越大。能无视大盘好坏敢在早盘1小时内封死涨停的股票，其大无畏精神可见一斑，就凭这一点足可以见证主力实力的强大和做多之心的坚决。这同样是很强的一种涨停，无论上涨还是下跌，短线都可放手一搏，但下跌趋势中第二日要及时派发出去，以防夜长梦多。

如图4－17和图4－18所示，广电网络（600831）2010年1月8日早盘半小时四波封死涨停，股价突破箱体，主力做多决心异常坚决，临盘可在最后一笔封死涨停前跟进，或在涨停后排队买入。

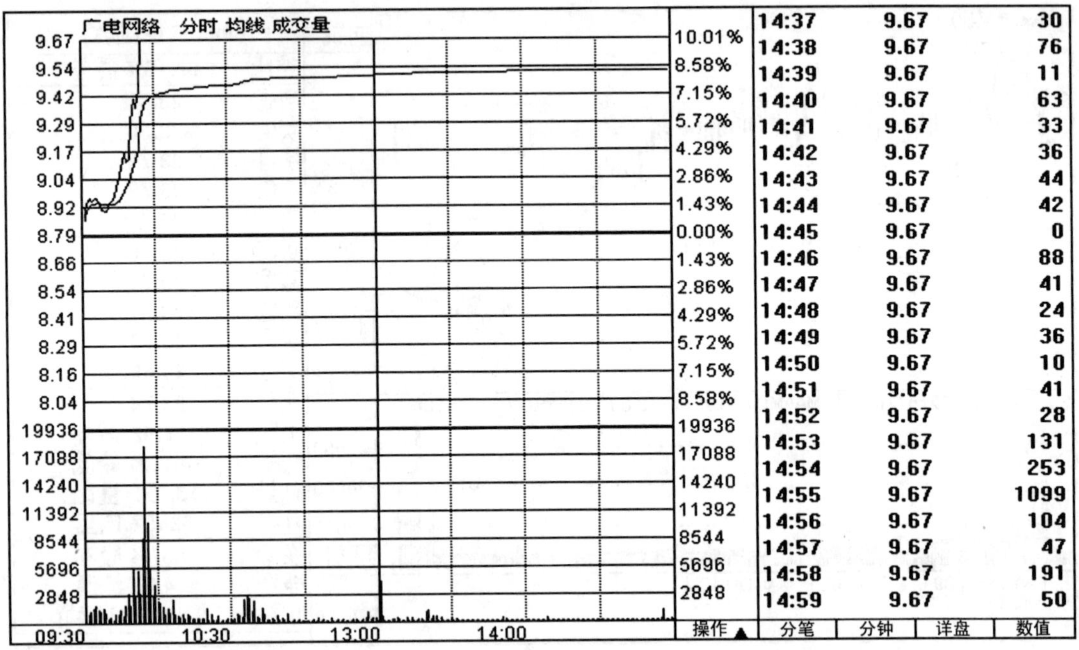

图 4－17 广电网络（600831）2010 年 1 月 8 日分时图

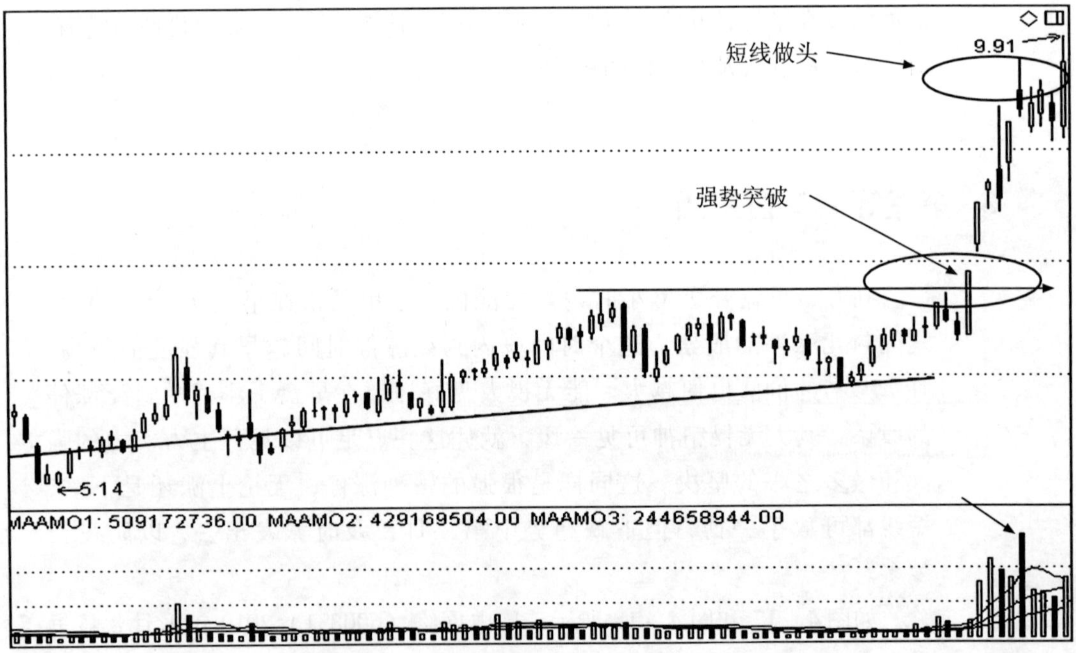

图 4－18 广电网络（600831），2010 年 1 月 8 日

4. 第四等——翡翠级

高开，早盘10：30～11：30这个时间段之间封死涨停的股票。这个时间段封死涨停的股票，其强度值当然逊于上述三个等级的股票，但它毕竟还是属于早盘涨停的股票，临盘时同样具有参与的价值，其中高开的幅度越大，在这个时间段涨停的越早，参与的价值也越大。

上面给出的是大族激光（002008）的实战案例，如图4－19和图4－20所示。很简单，从分时图看，封板后出货量极小；从趋势看，股价芙蓉出水，临盘参与价值较大，实战时可在最后一笔大单封涨停时买入，或在涨停后挂单买入。

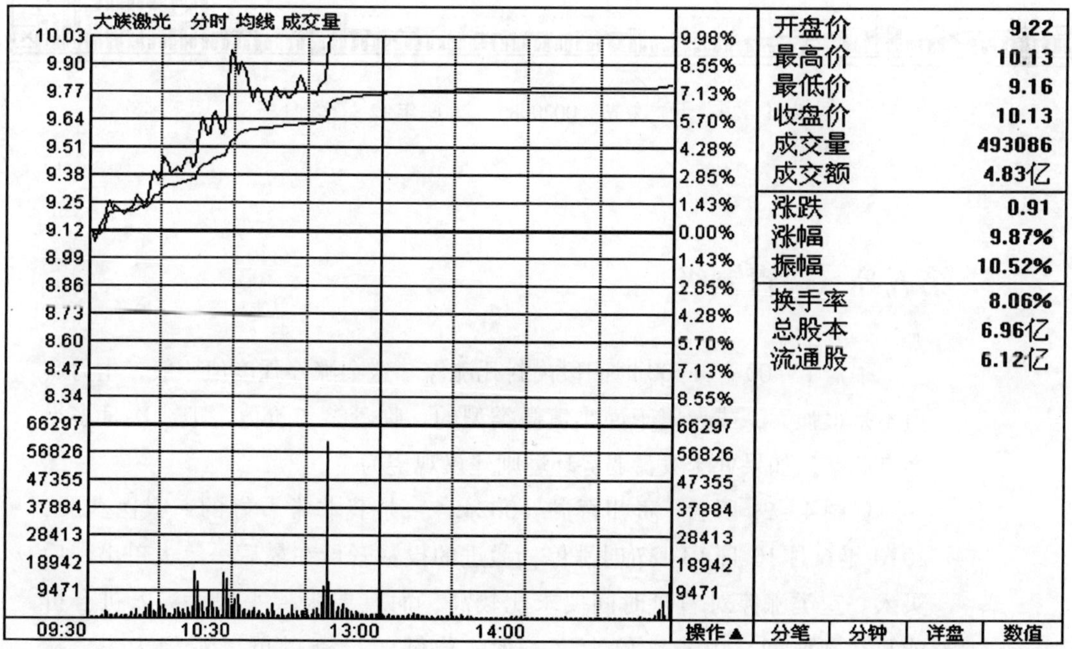

图4－19 大族激光（002008）2009年12月25日分时图

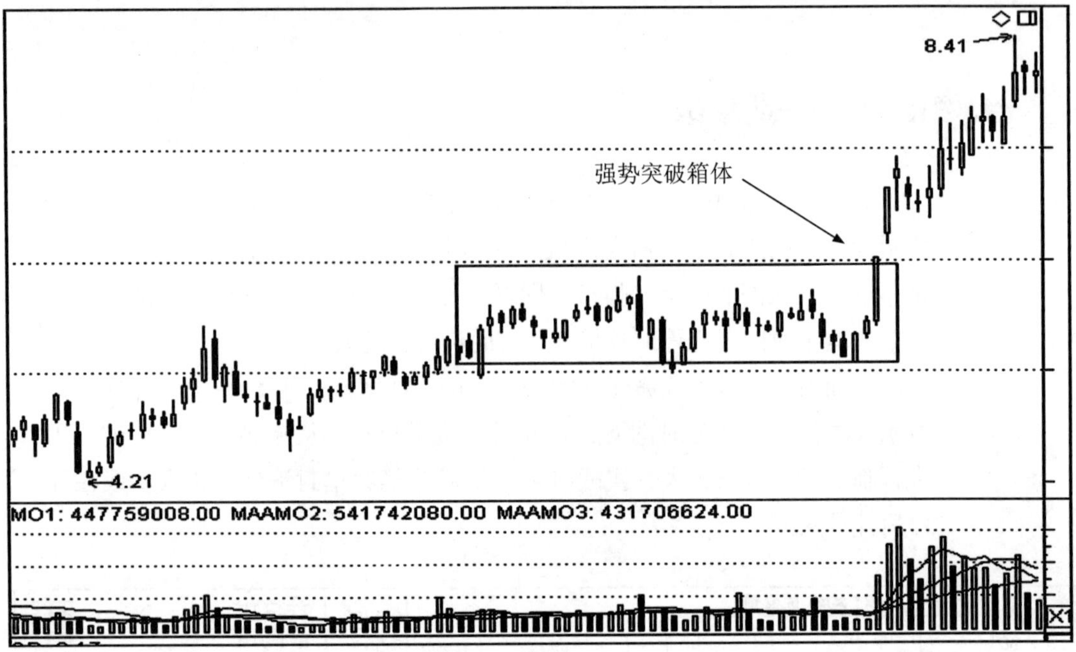

图 4－20　大族激光（002008），2009 年 12 月 25 日

5. 第五等——青铜级

午盘 13：00～14：00 时间段内封死涨停。这个涨停强度值一般，主力实力不是很强大，或者属于谨小慎微类型的，临盘参与价值一般，次日多半会有调整，如果处于大盘弱势环境则建议观望为主。

如图 4－21 所示，贵州百灵（002424）是我非常看好的一只医药股，2010 年 6 月 10 日 13：27 时涨停，激进的投资者可在最后一笔大单出现后买入。这类涨停对看盘时间要求比较高，而且要眼疾手快，买入机会可能只在刹那间，由于涨停力度一般，稳健的投资者可以观望为主。从图 4－21 看，次日该股并无能力冲击涨停，可见青铜级涨停强度值确实一般，而且新股上市后几日出现这种情况，行情多半要有反复了，如果考虑得再细一点儿，当日呈散乱的量能结构，午后勉强涨停，这就意味筹码锁定程度不够，以这种封板力度估计主力发动中级行情的条件应该还不成熟。

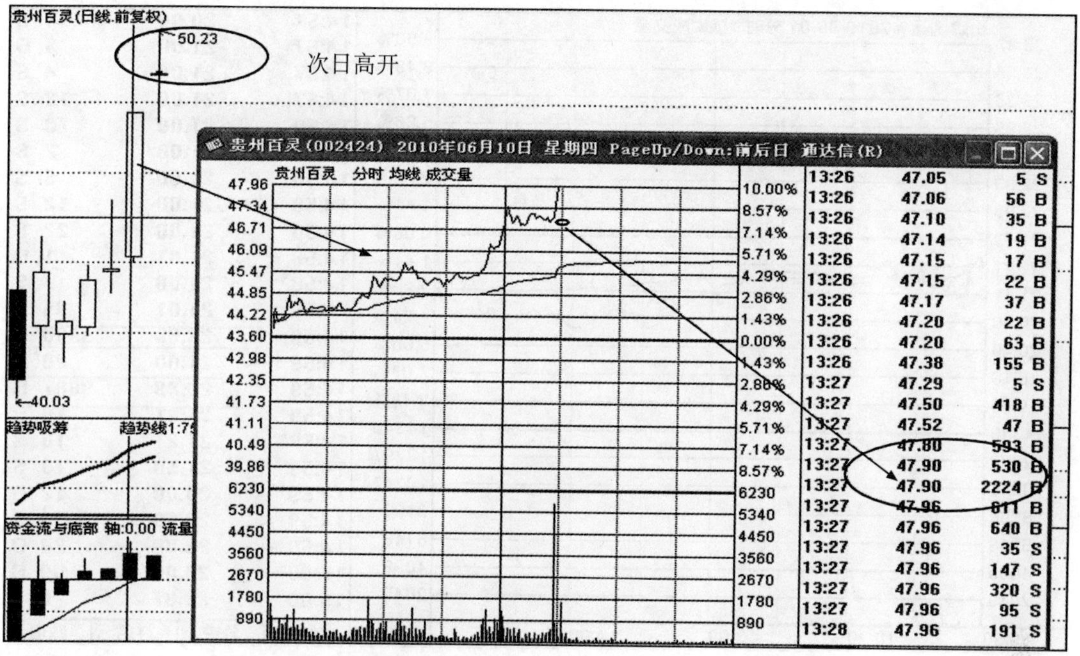

图 4－21 贵州百灵（002424），2010 年 6 月 10 日

6. 第六等——黑铁级

午盘 14:00～15:00 封死涨停。这个时间段封死涨停的股票，其主力实力非常一般，或者非常谨慎。这个时间段属于尾盘时段，很多投资已经昏昏欲睡，多数人无心恋战，此时封死涨停遇到的阻力自然很小，但主力这种偷鸡摸狗般偷袭涨停板本身就是一种怯场行为。这个时间段内，封死涨停的时间越晚，说明主力实力越弱，或者说主力根本无意投入巨资来拉升股价，既然强度太弱，临盘自然不建议朋友们参与，特别是在股价下降趋势中，基本买入即被套。

如图 4－22 和图 4－23 所示，山煤国际（600546），2010 年 6 月 1 日儿童节那天尾盘最后 1 分钟偷袭涨停，在大多数投资者都快无心看盘时，主力上演了让人目瞪口呆的一幕，但股价明显处于下降趋势中，这种偷鸡摸狗的涨停明眼人一看就知是为方便第二日出货，黑铁级涨停板强度是最弱的，从图 4－23 看第二日股价毫无悬念地低开，当日基本上买了即被套。

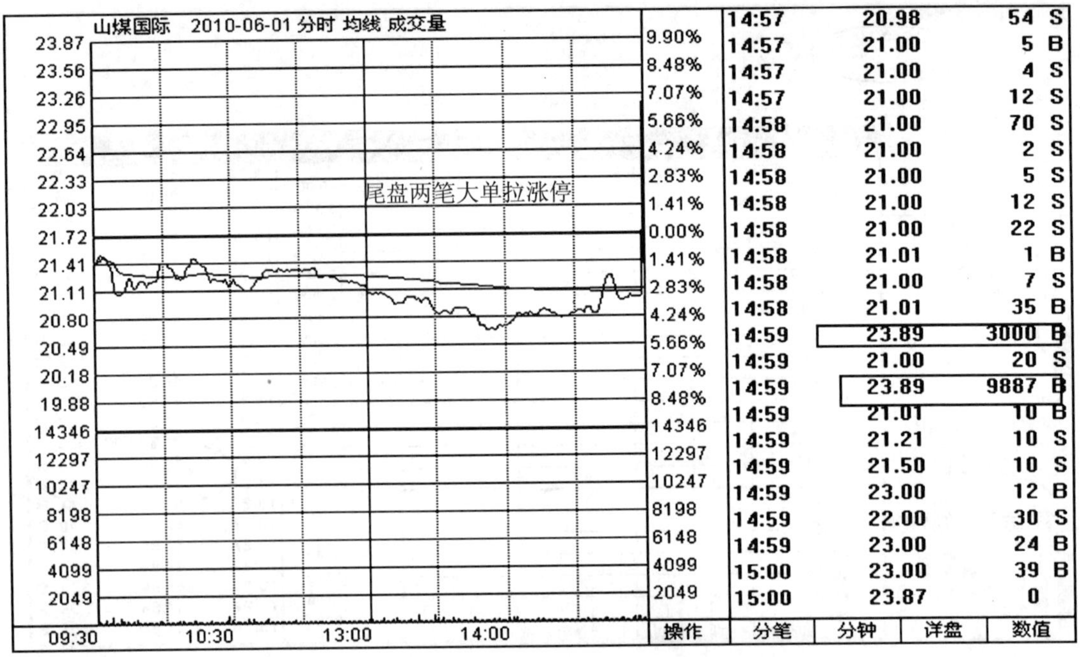

图 4－22　山煤国际（600546）2010 年 6 月 1 日分时图

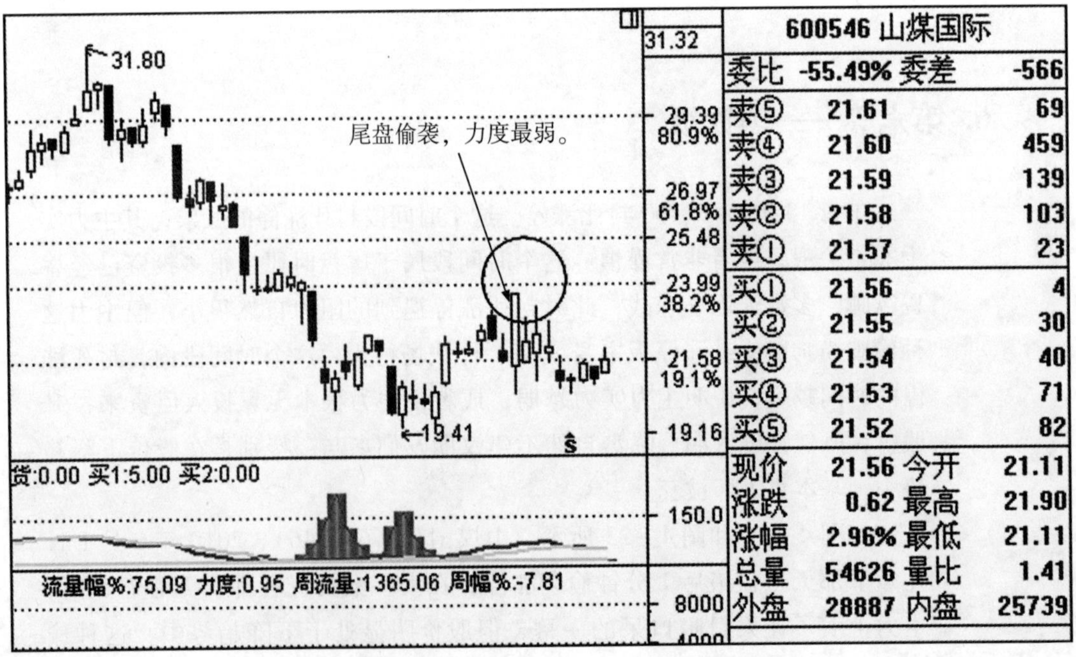

图 4－23　山煤国际（600546），2010 年 6 月 1 日

涨停的强度值能说明什么问题？为什么早盘封涨停其强度值就大于午盘的呢？其实这个问题很简单，涨停封的越早，主力就需要面临该天更长

时间的抛压，这直接揭示了主力拉升股价是真心还是假意；另外，我们也从侧面窥测到主力的资金实力。资金实力强大的主力底气就足，往往早盘就敢于封死涨停而无后顾之忧，至于资金实力弱的主力便如穷人家过日子，往往选择尾盘涨停这种经济实用的涨停方式，而且这种资金实力弱的主力心理往往也都比较脆弱，一旦遇到大盘风吹草动常常会跑得比谁都快，所以行情的持续性较差。

这里还需再次强调一下，涨停板自然是短线高风险套利，所以其风险是不言而喻的。在涨停时你准备买入的那一刻后，谁也不能确定一定不会开板，更无法保证一定会涨停收盘，在面对未知的情况时请严格按照第一章第二节中资金管理纪律严格执行。

这里也需读者朋友思考一个问题，涨停强度研究是从时间维度考察涨停板强弱，但决定涨停板强弱的还有一个数量维度，也就是我们下一节要论述的涨停封单研究。

第三节 涨停封单

本节我和朋友们一起探讨涨停封单的内容，它需和第二节涨停强度研究结合起来看，上节是研究涨停时间段的，是就时间维度而言的；本节是研究涨停的量能强度的，是就数量维度而言的；二者都是从深层次揭示涨停强度的，有强度的涨停板表明了主力志在深远，涨停强度越强股价趋势涨幅往往走得越远。第二节和本节也都是为下一节涨停板战法二——追涨法做铺垫的，即什么样的涨停可追，什么样的涨停不可追，这在实战中非常重要，没有足够强度的涨停板，追涨基本就等于被套。

根据实战经验总结，我把涨停封单分为以下七个档次。

1. 涨停封单第一档

流通盘在 800 万~3000 万股之间，涨停封单在 6000 手以上，可谓强势。

如图 4－24 所示，为 2020 年 9 月 11 日的卡倍亿（300863）。

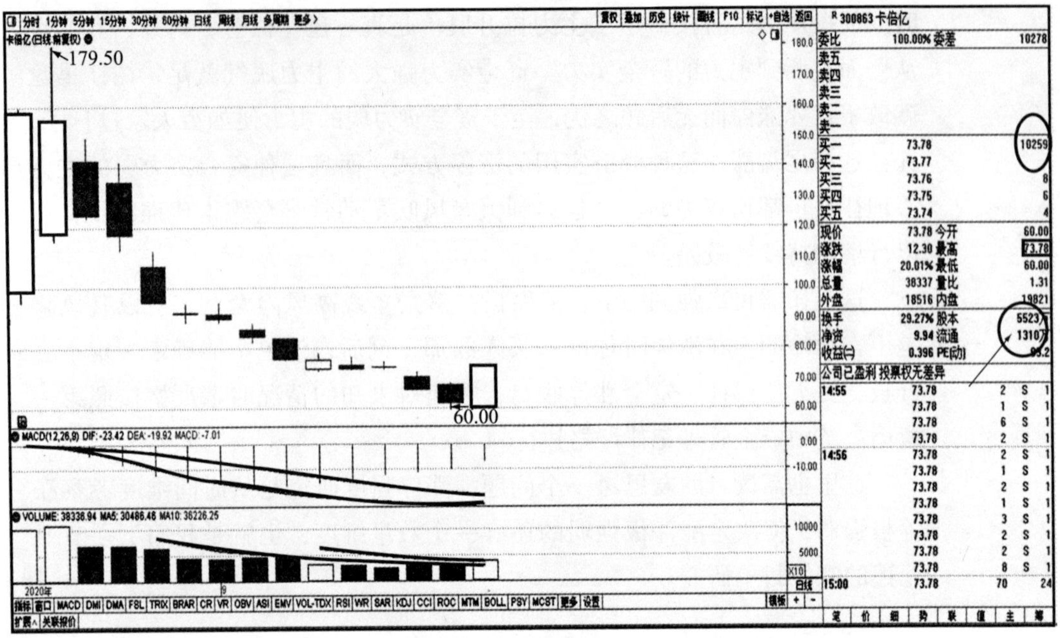

图 4－24　卡倍亿（300863），2020 年 9 月 11 日

2. 涨停封单第二档

流通盘在 3000 万~5000 万股，涨停封单在 10000 手以上，可谓强势。如图 4－25 所示，独一味（002219）。

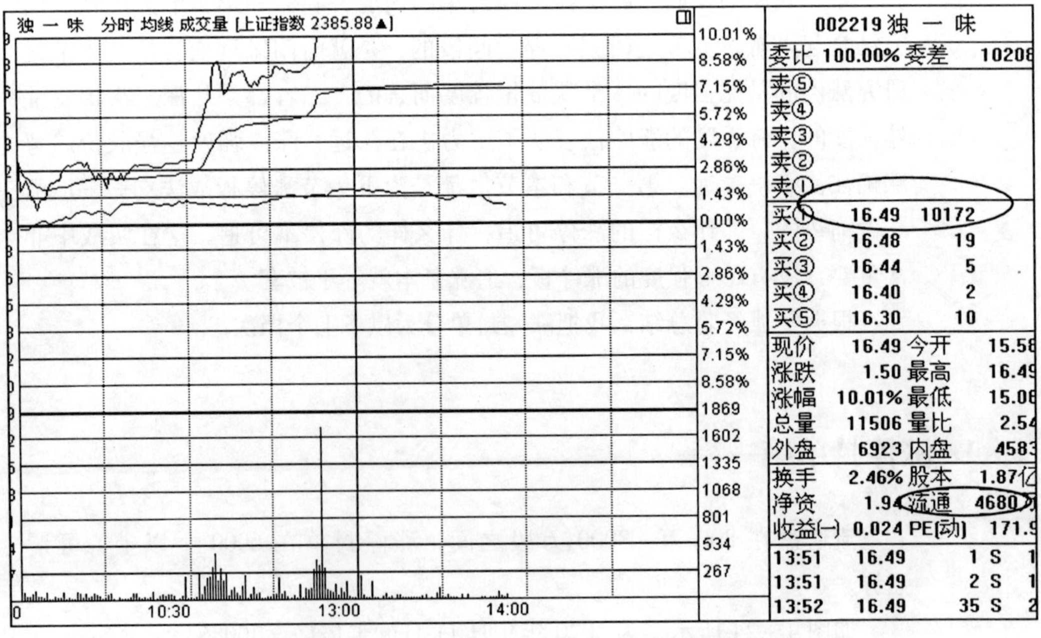

图 4－25　独一味（002219）2010 年 7 月 6 日分时图

3. 涨停封单第三档

流通盘在5000万~1亿股之间，涨停封单在20000手以上，可谓强势。

如图4－26所示，为成飞集成（002190）2010年7月6日分时图。

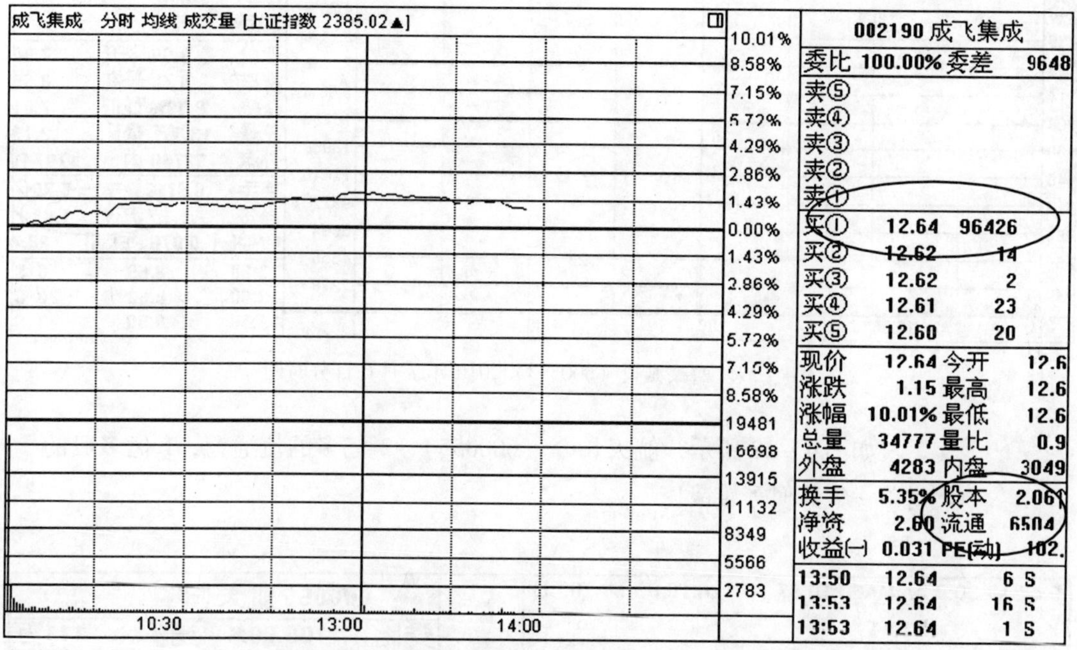

图4－26 成飞集成（002190）2010年7月6日分时图

4. 涨停封单第四档

流通盘在1亿~2亿股之间，涨停封单在40000手以上，谓之强势。

如图4－27所示，西藏城投（600773）。

5. 涨停封单第五档

流通盘在2亿~3亿股之间，涨停封单在50000手以上，谓之强势。

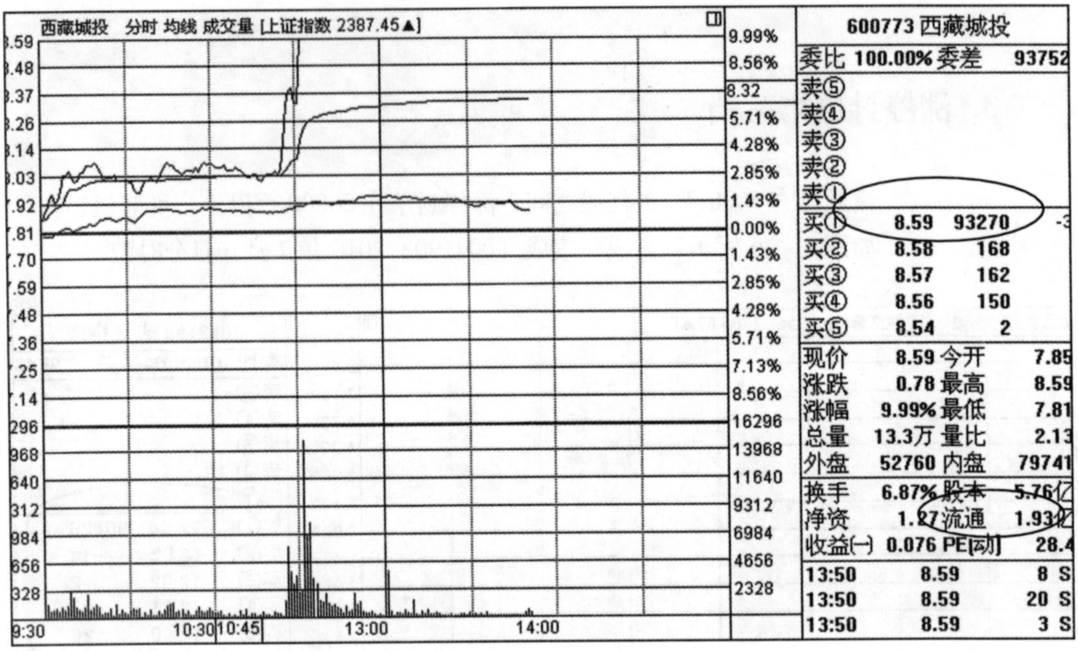

图 4－27　西藏城投（600773）2010 年 7 月 6 日分时图

如图 4－28 所示，航天长峰（600855），2 亿多的流通盘，1 亿多股的封单，气势何等雄哉！

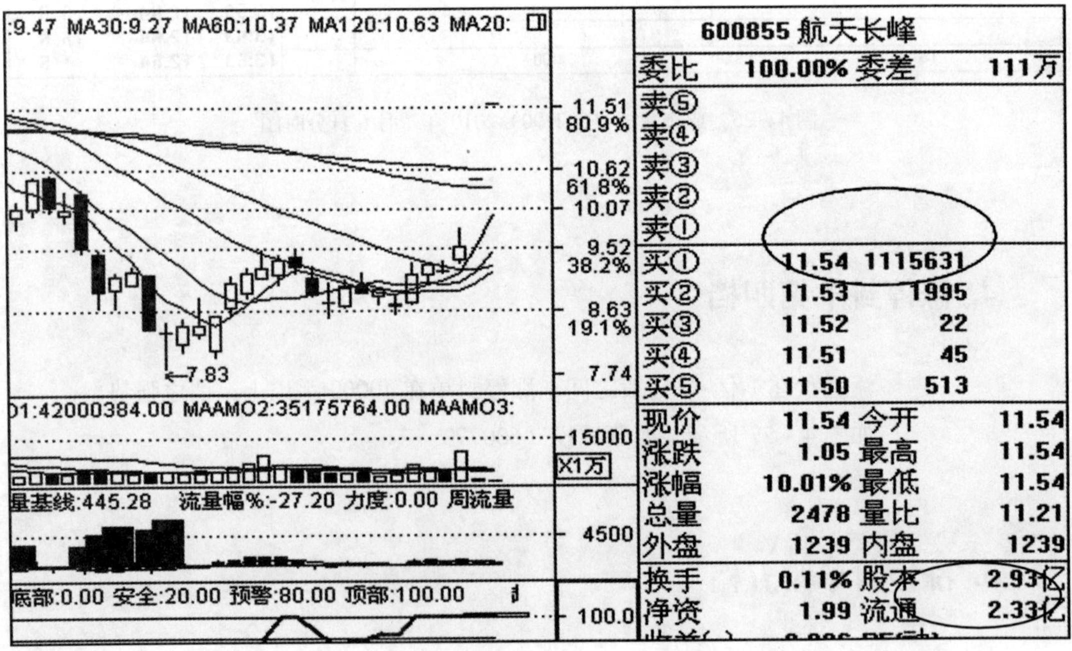

图 4－28　航天长峰（600855），2010 年 7 月 27 日

6. 涨停封单第六档

流通盘在3亿~6亿股之间，涨停封单在80000手以上，谓之强势。

如图4－29所示，为深赛格（000058）2010年7月6日分时图。

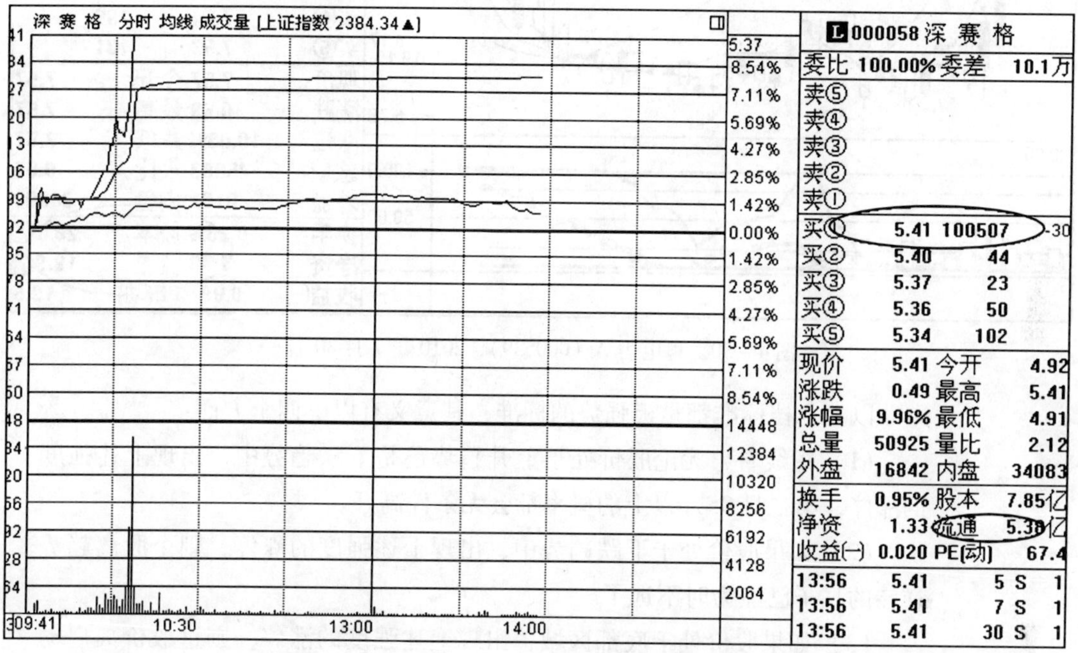

图4－29 深赛格（000058）2010年7月6日分时图

7. 涨停封单第七档

流通盘在6亿股以上的，涨停封单在100000手以上，谓之强势。

如图4－30所示，为2010年7月30日的粤电力A（000539）。

个股如果出现了钻石级、黄金级、白银级、翡翠级涨停，则在最后一笔大卖单消灭时可挂单买入，一旦成交就涉及第二日的买卖问题，是否要卖？如果卖，卖多少？考虑这个问题时必须要看看涨停板封单情况，如果个股趋势向好且出现了上述标准的封单，那可以放心持有，基本可以确定将有波段性收益；如果个股趋势偏熊，且封单达不到上述标准，则第二日基本要全部抛出，如果封单达到上述七档标准，则第二日高开要抛出一半以上。

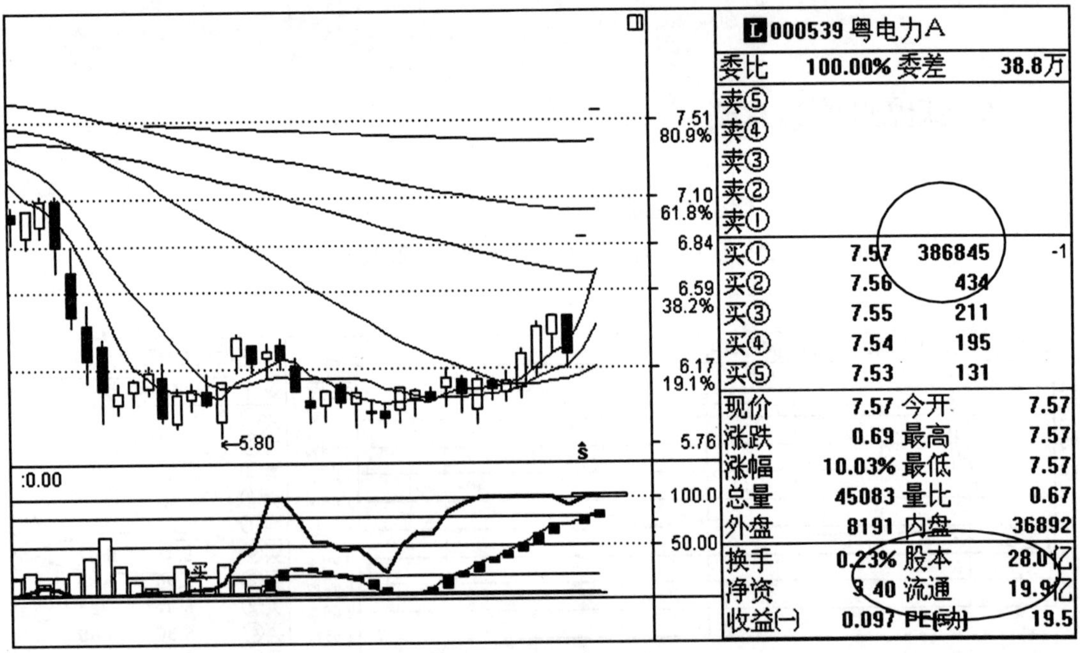

图4-30　粤电力A（000539），2010年7月30日

以上七档标准都是极强势的标准，其意义有以下四个方面：

（1）短线看，无论股价处于上升趋势还是下跌趋势中，出现上述强度的涨停，第二日95%以上的概率都会无条件高开。

（2）如果股价处于下跌趋势中，出现上述强度的涨停，则个股离趋势逆转的日子已经为时不远了。

（3）如果股价处于底部区域，出现上述强度的涨停，则这股价离启动为时不远。

（4）如果出现上述强度的涨停，且个股形态上站上短期压力线或出现均线最佳买点，则涨停确定个股波段拉升，是波段性行情启动的标志。

在涨停性质分析、涨停强度研究及涨停封单研究的基础上，我们在下节将推出涨停板战法二——追涨法。

第四节　追涨法

前三节我和朋友们一起对涨停性质、涨停强度、涨停封单进行了讨论，在此基础上我推出涨停板战法二——追涨法。

涨停板是获利最丰厚的单日收益，因为高收益所以预示着高风险。实盘操作时稍有不慎就有被套的风险，股市和战场并无太大区别，战场上的胜败取决于主帅运筹帷幄，所谓不虑于微，始成大患。股市和行军打仗一样，大到战略，小至细节事先都必须审时度势地考虑好。所以我建议朋友们出手前，一定要慎之又慎思考周全，珍惜每次出手的机会，切不可凭拍脑袋做决定。

1. 追涨法买入的前提条件

（1）股价处于建仓型或洗盘拉升阶段，即涨停的性质属于建仓型或者洗盘型优先考虑，下降趋势中的股票要慎重考虑，即便出手也要遵守资金管理纪律，一成资金足矣。

（2）涨停的强度属于钻石级、黄金级、白银级、翡翠级四个等级；青铜级、黑铁级不在我们的选择范围之内，后面两个等级慎重出手；涨停封单符合标准的优先考虑。

（3）个股波段涨幅小于 30%，涨停前涨幅已在 35% 以上的不参与。

（4）早盘集合竞价属于巨量高开标准的要优先考虑。

（5）属于当阶段热点板块或当日领涨板块的优先考虑。

（6）符合均线战法买点的要优先考虑（后续将出版的《均线战法》中会提到）。

（7）大盘处于上升阶段或平衡市状态。

2. 追涨法的买法

（1）最后一笔大卖单被消灭时挂单买入。

所谓量在价先，在主力巨量出现的一刹那就要立马出手，短线静气凝神、眼疾手快者胜。

（2）大单封死涨停后，排队挂单买入。

同样的道理，你挂单越早买入的机会就越大，任何时候都不要放弃希望，根据实战经验股价启动的第一个涨停往往会有成交的机会。

（3）发现涨停开板时，挂单买入。

（4）次日如果高开，则幅度小于 2% 可买入。

以上四种买点要按资金管理办法合理分配资金并设立止损卖点。

3. 追涨法的卖法

（1）一刀切卖法。

次日股价冲高时，全部卖出，落袋为安。

（2）稳健卖法。

发现涨停时封板情况良好，分时出货量极小，次日可观察，只要股价冲高回落不破前日收盘价就可持有，直至有一日股价回落跌破前日收盘价时再卖出。

（3）均线卖法。

股价回落跌破5日线时卖出。

（4）止损法。

股价跌破买入价或损失超过3%时无条件卖出。

4. 追涨法心理素质要求

十六字诀：静气凝神；心无旁骛；敢买敢卖；手起刀落。

下面以经典的实战案例来体会和理解追涨法。

如图4－31和图4－32所示，四川路桥（600039）2010年2月的大盘正值平衡市状态，区域板块操作此起彼伏，该股当时处于趋势上升阶段，早盘出现了巨量高开，而且出现了均线密集缠绕的最佳买点。2010年2月26日，当日在实盘讲解时，我就情不自禁地叹道：形态真美！完全符合追涨法的七个条件。该股早盘半小时内三波后涨停，属于白银级强势涨停标准，早盘巨量高开时朋友们可以小仓位买入；最后一笔大单封死涨停前再挂单买入；封死涨停后可再排队买入；很可惜，该股封死涨停后股价运行良好，分时看抛盘很小，盘中并未开板，第三种买法估计是买不到了。由于该股属于白银级强势涨停标准，且盘中分时抛盘极小，这种情况临盘时大可放心一些，朋友们可用第三种均线卖法持股，直到股价跌破5日线再行卖出。很明显，第一个涨停属于钻石级、黄金级、白银级的股票，后市连续大幅拉升的概率就大一些，临盘时朋友们的胆子自然可以相应地大一些。

大杨创世（600233）和四川路桥同理，朋友们请看图4－33和图4－34。

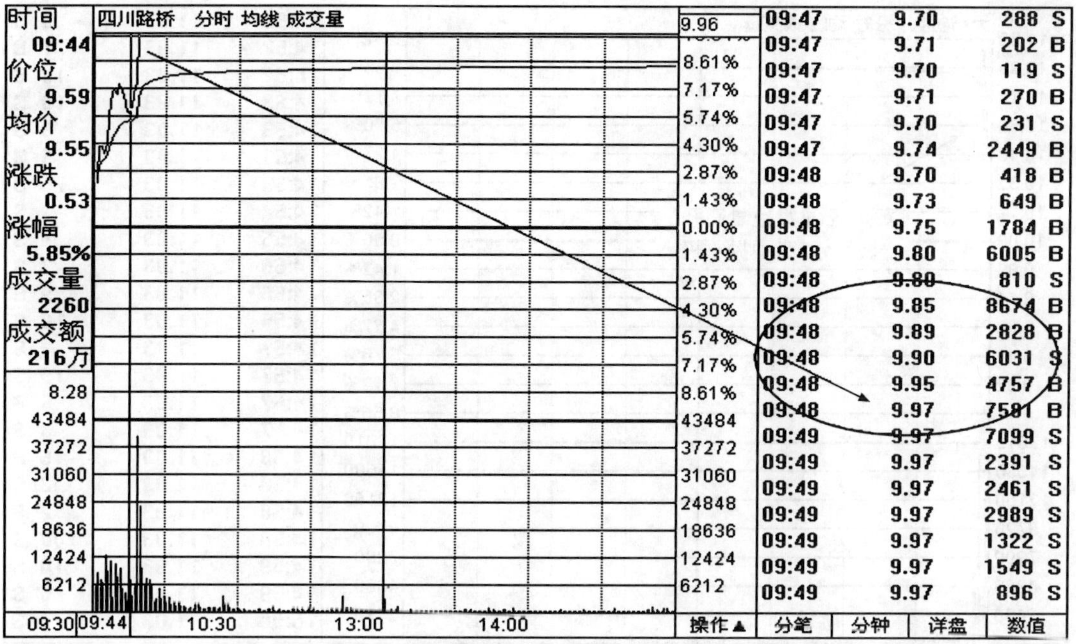

图 4－31　四川路桥（600039）2010 年 2 月 26 日分时图

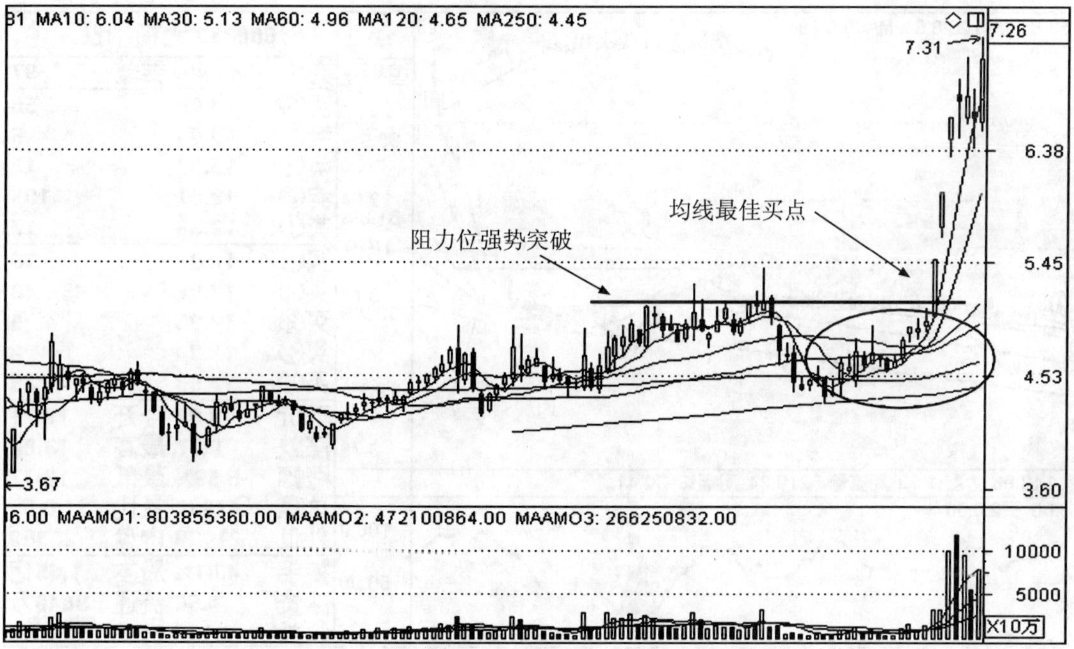

图 4－32　四川路桥（600039）2010 年 1—2 月走势

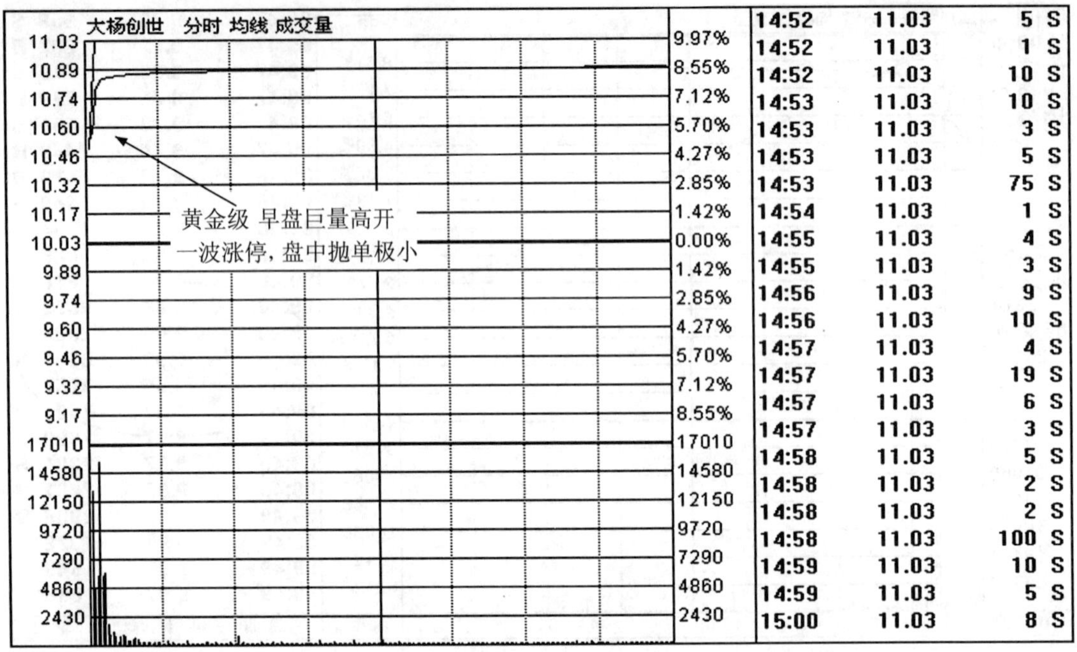

图 4－33　大杨创世（600233）2009 年 9 月 14 日分时图

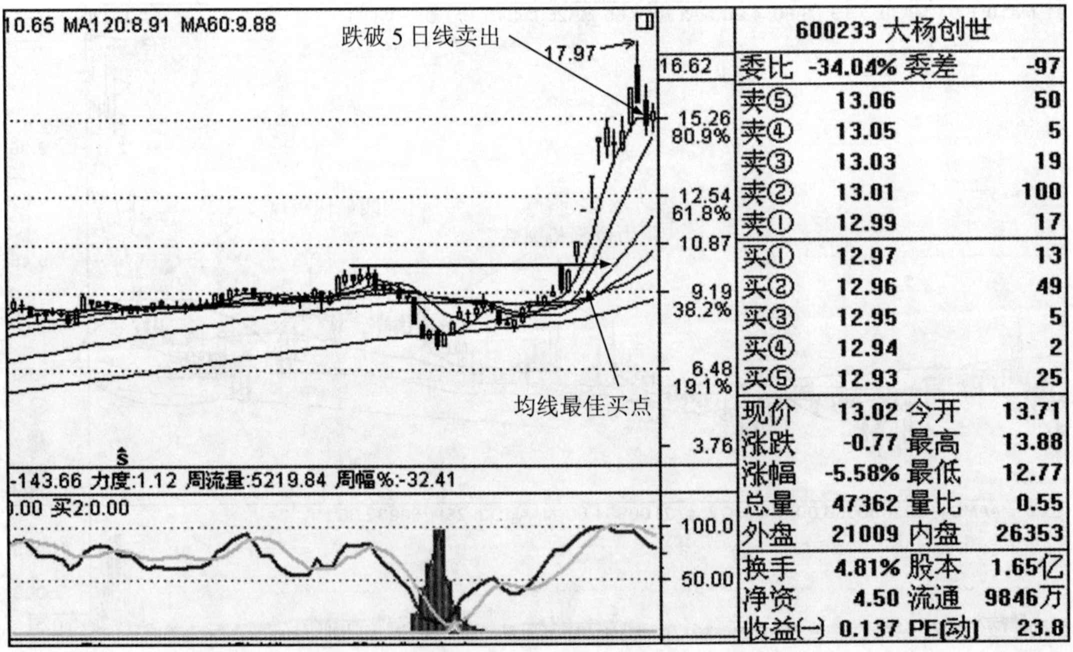

图 4－34　大杨创世（600233），2009 年 9 月 14 日

实际上大多数连续大幅拉升的股票第一个涨停都是非常强势的，80%以上（实战统计分析数据）都属于钻石级、黄金级、白银级、翡翠级涨停，而青铜级和黑铁级连续拉升的可能性较小，这些都是由主力实力决定的，大家看下面的实战案例就是这种情况。

如图4－35所示，如果仅从K线图上看，华神集团（000790）这只股的趋势和上面的两个案例很像，但后期没有走出连续拉升的格局。究其原因我们可从图4－36当日分时走势分析，当日该股主力在下午2:00以后才封死涨停，且从分时看市场抛压很大，不是股价面临的阻力大就是主力实力太弱，此种情况后市继续连续拉升的可能性较小，实战参与的价值一般，这也就是为什么在第二个前提条件中强调涨停强度必须在翡翠级之上的原因。

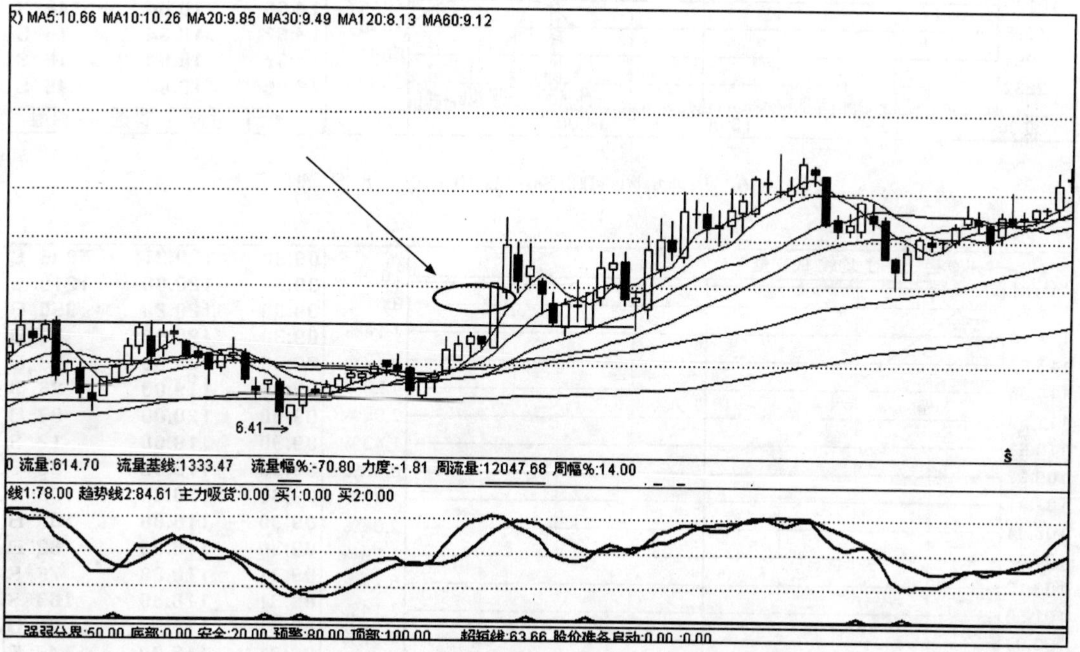

图4－35 华神集团（000790），2010年1月8日

如图4－37所示，神州泰岳（300002），当日该股开盘巨量高开，一字涨停，属于钻石级。但当日大盘剧烈震荡，该股盘中开板，给了千载难逢的买入机会，从K线图上看该股出现了均线买点，这根标志性的K线一举突破了下降趋势。如图4－38所示，如在临盘时再遇到这种情况胆子要大一些，追涨没商量。这只股是3G概念的龙头股，涨停板日前一晚公司公布每10股送转15股的史无前例的高配送，加之优秀的年报业绩，波段涨幅又小，这个涨停板的作用是确立了上涨趋势，这样的涨停可以追。

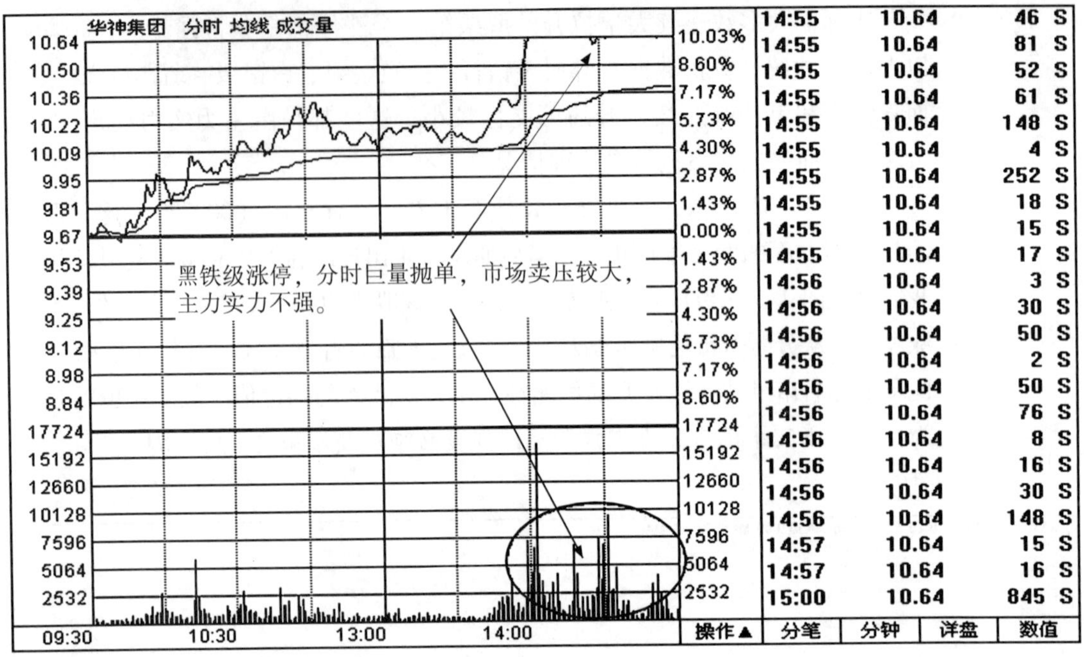

图 4－36　华神集团（000790）2010 年 1 月 8 日分时图

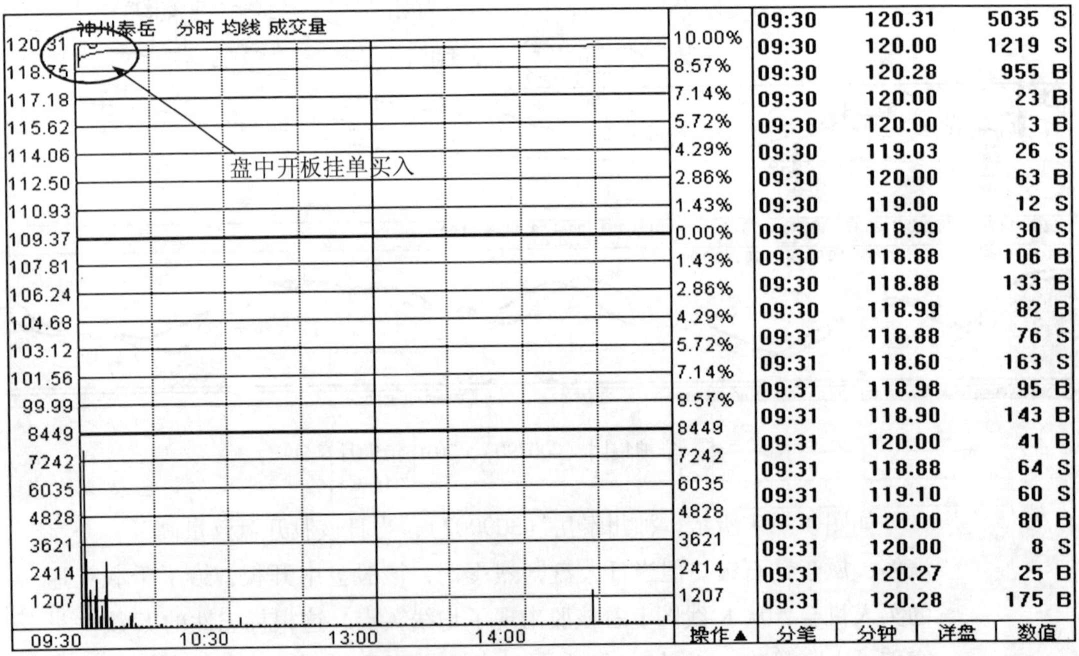

图 4－37　神州泰岳（300002）2010 年 2 月 5 日分时图

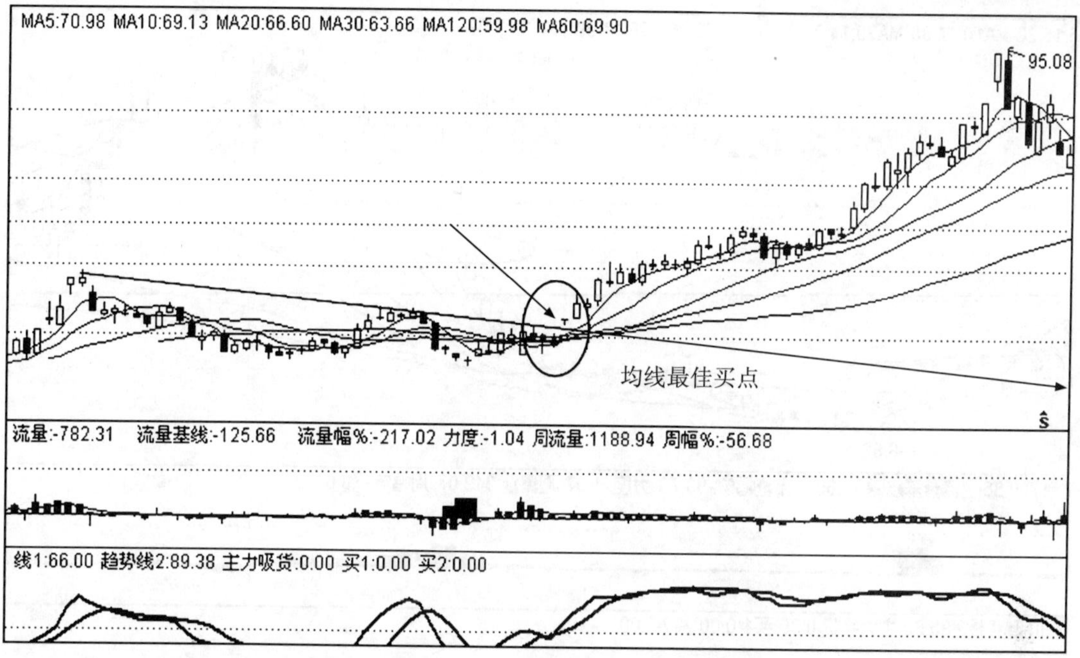

图 4－38　神州泰岳（300002），2010 年 2 月 5 日

下面的实战案例同样是这种情况，如图 4－39 和图4－40 所示，在此不再赘述。

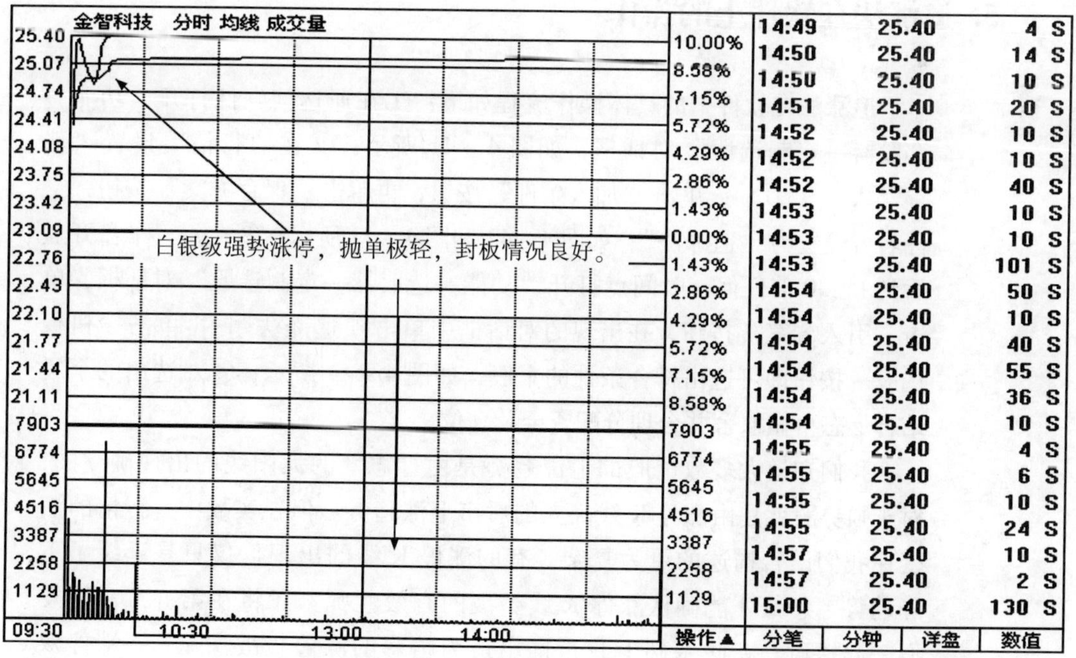

图 4－39　金智科技（002090）2010 年 3 月 23 日分时图

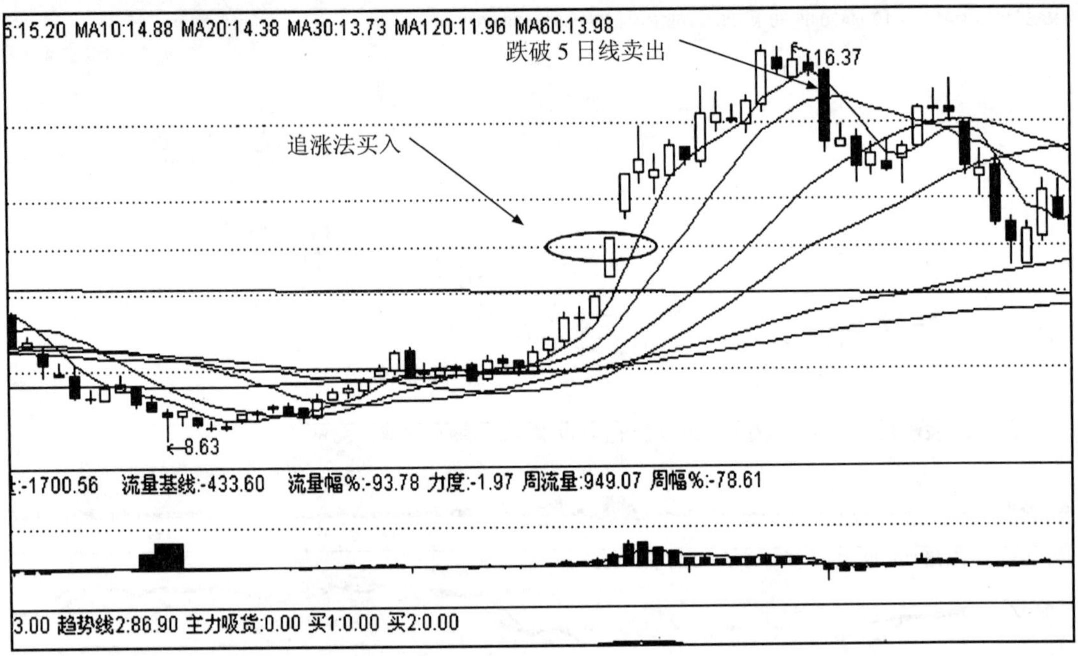

图4－40　金智科技（002090），2010年3月23日

5. 追涨法在软件上的操作

追涨法在软件上的具体操作流程如下：①在通达信软件打开“功能→选股器→定制选股”对话框，如图4－41所示；②在“行情”设置“涨幅”大于9.91%，单击“加入条件”按钮，再单击“保存方案”按钮，文件名可设置为“追涨法”，如图4－42和图4－43所示；③在每天早盘开盘后到11:30前任何一时间点打开“功能→选股器→定制选股”对话框，单击“引入方案”按钮，在出现的对话框中单击“追涨法”，再单击“执行选股”按钮即可选出符合条件的个股，如图4－44所示；④对选出的个股结合形态再做取舍并合理分配资金及仓位。

我们知道大多数个股的上涨趋势是由标志性的大阳线的出现确立的，对于强势股就是由涨停K线确立的后市上涨趋势。但在实战中，行情的演变比我们语言描述的更为复杂，有的涨停K线的出现仅仅只是延缓了下降趋势，怎么才能确认涨停K线突破的有效性呢？我将在第五章和朋友们一起探讨，在此基础上我再推出最为精彩的涨停板战法三——涨停双响炮。

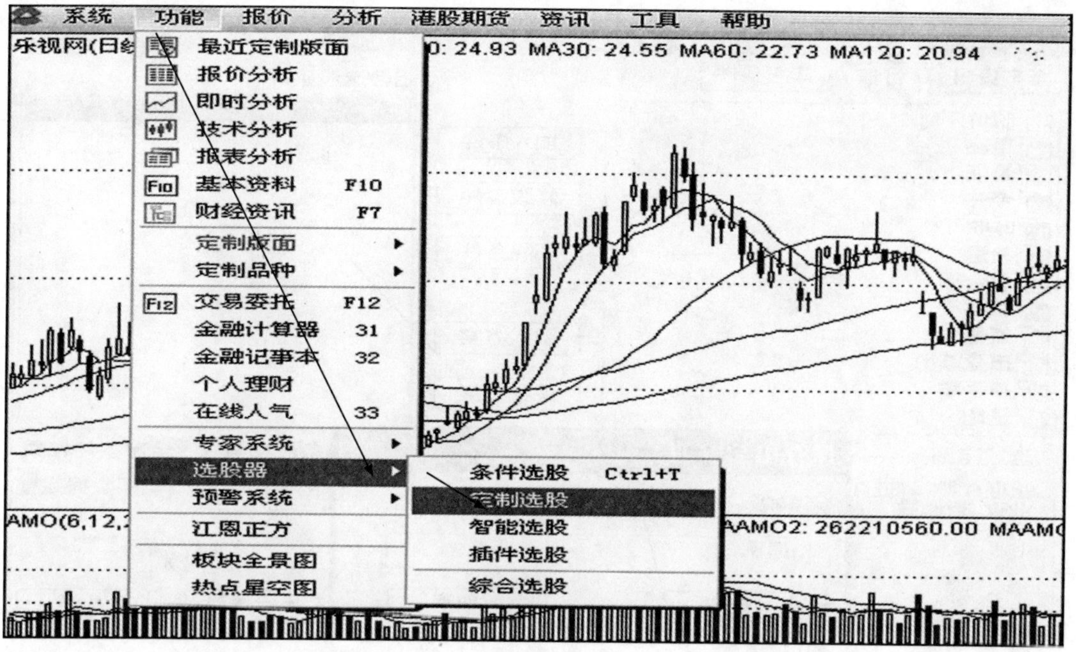

图 4－41 追涨法操作流程（1）

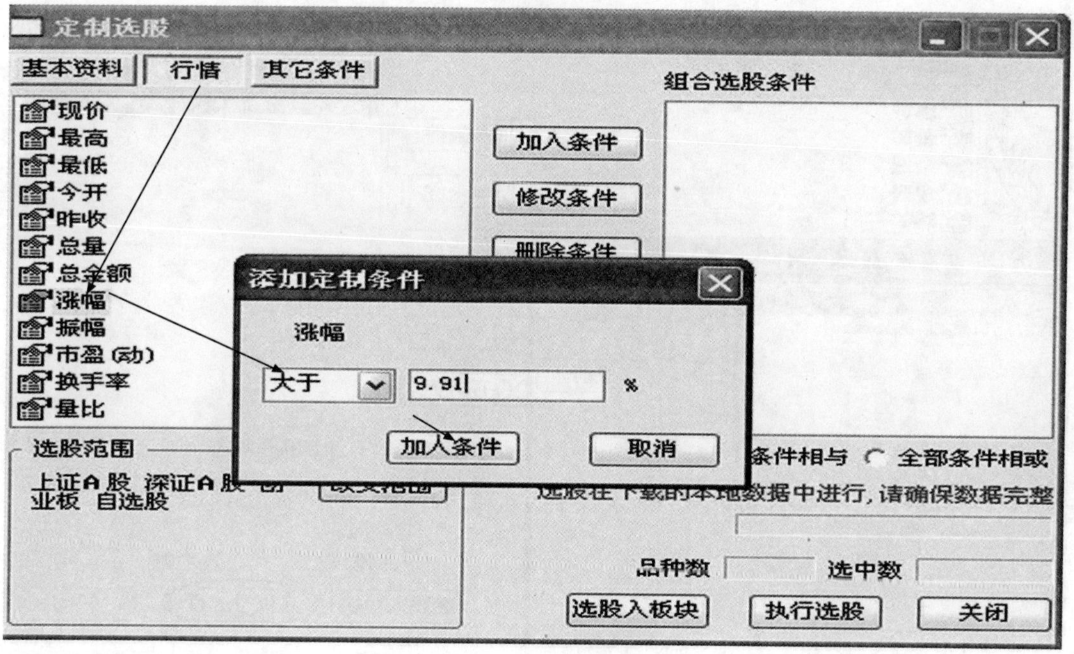

图 4－42 追涨法操作流程（2）

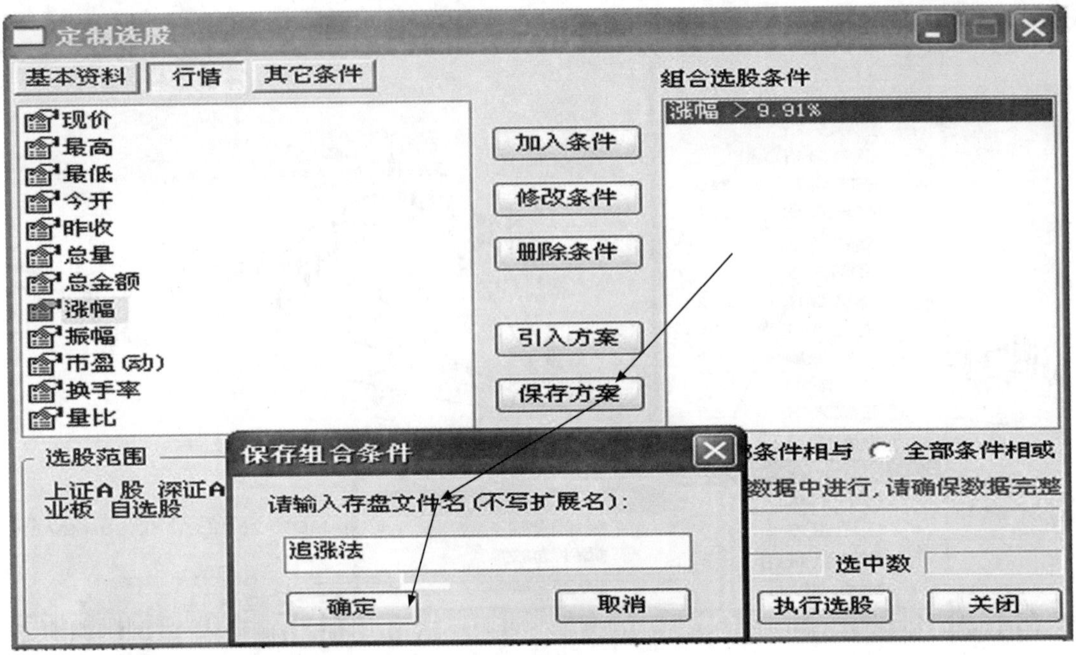

图 4－43 追涨法操作流程（3）

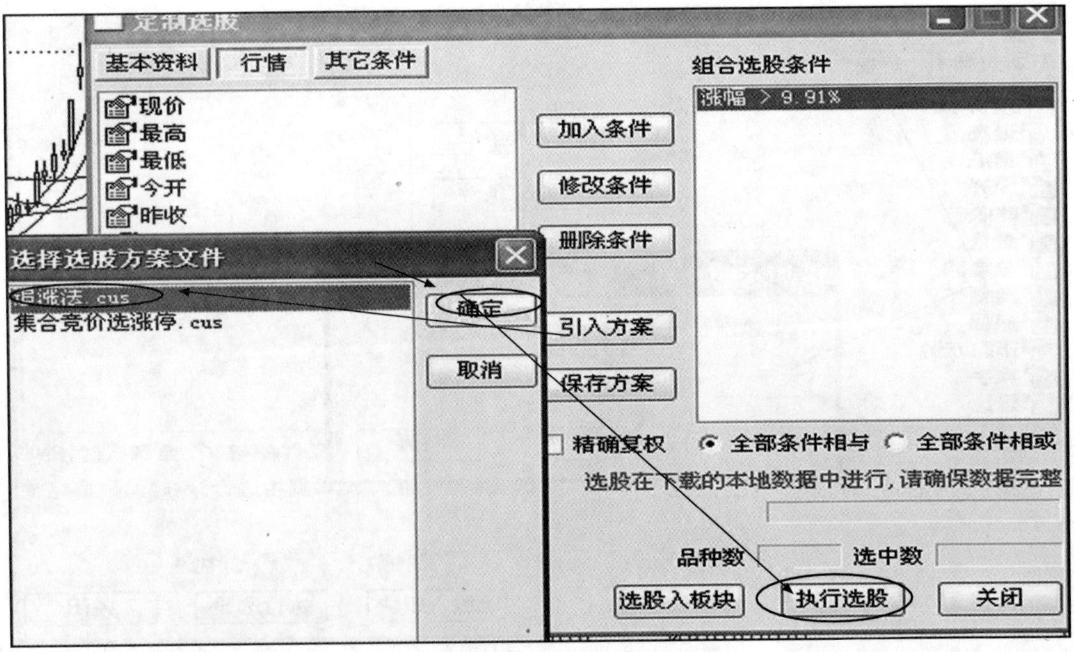

图 4－44 追涨法操作流程（4）

第五章

涨停板战法三

——涨停双响炮

启动大阳标志着一般上涨趋势的开始，涨停K线更是确立了强势股后市的上涨行情，前后两根大阳线确定的上涨趋势抓住了，你想不盈利都难！

第一节 涨停有效性的确认

通过对以往股价走势的研究，我们发现大多数股票上涨的行情是由标志性大阳线启动的，其中以涨停板启动的行情后市走势大多更为凌厉，这就需要我们对股价调整阶段后出现的涨停K线进行一番研究，如果这根涨停K线能够确定趋势的逆转或者说能奠定波段上涨行情，那么我们即便追高也不怕，因为后市还有行情，因此怎么确定这根涨停K线是否能有效突破，则成为首先必须弄明白的问题。

真正有效的涨停并不在于那10%的短线利润，它的真正效用是奠定了个股波段上涨趋势，这样的涨停是最有实战价值的，能够让我们不用整日劳神盯盘，能在品茶观花中获取大波段收益，这才是人生最惬意的事情。

下面用具体实战案例来说明。

如图5-1所示，凯恩股份（002012）2008年11月12日出现的涨停板让股价随后5个月一口气从3元涨到了11元，该股主力手操盘手法老辣，让人想起了苏常柴的走势，慢慢悠悠不经意间地翻了好几倍。

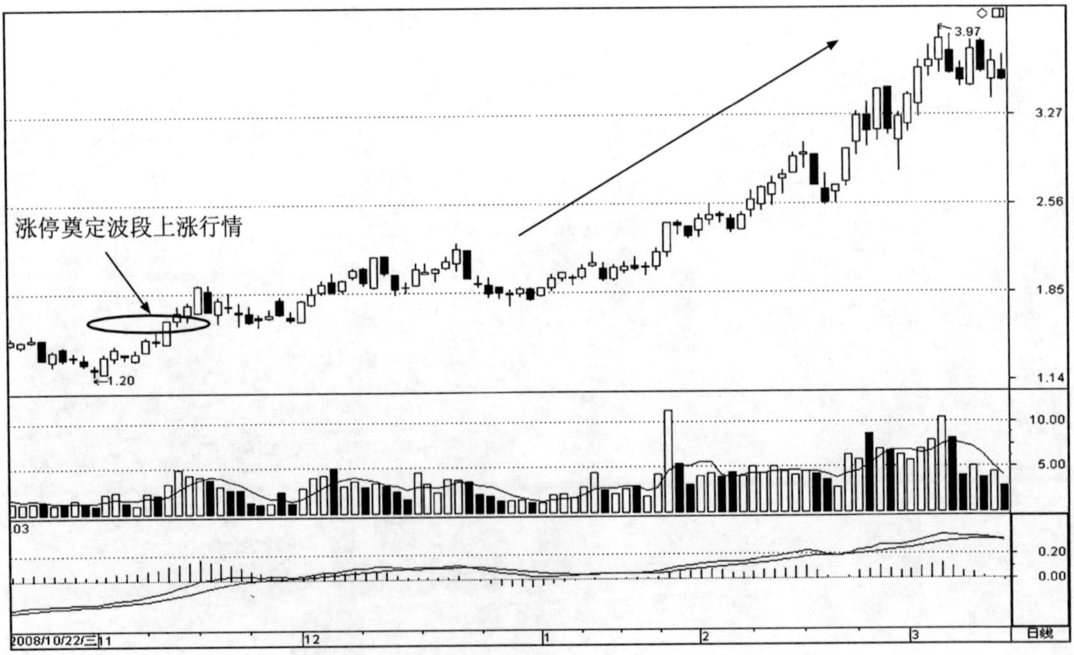

图5-1 凯恩股份（002012）2008年11月至2009年3月走势

该案例中提及的涨停是有效的，是趋势起涨的标志性K线，但并不是所有的涨停都能有如此效用，要是千篇一律的话，那就不是股市了。有的涨停也不过是延缓了下跌趋势，并未能奠定后市的上涨趋势；有的就是下跌中的反弹出货，如实战案例世联地产。

如图5-2所示，世联地产（002285）的主力是“倒霉的孩子”，主力并非不想做行情，无奈碰上了大盘暴跌只好作罢，谁都不敢和趋势作对，像下面的实战案例航天通信便是如此。对这个案例要好好讲讲，当时这只股票因为大意被套，这里和诸位朋友一起分享一下我被套的经验，以免朋友们以后犯同样的错误。

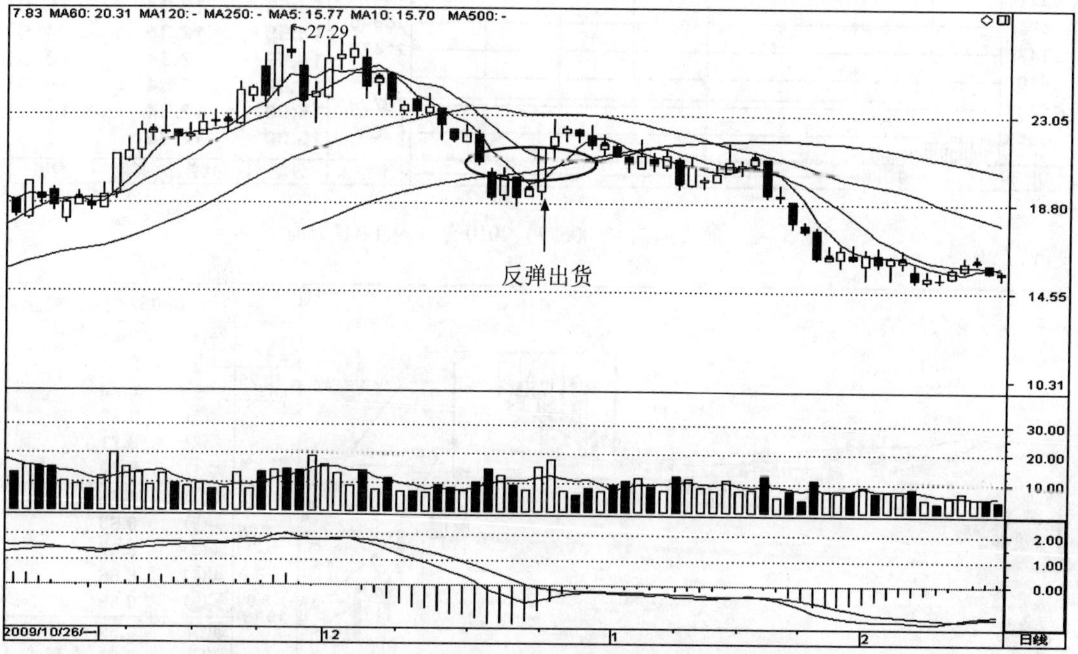

图5-2　世联地产（002285），2009年12月24日

如图5-3和图5-4所示，航天通信（600677）这只股票于2010年4月14日涨停，如果仅看图5-4，你会发现形态很美，和实战案例凯恩股份真的很像，一根涨停K线让该股所有均线修复完毕，大行情感觉是一触即发；从分时图看，早盘半小时内该股封死涨停，属于白银级涨停，封板良好，抛压较小，这样的判断应该很谨慎，买入应该也没什么技术上的疏漏。于是尾盘最后一笔大单被消灭前跟进了一些，随后几日调整时又买入了一些，一心想坐等大波段收益，无奈天有不测风云，随后几日大盘开启了近500点的暴跌之旅，该股也是没能挺住，按照战术纪律，损失超过投入资金

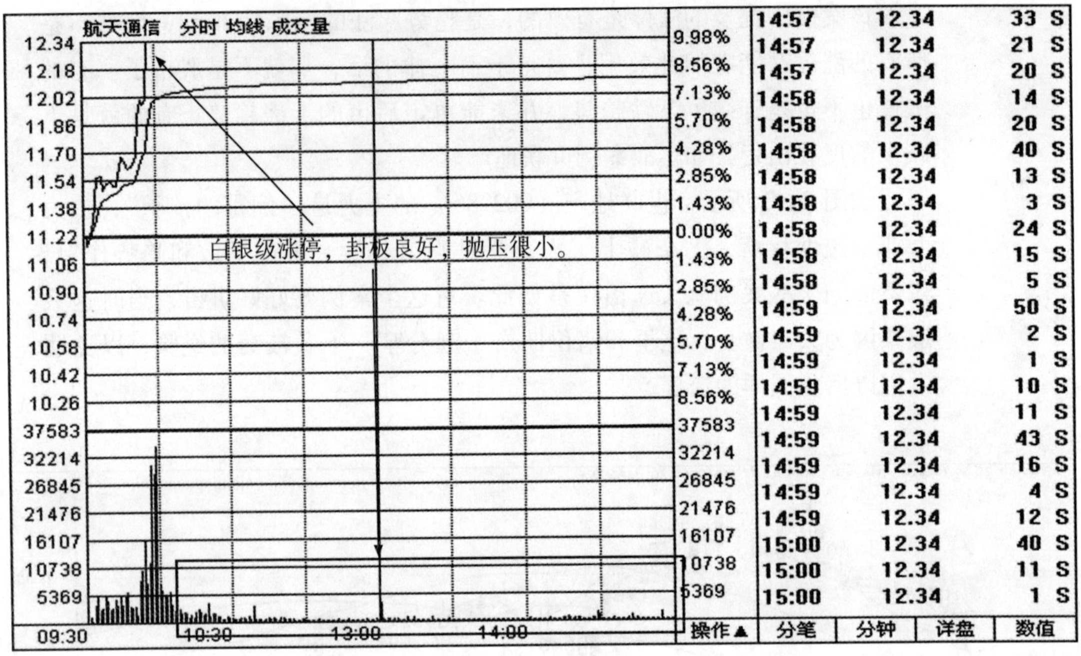

图 5－3　航天通信（600677）2010 年 4 月 14 日分时图

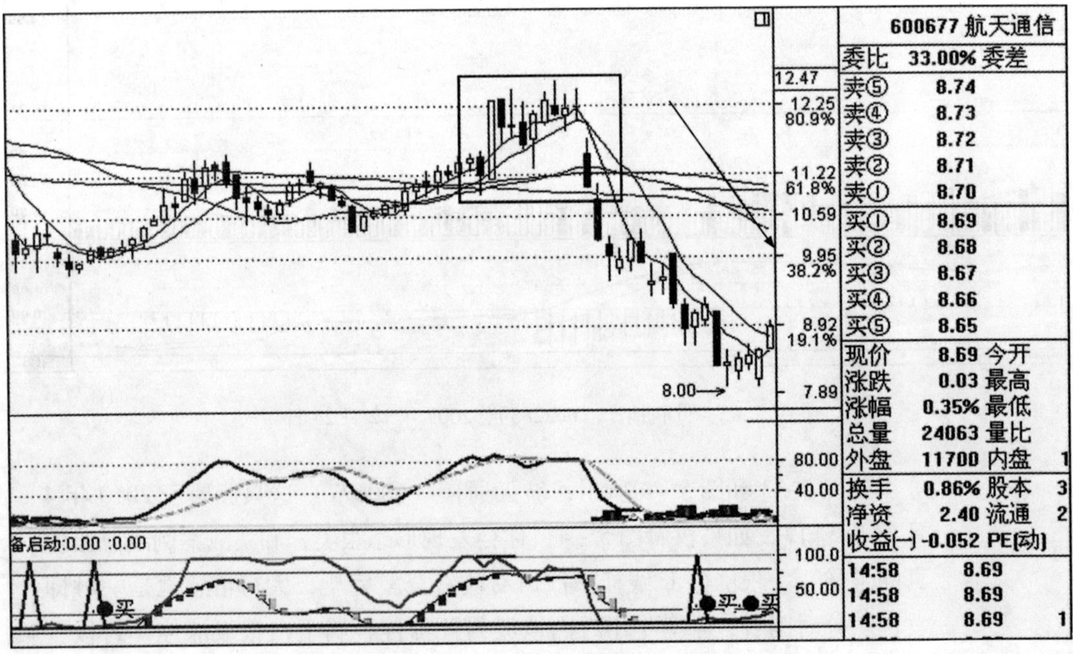

图 5－4　航天通信（600677），2010 年 4 月 14 日

的 3% 短线就要出局，无奈之下只好作罢。究其原因也并非主力不想发动行情，实乃系统风险所致。在第一章第一节系统环境篇中已讲解得很清楚了，

还是自己过于自信，以后朋友们还是要吸取我的教训，大跌世道慎用涨停板战法，即便要用也必须严格遵守资金管理纪律。

股市很多时候都跟战场差不多，涨停K线一旦失效，趋势必然极端地向下选择，实战时必须无条件止损，割肉总是让人心痛，但记住，一旦你的手臂被响尾蛇咬伤，你不要试图挣扎，更不要抱有幻想，否则毒液将扩散至你全身要了你性命，断臂保命是唯一理性的选择。

根据实战统计分析，标志性起涨涨停K线的确立需满足以下四个条件：

第一，大盘处于牛市或平衡市，个股处于波段调整的末期。

第二，股价运行在60日线和120日线之上。

第三，涨停K线具备芙蓉出水形态。

第四，涨停K线出现后，后续几日的整理阶段不会吞掉涨停K线实体。

图5-5是华兰生物（002007）2009年8—12月的走势图，从图中大家可以清楚地看到，两个“芙蓉出水”的涨停板奠定了两个大波段上涨行情，股价也从17元/股涨至43元/股，完全符合标志性起涨涨停K线确立的四个条件。很多医药股走势都是如此，长时间盘整，然后标志性大阳线启动一波行情，再盘整、再大阳线启动，如此往复。生物医药板块这个国家重点扶持的行业慢慢长牛路还没有停止的迹象，临盘时要给予高度关注。

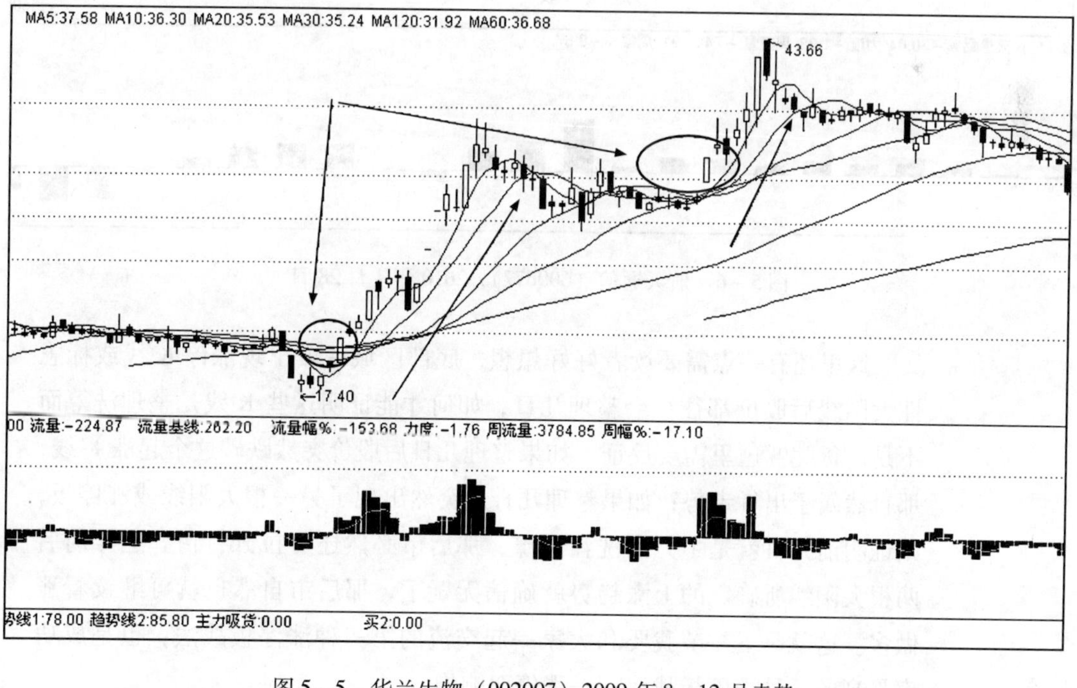

图5-5 华兰生物（002007）2009年8—12月走势

涨停K线失败后的止损：并非所有涨停板都能奠定上涨趋势，涨停后的调整一旦吞掉，该涨停K线也必须无条件止损，职业操盘永远不要有思维定势，要随时有战战兢兢、如履薄冰的警觉，这种走钢丝的感觉能使你操盘时更加冷静和警觉，久而久之一种类似第六感的盘感便会油然而生。

如图5-6所示，航天通信（600677）在2010年4月28日的这种启动涨停K线一旦被破坏，那就不要多想了，卖错也要卖，即便后面股价涨到九天之上，但当时一定要这么处理。股市中机会始终很多，但我们同时要避免被陷阱牵引，对已触及战术止损纪律的走势不要抱任何幻想，一旦被自己的贪婪和欲望左右，那早晚会成为被绞杀的对象。

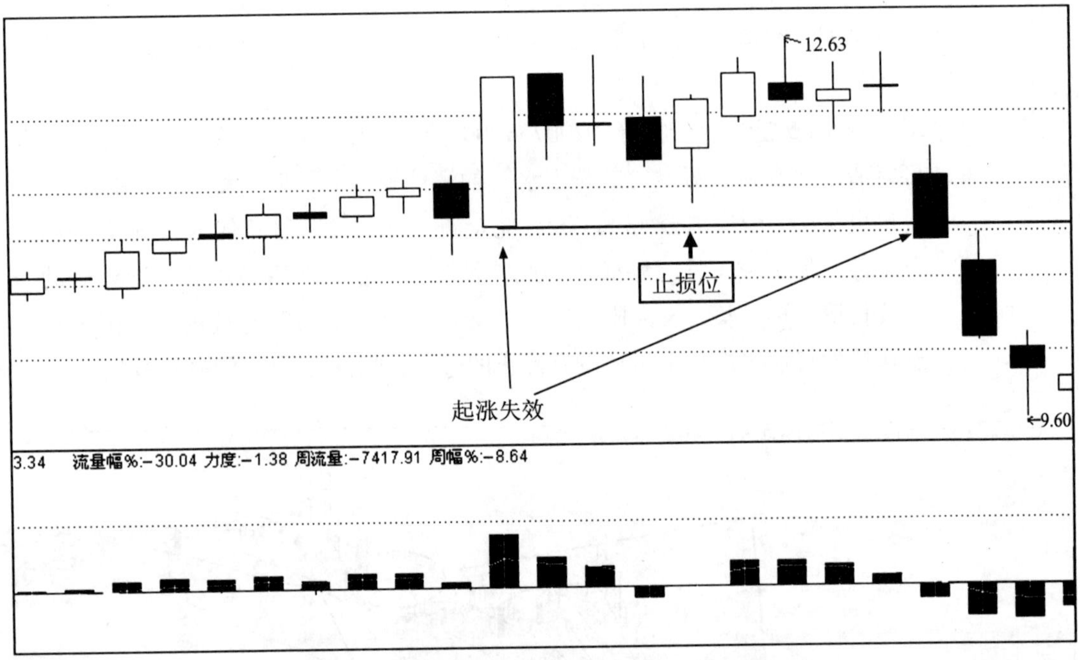

图5-6 航天通信（600677），2010年4月28日

这里还有一点需要读者好好想想，底部区域一般出现涨停K线或标志性大阳线后股价都往往会整理几日，如何才能证明这些K线是整理洗筹而不是出货呢？这里需要反证，如果整理几日后股价突然跌破这个起涨K线，那自然属于出货走势；如果整理几日后突然出现了另一根大阳线或涨停板，则证明前几日就是主力的洗盘阴谋，那后市必然还有拉升行情。这样前后两根大阳线所确定的上涨趋势就确信无疑了，那后市自然也就可继续看涨做多。这就是下一节我要和大家一起交流的第三种涨停板战法，也是成功率最高的一种涨停板战法——涨停双响炮。

第二节　涨停双响炮

在上一节研究的基础上，这一节我和朋友们一起探讨涨停双响炮。想要弄明白涨停双响炮，首先要求我们对双响炮概念有个基本的认知和了解。

1. 双响炮概念

我们知道，股市中大幅连续大阳线拉升的股票很少见，更多的是大阳线后会接连几天出现调整，实战中我们往往不敢在其调整时贸然下手。股市中谨慎永远没有错，这种态度无可厚非，谁也不知道这到底是在调整还是主力在出货，但是如果调整后再次出现大阳线，就反证了前几日是洗盘而非出货，后市必然看涨，既然是看涨，临盘时就可以大胆地介入。下面我们用一个实战案例来说明。

如图5-7所示，漳州发展（000753）在2010年2月8日出现了涨停之后接连4天都是小K线，而且基本将涨停K线的成果吞噬殆尽。实盘中由于大盘系统不稳，我们很难对这几根小K线定性，到底是洗盘还是出货谁也拿不准。但是在涨停后调整的第五天又出现了另一涨停K线，主力的狐狸尾巴终于露了出来，这就证明了那4根小K线是主力的挖坑洗盘动作。既然是挖坑洗盘后市则必然看涨，一般主力都不会耗费了时间又投入了资金后再自己套自己，所以第二根涨停K线出现时临盘就可大胆介入，这样前后两根大阳K线就像多方进攻的组合炮，我称之为“双响炮”。我们对实战中数千例个股进行了统计分析，这里前后两炮的涨幅都要在5%以上，否则实战中容易哑火。

这一节本是讲解涨停双响炮，但由于双响炮本身就是双阳定乾坤的必涨组合，其往往是波段大幅上涨的开始，由于非常重要，所以这里讲得详细一些，希望读者朋友耐着点儿性子。

实战中我们把双响炮依据强度分为以下三等：

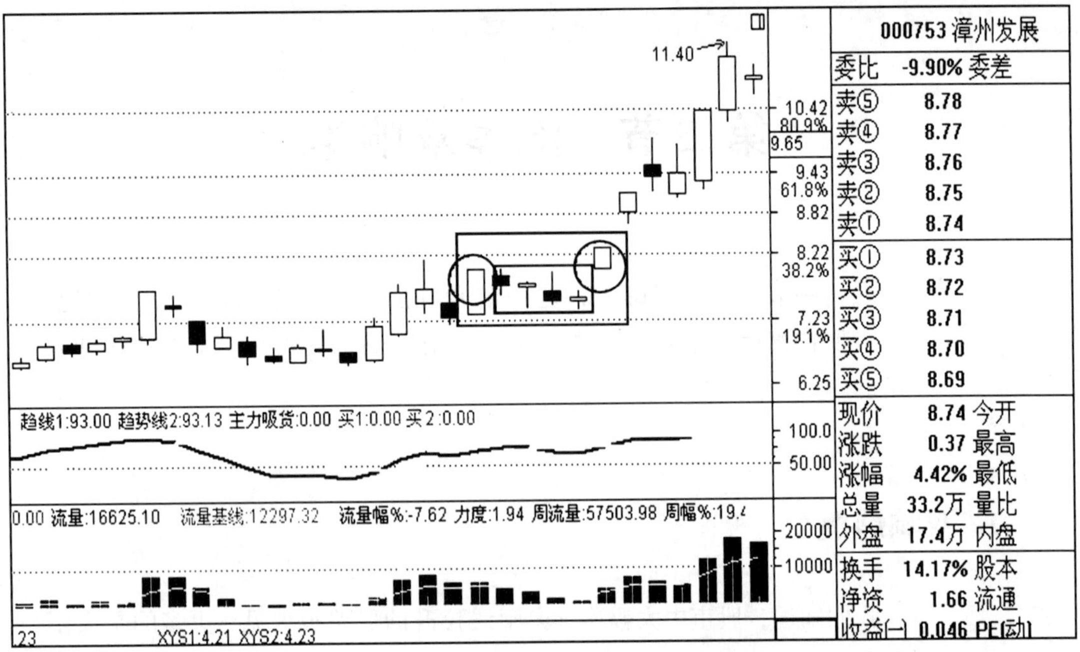

图5－7　漳州发展（000753）2010年2月走势

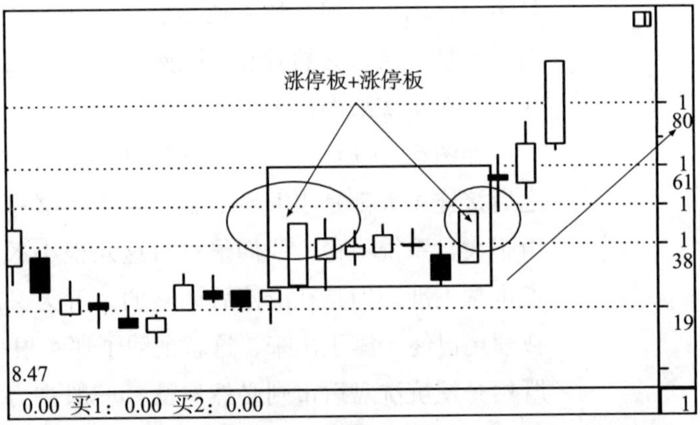

图5－8　涨停双响炮

一等，涨停双响炮。前后两炮都是涨停K线，即涨停板＋涨停板，如图5－8所示。

二等，前炮涨停板＋后炮大阳线，或前炮大阳线＋后炮涨停板，涨停板＋大阳线（大阳线指涨幅大于5%而小于10%的阳线），如图5－9所示。

三等，前炮大阳线＋后炮大阳线（巨阳＋巨阳），如图5－10所示。

关于后两个等级的双响炮的实盘操作要领是和涨停双响炮相同的，在此我与涨停双响炮统一讲解。有了上面的知识做铺垫，下面我们来详细介绍涨停双响炮。

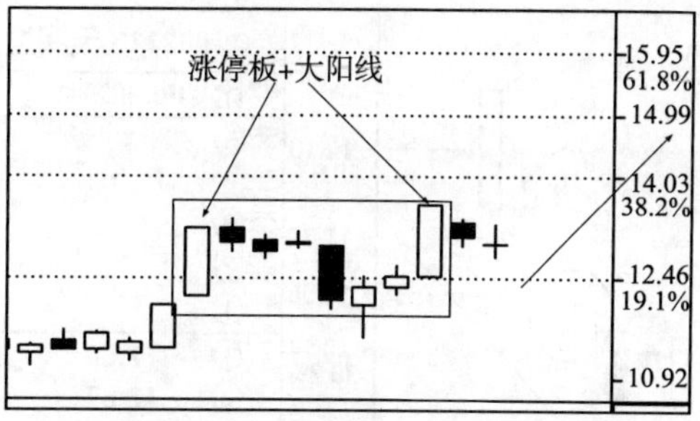

图5－9　涨停板＋大阳线

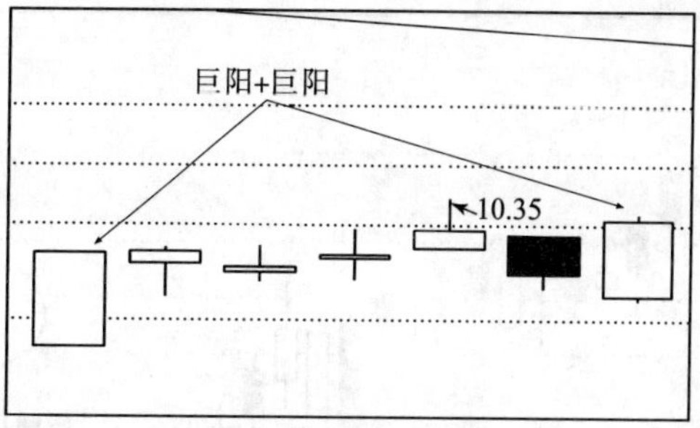

图5－10　前炮大阳线＋后炮大阳线

2. 涨停双响炮操盘要领

（1）股价运行在60日线、120日线上为最优形态。

（2）位于两根涨停K线之间的小K线的实体位于前根涨停K线之内的为最优形态。

（3）位于两根涨停K线之间的小K线越多，股价后市爆发力就越强。

（4）位于两根涨停K线之间的小K线实体越小，量能越萎缩后市爆发力越强。

（5）第二根涨停K线属于钻石级、黄金级、白银级的后市爆发力强，可能走出连续大幅拉升走势。

（6）同属涨停双响炮形态的股票，属于市场热点、市场领涨板块的优先考虑。

（7）大盘处于牛市或平衡市为最佳操作环境。

（8）第二根涨停K线缩量最佳。

如图5－11所示，天润发展（002113）是一只我在和学生实盘讲解时买入的股票。图中椭圆所示，该股在2010年5月28日和6月8日出现涨停双响炮，两根涨停间的K线实体很小，且没有吞掉第一根涨停K线，调整了5日，调整程度较好，最近几日大盘处于多空平衡市中，这基本符合以上几个条件，注意看第二根涨停K线的分时走势，如图5－12所示。

2010年6月8日，天润发展呈白银级涨停，且属于缩量涨停，说明前几日股价调整充分，主力做多意愿强烈，短线后市必涨，临盘大胆买入。

当然这只股也存在严重缺憾，我们看看它的均线情况，如图5－13所示。

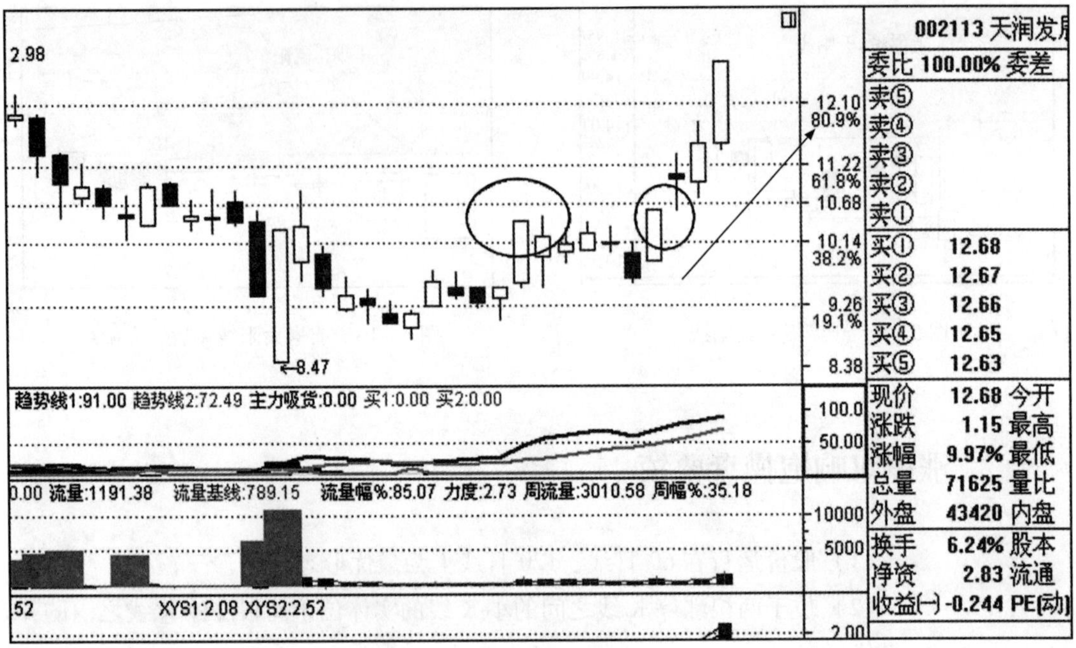

图 5-11　天润发展（002113）2010 年 5 月 28 日至 6 月 11 日走势

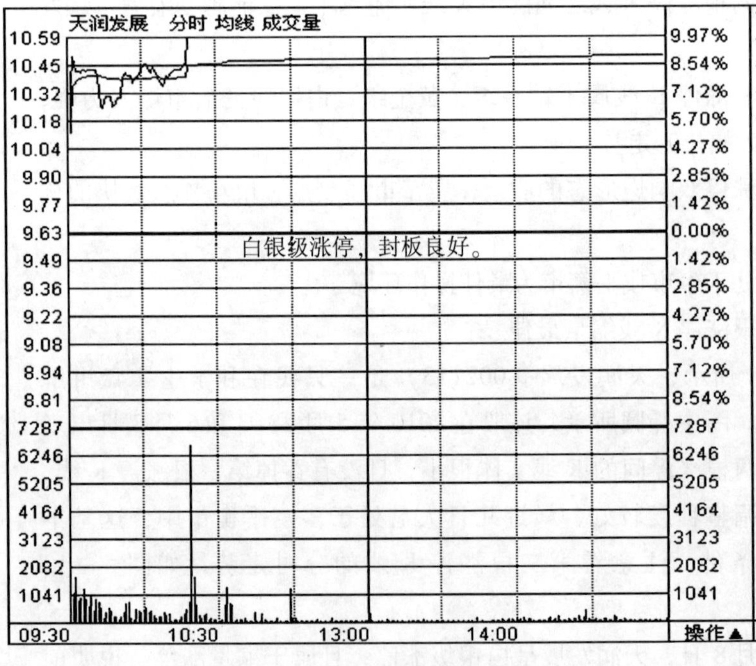

14:42	10.59	50 S
14:42	10.59	20 S
14:42	10.59	20 S
14:43	10.59	1 S
14:43	10.59	3 S
14:43	10.59	30 S
14:44	10.59	2 S
14:44	10.59	14 S
14:45	10.59	6 S
14:45	10.59	17 S
14:46	10.59	5 S
14:48	10.59	51 S
14:49	10.59	6 S
14:50	10.59	2 S
14:51	10.59	5 S
14:52	10.59	4 S
14:54	10.59	5 S
14:55	10.59	45 S
14:55	10.59	5 S
14:56	10.59	10 S
14:56	10.59	25 S
14:56	10.59	9 S
15:00	10.59	62 S

图 5-12　天润发展（002113）2010 年 6 月 8 日分时图

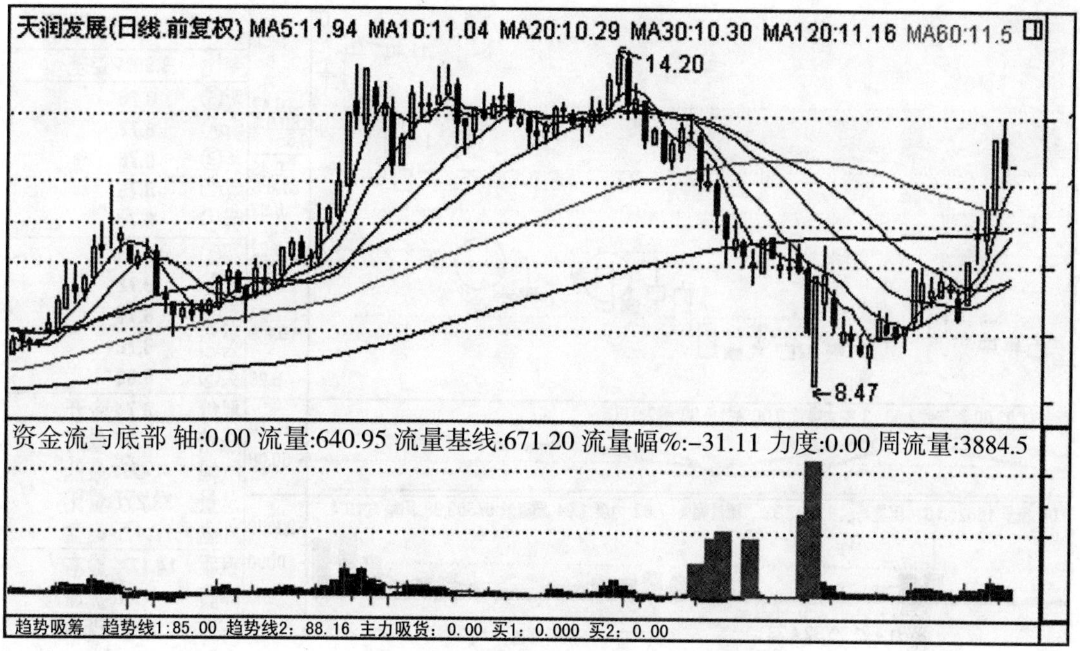

图 5－13　天润发展（002113）2010 年 2—6 月走势

从图 5－13 可以看到，涨停双响炮后短期 5 日线、10 日线、20 日线、30 日生命线得以修复，但作为对股价趋势有最重要影响的 60 日决断线拐头依然向下，所以短期后市必然调整，我的看盘系统当日也给出了短线卖点。看下面的案例，股价走势运作的机理和天润发展大同小异。

如图 5－14 所示，漳州发展（000753）2010 年 2 月 8 日和 2 月 22 日组成涨停双响炮，后市看涨无疑，只是稍有不同的是，与案例天润发展相比，漳州发展还具有区域板块概念和海西概念，属于热点板块的龙头股，由于具有龙头领涨的示范作用，就注定了其波段走势会更强些。

如图 5－15 所示，汉王科技（002362）2010 年 3—5 月走势图中所指两处都是涨停双响炮，看来所有强势股都有个性，涨停双响炮就是大幅拉升的标志性买点。

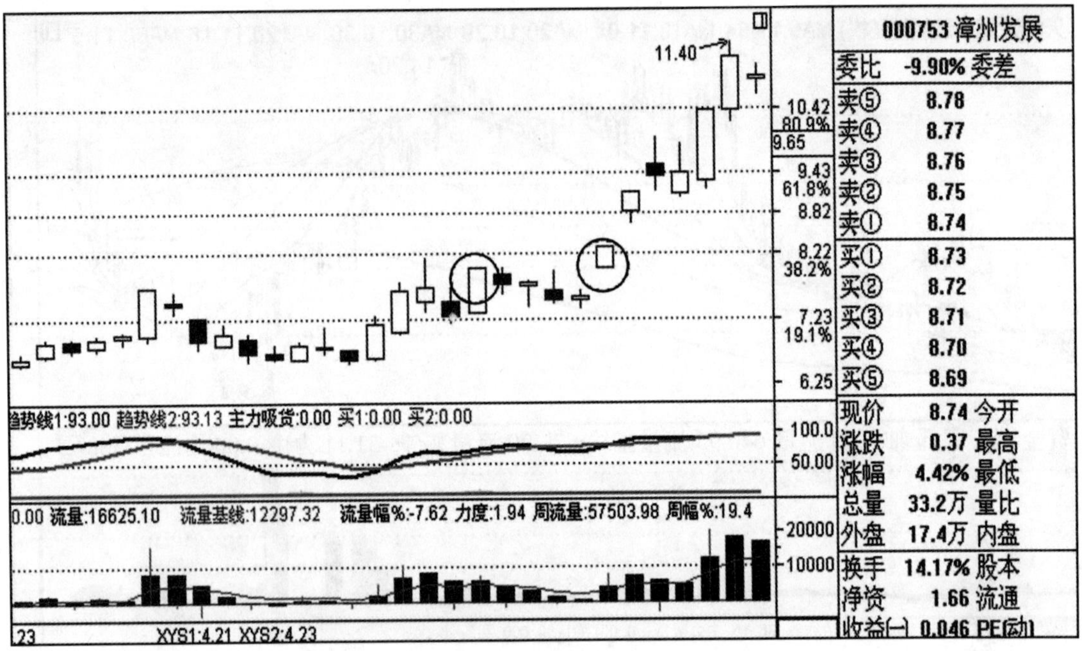

图 5－14　漳州发展（000753）2010 年 2 月走势

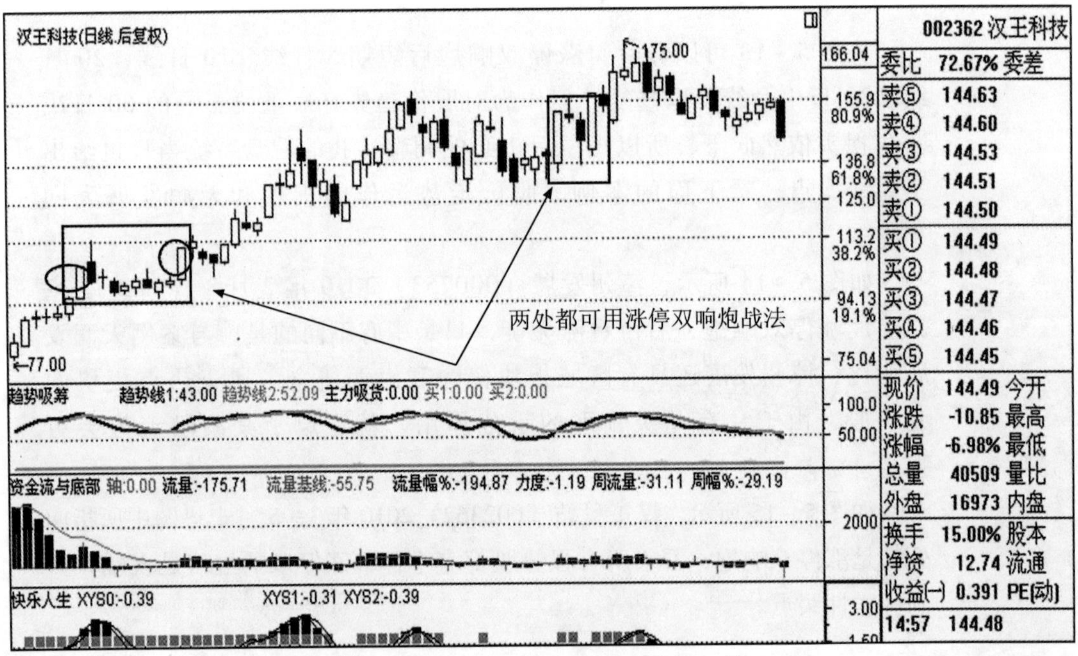

图 5－15　汉王科技（002362）2010 年 3—5 月走势

3. 涨停双响炮的买点及仓位控制

（1）如果后炮涨停板属于钻石级、黄金级、白银级，则实战时可在后炮涨停当天追涨买入，买入仓位可在30%左右，后续几日调整时再分批买入30%，留40%资金滚动操作。

（2）后炮涨停板属于青铜级、黑铁级的，当日可建仓20%，后续几日调整时再建仓30%，留50%仓位滚动操作。

（3）市场环境不同，投入的资金量自然不同，由于涨停双响炮成功概率较高，因此资金使用上可稍有激进，可在第一章第二节中的资金管理办法上略做微调。

图5－16是强势股三安光电在2009年12月10日和12月21日出现前后两个涨停板组成必涨的涨停双响炮，我们先观察第二根涨停K线的分时走势再定买点及仓位。

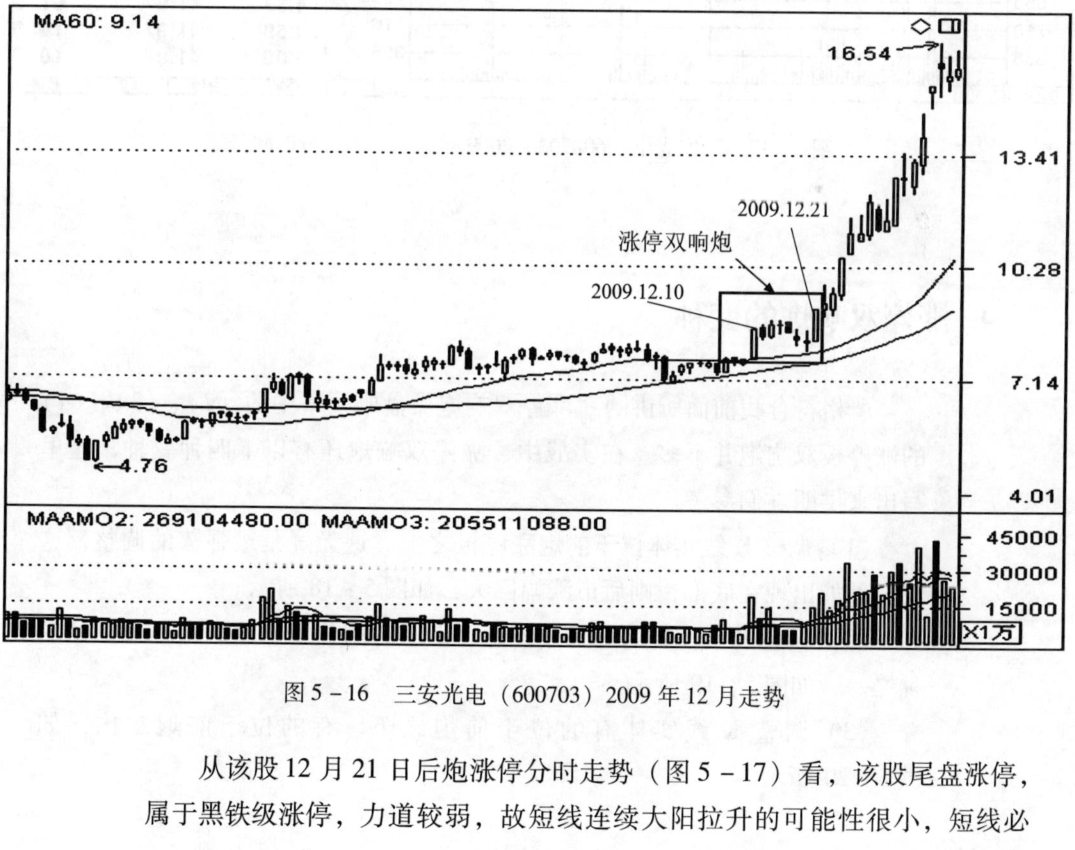

图5－16　三安光电（600703）2009年12月走势

从该股12月21日后炮涨停分时走势（图5－17）看，该股尾盘涨停，属于黑铁级涨停，力道较弱，故短线连续大阳拉升的可能性很小，短线必有整理，故采取第二种买点，第一仓位在涨停当天尾盘最后一笔大单封板前跟进建仓20%，随后两日的强势整理阶段再行建仓30%，留50%资金滚动操盘。

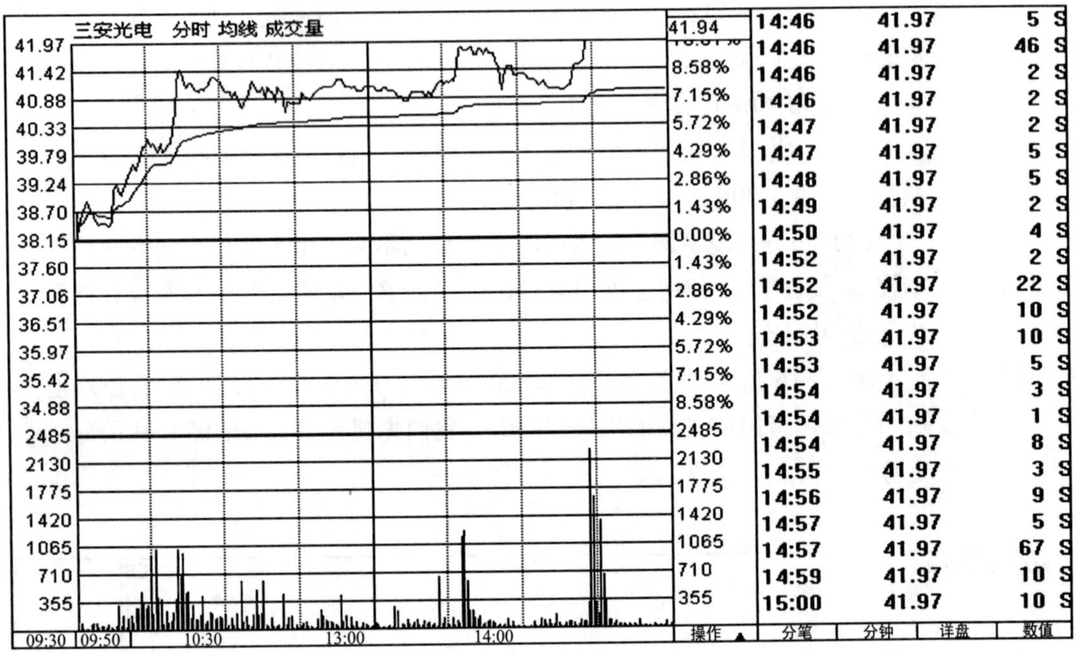

图5-17 三安光电（600703）2009年12月21日分时图

4. 涨停双响炮的变种

严格符合我前面所讲的"涨停双响炮操盘要领"中的（2）、（3）、（4）的涨停板双响炮并不多。在实战中，涨停双响炮还有以下四种变种，这里写出来供朋友们参考。

（1）调整K线实体位于前炮涨停板之上。这无疑是最强势的调整，这种变种如出现在底部，则后市涨幅巨大，如图5-18所示。

（2）调整K线实体有的位于前炮之上，有的位于前炮之内，这也是变种之一，如图5-19所示。

（3）调整K线实体有的位于前炮之下，有的位于前炮之内，如图5-20所示。

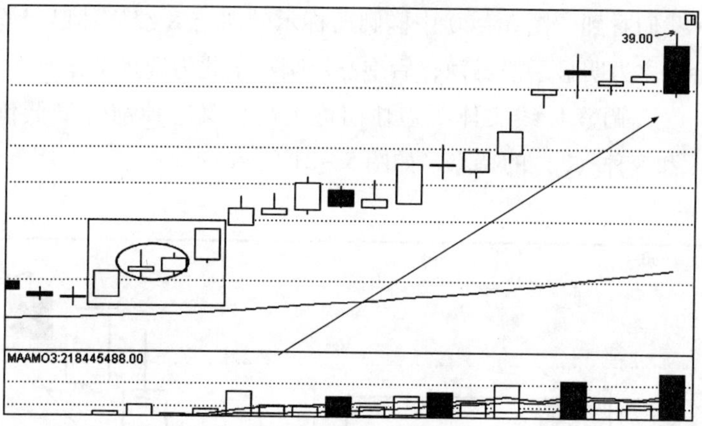

图 5-18　涨停双响炮变种（1）

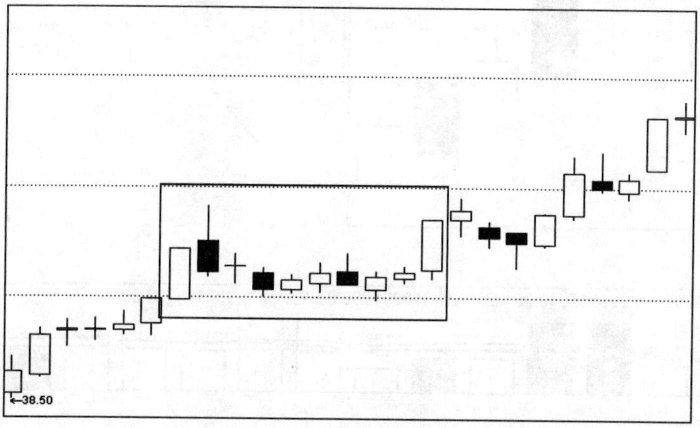

图 5-19　涨停双响炮变种（2）

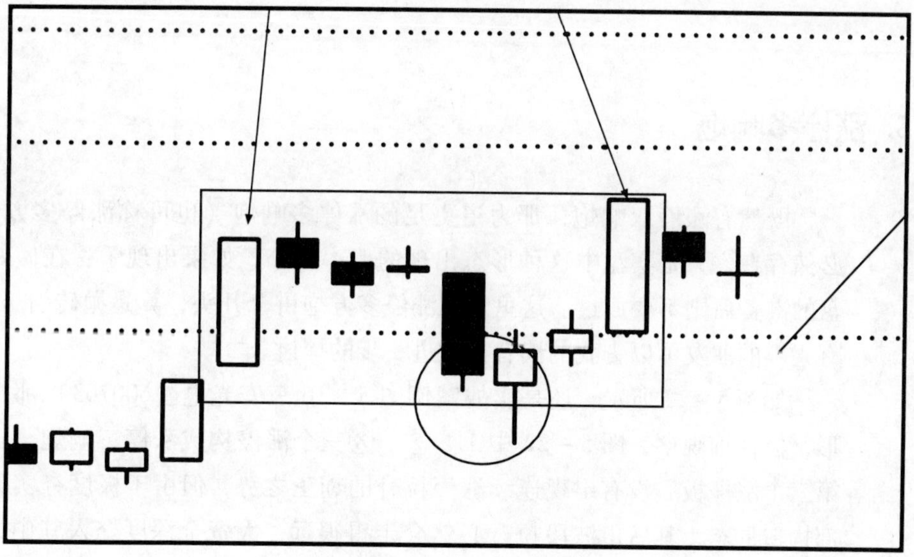

图 5-20　涨停双响炮变种（3）

我们看到，图5－20中椭圆所标示的两个K线实体已经吃掉了前炮最低价，主力明显手段毒辣，后炮涨停暗示了此为洗盘动作。

（4）调整K线实体既盖住前炮最高价又吃掉前炮最低价，兼具变种（2）和变种（3）的特点，如图5－21所示。

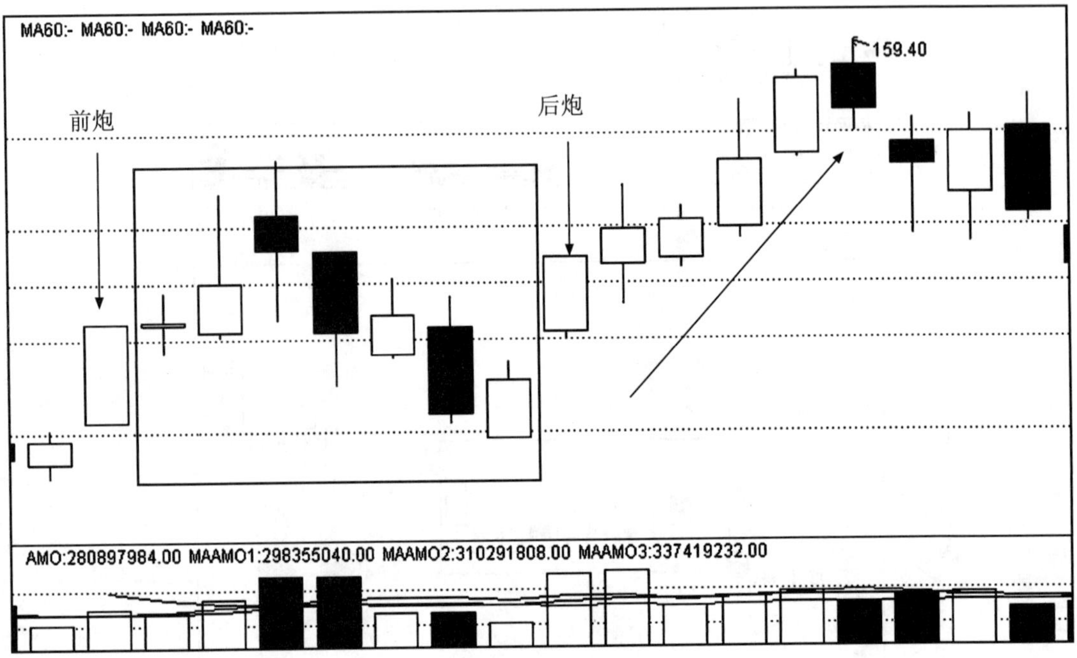

图5－21　涨停双响炮变种（4）

5. 涨停多响炮

既然有涨停双响炮，那力道更足的涨停多响炮（也可称涨停多方炮）必然存在，只是实盘中这种形态出现的概率很小，如果出现了，在做好通盘的准备后则不要放过。这里仅就涨停多方炮讲个开头，算是抛砖引玉吧，有兴趣的朋友可以去我的读者群做进一步的探讨。

如图5－22所示，还是实战案例图5－16三安光电（600703）那个图形，但仔细观察，图5－22中①、②、③三个涨停构成涨停三响炮，虽然第三个涨停板后没有出现连续涨停拉升的霸王之势，但由于极度夯实的底部构造形态，其后市波段拉升必然会走得很远，大资金深度介入其中，应该是没错的。

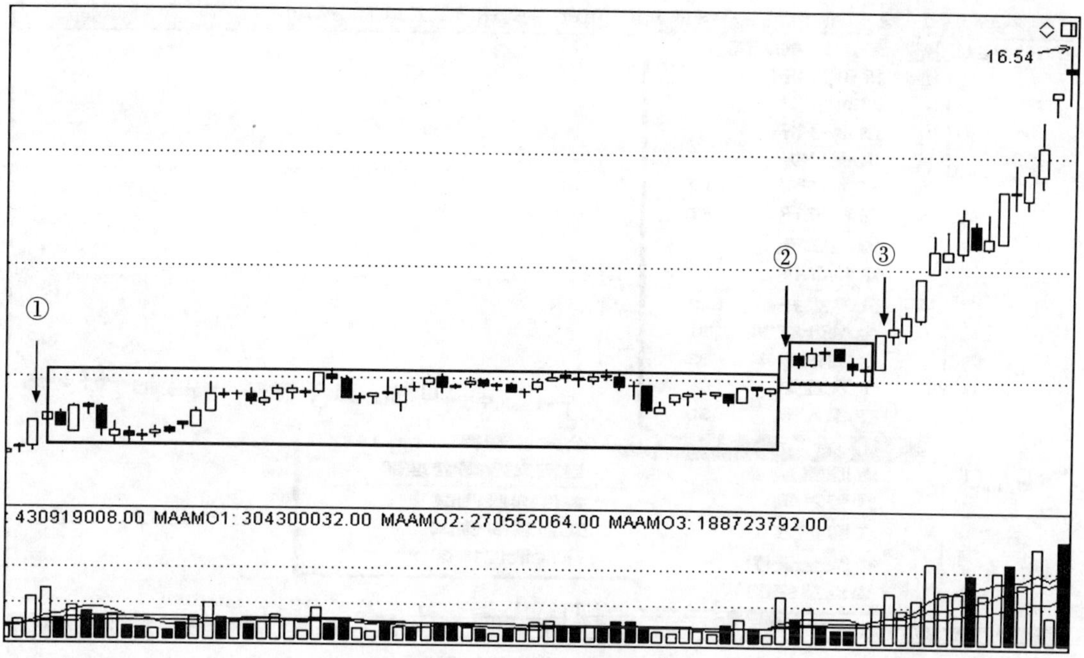

图 5-22 涨停多响炮

6. 涨停双响炮在软件中的操作

通达信软件涨停双响炮的具体操作设置流程：

第一步，打开通达信软件“功能→专家系统→公式管理器”，然后单击“条件选股公式→其他类型→新建”按钮，如图 5-23 和图 5-24 所示。

第二步，在弹出的“条件选股公式编辑器”中，将公式名称取为“涨停双响炮”，公式类型选择“其他类型”，将公式源代码填入下面的白色方框，然后单击“确定”按钮，如图 5-25 所示。

附：涨停双响炮公式源代码。

```
涨停:=C>REF(C,1)*1.0996 AND C=H;
HH:=HHV(H,BARSLAST(涨停))<REF(C,BARSLAST(涨停))*1.03;
LL:=LLV(L,BARSLAST(涨停))>REF(O,BARSLAST(涨停));
中间:=HH AND LL;
又涨停:REF(中间,1)AND 涨停。
```

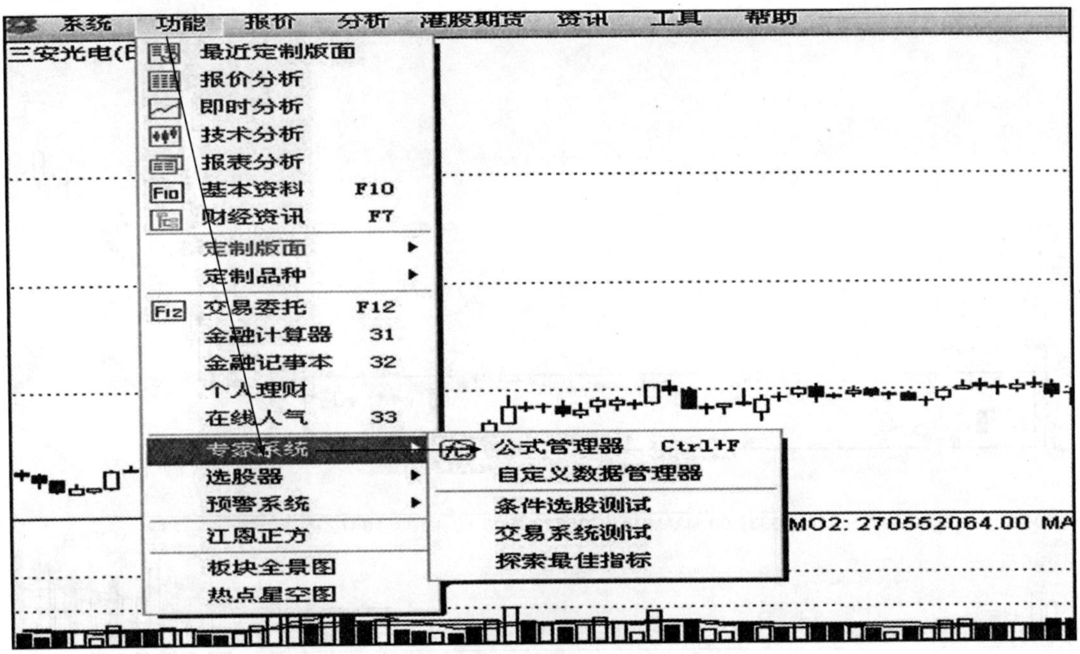

图5－23　涨停双响炮操作设置流程步骤第一步（1）

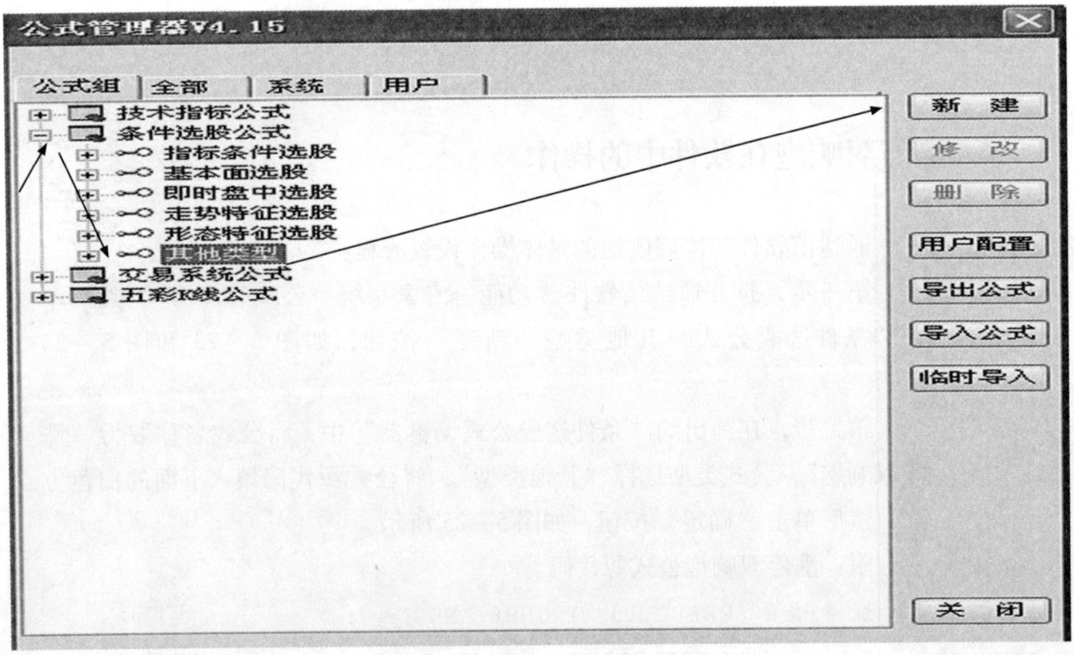

图5－24　涨停双响炮操作设置流程步骤第一步（2）

第三步，打开“功能→选股器→条件选股”，里面会出现“涨停双响炮”选项，单击确定，然后单击“加入条件”，再单击“执行选股”按钮，这样即可选出符合条件的个股，如图5－26～图5－28所示。

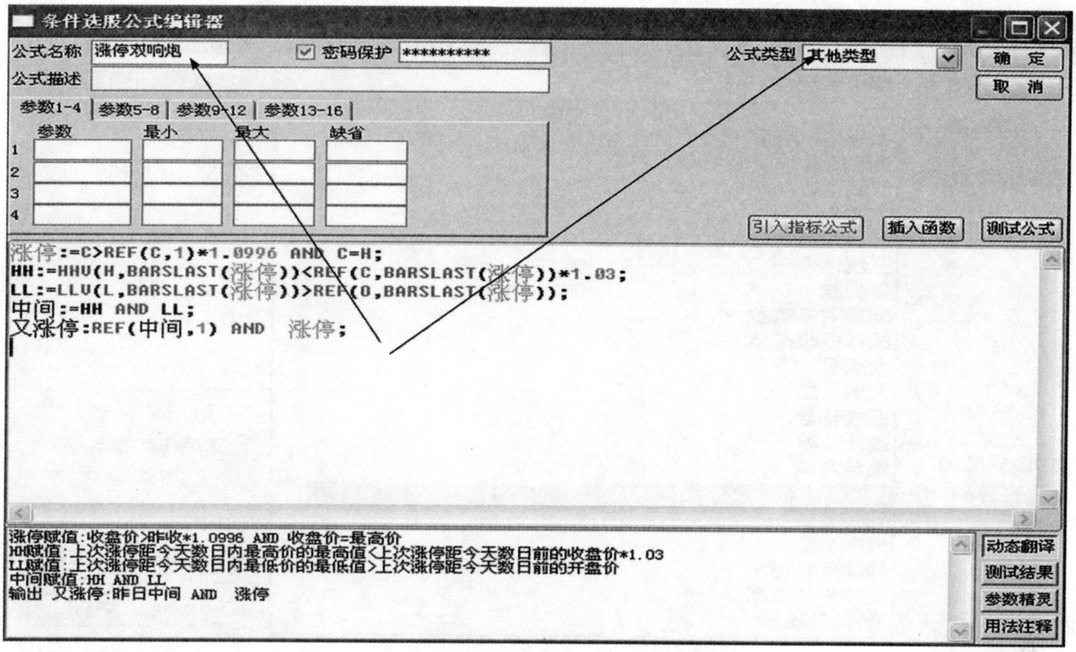

图 5－25 涨停双响炮操作设置流程步骤第二步

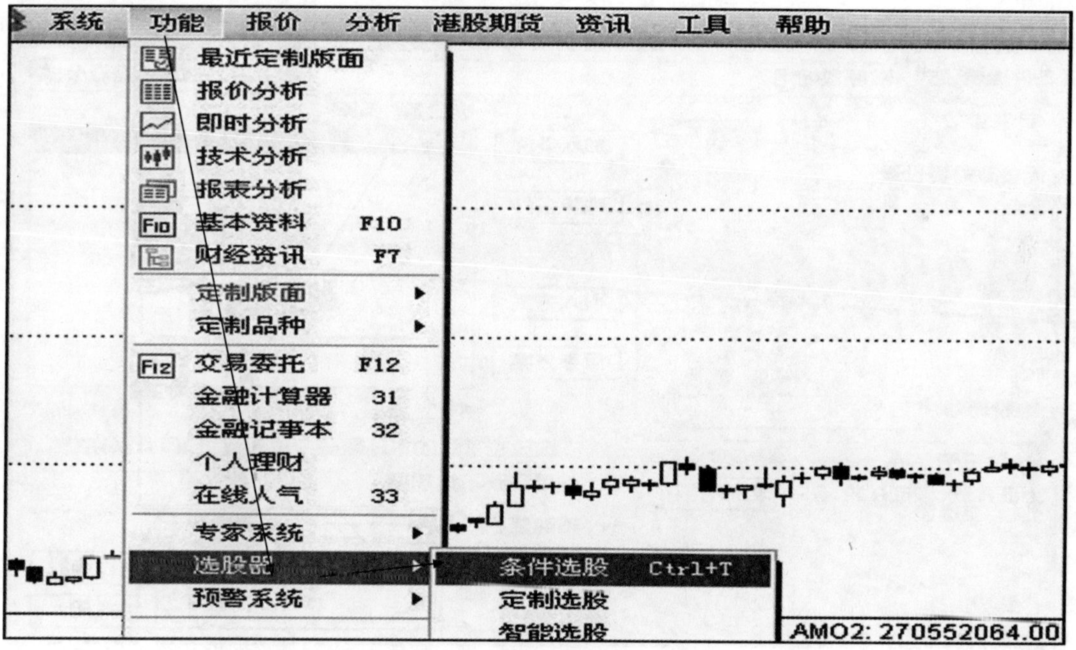

图 5－26 涨停双响炮操作设置流程步骤第三步（1）

关于涨停双响炮法就和朋友们交流到此。目前为止，我们一共讲了三种涨停板战法，理论如果仅是高高在上的理论那不学也罢，为了让这些技术具备实战可操作性，这三种涨停板战法在软件中的设置使用都做了详细

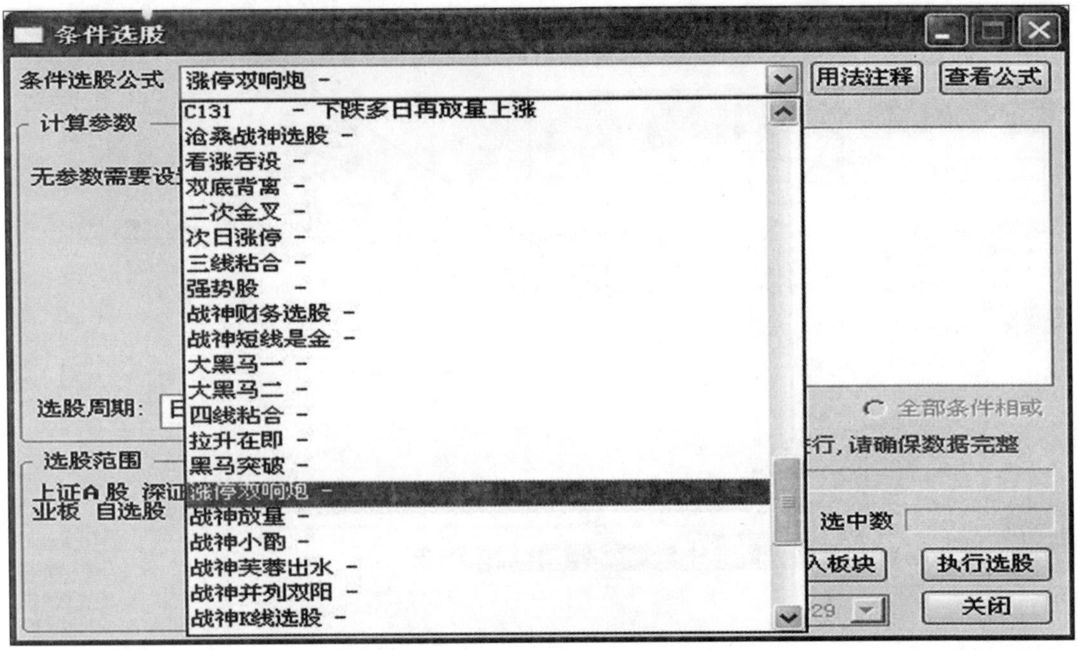

图 5－27　涨停双响炮操作设置流程步骤第三步（2）

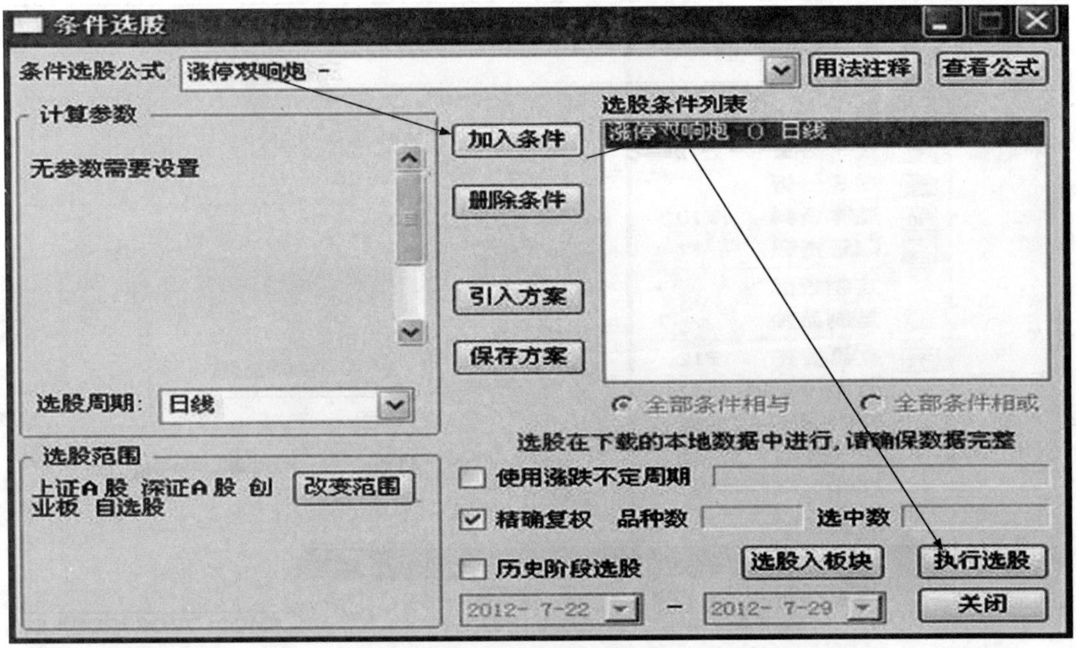

图 5－28　涨停双响炮操作设置流程步骤第三步（3）

的介绍，这些都是我多年使用的看盘系统，花费了大量心血，希望能够为读者朋友带来操盘上的帮助。实战中还有一类涨停板战法具有极强的实战参与价值，这就是我们下一章要讲的涨停板战法四——芙蓉出水涨停板。

第六章

涨停板战法四

——芙蓉出水涨停板

“量在价先行”，股市上从来没有无缘无故的涨停板，我们在盘口中总能发现一些蛛丝马迹——分时抗跌横盘、量能异动、健康的量能结构。通过对这些细微盘口的拿捏，能更好地提高实战成功概率。

第一节　分时抗跌横盘

我们在第一章中谈到了系统风险，在一个大盘相对良好的环境中抓涨停的个股是靠谱的，成功概率也相对较高。但实际上对趋势的判断本身较为困难，即便能对趋势做出精准判断，可你能对大盘每日的涨跌做出精准预测吗？这事恐怕只有神仙才能做到。所以如何做好应变，如何在震荡或下跌市道中抓涨停板的股票，临盘这方面是有讲究的。

主力某日想做一只股票一般都有事先的严格操盘计划，心血来潮拉涨停这事很少有，所以那些大涨以至于涨停的股票总会在盘中给我们留下蛛丝马迹。大盘下跌中那些能扛住抛压横盘的股票往往会有惊人的表现，为什么如此？我们知道，绝大部分散户是跟随大盘的，大盘不好时散户就会抛出手中筹码以规避风险，如果主力不护盘，那么该日此股是一定要追随大盘下跌的。但是，如果主力该日要是想有所动作，盘面就自然不同了。大盘跌而它却抗跌，这盘面肯定就不大寻常，所以那些能抗跌横盘的股票说明主力是在暗中护盘的，既然护盘那么当日该股或许会有希望大涨或者涨停也说不定。

下面列举两个实战案例，进一步分析实战中个股抗跌横盘给予我们的机会。

如图 6－1 和图 6－2 所示，它们分别是三安光电（600703）2010 年 6 月 8 日的分时图和 K 线图。从图 6－2 中可以看出该股大的形态尚可，股价有芙蓉出水之势。从图 6－1 中的分时盘口观察，6 月 8 日的大盘是较差的，早盘大盘就持续下跌，但该股第一个矩形内和大盘一比较大家就会发现：分时上看大盘连破前低，该股却能在涨幅 2%～4% 这个区间内横盘抗跌，既然能在高位接住散户的抛压，则说明该股当日主力是有想法的，当日应该有看头；注意右侧的矩形，大盘继续下挫，该股缩量止跌于均价线，注意图下半部分呈现的相应的量能结构是缩量的，这是个企稳信号，所以主力根本不存在恐慌性抛盘，但什么时候才是好的介入点呢？我们看图 6－3。

从图 6－3 中可以看到，11:15 大盘继续下挫，但该股突然出现大单成交（该股流通盘 1.54 亿股，属于下一节大单成交的第四档标准），盘口分笔明细上出现了 1599 手和 3188 手这样的单子，如果你能紧盯盘面的话，

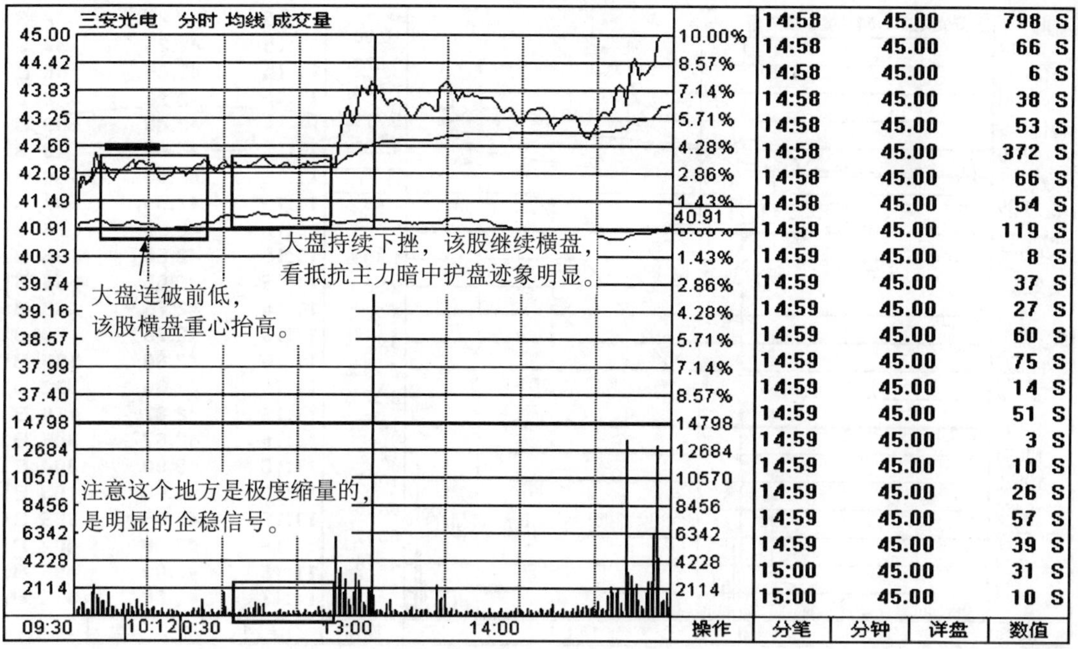

图 6－1　三安光电（600703）2010 年 6 月 8 日分时图

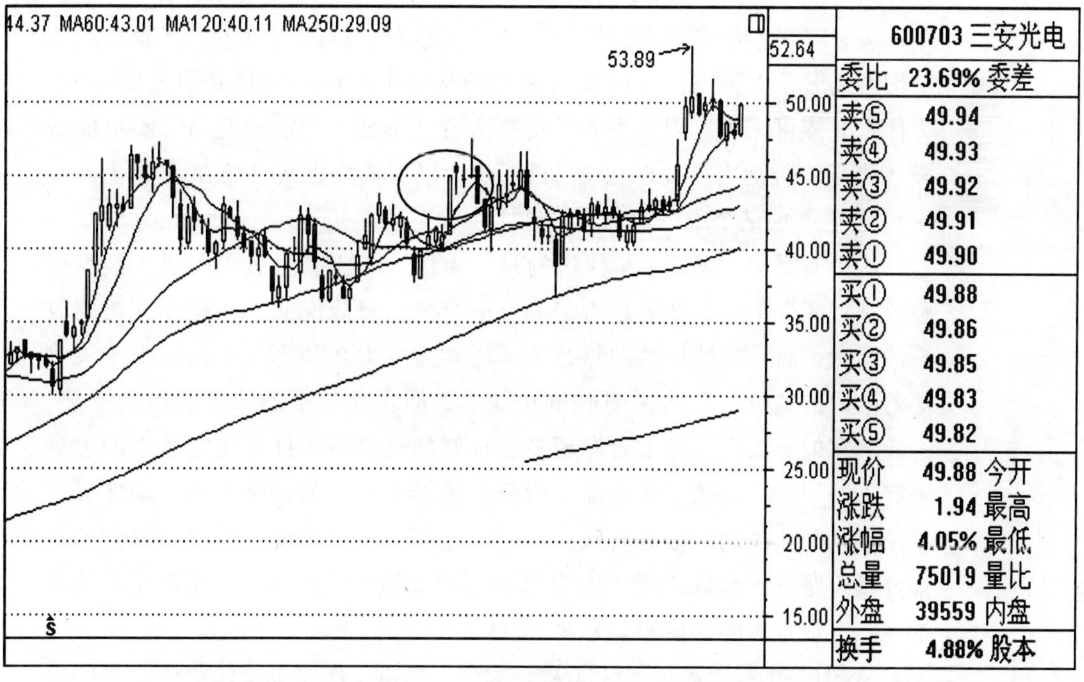

图 6－2　三安光电（600703），2010 年 6 月 8 日 K 线图

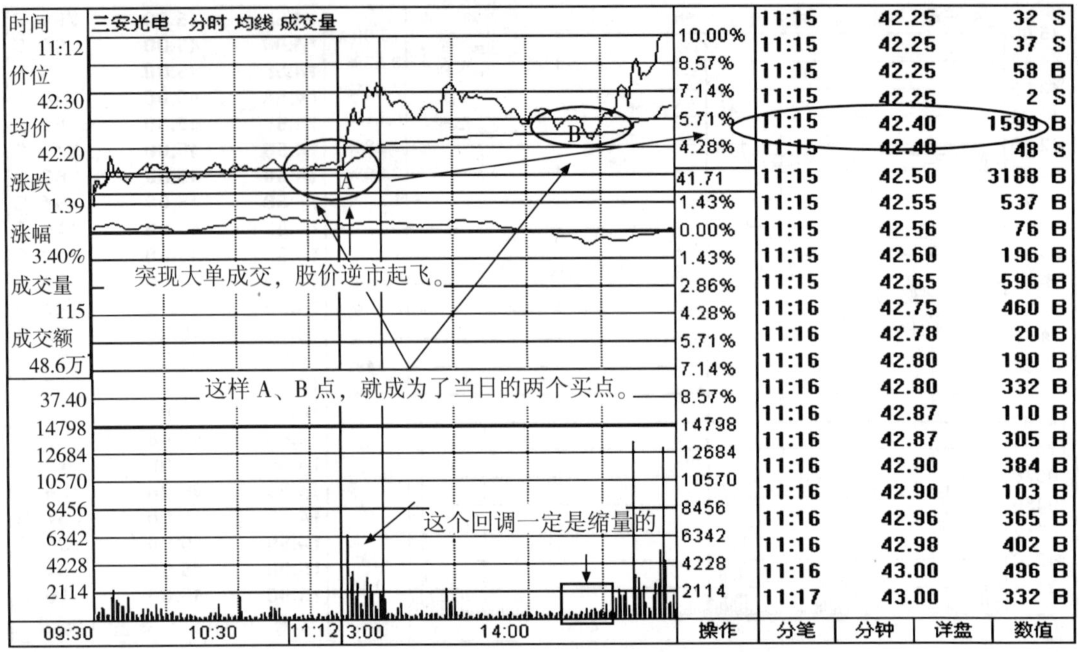

图6－3　三安光电（600703）2010年6月8日买点

你可以这个时候在A点跟进去，如果没有也不要紧，因为大盘当日环境较差，该股应该还有回调均价线的机会，注意图中画的买点B，该股缩量调至均价线形成该买点，应该提醒大家的是这个回调一定且必须是缩量的。为什么B点可买呢？因为主力巨量投入资金形成的起涨点是A，不可能跌破A点吧？否则当日就自己套自己了。所以回调均价线且略在A点上方区域（即B点）是个难得的机会，这样该股当日就有此A、B两个买点。

这里需要和大家进一步探讨的是，为什么需要放量后再跟进？横盘抗跌整理时能否跟进？答案是否定的。横盘抗跌只能说明主力在那儿接住散户的抛盘，而且是被动的护盘行为，通常为主力在某个价位挂着很多买单等着散户的抛盘，只能说明股价止跌了，但止跌并不意味着股价会上涨，经验丰富的短线高手经常会发现横盘很好的股票最后扛不住抛压也随大盘一起下跌了，个股能不能上涨是由资金的推力决定的，是主力主动性买进的结果，而非被动性接盘所致。所以一定要等盘口出现大单成交这样的量能异动再跟进，盘口放量才能表明主力做盘的勇气和决心。所以说，放量起涨点和放量后的缩量回调是两个较好的买点。

从图6－4看哈高科（600095）大形态尚可，属于可操作范畴。图6－5是该股2010年7月23日的分时图。注意该股早盘，第一个矩形内，大盘连续跌破前低，该股不破前低顶住抛盘横盘整理，然后在A点出现大买单，

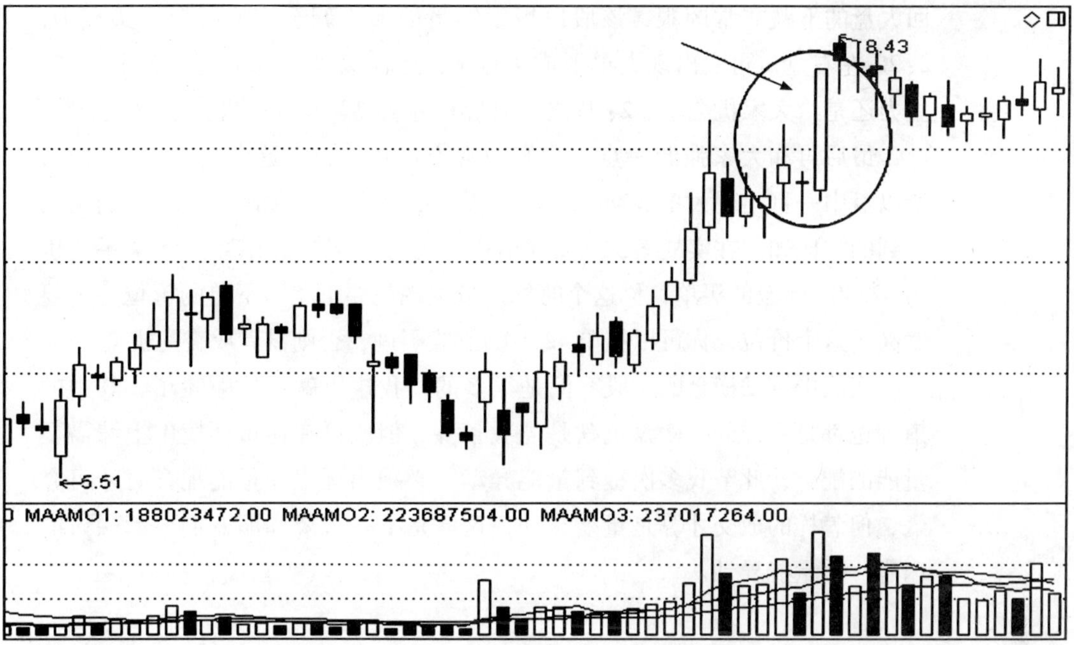

图 6－4　哈高科（600095），2010 年 7 月 23 日

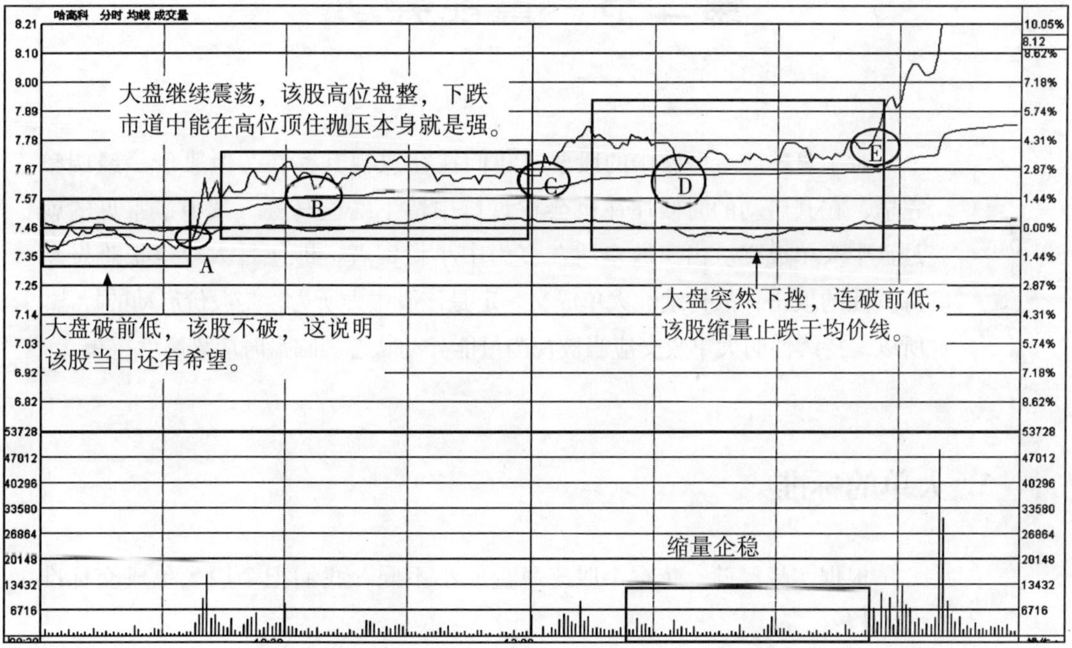

图 6－5　哈高科（600095）2010 年 7 月 23 日分时图

这里形成第一个买点；在第二个矩形内，大盘继续下挫，该股缩量调至均价线，这里便形成第二个买点 B；午后盘口放量形成买点 C，但 1∶30 后这

回大盘的下跌非常凶狠，该股以极度缩量的形式调至均价线形成买点 *D*，2:20 左右盘口再次出现大单形成买点 E，这样该股当日出现了 5 个买点，主力还是给大家机会了。2:30 之后股价直奔涨停就没什么机会了。

最后再和大家强调一点，我们通常说量在价先，这个大体上是对的，所以盘中一旦出现大单成交，你挂的买价要比那个买价高一些，否则是买不到的。比如，在实战案例三安光电中，主力 11 再 15 出现了 1599 手买价为 42.40 元/股的买单，你这个时候一旦发现就要下单，下单的价位一定要略高于这个价位，你可以挂单 42.50 元/股买进，否则没有成交的机会。

实战中抗跌横盘的个股案例是很多的，我这里就不再啰唆了，其中的道理也都是一样的。横盘抗跌是先决条件，但股价在逆市环境中上涨需要量能的配合，此节我多次提到量能异动，必须出现强劲量能配合时才可介入，但怎样的成交才算是量能异动，这就是下一节要和朋友们一起探讨的内容——量能异动。

第二节　量能异动

对于盘整或者调整中的股票，我们往往忽视其存在，但股价一经调整完毕，在其启动的时候往往也会在盘口中留下蛛丝马迹，其中最常见的就是盘中大单成交。由于散户朋友多为中小投资者，即便是大户也很难发动持续性的攻击，故持续性大单成交一定是该股主力所为，是股价启动的标志。所以，持续性的大单成交应当被视为量能异动状态，临盘时应该高度重视。

1. 大单的标准

根据实战经验，依据个股流通盘大小不同，我们把个股大单成交标准分八档：

第一档，流通盘在 1000 万～3000 万股之间，单笔成交在 150 手以上，谓之大单成交；

第二档，流通盘在 3000 万～5000 万股之间，单笔成交在 300 手以上，谓之大单成交；

第三档，流通盘在5000万~1亿股之间，单笔成交在500手以上，谓之大单成交；

第四档，流通盘在1亿~2亿股之间，单笔成交在1000手以上，谓之大单成交；

第五档，流通盘在2亿~3亿股之间，单笔成交数在1500手以上，谓之大单成交；

第六档，流通盘在3亿~5亿股之间，单笔成交数在2000手以上，谓之大单成交；

第七档，流通盘在5亿~10亿股之间，单笔成交数在3000手以上，谓之大单成交；

第八档，流通盘在10亿股以上，单笔成交数在5000手以上，谓之大单成交。

以上这八档标准只是一般标准，适合于热钱、游资、私募资金的个股。对于公募基金为主力的个股，这个标准可适当降低，由于公募资金碍于政策压力，所以做起盘来往往谨小慎微、有所顾忌，不会像以上几类主力那样大开大合。

2. 量能异动后的买入条件

盘中出现了大单，那么我们如何应对？若出现下列条件则可大胆介入。

（1）个股处于盘整或调整阶段末期。

（2）盘中出现健康的量能结构（见本章第三节）。

（3）盘中出现攻击性量峰结构（见下篇分时战法）。

（4）股价突破某一技术阻力位。

（5）个股均线已从黏连状态渐变为均线多头排列为最佳。

（6）个股质地优良，有突发性产业扶植政策，或有突发性重组、资产注入、中标项目大单等突发利好。

（7）另外，必须再次提醒一下朋友们，这里的大单异动必须是持续数笔的成交，就一两个大单成交是不能算数的，那种情况多半是试盘行为。

又给大家设定了这么多条件，读者朋友可能感到不厌其烦了，但这实属无奈之举，涨停板战法是非常凶险的短线打法，搞不好真是赔了夫人又折兵。个股涨停一定会出现攻击性大单，但盘中出现持续性大单股价不一定能够涨停，所谓君子不立危墙之下，多设定几个条件就能多排除几种意外风险，把自己置于安全的境地才是最重要的。股市中机会多的是，不要因一时大意而把自己陷入万劫不复之地。下面结合实战案例一起来看看。

3. 案例

如图 6－6 和图 6－7 所示，金刚玻璃（300093）在 2010 年 8 月 9 日面临重要的技术阻力位，股价跳空高开温和放量突破，这个涨停视觉冲击效果极强，看来主力后续应该还有动作，后续行情走势可以适当关注，我们看看该股当日的分时走势。

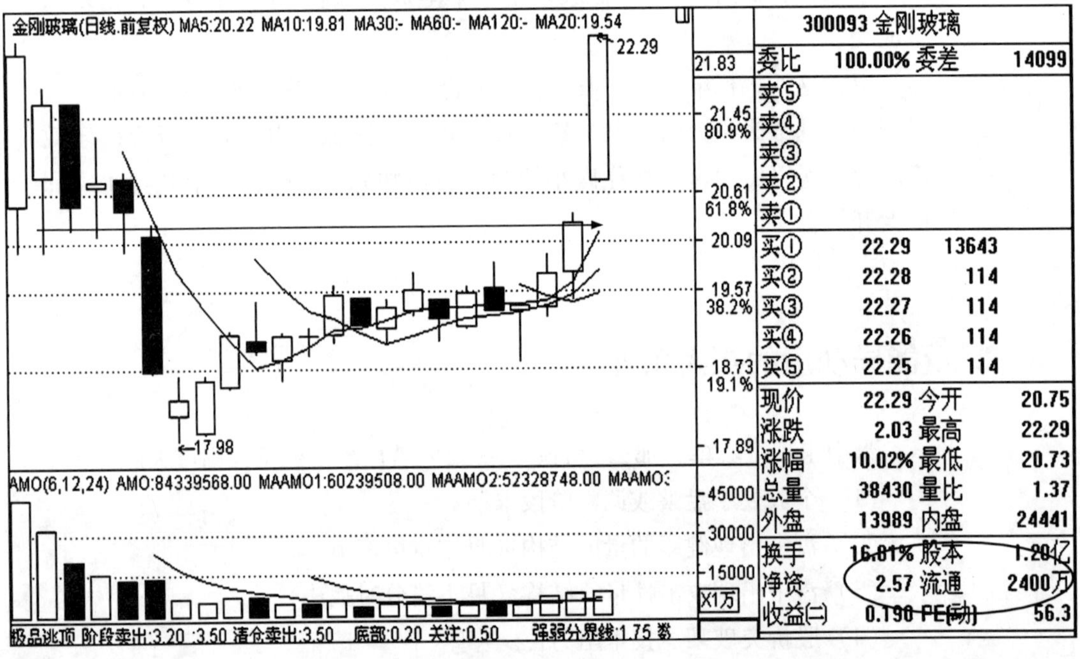

图 6－6　金刚玻璃（300093），2010 年 8 月 9 日

该股 2400 万的流通盘，属于第一档标准，从图 6－7 中可以看到，开盘后该股有持续数笔大于 150 手的大单成交，这说明该股已经调整结束，应该是行情开始启动标志，第一起涨点是可以追涨的，临盘时第一仓可以 30% 的仓位跟进，次日调整时再跟进 30% 的资金，剩余 40% 资金以供滚动操盘使用。

如图 6－8 所示，新华锦（600735）2010 年 8 月 9 日面临重要技术阻力位，毫无疑问股价须放量突破，该股 1.13 亿股流通盘，属于第四档标准。

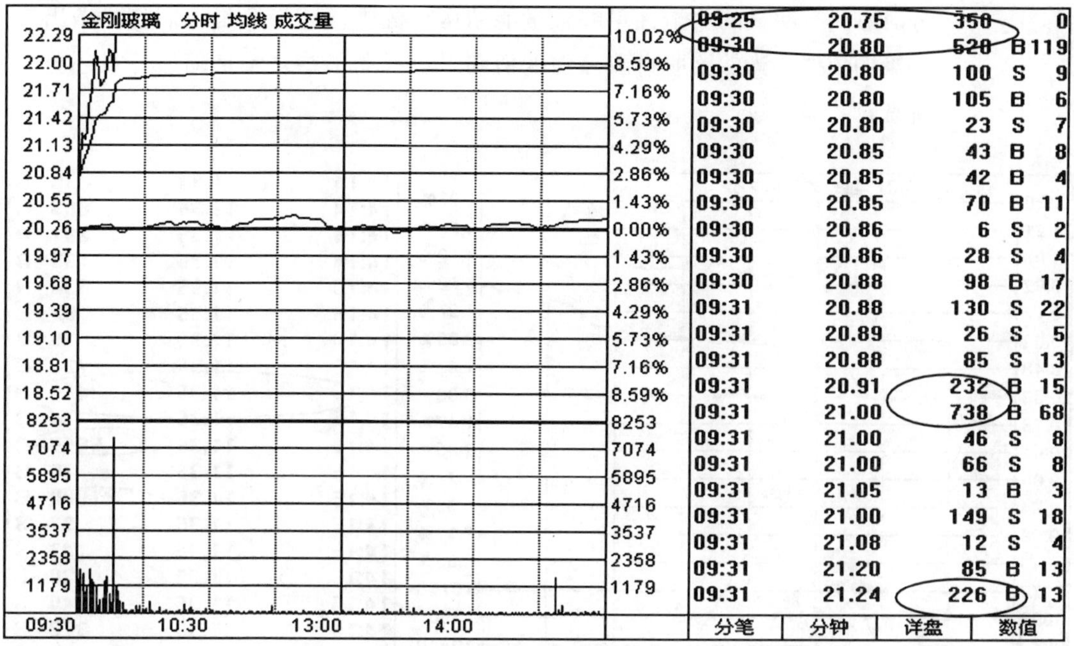

图 6－7　金刚玻璃（300093）2010 年 8 月 9 日分时图

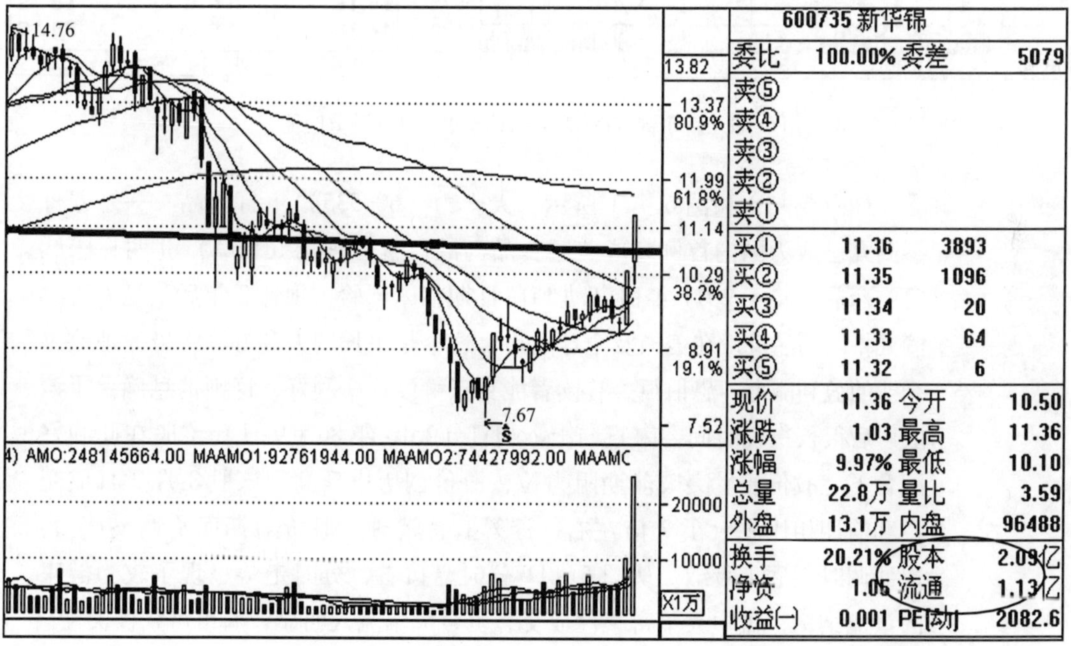

图 6－8　新华锦（600735），2010 年 8 月 9 日

但我们从图 6－9 中观察到盘中大于 1000 手的大单持续性成交，而且出现了 5855 手这样的超级大单，那么当日该股冲击涨停的概率就大了很多，从

分时看具有明显的攻击性量峰，量能结构很健康，这些都是我们临盘做出决策的依据，当然该股封涨停强度值和封单都弱了些，看来随后几日还要洗洗盘才能上攻。

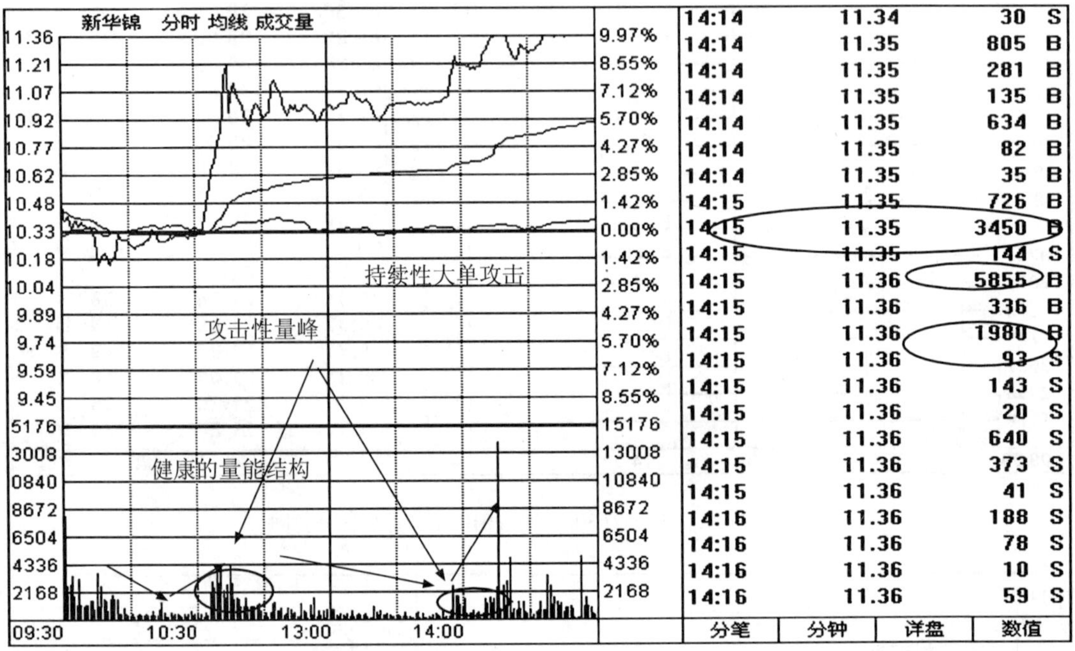

图6-9 新华锦（600735）2010年8月9日分时图

如图6-10和图6-11所示，天士力（600535）主打药品——复方丹参滴丸已成为国内首例完成美国食品药品监督管理局（FDA）Ⅱ期临床试验的药品，将于2011年初启动FDAⅢ期临床试验，预计3年后，复方丹参滴丸将以药品身份在美国及全球上市，这个是中长期大利好，将极大地改善企业的盈利能力，恐怕很少有读者能真正解读这个利好，这则消息确保了该股以后很长一段时间会一直向上。当日（2010年8月9日）该股在此利好配合下，股价放量突破前期阻力位，股价创历史新高。该股8月9日成交量和前期相比放大了7倍左右，浮筹有待清理，股价短期面临调整压力，待回调时可逐步吸纳。从图6-11分时盘口看，分时走势呈现了较为健康的量能结构，盘中大单密集性成交，资金大幅流入明显，后市可积极关注。

如图6-12和图6-13所示，中体产业（600158），6.26亿股的流通盘，属于第七档标准，从图6-13看，盘中大于3000手的大单比比皆是，更有甚者出现了27481手这样的超巨大单，所以8月9日该股不涨停的难度很大，临盘如果能仔细分析一下这样的量能异动，那么临盘做出决定就

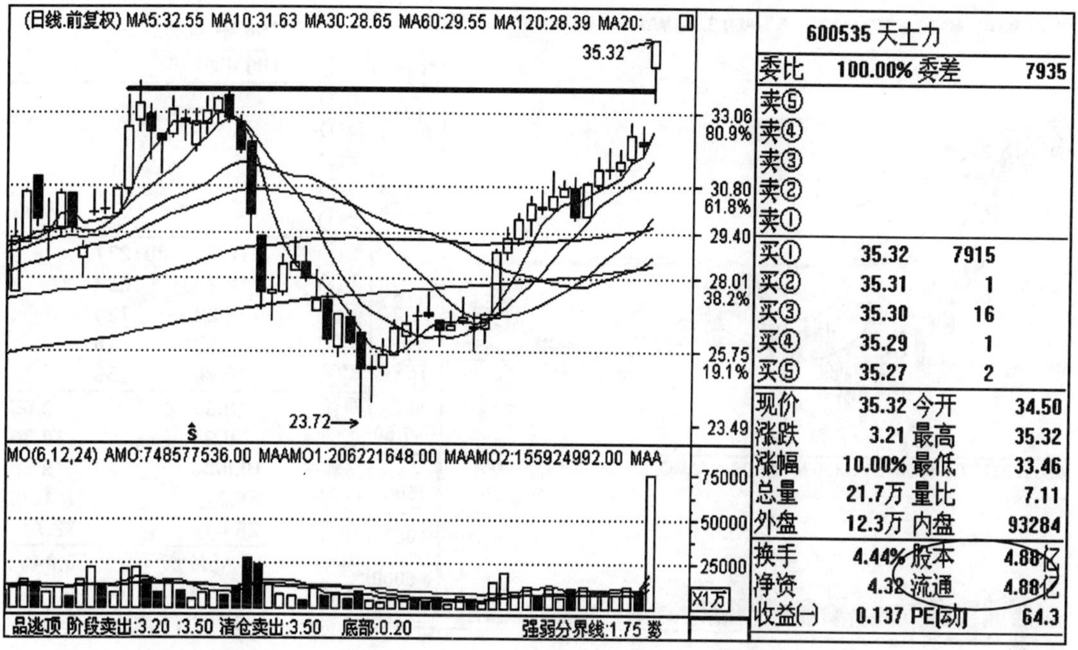

图 6－10　天士力（600535），2010 年 8 月 9 日

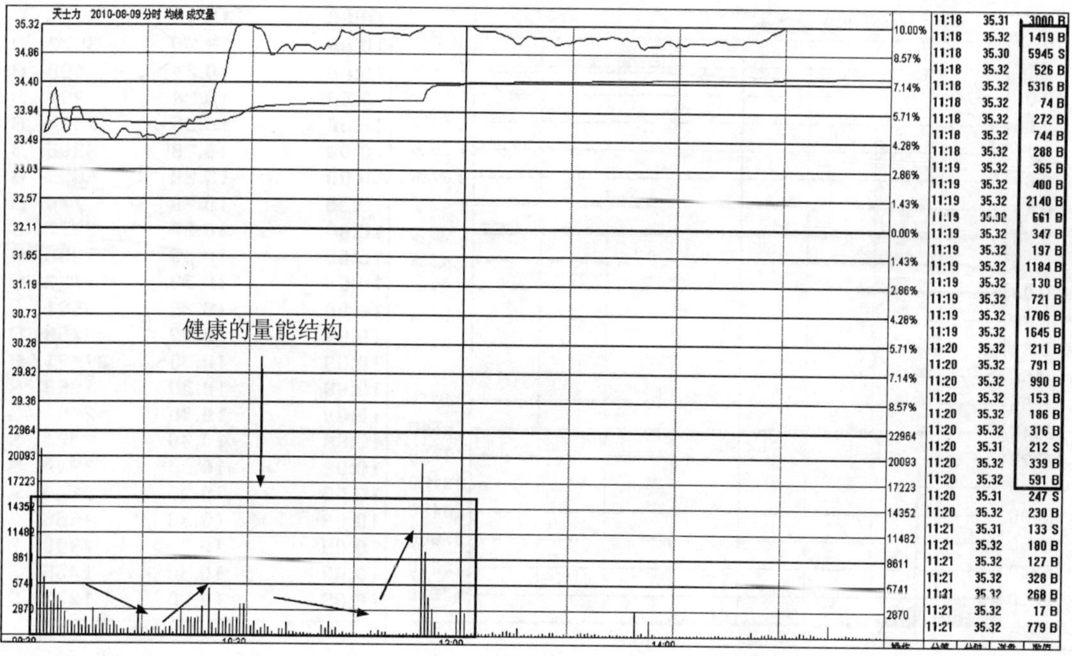

图 6－11　天士力（600535）2010 年 8 月 9 日分时图

多了几分自信和从容。不过，从图 6－12 看，该股虽放量越过前期阻力位，但量能放得偏大，后市应还有整理的必要。

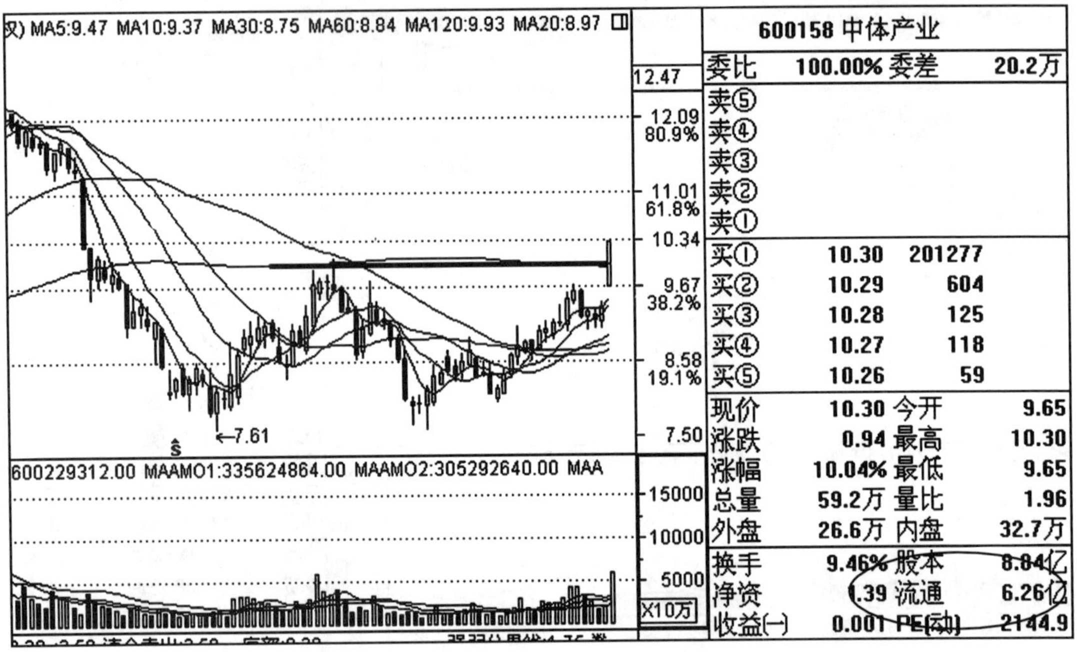

图 6－12　中体产业（600158），2010 年 8 月 9 日

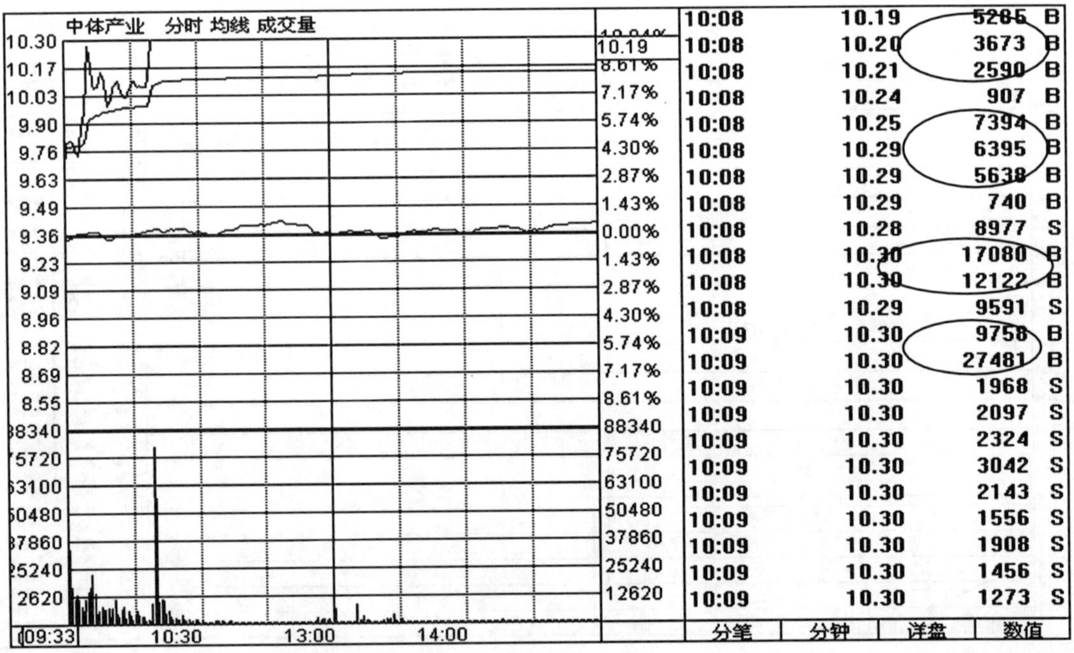

图 6－13　中体产业（600158）2010 年 8 月 9 日分时图

实战中仅出现量能异动的大单成交是不成的，如果散乱无章的大单成交并不能有效推动股价上涨，则必须有分时上健康的量能配合，因为作为

量能异动的大单成交仅仅是一个局部的话，那健康的量能结构所展现给我们的是分时上的整体概念，因此更为重要。在以上的案例新锦华和天士力中我均提到了健康的量能结构，那么何谓健康的量能结构呢？我将在下一节——健康的量能结构中和读者朋友一起探讨。

第三节　健康的量能结构

这节我和大家就涨停板的分时量能结构做一下交流，什么才是健康的量能走势？这个问题很值得大家关注，如果一个涨停板分时走势呈现出健康的量能结构，那么我们就能知道主力是投入真金白银用心在做盘，这就是值得介入的机会；如果分时盘口呈现出散乱的、不健康的量能结构，那多半是主力在暗中出货了。

所谓健康的量能结构，就是股价拉升阶段放量、下跌阶段缩量，并且上涨分时量能面积全天呈现出放大状态，这种分时成交状态称为健康的量能状态。下面结合具体案例来讲解健康的量能结构的操作策略。

1. 健康的量能结构的操作策略

（1）临盘中一旦发现符合健康的量能结构，如果股价处于波段低位则要敢于重仓参与，首仓投入资金可在 30%，封板时再买入 30%，另留下 40% 资金以防不测。

（2）如果股价处于拉升阶段出现健康的量能结构，则要敢于参与，首仓可投入 30% 的资金参与，股价封板时再买入 30%，剩余 40% 资金以供滚动操盘使用。

（3）如果股价波段涨幅在 40% 以上出现健康量能结构，那么这有可能是疯牛股，临盘时可用 30% 资金参与，注意短线以 5 日线为止损位，不贪、不惧即可。

2. 案例

如图 6－14 所示，海虹控股（000503）分时走势呈现出上涨放量、下跌缩量状态，盘中虽有开板情况出现，但量明显萎缩，这种情况一般可以适当参与，第二日高开的面大，短线有套利机会，如图 6－15 所示，短线应还有向上空间。

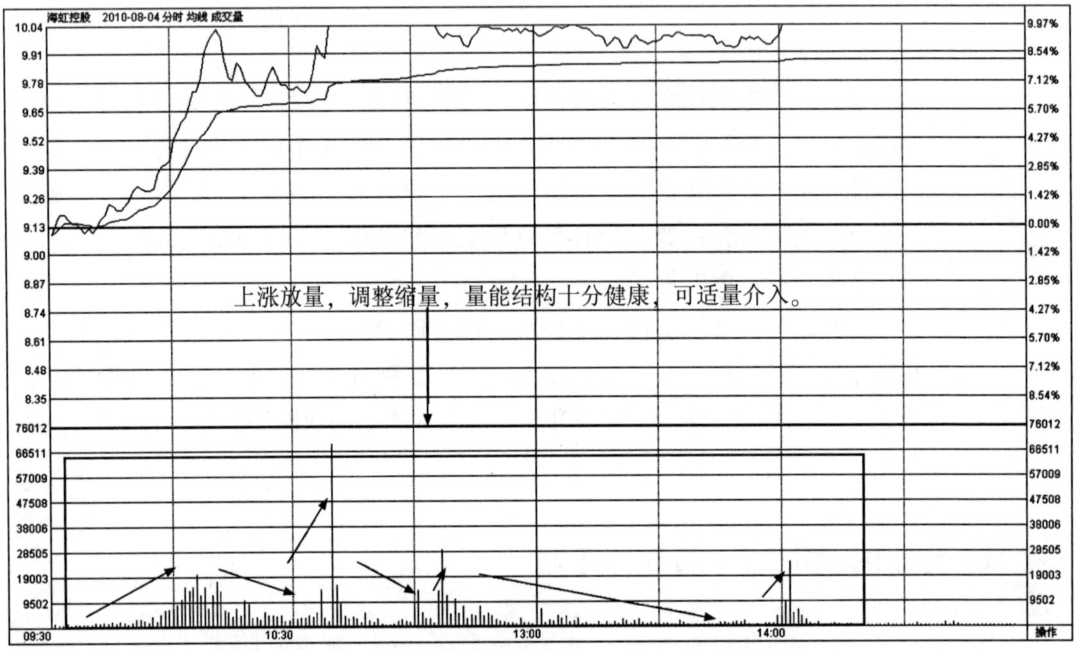

图 6－14 海虹控股（000503）2010 年 8 月 4 日分时图

我们仔细看强生控股（600662）2010 年 3 月 26 日的走势，图 6－16 中该股全天上涨时量能面积不断放大，量能呈现出横向和纵向不断放大的态势，特别是该股 11:00 后四波直冲涨停，图不是很大，但仔细看会发现上涨时量能放得很大，回调时量能极小，肉眼看似乎只有上涨的 1/4 不到，我们通过观察这个量能结构就知道主力是投入真金白银的，不存在对倒出货的可能，临盘时可适量参与。从图 6－17 中看，该股短线已经走好，股价还有进一步向上扩展空间的冲动。

如图 6－18 所示，为科力远（600478）2010 年 7 月 13 日的分时图，和实战案例强生控股大同小异，上涨时量能面积不断放大，调整时就芝麻粒点儿大的量，稍有操盘经验就会知道机会来了。有图有真相，不多说了。

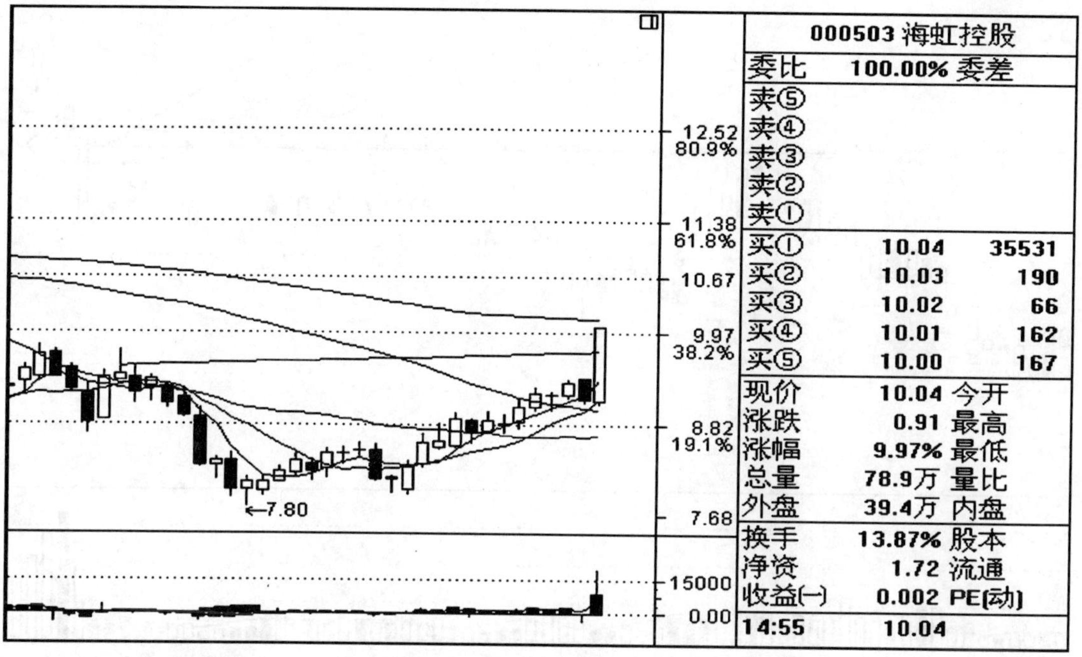

图 6－15 海虹控股（000503），2010 年 8 月 4 日

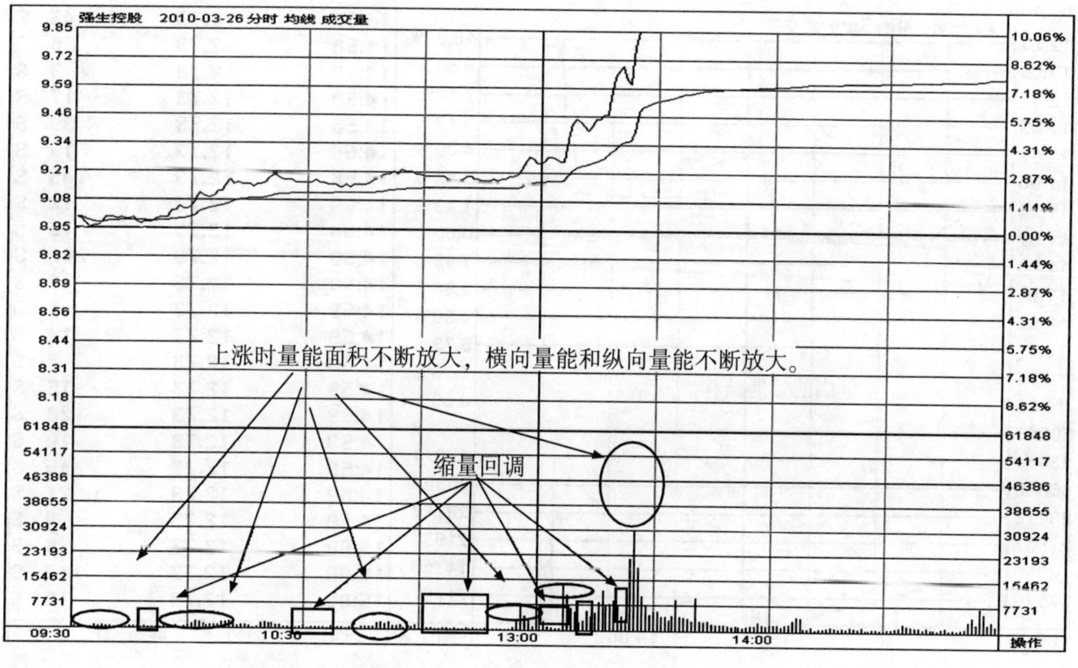

图 6－16 强生控股（600662）2010 年 3 月 26 日分时图

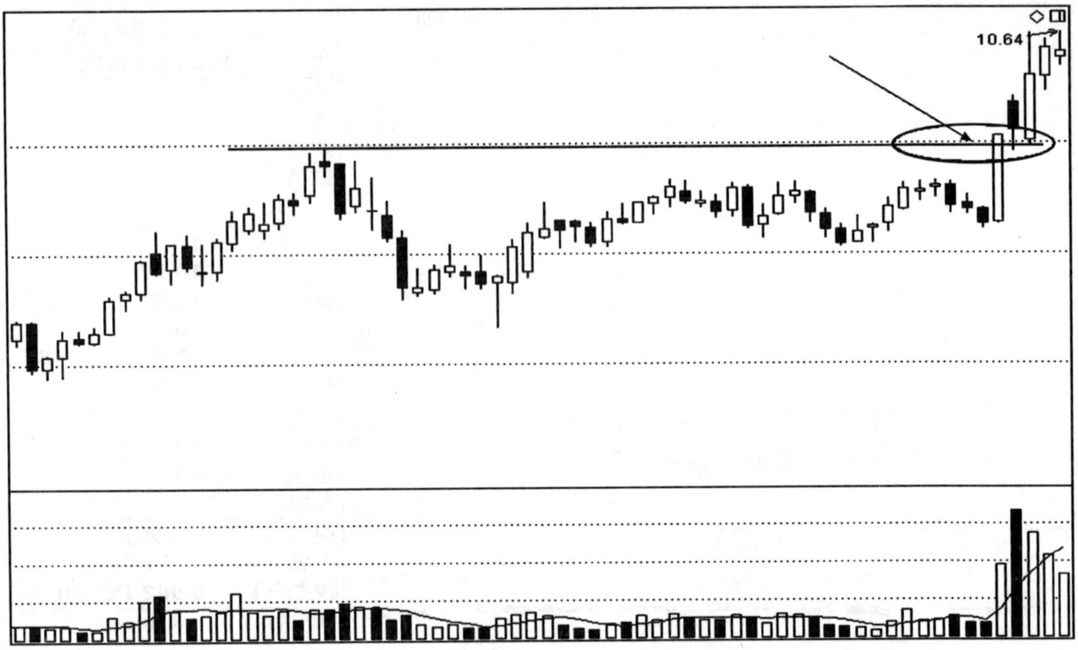

图 6－17　强生控股（600662），2010 年 3 月 26 日

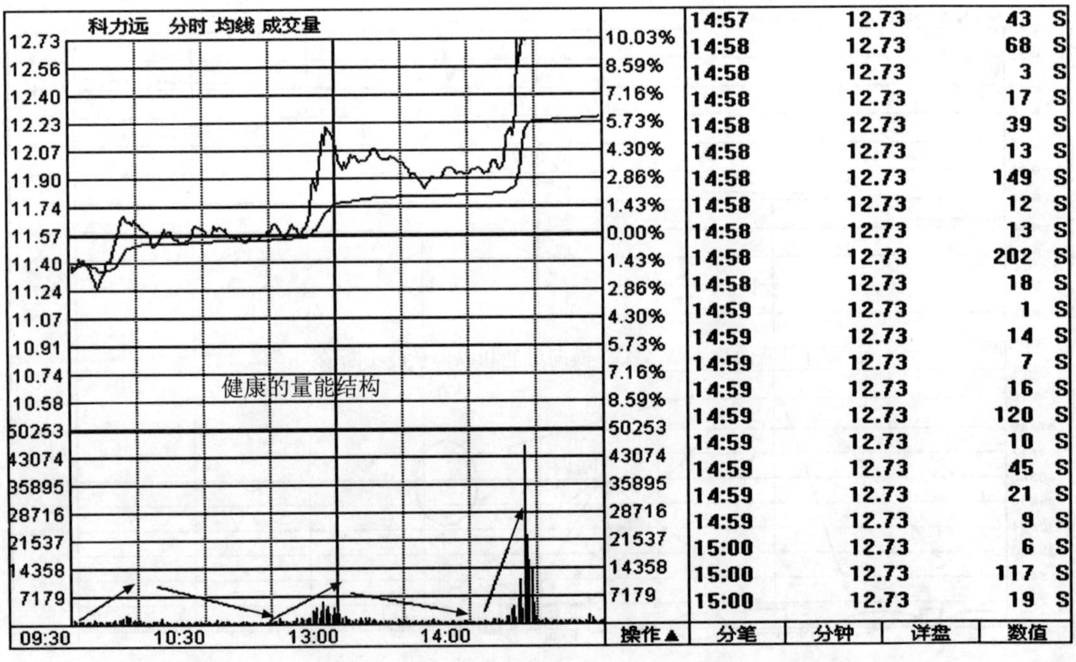

图 6－18　科力远（600478）2010 年 7 月 13 日分时图

仅仅知道健康的量能结构是不行的，对不健康的量能结构同样要有所了解。不健康的量能结构到底是什么样子的呢？我们通过下面的实战案例来一起研究了解一下吧。

我们看图6－19中成飞集成（002190）2010年7月19日的盘口，股价尽管也冲击了涨停板，但呈现的是下跌放量、上涨缩量的状态，而且上涨时量峰结构单薄，明显是主力通过单笔或几笔大单拉升，从而在涨停板出货所致，这预示短期调整即将到来。如果大盘好的话，则横盘整理后期有可能往上拉拉；如果碰上大盘不好，就不是特别乐观了。但主力想出货完毕还需要横盘震荡几日。近期强势股金山开发、上海普天等也是这种情况。要控制下风险，想参与的话只建议小资金试手。看图6－20，目前该股面临方向选择，持有的朋友可要盯紧盘面了。

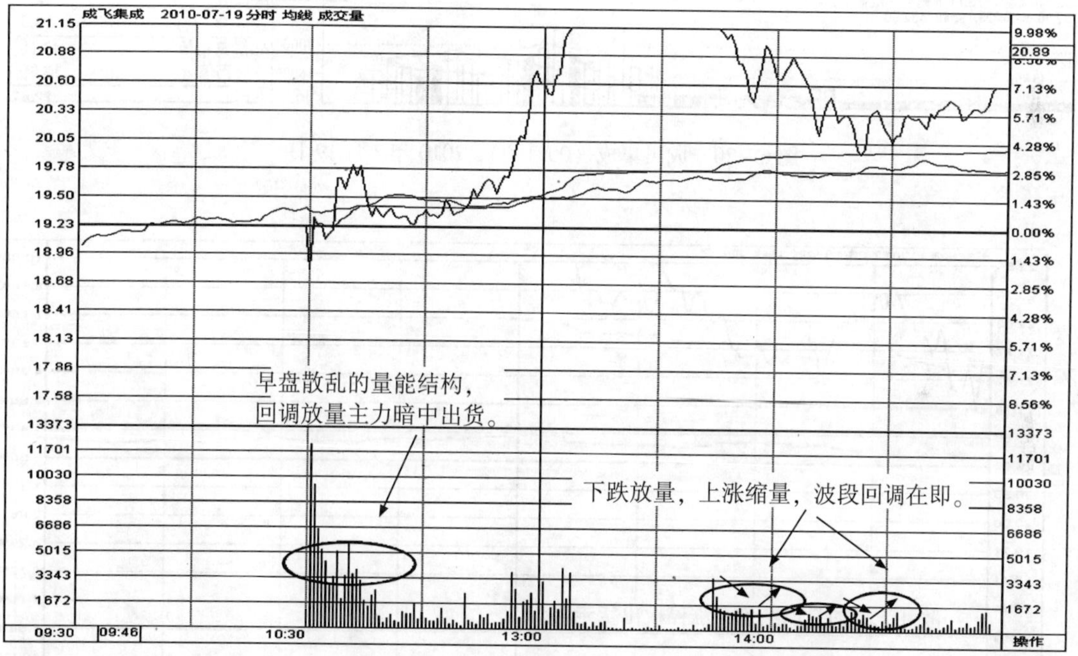

图6－19 成飞集成（002190）2010年7月19日分时图

如图6－21和图6－22所示，巴安水务（300262）2012年6月18日的走势分时上杂乱无章的量能结构已无健康之态，主力已经利用涨停板在出货了，特别是封板后被巨量砸开盘面，预示股价已是强弩之末。从图6－22中也可看到股价处于波段涨幅末端，实盘时应注意潜在风险。

分时抗跌横盘、量能异动的大单成交、健康的量能结构本章的这三节对我的六种涨停板战法都适用，但对于处于下跌状态的股票就显得更为重

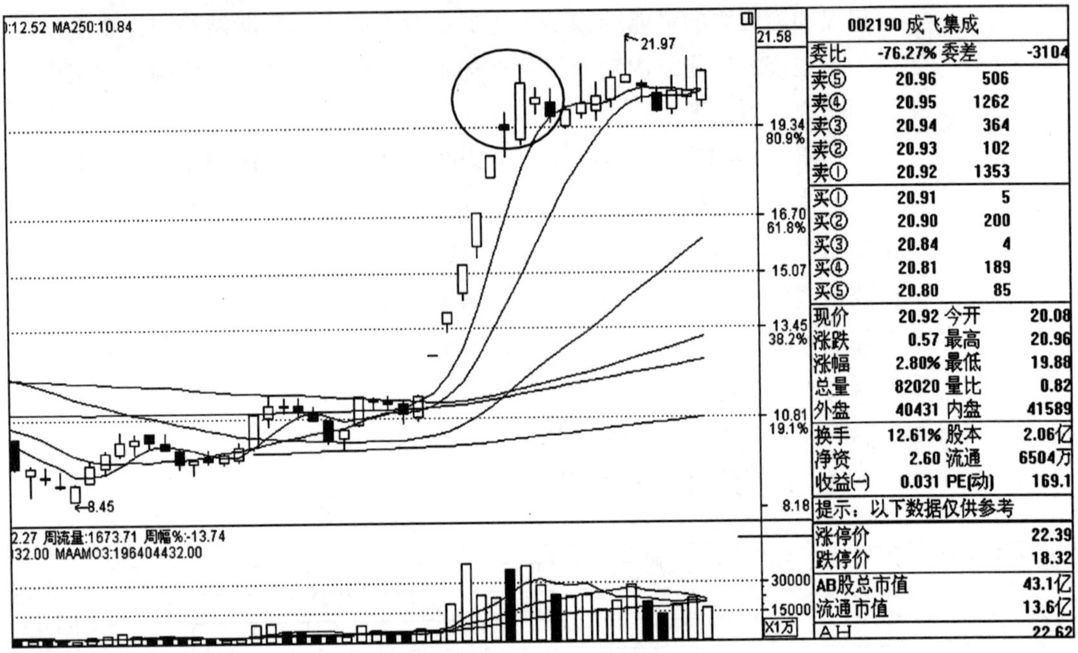

图 6－20　成飞集成（002190），2010 年 7 月 19 日

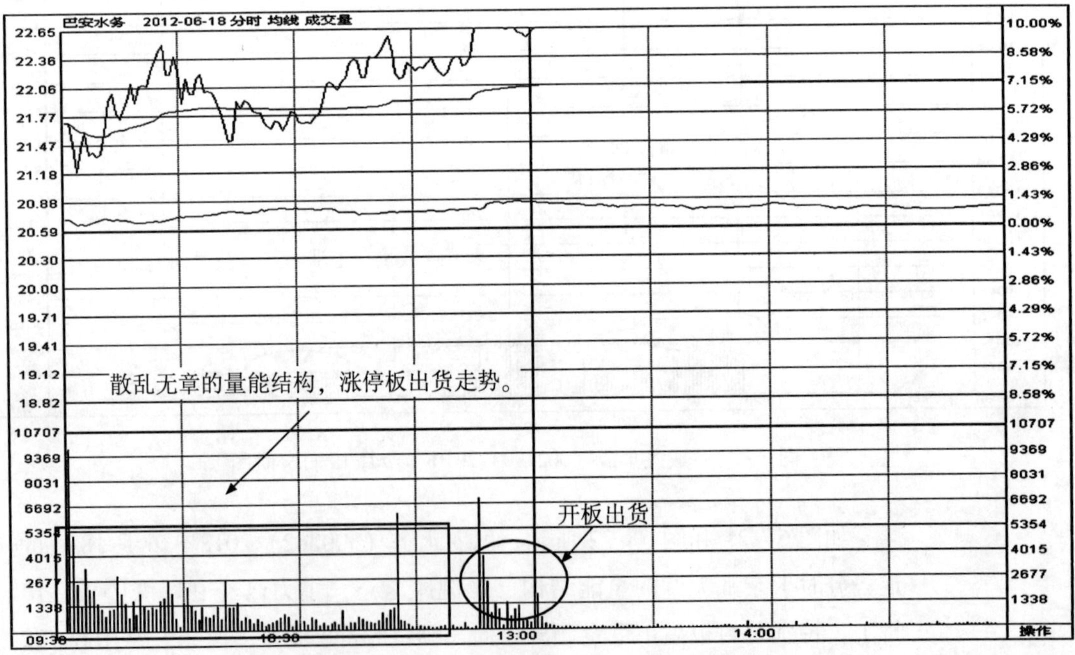

图 6－21　巴安水务（300262）2012 年 6 月 18 日分时图

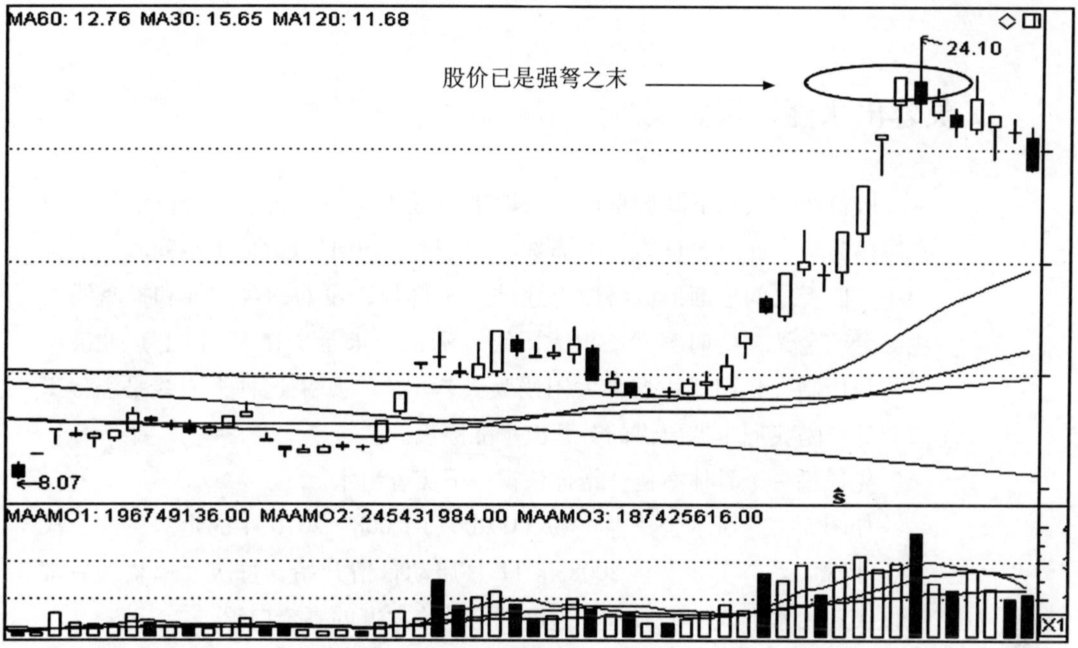

图 6-22 巴安水务（300262），2012 年 6 月 18 日

要。因为芙蓉出水涨停板大多是股价处于波段调整末期或超跌反弹状态，此时大盘并未走好，这种情况下股价能否涨停逆转，说实话实盘时谁都没底，通过对这些细微盘口的拿捏，能够更好地提高实战成功的概率，有本章这前三节做铺垫，我们将在下节一起探讨涨停板战法四——芙蓉出水涨停板。

第四节 芙蓉出水涨停板

有了前面三节做铺垫，这节和朋友们交流一下涨停板战法四——芙蓉出水涨停板。

首先交代一下什么是芙蓉出水，因为这个提法我已经无法弄清是谁先提出来的，恐怕很多朋友听着很熟悉，真让你讲讲是个什么形态却又很难讲得清楚。芙蓉出水我们首先要用到 4 条均线，即 5 日线、10 日线、30 日线和 60 日线。下面给芙蓉出水涨停板下个定义。

1. 芙蓉出水涨停板定义

股价经过大幅下跌调整后，以地量的形式在一个狭小的价格空间内横盘震荡整理，此时5日线、10日线、30日线、60日线之间的空间乖离变得很小，四者之间逐渐形成略微上翘的多头排列，短期的攻击线和操盘线发生黏合或金叉，此时突然一根大阳线（涨幅要求至少在5%以上）冲破所有均线压制，我们就称这种大阳线为芙蓉出水，如果这种大阳线是涨停K线，那就是我们本期要讲的芙蓉出水涨停板。

先通过一个具体案例，帮你认识一下芙蓉出水。

如图6-23所示，华兰生物（002007）2008—2010年的走势，这个操盘手非常可爱，实际上自2008年11月启动行情开始，每次大幅整理后都会以芙蓉出水形式启动股价，这可都是送给大家的真金白银。

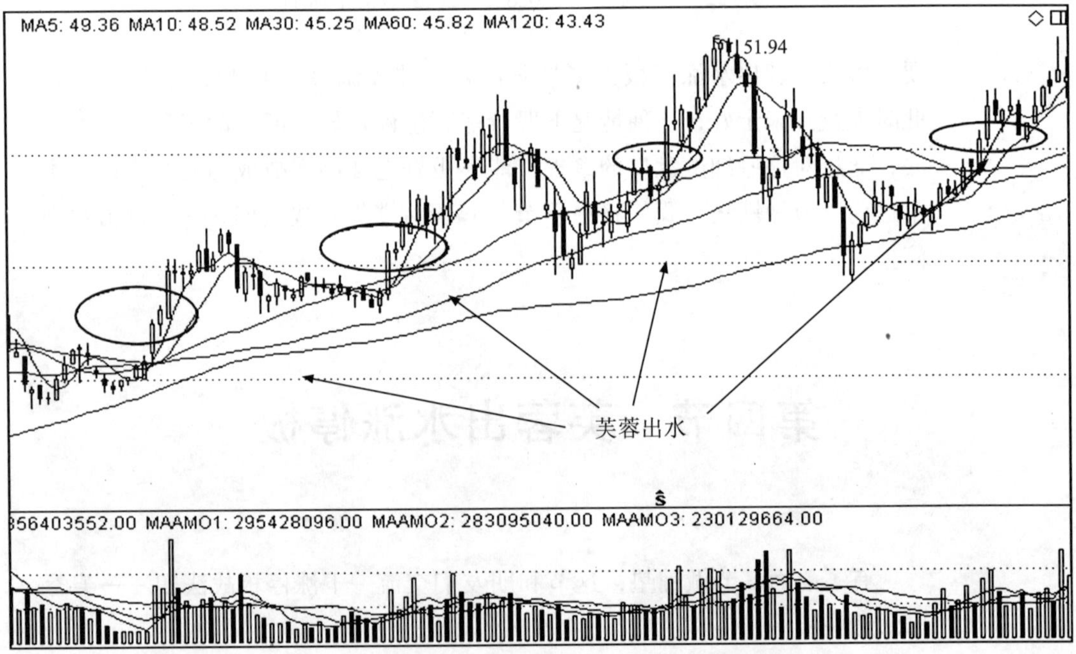

图6-23 华兰生物（002007）2008—2010年走势

2. 芙蓉出水涨停板的买入条件

首先和大家交流一下芙蓉出水涨停板的要求条件。很多朋友看了我以前的三种涨停板战法，不明白我为什么在每一种涨停战法都附加那么多条件，股市是个极凶险的地方，涨停板又是股价的高潮阶段，中国古语有言“月圆则亏”，高潮过后必然是低谷，不说得细一点儿，操盘准备不做得那么充分，你很可能享受不了大涨的喜悦，却可能深陷大跌的深渊。

芙蓉出水涨停板的基本要求：

（1）涨停前，股价出现地量结构。

（2）涨停前的股价出现实体很小的 K 线整理。

（3）涨停板出现前，5 日线和 10 日线出现黏合或金叉。

（4）涨停当日，盘中出现攻击波形和持续性量峰结构（在下篇分时战法有详细讲解）。

（5）涨停当日，换手一般要求 6% 以上（只有极少数基金重仓股可以略低于这个要求），量比 3 倍以上。

（6）当日分时盘口出现抗跌横盘形态应优先考虑。

（7）当时分时盘口出现持续性的大单成交应优先考虑。

（8）当时盘口出现健康的量能结构应优先考虑。

下面仍结合具体实战案例来理解芙蓉出水涨停板的这些条件和要求。

如图 6 - 24 所示，华兰生物（002007）2009 年 8 月 24 日放量攻击涨停，一举突破所有均线压制，出现芙蓉出水涨停板。注意，这个地方为什么当天必须强势介入？大家看，涨停前以小 K 线的形式整理了很长时间，然后缩量下跌挖了小坑，可谓整理极其充分，陷阱相当完美，然后才出现了芙蓉出水涨停板；再看看分时盘口，从图 6 - 25 中可以看到，股价上涨时分时量能强势放大，调整时分时量能呈现萎缩状态，唯一略有不足的是此涨停属于黑铁级涨停，这预示股价随后两日可能会有短线回调压力，实盘要合理分配资金，当时我实盘讲解时和学生一起果断买入，16 个交易日股价翻了一倍多，主力操盘漂亮。这案例精彩，大有棋逢对手、将遇良才之感，能遇到这样的主力太高兴了，人生最快乐的事情不过如此。

图 6－24　华兰生物（002007），2009 年 8 月 24 日

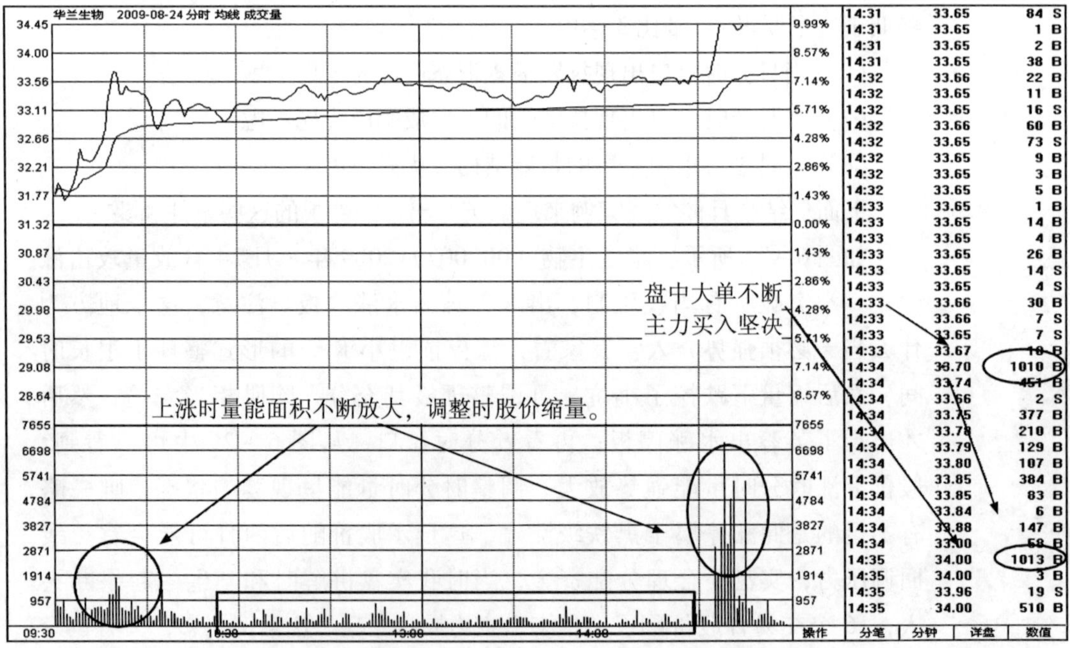

图 6－25　华兰生物（002007）2009 年 8 月 24 日分时图

如图 6－26 和图 6－27 所示，西藏城投（600773）2010 年 3 月 16 日放量攻击涨停，股价芙蓉出水，当日换手率是 24%，底部出现这种换手股价

是强势的，连续拉升的概率非常大，随后短短三五天股价涨了40%以上。注意，图6-26中前面有3次也出现了芙蓉出水形态，但当日“芙蓉”都没放量，都是地量，换手率很低，这说明主力还处在滚动建仓阶段，所以对我上面所讲的芙蓉出水八点基本要求要有深刻理解。另外，从图6-27当日分时盘口可以看到，早盘巨量封死涨停后股价出现了开板，考虑股价刚强势脱离平台，因此这里有诱空嫌疑，但实盘时操盘心态会比较复杂，如果当日剩余时间全是这么大的抛单的话，那主力出货无疑，但第一小时后主力死死封死涨停，再无大的卖单出现。因此，这里基本可以断定是主力诱空震仓行为，但实战时仍然需首先考虑止损的问题。

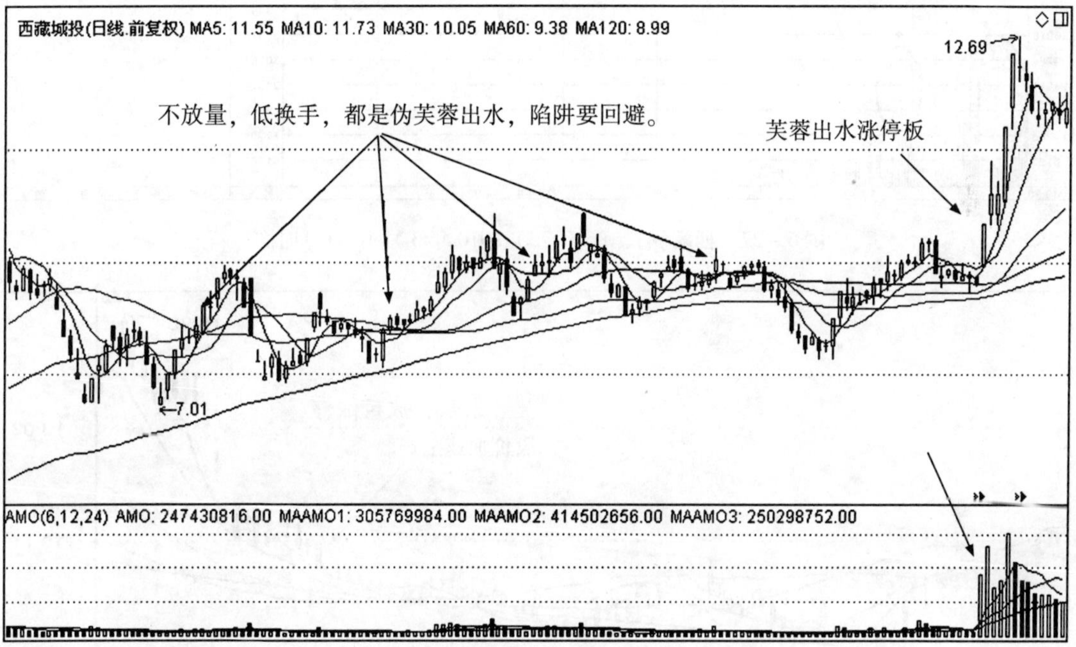

图6-26 西藏城投（600773）2010年走势

如图6-28所示，广宇发展（000537），该股2009年11月12日当日放量涨停，K线芙蓉出水，换手率8.4%，股价强势崛起。在图6-29中显示分时盘口大单不断，量能结构较为健康，后续大幅拉升可期，此股主力操盘和实战案例西藏城投有异曲同工之妙。当然，同样的问题还是封板后开板量能略大了些，预示浮筹还有，好在持续时间不长，震仓的可能性大，随后几日还要继续清洗。

如图6-30所示，獐子岛（002069）在此就不多说了，在图中可看到一连串芙蓉出水涨停板，和华兰生物类似。至于为什么会出现这种情形，

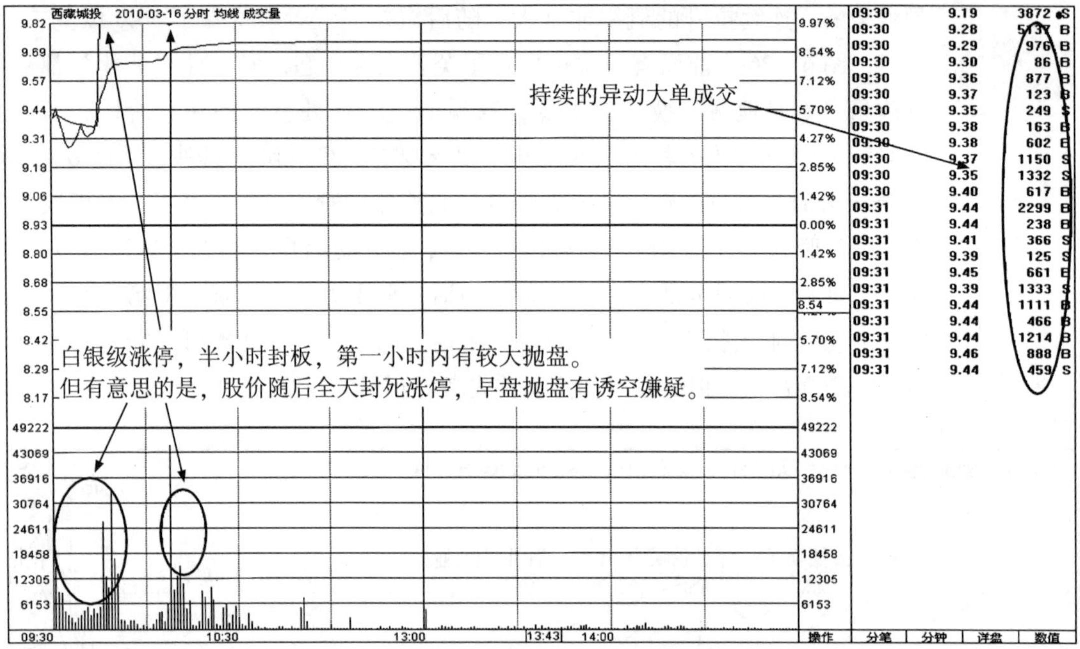

图 6－27 西藏城投（600773）2010 年 3 月 16 日分时图

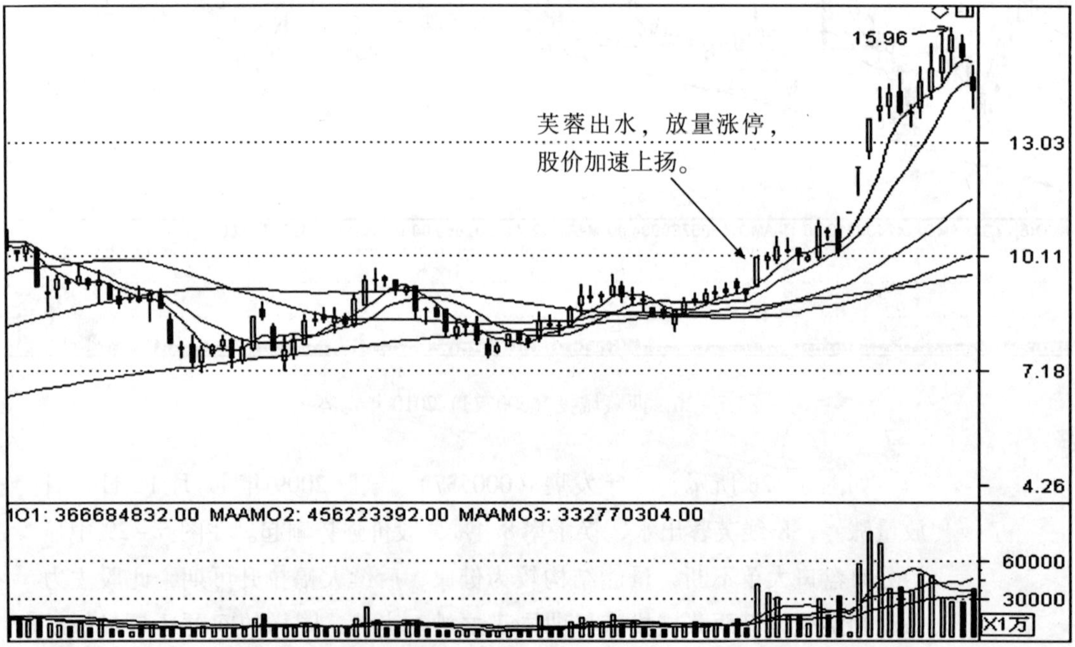

图 6－28 广宇发展（000537），2009 年 11 月 12 日

我估计是主力长期操盘中固有的习惯，习惯是很难改变的，主力如此，散户也如此。只是一根筋地操盘，被人猎杀的概率就会很大。

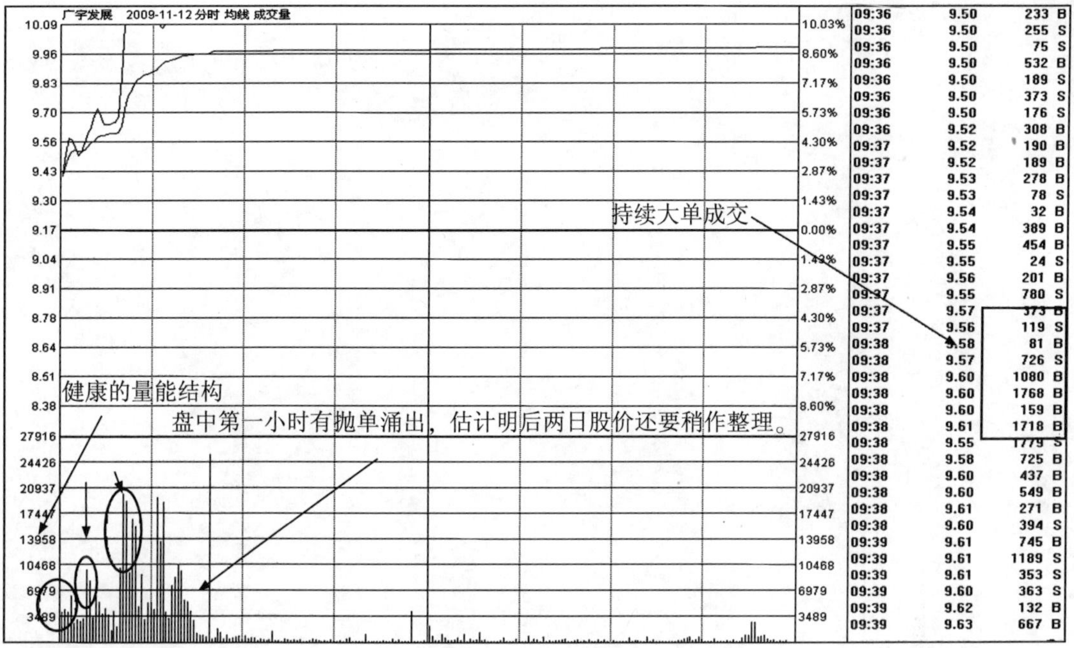

图 6－29　广宇发展（000537）2009 年 11 月 12 日分时图

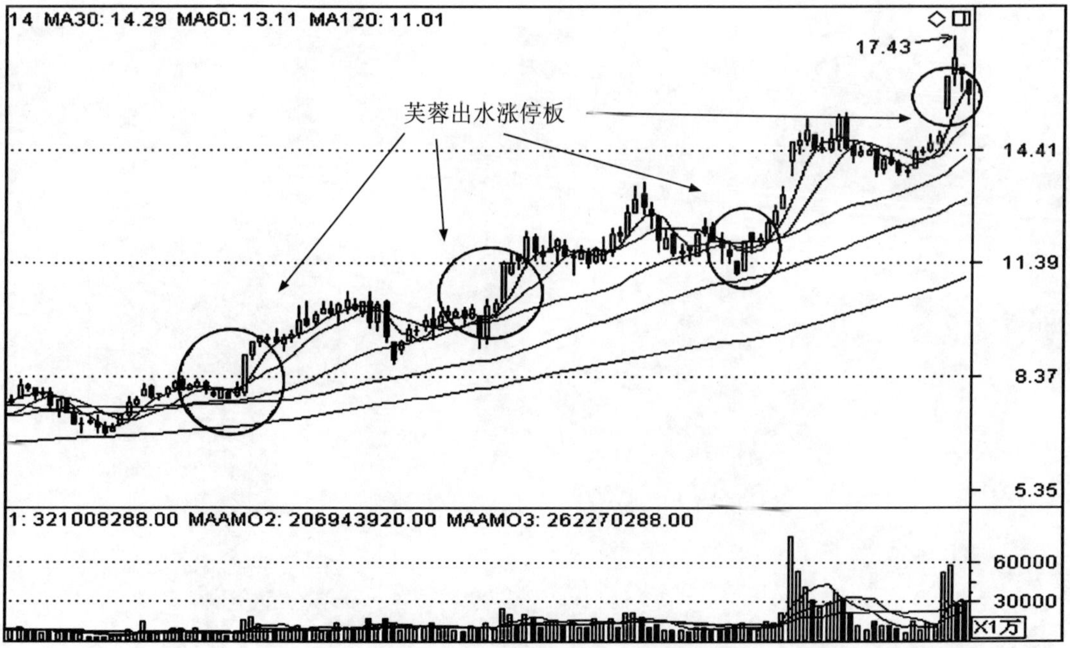

图 6－30　獐子岛（002068）2010 年走势

第七章

涨停板战法五
——龙头股战法

“擒贼先擒王”，抓住龙头股就直接抓住了超级资金运作的命门；抓住龙头股，跟随主力资金一起作战，则无往不胜！

第一节　龙头股的捕捉

讲龙头股涨停板战法必先说龙头股，连龙头股都拿捏不了，如何使用龙头股战法？什么是龙头股，龙头股又有哪些特征呢？

1. 关于龙头股的江湖传说

（1）龙头板块。

关于什么是龙头板块，此处读者朋友可以当作戏言来听，不必当真，就当一位来自江湖的人讲述那些飘缈的传说一样好了。据说 A 股自诞生之日起就被一些看不到摸不着的主力把持着，这些不同主力各自控制着不同的领域和板块，他们正如武侠世界里的武当、少林、峨眉、华山等门派。在 A 股世界里同样如此。有色、煤炭、金融、地产、医药等板块被不同的主力深度控制，这些不同的板块掌门人深度合作，通过轮动拉升，把股市推向牛市，或者通过轮番杀跌把股市砸成熊市。这些掌门人大多时候不会介入他人领地，当然偶尔也会互相厮杀。

据说当熊市反弹或牛市开启时，这些不同板块的掌门人会提前碰头开一个会议，通过这个会议安排好这些板块领涨的时间段和轮涨的顺序，当一个板块领涨的时候，这个板块就是龙头板块，其他板块掌门要遵守秩序不能与其争锋，要按事先纪律卧倒或匍匐前进。因此，实际上是先有龙头板块。

（2）龙头个股。

当某一时间段由某一板块充当领涨龙头板块时，必然牵扯到该板块的运作，此板块掌门人门下弟子众多，如何排兵布阵，则是冲锋陷阵前需要考虑的问题。比如医药板块里面的个股现在有 160 多只，如何率领这 160 多股前进呢？首先必须考虑前锋的“股选”。古时打仗时一般把骑兵当作先锋来用。何也？骑兵者，轻盈、机动、灵活、快速，对敌人的杀伤力强，能更好地带动队伍的士气。哪些个股能成为该板块的前锋呢？必然是那些轻盈者。何谓轻盈者？还不就是那些个股流通盘小、流通市值小的个股嘛。这些个股就是前锋股选，就是该板块的领涨龙头，即龙头个股。

2. 超级主力的获利模式

操纵龙头板块的幕后超级主力，通过一段时间的打压吸筹完成了建仓任务，由于其资金量过大，只好将大部分资金建仓在该板块市值和流通盘大的个股中，如果撬动这些流通市值较大的个股，则必须发挥前锋的带头领涨效用。于是利用他手上的很小的一部分资金用来操纵事先选定的龙头个股，通过疯狂拉升该龙头个股给该板块吸引眼球凝聚人气，于是散户发现了连续大涨的龙头个股，便纷纷来追涨，那些公募、私募基金等大机构不可能买这些涨幅已高且筹码很少的龙头股，于是便去买该龙头板块市值较大的个股。好了，通过事先的完美谋划，超级主力终于把给自己抬轿的这些机构诓进来了，超级主力通过龙头个股极度癫狂地拉升，吸引机构和散户疯狂地涌入该板块，此板块主升浪也便一波高过一波，超级主力自然获利丰厚。有的要问，龙头个股如此拉升岂不赔钱？相比超级主力在该板块大市值个股中的获利，花在这些小市值龙头个股中的费用即便赔光也只是所获利润的九牛一毛罢了。

3. 龙头个股具备的条件

（1）流通盘小，流通市值小，股价较低，股价一般不超过 15 元/股，利于主力资金拉升操作。

（2）必须是板块整体启动，即必须是超级主力在幕后操纵，当龙头个股上涨时该板块个股全线上涨。如果仅是单个个股涨停而板块整体却在跌，则只能说明这只股是市场中的游资散兵在单独操作，该股是单兵作战，不是龙头股，实盘时绝不能参与。

（3）该板块启动时领涨龙头个股必须涨停，不能涨停的又怎配做龙头股。且第一个涨停板需越过短期压力线，否则要选择放弃或再观望几日。

（4）龙头股上涨时最猛、调整时间最短、行情持续时间最长。

这节和朋友们交流了龙头股产生的原因、龙头股具备的条件，在此基础上，我们在下一节通过实战案例一起来探讨一下龙头股的实盘操作。

第二节 龙头股战法操盘精要

1. 龙头板块的监测

要想发现龙头股，必须确定龙头板块，因此首先要对龙头板块进行监测。首先可以在自选板块中设定一个指数板块，然后把各大指数加入进去，这样就方便了实战监测。如果板块有异动，则该板块指数必有异动，那么，通过指数的涨跌情况便能确定龙头板块，确定了龙头板块便为龙头个股的显现创造了条件，如图 7－1 和图 7－2 所示。

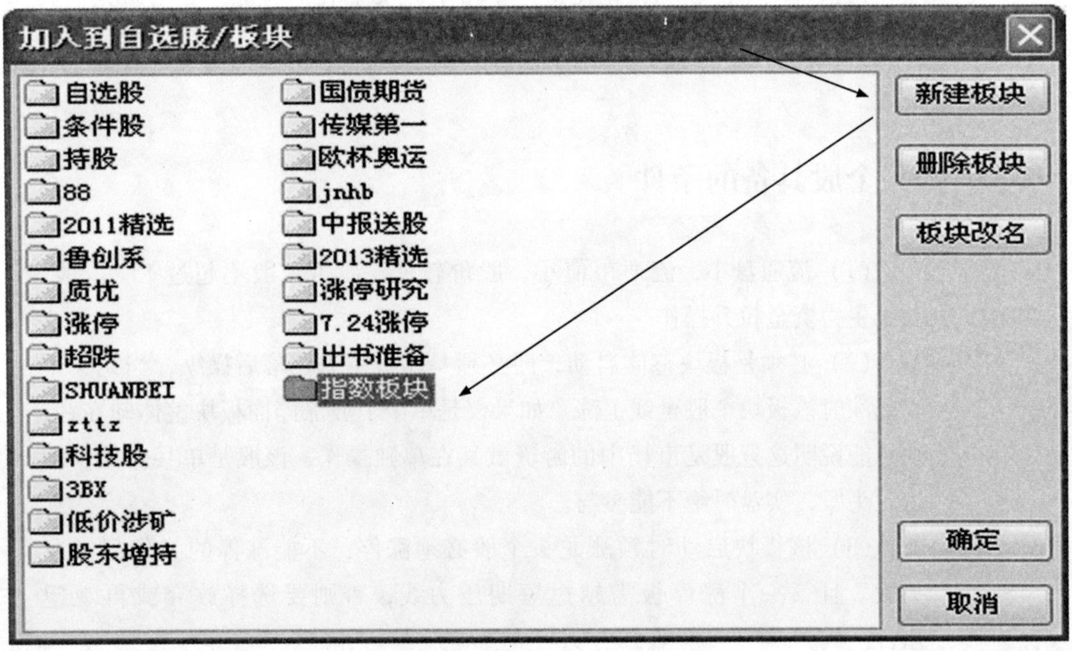

图 7－1 指数板块的设定

▼	代码	名称	涨幅%	现价	涨跌	买入价	卖出价
1	399137	金属指数	-0.62	840.60	-5.22	—	—
2	399138	机械指数	-0.93	916.24	-8.63	—	—
3	399139	医药指数	1.37	1035.06	14.00	—	—
4	399190	金融指数	-1.51	636.41	-9.73	—	—
5	399200	地产指数	-4.86	1141.92	-58.38	—	—
6	399110	农林指数	-0.09	703.53	-0.65	—	—
7	000820	煤炭指数	-1.41	3377.80	-48.45	—	—
8	399170	IT指数	0.07	567.83	0.38	—	—
9	399959	军工指数	-1.20	585.09	-7.08	—	—
10	399941	新能源	-0.91	1031.24	-9.46	—	—
11	000003	B股指数	-0.86	205.81	-1.78	—	—
12	399368	航天军工	-1.28	3031.29	-39.41	—	—

图 7－2　龙头板块的确立

2. 龙头股涨停板战法操作精要

当发现领涨板块后，该领涨板块中符合上一节所讲的龙头个股所具备的条件的个股即为龙头个股，实盘时要及时跟进操作。

（1）龙头战法操作精要。

第一，龙头股涨停板战法可投入总资金量的 70% 参与。

第二，当龙头股首日涨停板最后一笔大单被消灭时，第一仓 30%（总资金量 70% 的 30%）的资金及时跟进，次日如果开盘涨幅在 3% 以下，则第二仓 30% 的资金继续买进，剩余 40% 资金供滚动操盘使用。

第三，如果当日买入后发现股价不能封死涨停，则次日必须择机出局；如果亏损超过计划投入资金总量的 3%，则要果断出局。

第四，资金量较大的除龙头股外还可逢低布局该板块的中、小盘质优个股。

（2）实盘案例。

2012 年 1 月 9 日，从图 7－3 中临盘监测到券商指数大涨近 4%，券商板块整体异动，由于板块整体涨幅巨大，应是龙头领涨板块无疑；打开券商板块，发现国海证券接近涨停，该股当时流通盘 1.47 亿股，股价约 10 元/股，流通市值 15 亿左右，符合上节所讲的龙头股的条件，涨停当日看盘系统发出最强的底部叠加买点，临盘准备狙击，如图 7－4 和图 7－5 所示。

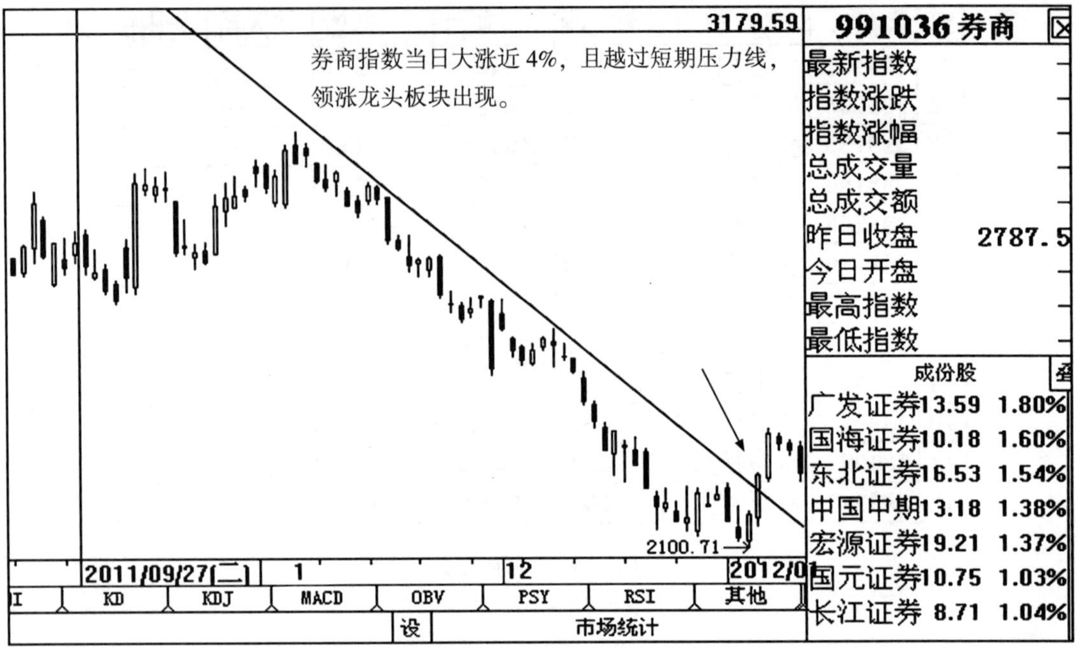

图 7－3　券商指数，2012 年 1 月 9 日

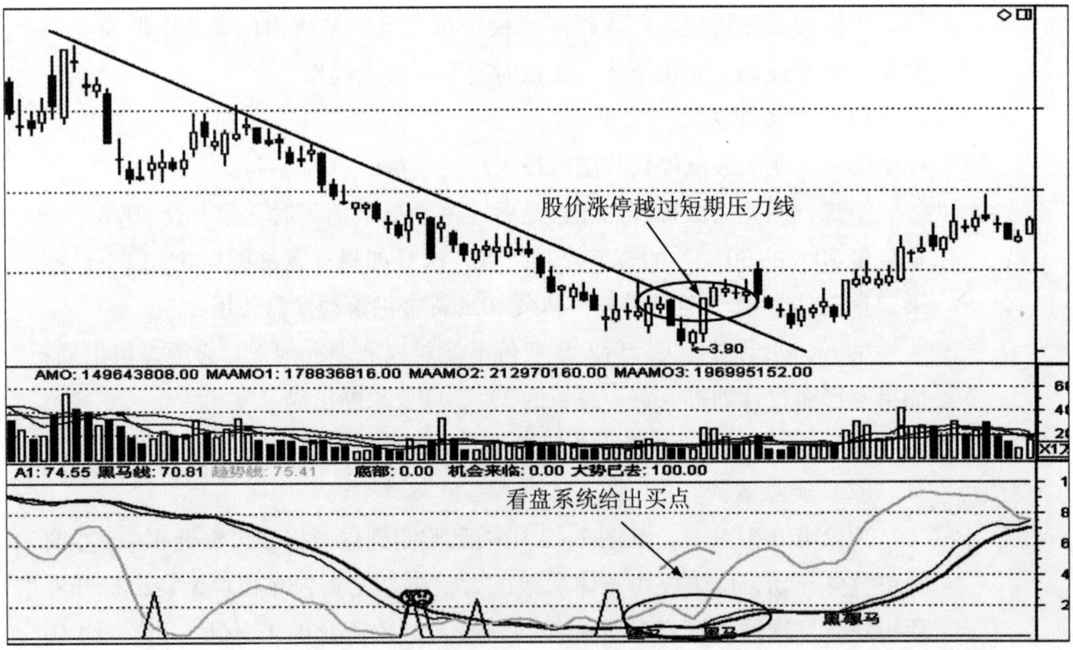

图 7－4　国海证券（000750），2012 年 1 月 9 日

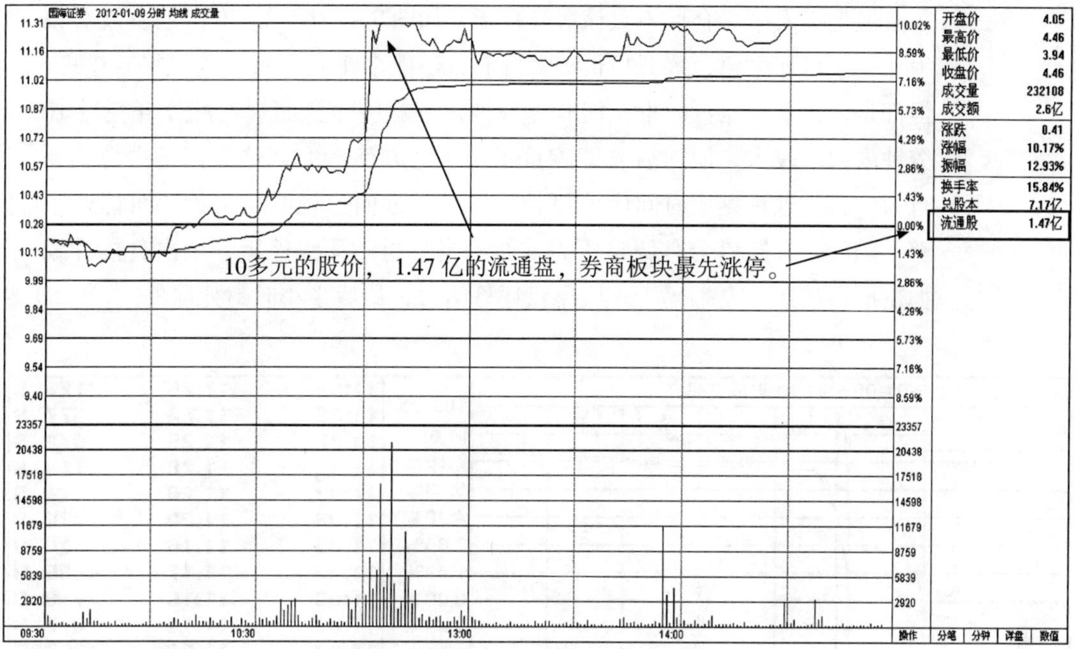

图 7－5 国海证券（000750）2012 年 1 月 9 日盘口

如图 7－6 所示，从图中当日分时可以看到，该股当日走势呈现出上涨有序放量、下跌缩量的健康的量能结构，这应是主力主动买进的结果，按既定计划，在涨停前最后一笔大卖单被消灭时及时跟进。

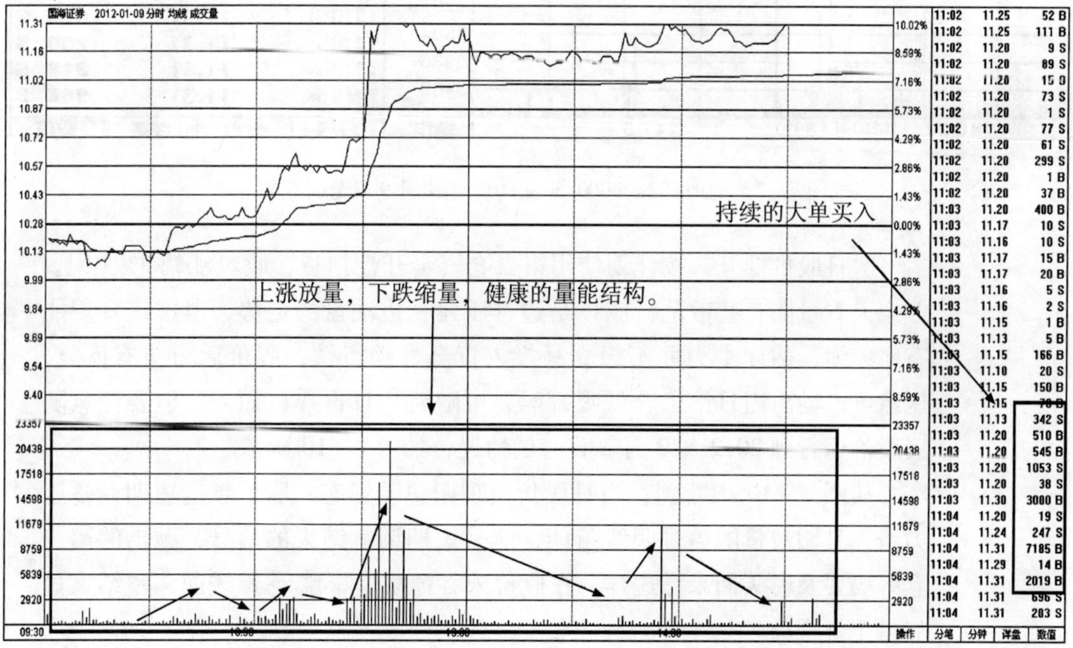

图 7－6 国海证券（000750）2012 年 1 月 9 日分时图

但是买入第一仓后不久该股开板了，如图 7－7 所示。有的朋友就会说为什么买得那么急，等开板再买多好啊，还能多赚几个点。这说得有道理，但都是后话了，实盘时谁又能有这种神机妙算呢？盘面观察涨停开板后 10 分钟内抛压较大，但随后立即缩量了，从这方面考究，这应该是主力震仓行为，否则这种抛压时间应该更长。但另一方面也说明主力筹码可能还不够，随后几日股价会有调整压力，如果当日封不死涨停板，则次日按计划抛出所买的第一仓筹码。该股尾盘还算给力，最后半小时封死涨停。

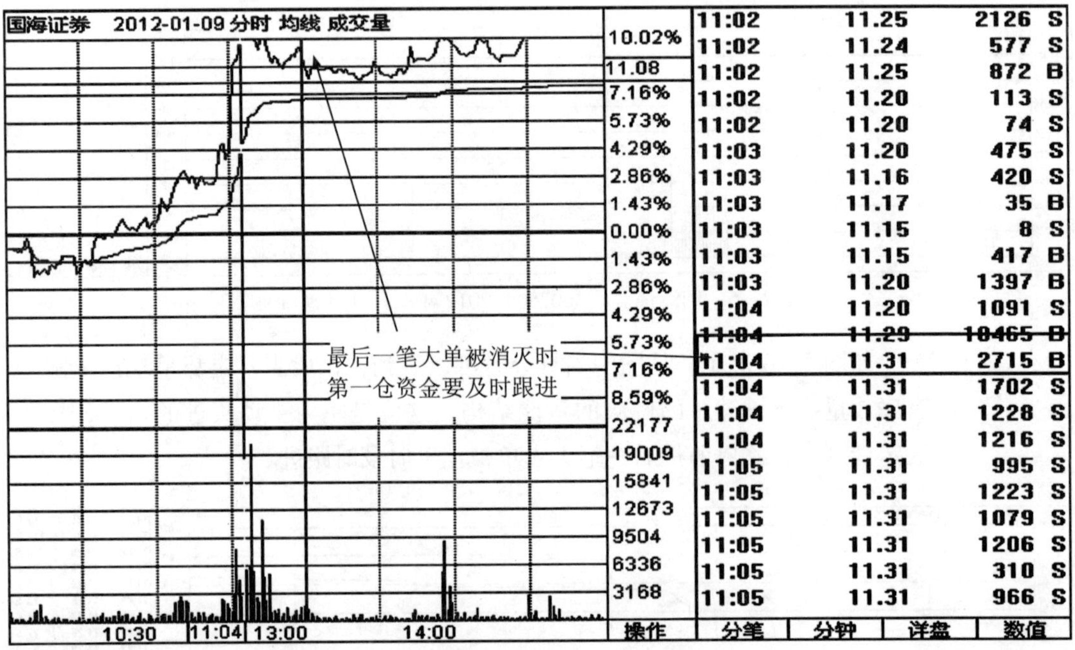

图 7－7　国海证券（000750）2012 年 1 月 9 日分时明细

次日股价低开，按计划使用第二仓资金开盘扫货，收盘涨幅 3% 以上。但全天看量能有些散乱，应该是边打压建仓边洗盘的走势，考虑该日量能有些萎缩，估计主力并不想立马投入资金发动行情，股价后市应有反复，尾盘可以抛出当日第二仓低吸筹码，可随后几日再择机而入。但要注意随后股价运行到 2012 年 2 月 2 日时的情况，如图 7－10 所示。

从图 7－10 中看到，当日股价出现阳包阴形态，股价越过短期调整压力线，且阳线量能盖过阴线量能，应是短期调整结束的信号，抛出的第二仓筹码要及时买回来。这样，在股价未吞掉第一根涨停 K 线前调整结束显然是个好现象。

2012 年 2 月 8 日，非常关键的一天，股价午盘 2:15 时奔袭涨停，运行

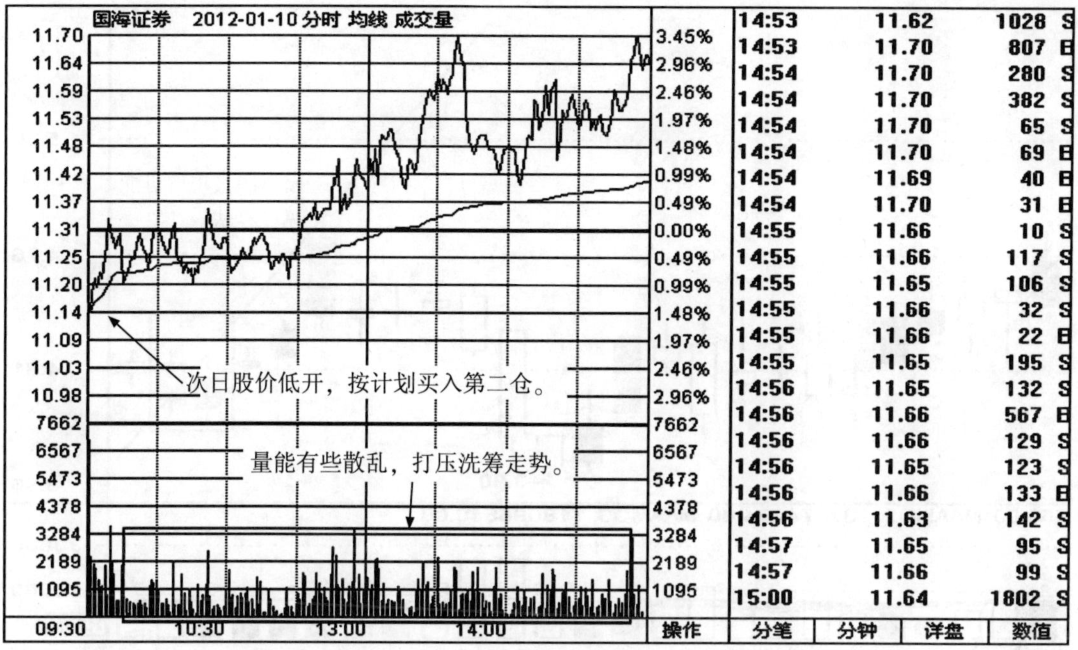

图 7－8　国海证券（000750）2012 年 1 月 10 日分时图

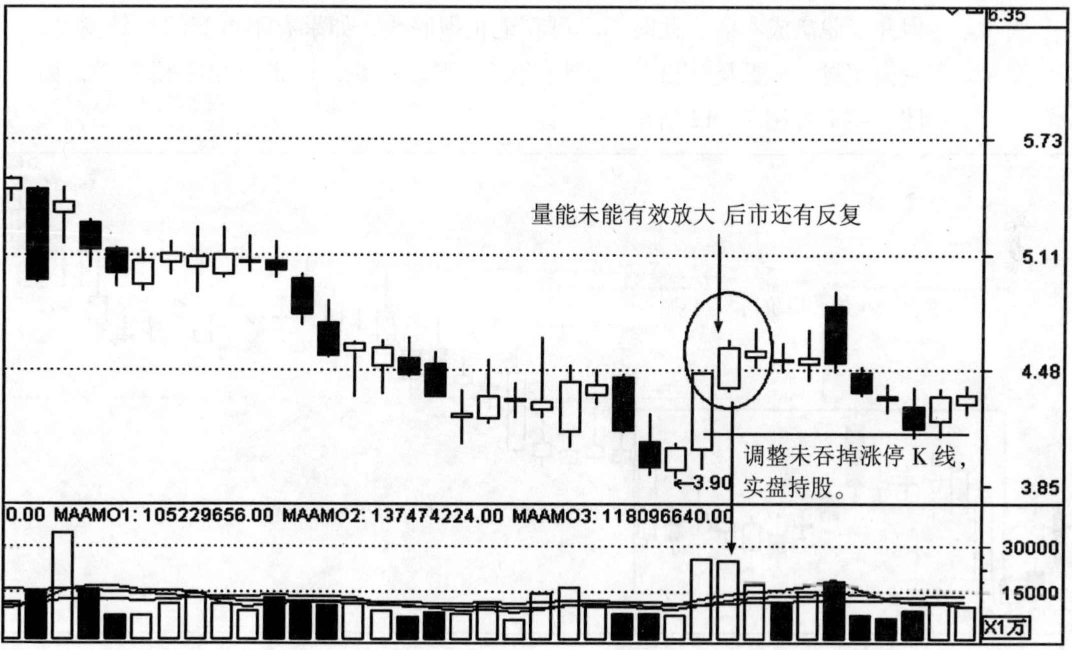

图 7－9　国海证券（000750），2012 年 1 月 10 日

结构出现涨停双响炮，波段行情启动！涨停前最后一笔大单被消灭前尾盘使用第三仓 40% 的资金果断跟进，静待波段拉升。此时整体盈利约 5%，

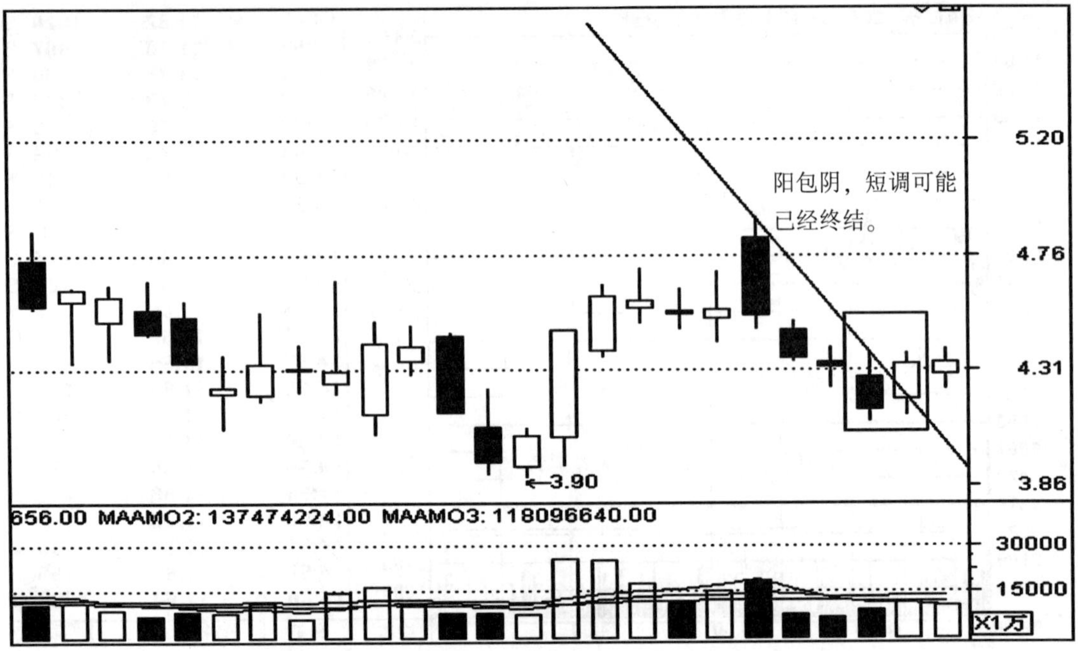

图 7－10　国海证券（000750），2012 年 2 月 2 日

但并未脱离成本线，此时切不可忘记止损底线，如果有不可测的意外发生，亏损超过 3% 要及时出局，不以物喜，不因己悲，战术纪律必须遵守，如图 7－11 和图 7－12 所示。

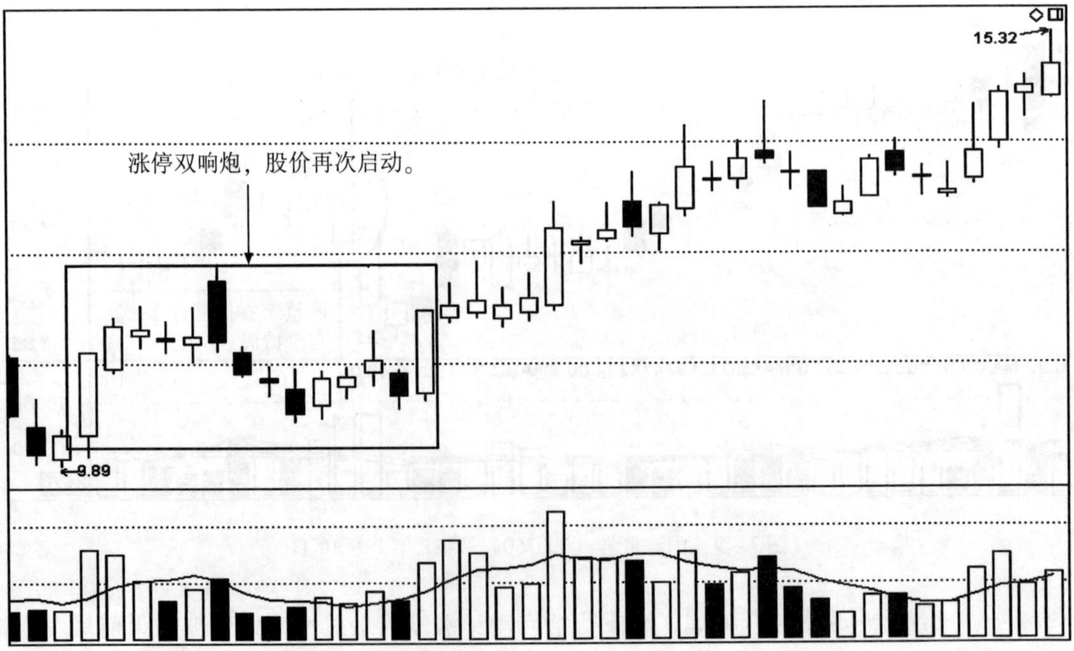

图 7－11　国海证券（000750），2012 年 2 月 8 日

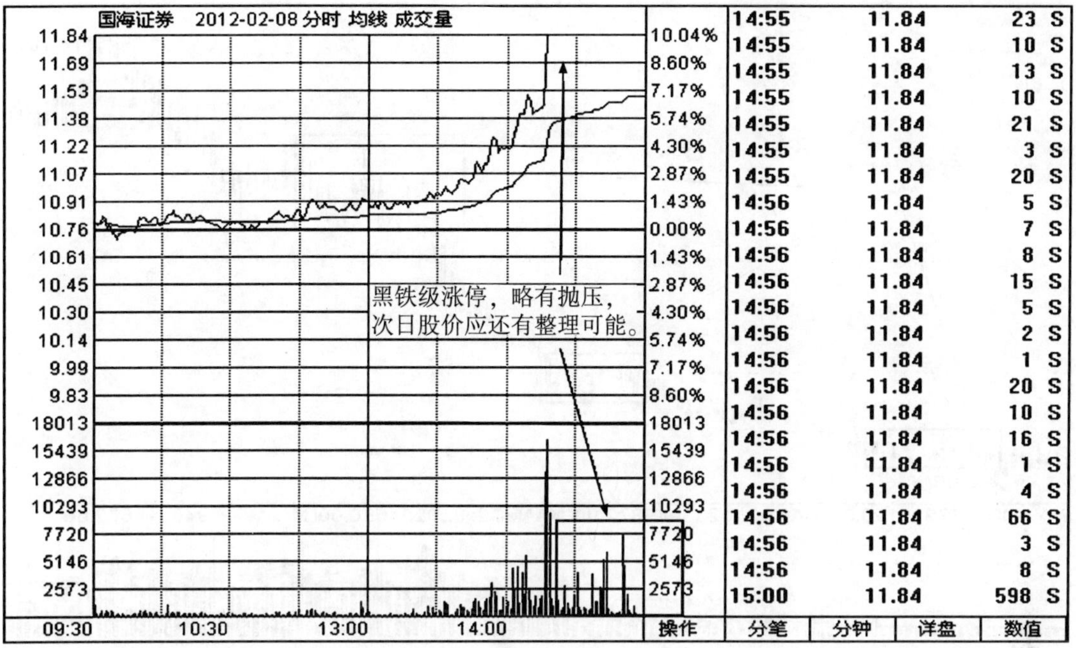

图7－12 国海证券（000750）2012年2月8日分时图

随后股价运行符合预期，股价一波高过一波，龙头股战法有涨停双响炮战法配合，股价短短5个月翻了近4倍，如图7－13和图7－14所示。

图7－13 国海证券（000750）2012年2月涨停双响炮

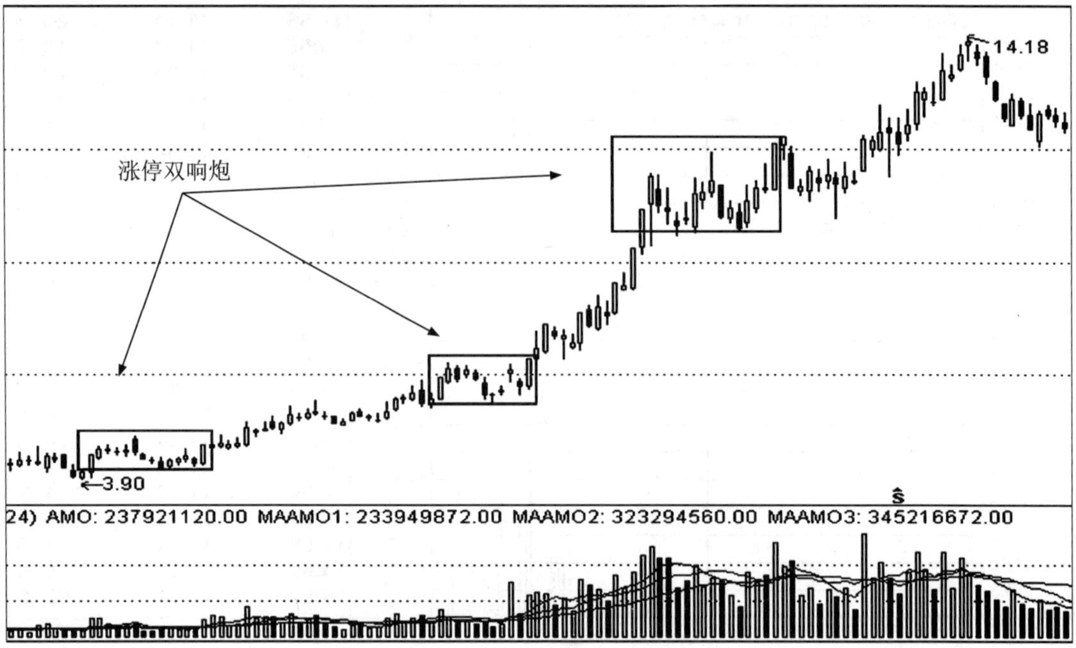

图 7－14　国海证券（000750）

从该实战案例看，龙头股是最强势的，也是最安全的。因为主力要用龙头股不计血本地拉升来带动整个板块的行情，所以龙头股不会轻易倒下，否则整个板块也会跟着歇菜。我们通过图 7－15 看看通过蓝筹股的拉升，幕后的超级主力到底获利了多少？

如图 7－15 所示，这是券商中市值最大的个股中信证券（600030），由于国海证券的龙头领涨效用，从中我们可以看到，即便这样，市值 1000 亿左右的蓝筹股也涨了近 70%，提前布局的超级主力获利之丰厚可想而知。所以即便拉升国海证券的资金赔光也不要紧，那点儿钱相对在该板块其他个股上的盈利只是九牛一毛。另外有意思的是，近期其他券商个股都已经开始调整了，国海证券股价却依然坚挺，这应该是在为该板块其他个股出货做掩护。

由于篇幅所限，龙头股战法的案例就不再多举了，但其中深层次的道理是一样的，超级主力资金运作的这种特性就注定了龙头股战法是涨停板六种战法最安全、获利最大的一种。这其实就是直接抓住了超级资金运作的命门，跟随正规部队一起作战，自然无往不胜。

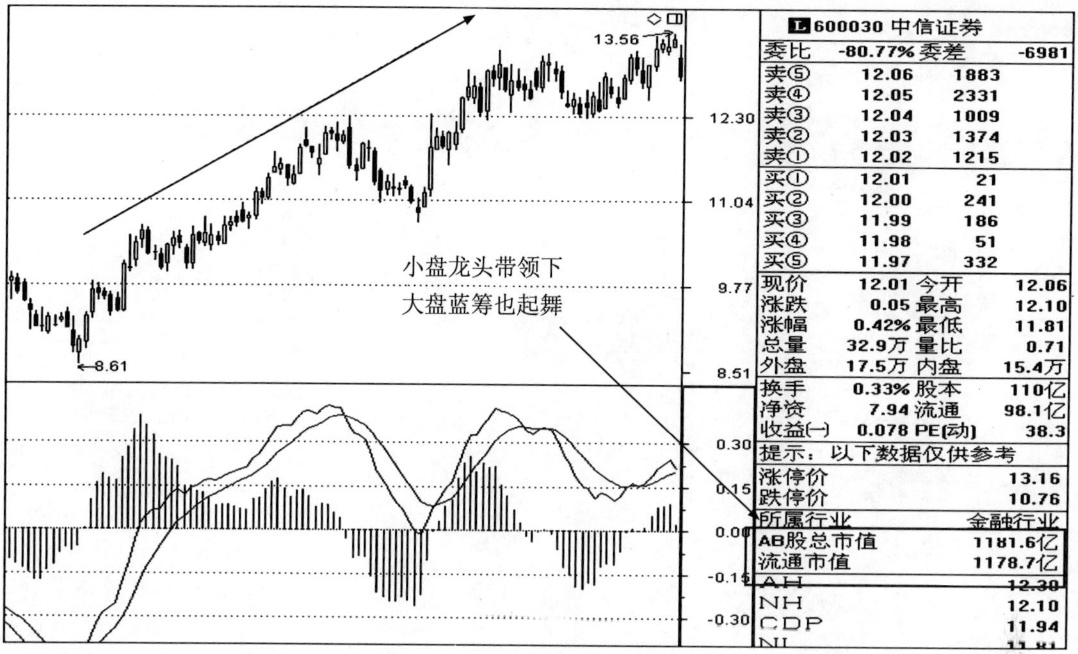

图7－15　中信证券（600030）

第八章

涨停板战法六

——超跌涨停板

“物极必反”，股市上没有只涨不跌的股票，也没有只跌不涨的股票，提前关注暴跌、超跌个股，当股价开始超跌反弹时，你就会有信心、积极参与。

第一节　超跌股的标准

既然是超跌涨停板战法，就先得对超跌股做个严格的界定，因为下跌中的股票反弹也仅仅是反弹，主力目的还是把股价拉升到一定高度后继续出货，所以超跌涨停板战法要么不做，要做就必须有十足的精度，否则没能从主力那里分杯羹不要紧，倒很有可能成了主力的菜。什么样的超跌股才能作为超跌涨停板战法的打击目标呢？下面结合具体实战案例来讲解超跌股的条件及要求。

1. 超跌股纯技术上的条件

（1）股价离 30 日生命线偏离值｛(30 日生命线价格 – 股票现价)/30 日生命线价格｝达 25% 以上。

（2）股价离 60 日决策线偏离值达 40% 以上。满足这两种情况时，第一个涨停板可追。

（3）股价越过下降趋势线。

（4）看盘系统出现买入信号。

其中，（1）和（2）保证了股价的超跌状态；（4）意味着股价短线见底；（3）说明股价扭转了短期下跌趋势。这四点是超跌涨停板参与的基本条件。

2. 超跌股主力运作痕迹上的要求

（1）股价开跌前曾出现过连续大幅拉升。

（2）该股有良好的涨停基因。

（3）股价属于缩量下跌或无量空跌。

其中，（1）说明主力深度介入其中；（2）说明该股历史表现很好，股价经常涨停，既然过去出色，想必该到它表现的时候自然也不会含糊；（3）说明该股主力因大盘或个股突发因素而导致无法出货，由于被深套其中，所以反弹自救实属必然。

3. 案例

如图 8－1 所示，紫鑫药业（002118）的股价短期内从每股 24 元多跌至每股 6 元多，下跌量能几近耗尽，股价离 30 日均线的偏离值达 30% 以上，离 60 日均线的偏离值达 50% 以上。2012 年 1 月 10 日，图 8－1 中椭圆处所示，该股早盘强势涨停冲过短期阻力线，此时看盘系统同时给出了极少见的买点叠加指示（底部信号＋三线金叉），此时追涨风险极小，从图中也可看到，被压抑的股价短短数天便实现了翻倍。从纯技术条件看，该股此时实属完美打击点。

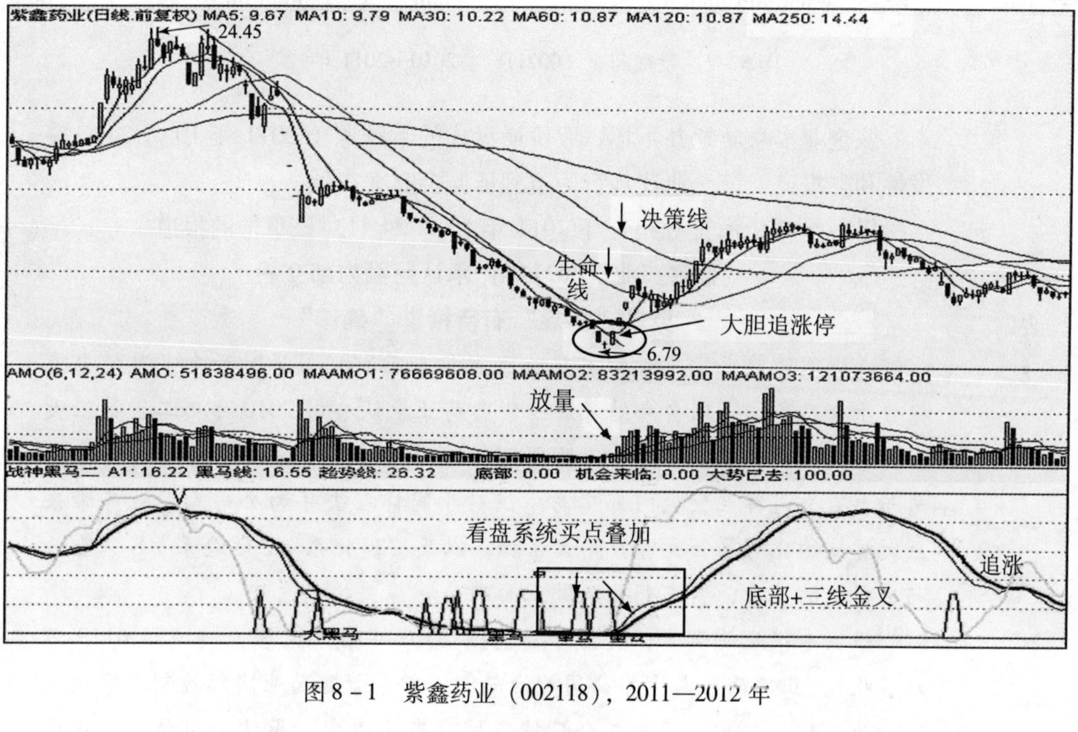

图 8－1　紫鑫药业（002118），2011—2012 年

另外需要注意的是，该股在过去一年股价翻了近 4 倍多，出现了 10 个涨停板，可谓涨幅巨大，且涨停基因优秀、下跌属于缩量下跌，主力基本无出逃可能。从主力资金运作角度看，该股主力有极强的自救可能，这一点儿也没问题，如图 8－2 所示。

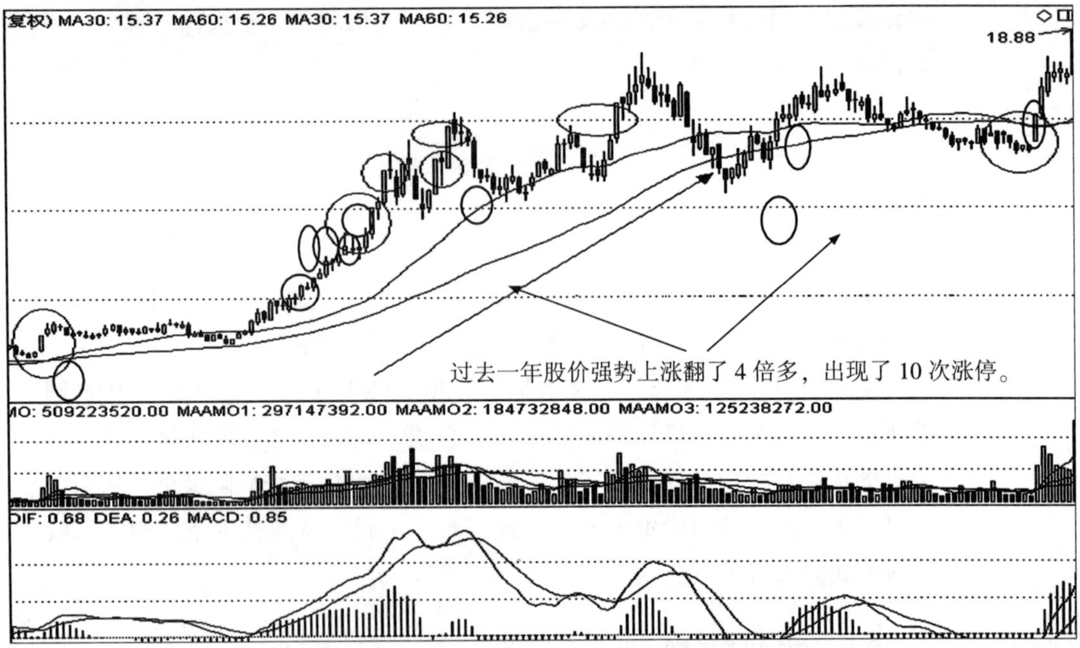

图8-2　紫鑫药业（002118），2010—2011年

该企业本身质地并不坏，股价崩盘式的下跌源于2011年10月24日突发性利空报道，该企业违规行为遭到证监会立案查处。

以下是《上海证券报》于2011年10月24日对该事件的报道。

紫鑫药业（002118）承认巨额内部交易

更多“病症”有待稽查“确诊”

在中国证监会宣布对紫鑫药业立案稽查后，公司历时两个多月的自查报告于今日亮相。从自查结果看，紫鑫药业承认公司2010年第二、第三大客户千草药业、正德药业，以及2011年重要客户通化鸿涛人参贸易有限公司与上市公司存在巨额内部交易。但对于同样在去年为公司人参业务带来巨大贡献的公司第一大客户平大生物，以及“通化系”“延边系”8家企业与公司间的关系，紫鑫药业未做正面回应。

根据本报此前调查，作为紫鑫药业2010年第三大客户（贡献6113万元营收），正德药业与上市公司渊源颇深，曾是紫鑫药业实际控制人家族控制企业。对此，紫鑫药业在今日披露的自查报告中，承认公司控股股东康平投资与华鑫工贸（正德药业现第一大股东）、正德药业间曾存在控制关系。但据其介绍，去年9月13日康平投资与自然人李敏签订《股权转让协议》，约定康平投资将所持华鑫工贸84.44%股权转让给李敏，并于11月18日完成变更登记。

而在承认上述事实的基础上，紫鑫药业在报告中还抖落出一个隐藏幕后的关联客户——通化鸿涛。华鑫工贸持有该公司98%股权，今年紫鑫药业已与通化鸿涛发生了高达8166万元的关联采购交易。记者核对工商资料发现，通化鸿涛的成立时间与紫鑫药业“通化系”其他客户相同，均是2010年7月19日，公司住所亦与“通化系”公司为邻——通化经开区经开环路2号服务楼102室。

此前，本报经多方调查核实后发现，紫鑫药业去年第二大客户亳州千草药业的第一大股东实为紫鑫药业全资子公司吉林草还丹药业。对此，紫鑫药业自查报告中竟表示，在媒体报道之前，紫鑫药业对草还丹药业名下持有千草药业56%股权的情况毫不知情。

随后则解释，千草药业是在2004年为申请地方招商引资优惠政策，将股东李继武和李新枝名下持有的千草药业56%股权变更到草还丹药业名下，但草还丹药业并未与其发生股权转让行为，未委派管理人员参与千草药业生产经营，未取得千草药业利润分配，故草还丹药业实质上没有持有千草药业56%股权。

如果紫鑫药业确实对草还丹药业控股千草药业（哪怕是名义控股）不知情，那证明其公司治理存在很大的隐患。作为核心子公司的草还丹药业，旗下有这么大一块账外资产，而且该资产还跟公司发生了巨额贸易往来，实在令人匪夷所思。

不仅如此，在承认正德药业、千草药业与上市公司曾存在关联关系并发生关联交易的背景下，紫鑫药业对于“通化系”“延边系”客户与上市公司间的关系则并未做出详细说明。本报此前调查获悉，包括通化立发、延边嘉益在内的多家紫鑫药业客户，在公司的注册时间、地点等方面存在高度一致性，而大量证据显示上述公司的幕后操控方是公司董事长的亲属及同学。在今日的自查报告中，紫鑫药业并未对上述疑点给予解释。

此外，本报调查还发现紫鑫药业去年第一大客户平大生物亦与上市公司存在千丝万缕的联系。多位内部人士证明平大生物的管理层事实上已由紫鑫药业方面掌控，但紫鑫药业上述自查报告中对此事也只字未提。

不难看出，紫鑫药业的自查报告虽然证实了本报此前调查的部分内容，但对另一些事实却采取了避重就轻的态度。在公司已被证监会立案稽查的背景下，更多谜团的解开应该为时不远。

如果没有这样的突发性利空就不会有股价瀑布式的暴跌，当然没有这样瀑布式的暴跌也不会有这样超跌反弹的机会。问题不在这里，问题在股价瀑布式暴跌之始是否引起了读者朋友足够的关注，如果不能提前关注，即便股价开始超跌反弹恐怕你也没多少信心和准备去参与，如图 8 – 3 所示。

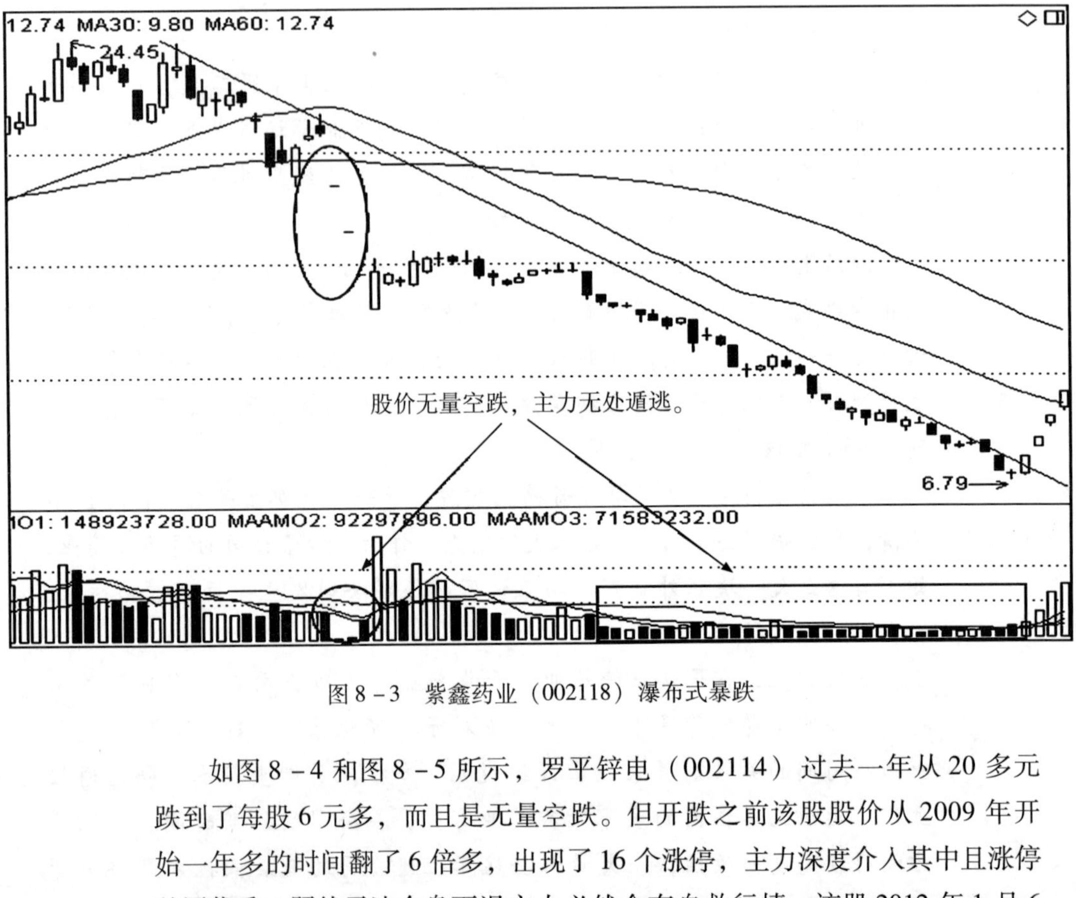

图 8 – 3　紫鑫药业（002118）瀑布式暴跌

如图 8 – 4 和图 8 – 5 所示，罗平锌电（002114）过去一年从 20 多元跌到了每股 6 元多，而且是无量空跌。但开跌之前该股股价从 2009 年开始一年多的时间翻了 6 倍多，出现了 16 个涨停，主力深度介入其中且涨停基因优秀，既然无法全身而退主力必然会有自救行情。该股 2012 年 1 月 6 日股价 6 元见底，离 30 日线和 60 日线乖离值也远大于我们的买入要求，看盘系统发出最强底部叠加买点，该股 2012 年 1 月 10 日强势涨停越过短期压力线，这就是最佳狙击点。在股价跌透的情况下，该股短线翻倍那就很容易了。当然，导致该股前期暴跌的原因是大股东的巨量减持，这一点读者朋友可以去看该公司的报道，这里就不多说了。

如图 8 – 6 所示，永生投资（600613）在 2012 年 1 月 9 日涨停，完全符合超跌涨停板的要求，只是因为企业由于资产重组反弹变成了反转行情。看来超跌涨停板有时还会有意外收获。

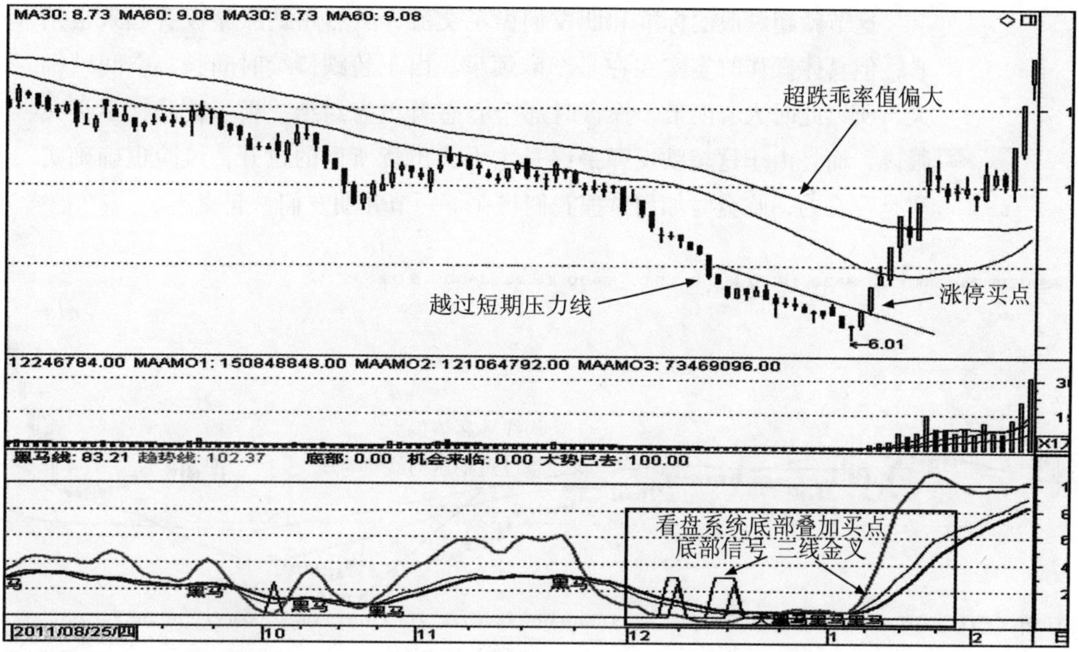

图 8－4　罗平锌电（002114），2012 年 1 月 6 日

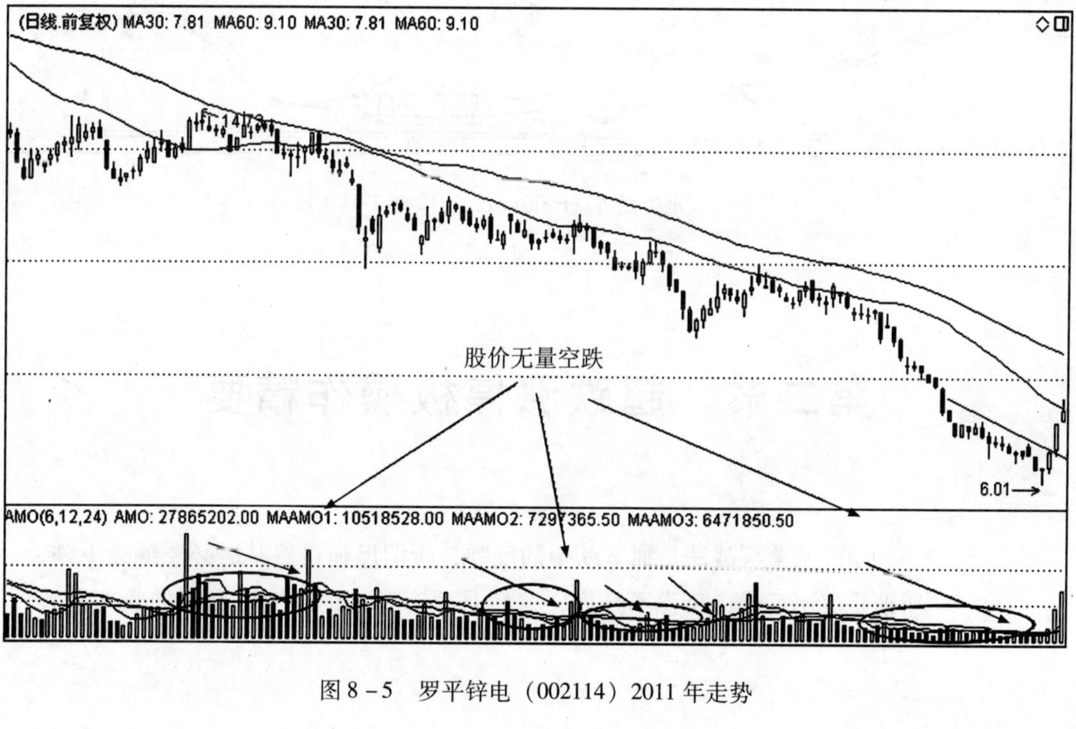

图 8－5　罗平锌电（002114）2011 年走势

这节就超跌股的标准和朋友们做了交流，虽然超跌涨停板看起来很精彩，但具体操作时实实在在是个麻烦事。由于超跌持续时间长、空间跌幅大，所以此时人心涣散，操盘时那个心态就更为纠结，买了怕跌，不买又眼馋，而且由于这超跌反弹最终是主力为出货所做的拉升，风险也确确实实是存在的，临盘时如何拿捏我们将在下一节和朋友们一起交流。

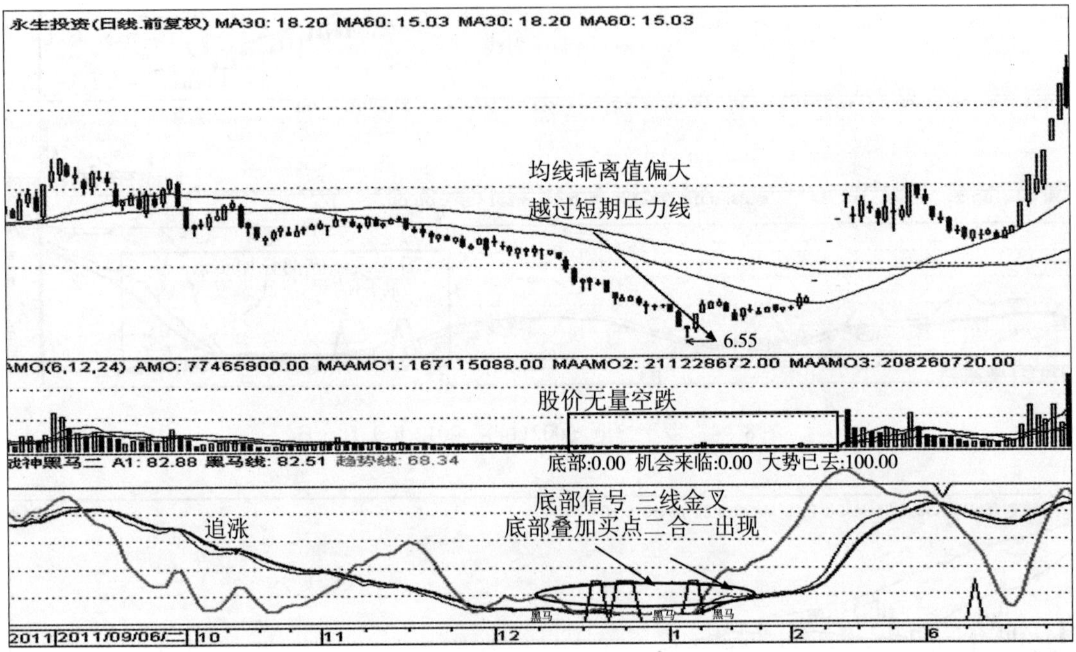

图 8－6　永生投资（600613），2012 年 1 月 9 日

第二节　超跌涨停板操作精要

超跌涨停板战法是抓下跌中的反弹，所谓反弹自然其后必要继续下跌，所谓是底不反弹，反弹不是底，这话是很有道理的，毕竟真正的底部只有一个。

1. 原则

（1）符合上一节超跌股标准的个股方可按超跌涨停板战法操作，不符合标准的放弃，宁可错过，不可做错。股市中机会多了去了，风险永远是第一位的。

（2）禁止参与的情形：

①股价处于下跌初始阶段，均线已经空头排列；

②30 日生命线、60 日决策线死叉且拐头向下，股价与此二线的偏离值不足 20% 最为恶劣，禁止买入。

①、②两种情形兼而有之或居其一的股票都最好回避，这也是风险制控的战术纪律之一。

2. 超跌涨停板战法资金管理

（1）超跌涨停板属于超跌反弹范畴，投入总资金可按平衡市资金使用管理办法，即投入资金可占总资金的 40%。

（2）可在涨停首日最后一笔大卖单被消灭时用可投入资金量的 30% 参与，如果涨停属于钻石级、黄金级、白银级，且封板大单符合强度标准，那么股价持续拉升的概率大，可再 30% 追涨，留 40% 资金供滚动操作使用。

（3）如果涨停强度在白银级以下，说明股价随后几日有调整的可能，则可在第二日调整时投入 30% 资金参与，留 40% 资金供滚动操盘使用。

（4）这里有个情况必须说明，如果投入第一仓资金后发现股票未封死涨停，且该日股价大幅回落，则第二仓资金停止使用，亏损超过投入资金 3% 时必须出局。这个原则必须坚持，股市就是变化莫测的场所，即便一个战法有 99% 的操作成功率，那 1% 的意外也要考虑在内。

3. 止盈与止损

（1）当超跌涨停板第一个涨停 K 线被吃掉时，必须无条件出局。

（2）破掉股价短线支撑线出局。

（3）MACD、5日线和10日线双死叉时止盈出局。

（4）30日线和60日线拐头向下时要抛出巨大部分筹码，二线死叉时要清仓。

（5）上方密集套牢区前如果股价出现头部形态和天量成交等做头迹象时，则离场观望。

4. 气场

（1）观察此时大盘是否底部企稳，如果大盘底部形态形成或具备反弹条件，则超跌战法成功概率较高。

（2）观察超跌个股是否集体共振反弹，如果超跌股全部集体大涨，则超跌涨停板个股有龙头气象，后市做多气场更加强烈。

下面结合具体案例罗平锌电（002114），我们看看超跌涨停板战法该如何拿捏。

罗平锌电（002114）因为质地的原因当时虽然是攻击目标，但实战中还是选择了放弃，实盘时选择了同样具备超跌涨停板战法要求的紫鑫药业和永生投资，但回过来看，该股质地虽然不好，但就纯技术操作看，该股给了你强烈的操作理由。本想拿紫鑫药业做案例，因为实实在在操作过，但对个股一直心存遗憾，算是复盘吧，把这段经历和读者朋友们分享。在上一节我们分析过，如图8－7所示，罗平锌电（002114）2012年1月10日涨停，完全符合超跌涨停板战法的技术条件和主力资金运作这两大打击标准，该股当日越过短期压力线，量能温和放大，实盘参与没问题，但在分时买点上该如何把握，我们一起看看该股当日的分时图，如图8－8所示。

该股早盘直至下午2:45前，上涨分时量能面积呈现出不断放大的态势，全天上攻量能横向和纵向都一波比一波强劲，盘中大单不断，这是非常健康的量能结构，所以在股价封死涨停前大体要有这么个认识：这是主力在投入真金白银做盘，是股价拉升初期才有的盘口。所以，一旦涨停前最后一笔大卖单被消灭，要敢于买进，如图8－9所示。

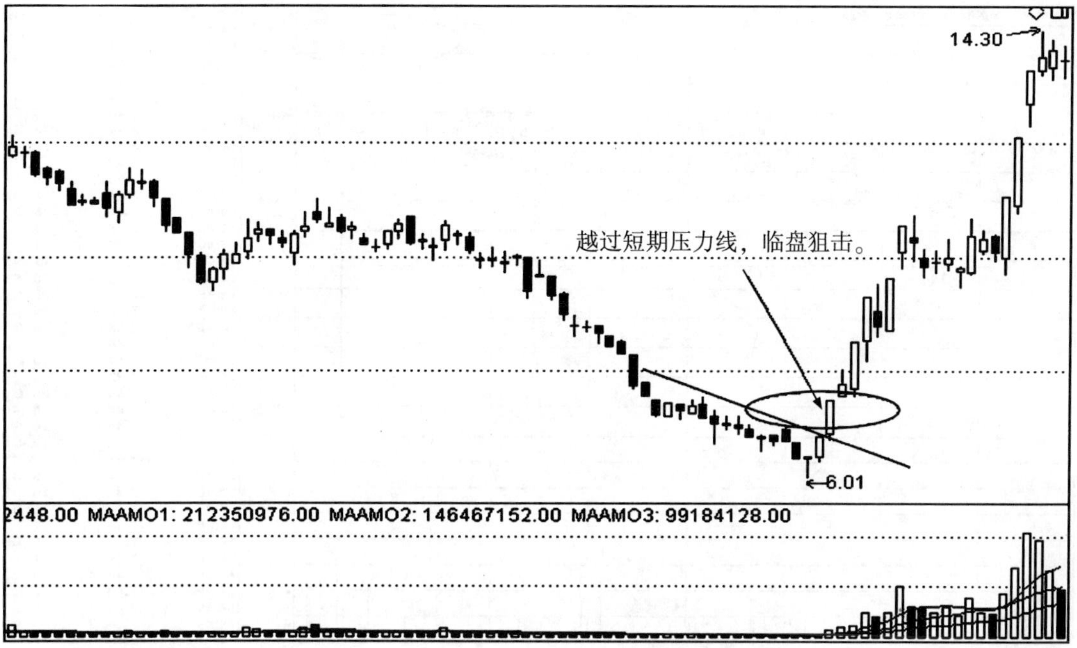

图 8－7　罗平锌电（002114），2012 年 1 月 10 日

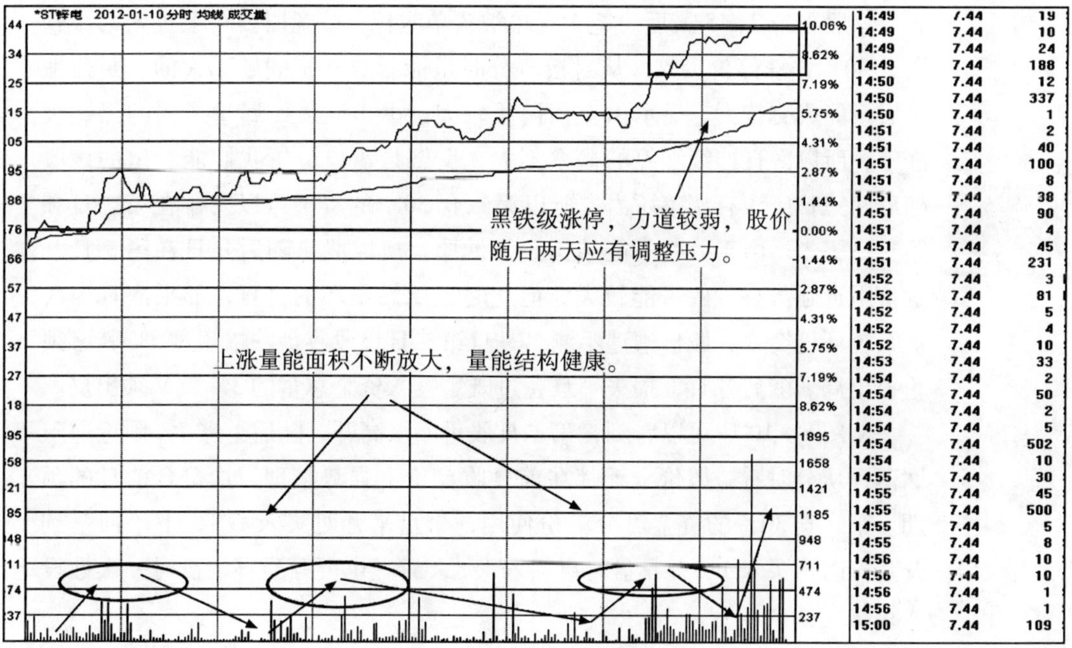

图 8－8　罗平锌电（002114）2012 年 1 月 10 日分时图

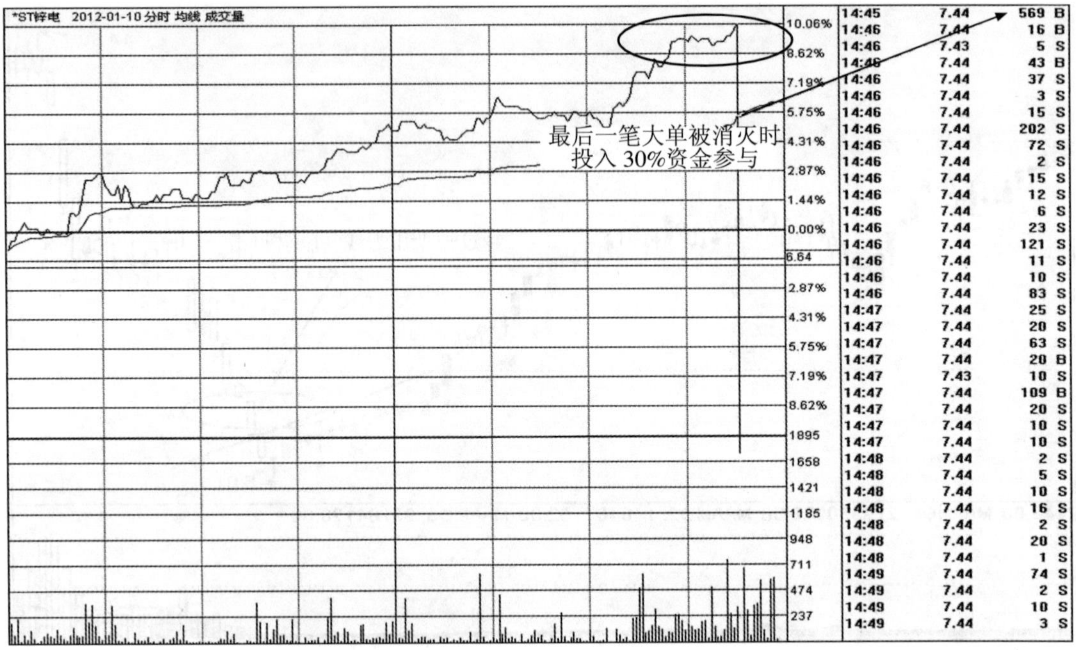

图8-9 罗平锌电（002114）2012年1月10日买入点

该股下午2:45最后一笔大卖单被买单吃掉，临盘时要马上投入第一仓资金30%挂涨停价买入，从封板时分时量能看成交是问题不大的。封死涨停后量能成交较大，显示出上档抛压较大，由于该涨停属于最弱的黑铁级涨停，所以次日连续涨停的概率不大，反倒是盘口分析我们能看出的该股随后两三日应该有调整压力，所以第二仓30%的资金可以安排在第二日和第三日买入。由于分时量能结构较为健康，所以股价随后几日在第一日开盘价附近强势整理的可能较大，但此时也要做最坏的打算，如果次日因大盘系统环境突变，股价遭遇不测，一旦第二日该股收盘跌幅超过5%就必须止损出局。随后三日，损失一旦超过既定投入资金总量的3%就必须出局。

从图8-10中可以看到，第二日股价略微高开，随后上涨7%附近遇阻回落，从分时看，股价全天都在前日收盘价上强势整理，这符合前日的预期。第二仓30%的资金可分三份使用，早盘平开时买入1/3，下午回落到开盘价时再买入1/3，收盘时再买入1/3，或者也可等当日尾盘时一次性投入第二仓资金。

看看第二日收盘后该股形态情况，如图8-11所示。第二日（即2012年1月11日）该股成交温和放量，这是好现象，但股价30日线遇阻，这事有些麻烦，现在说起来轻松，因为股价已经走了出来，但当时当地会让人感到非常紧张。30日线又称股价生命线，股价此时遇阻上涨是否意味着

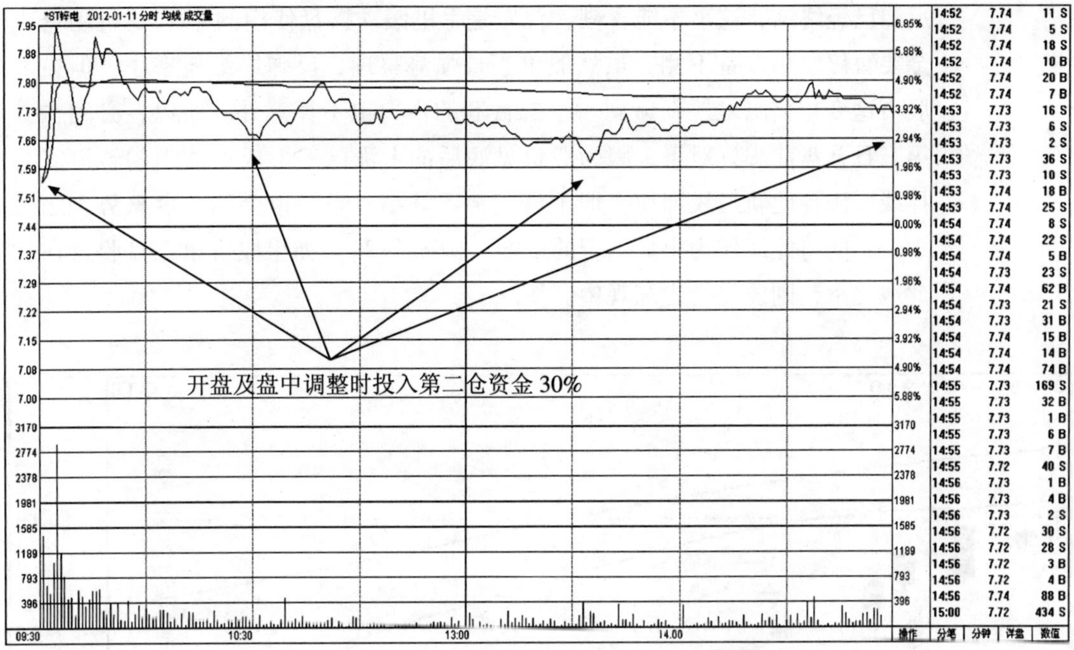

图 8－10　罗平锌电（002114）2012 年 1 月 11 日分时图

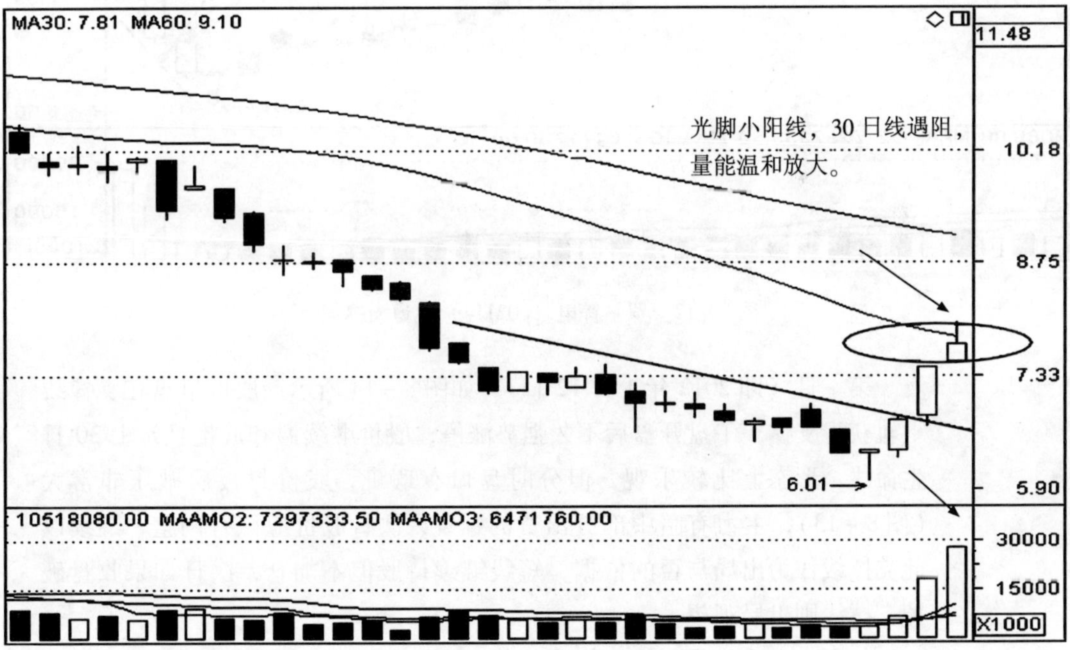

图 8－11　罗平锌电（002114），2012 年 1 月 11 日

反弹已经终结，这事不能含糊，首先是手里滚动操盘使用的40%的机动资金要暂停使用以备不测，虽然股价当日强势整理，反弹终结概率小，但在股市这变化莫测之地真碰到一个二百五的主力也不算意外。所以，必须在第三日开盘前想好对策，因为股价见底后的上涨已经形成了清晰的轨道支撑线，破掉此轨道线即使个股上涨走势不终结，恐怕也会陷入盘整势态之中，不防将此线作为出局与否的依据（图8－12）。如果股价第三日收盘在此线之下，则要先行出局观望。

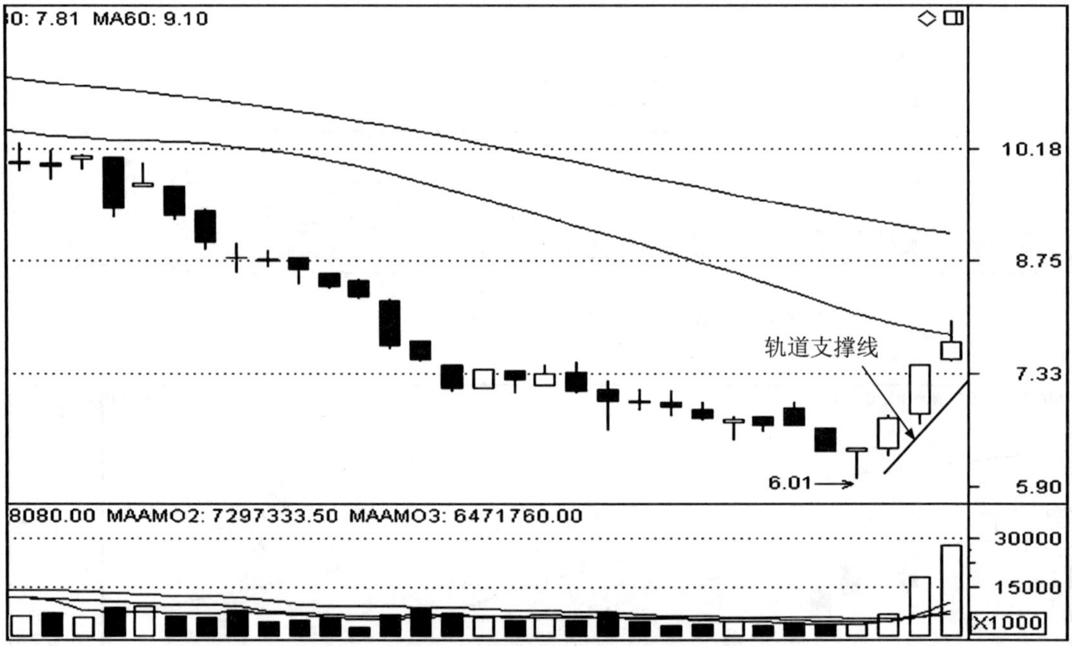

图8－12　罗平锌电（002114）轨道支撑线

第三日（即2012年1月12日），如图8－14所示，股价早盘在支撑线下轨获得支撑，午盘开盘后不久强势涨停，股价继续温和放量且站上30日生命线，形态上比较乐观，但分时盘口有瑕疵，股价封板后抛压非常大（图8－13），主力有暗中部分出货的嫌疑，次日股价应该有调整，继续以此支撑线作为出局与否的依据，短线继续持股但不加仓，次日如果收盘破掉支撑线则出局观望。

如图8－15和图8－16所示，次日（即2012年1月13日），该股全天在支撑线之上运行，尾盘涨停，股价站上60日线，股价有走好之意，但当日量能放得过大，短线调整压力较大，分时盘口看量能比较散乱，短线主力的第一阶段运作接近尾声，次日调整是大概率事件。

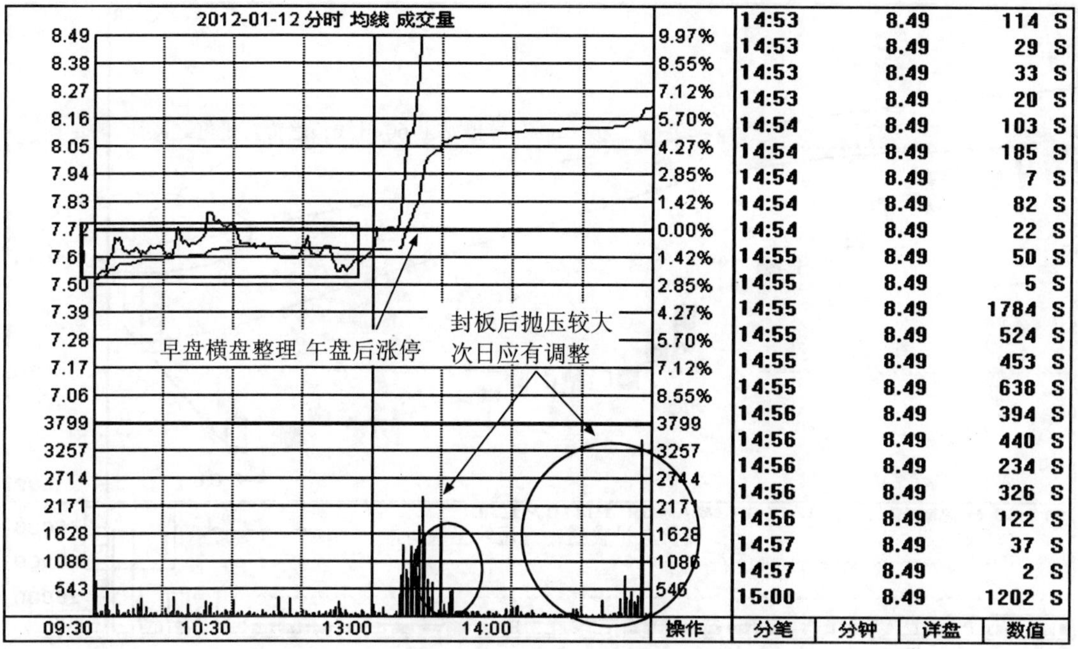

图 8－13　罗平锌电（002114）2012 年 1 月 12 日分时图

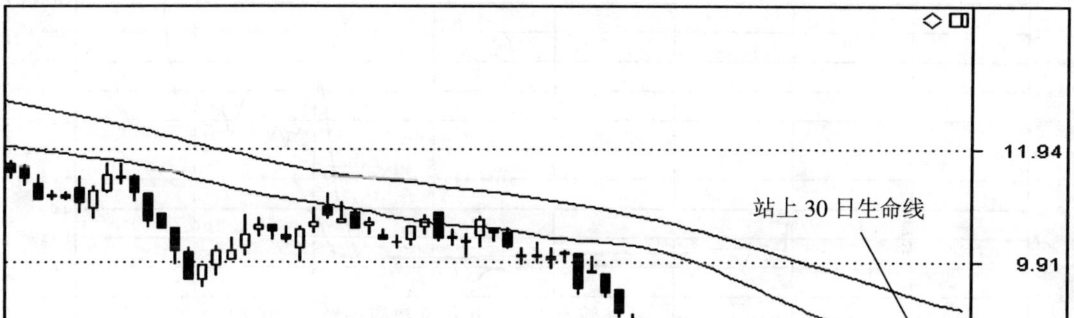

图 8－14　罗平锌电（002114），2012 年 1 月 12 日

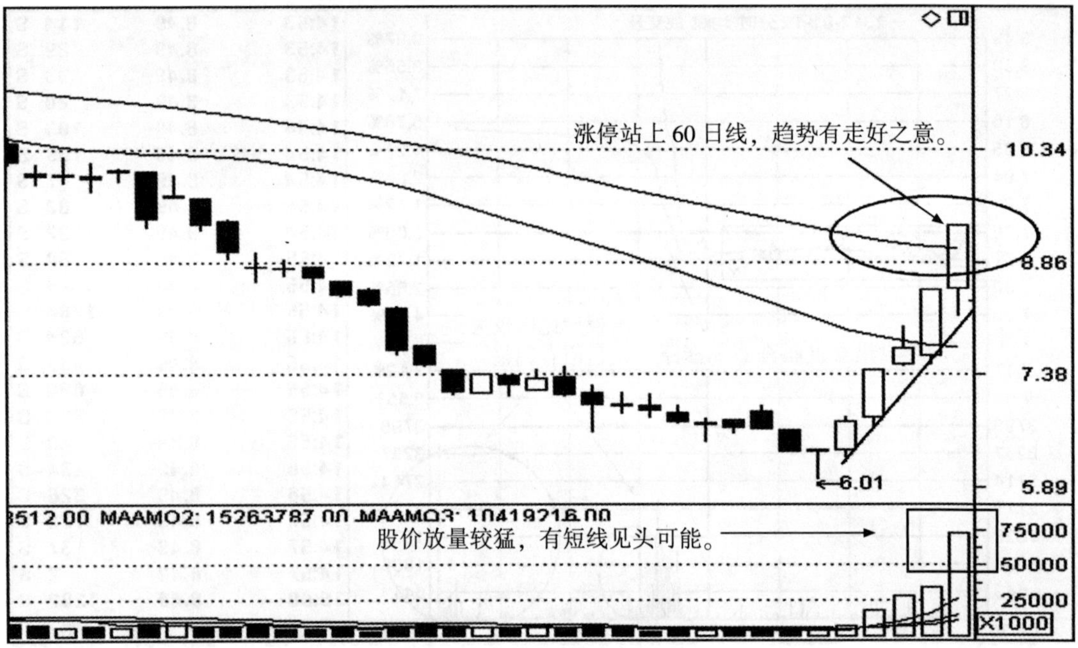

图8－15　罗平锌电（002114）

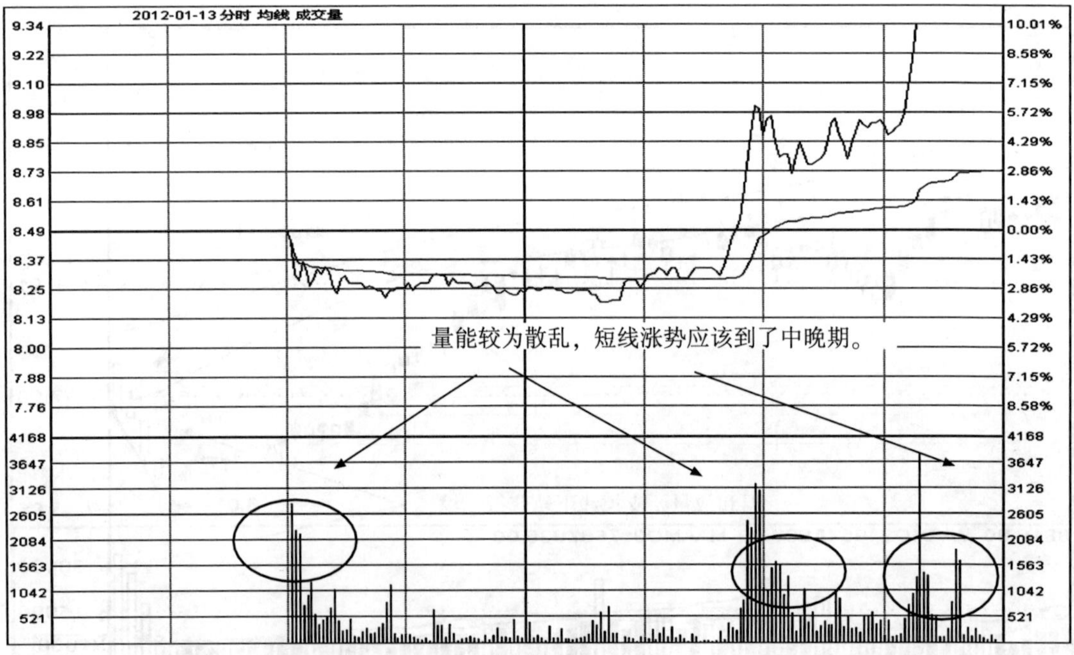

图8－16　罗平锌电（002114）2012年1月13日分时图

如图8－17所示，1月16日，该股股价依然运行在支撑线之上，股价呈缩量整理之势，上涨趋势未被破坏，但从图8－18当日分时盘口看多空已经势均力敌，而且该阴线收盘跌幅超过5%，考虑阴线实体不大且上涨趋势完好，临盘依然可以持股，但此时要随时做好同主力一起出货的准备。

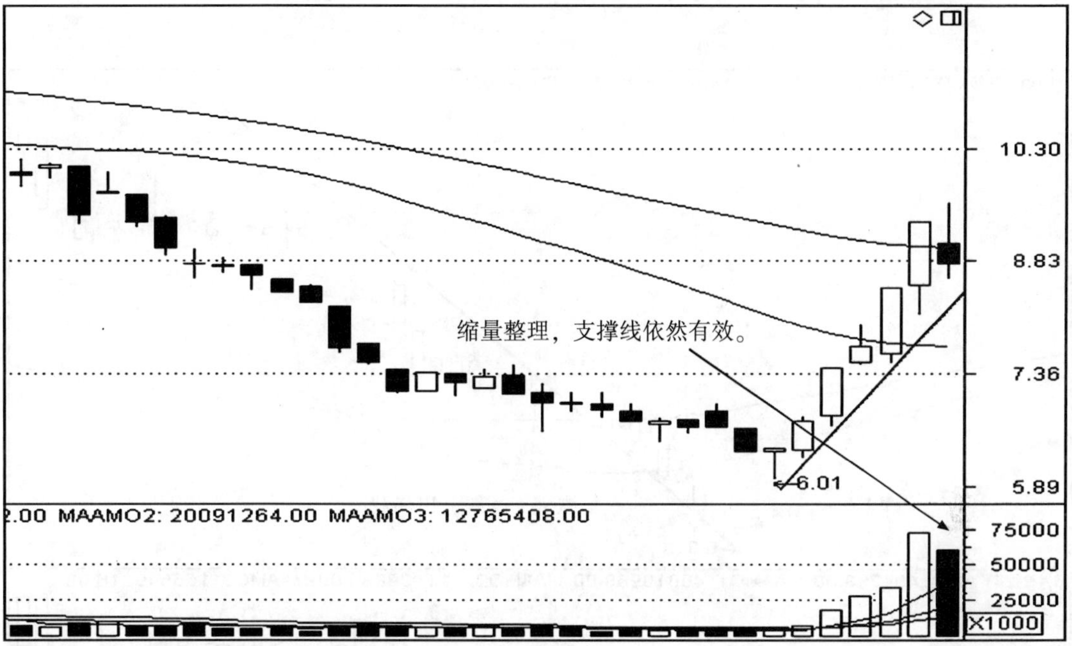

图8-17　罗平锌电（002114），2012年1月16日

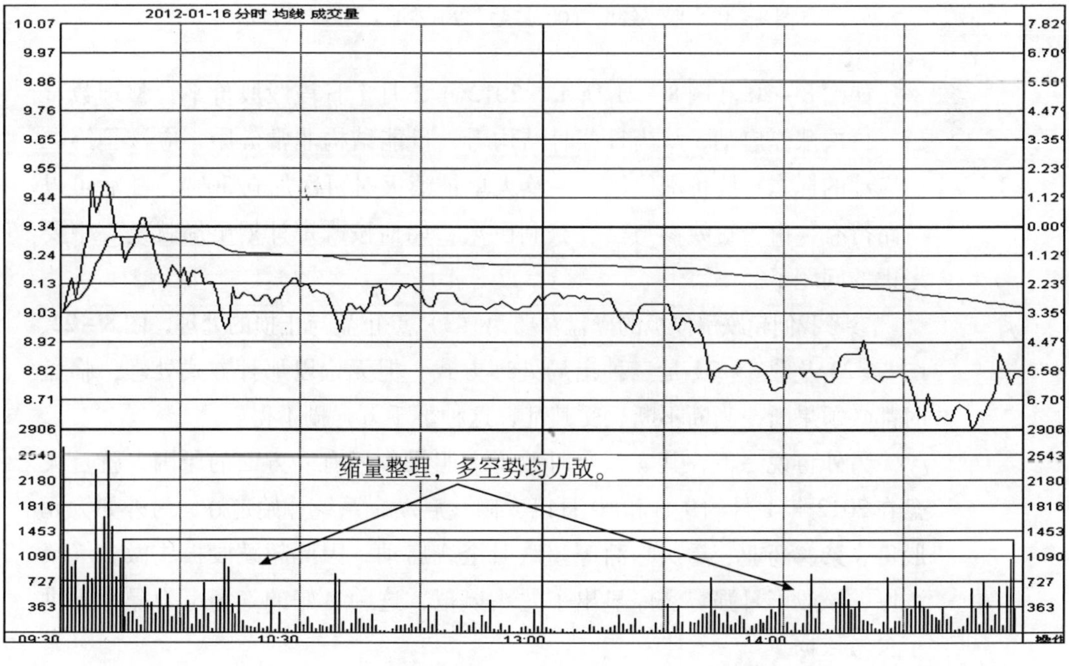

图8-18　罗平锌电（002114）2012年1月16日分时图

随后几日股价依然在支撑线上方，直到1月30日收盘在支撑线之下，主力第一波运作可能已经结束，如图8－19所示。考虑30日线和60日线已经拐头向上，因此可以抛出70%的筹码，留些底仓观望。

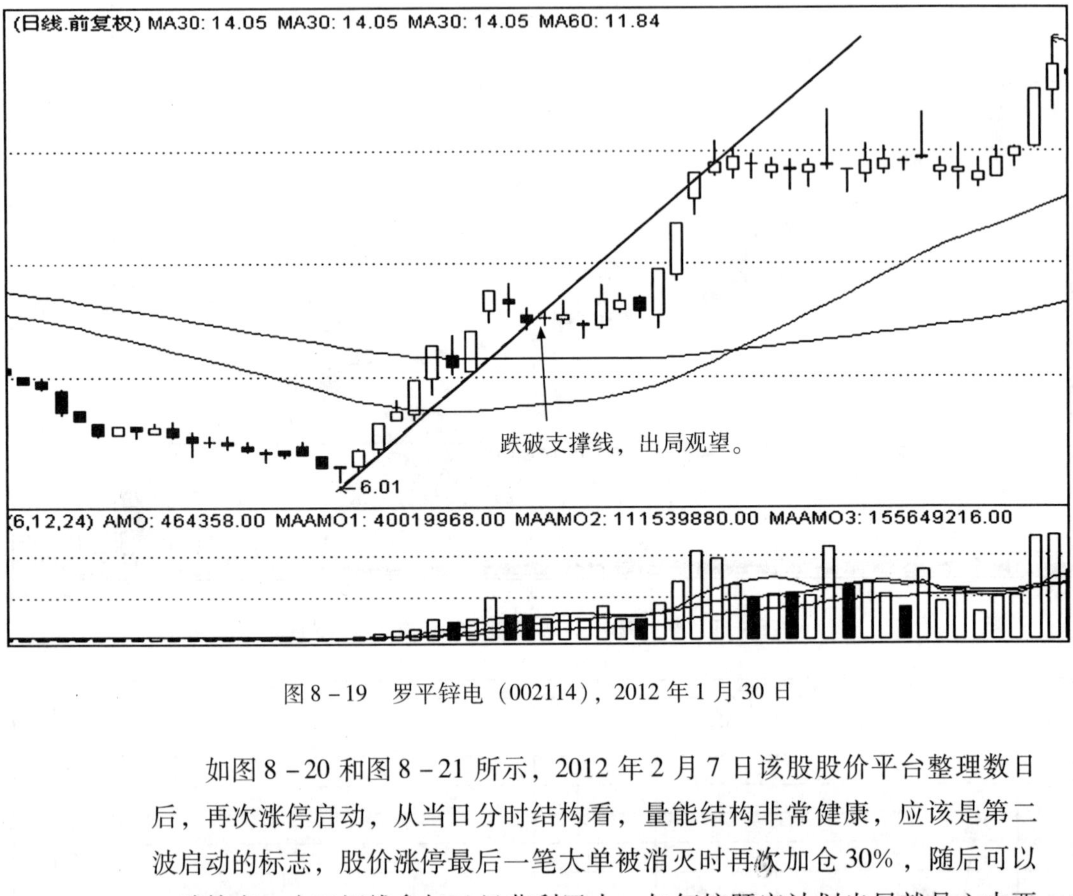

图8－19 罗平锌电（002114），2012年1月30日

如图8－20和图8－21所示，2012年2月7日该股股价平台整理数日后，再次涨停启动，从当日分时结构看，量能结构非常健康，应该是第二波启动的标志，股价涨停最后一笔大单被消灭时再次加仓30%，随后可以一路持有，由于短线参与已经获利巨大，如何按既定计划出局就是心中要考虑的问题了。

参考我们超跌涨停板的操盘精要第（3）点止盈与止损的处理，图8－22、图8－23及图8－24是三种出局处理方式。但无论以那种方式处理，临盘时都必须果断，当断不断反受其乱，这种事千万含糊不得。

另外再说一下，其实，当时敢于大胆操作还有一方面的原因，就是大盘在2012年1月的9日和10日以大阳线启动，系统开始走好，另外如大元股份、紫鑫药业、重庆啤酒等超跌股全线启动，因此超跌股板块做多气氛浓厚，该股当日强势涨停显出了龙头风范，这种良好的气场也为操盘提供了参考依据。

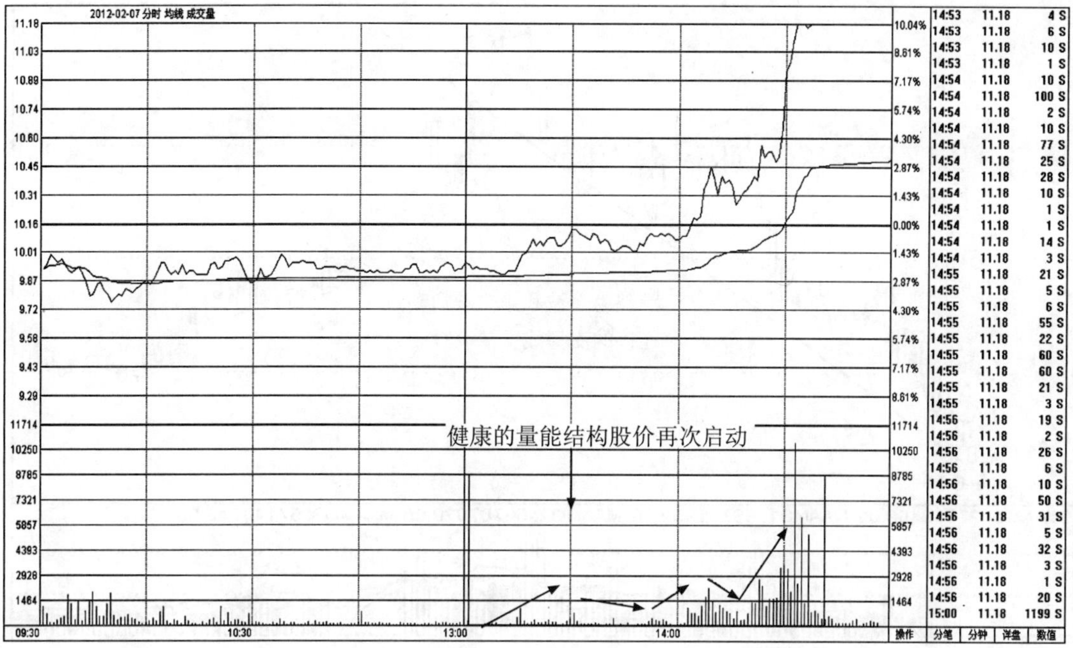

图 8－20　罗平锌电（002114）2012 年 2 月 7 日分时图

图 8－21　罗平锌电（002114），2012 年 2 月 7 日

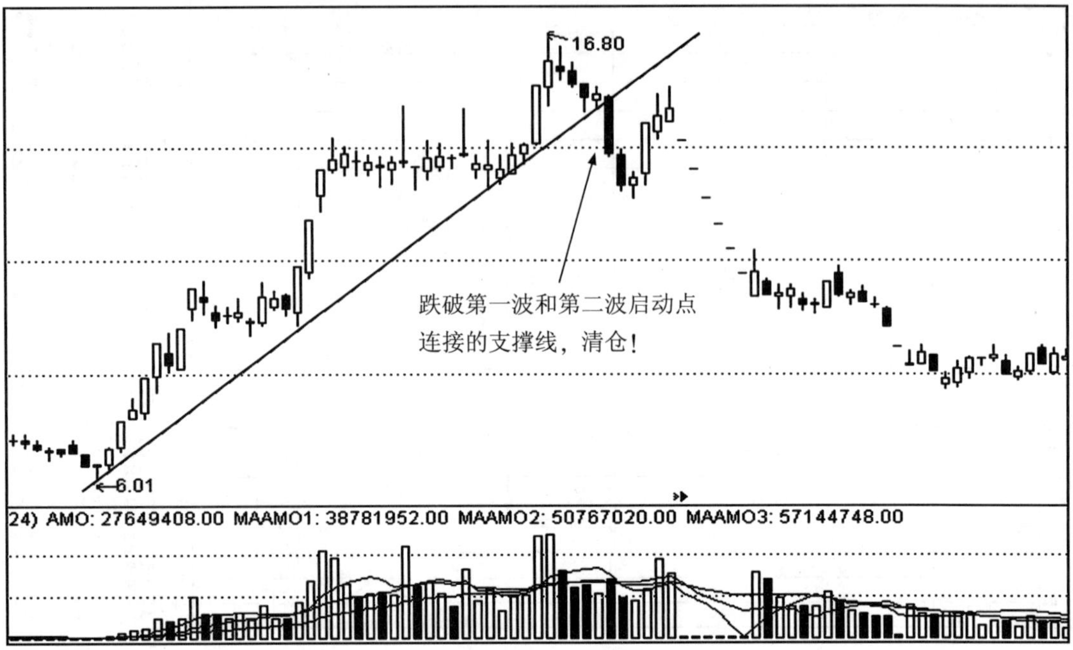

图 8－22　罗平锌电（002114）出局方式（一）

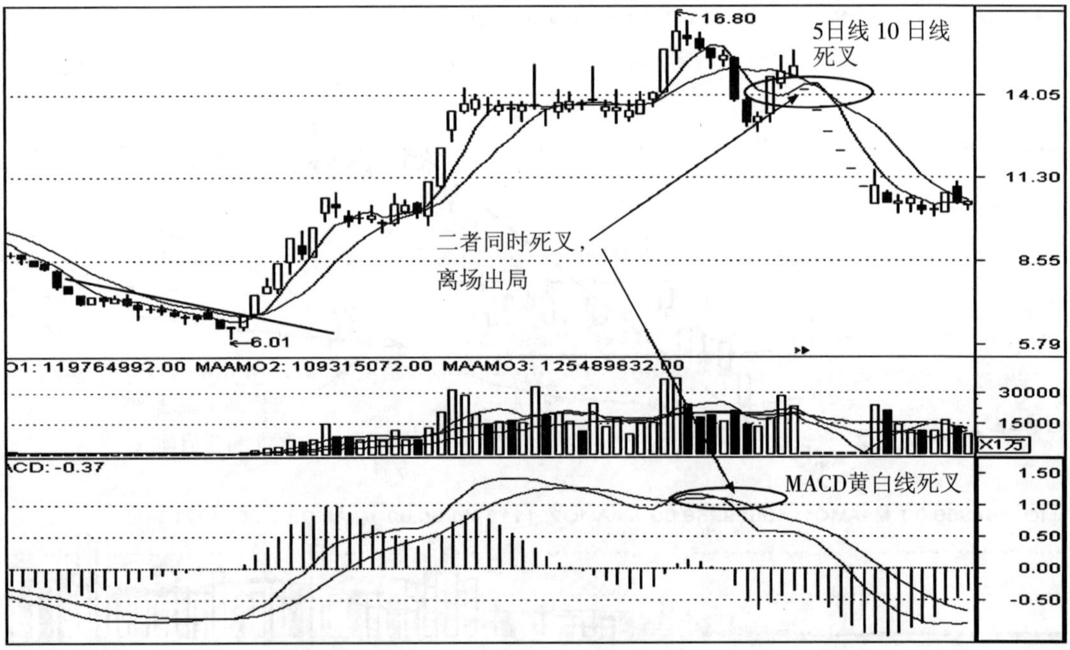

图 8－23　罗平锌电（002114）出局方式（二）

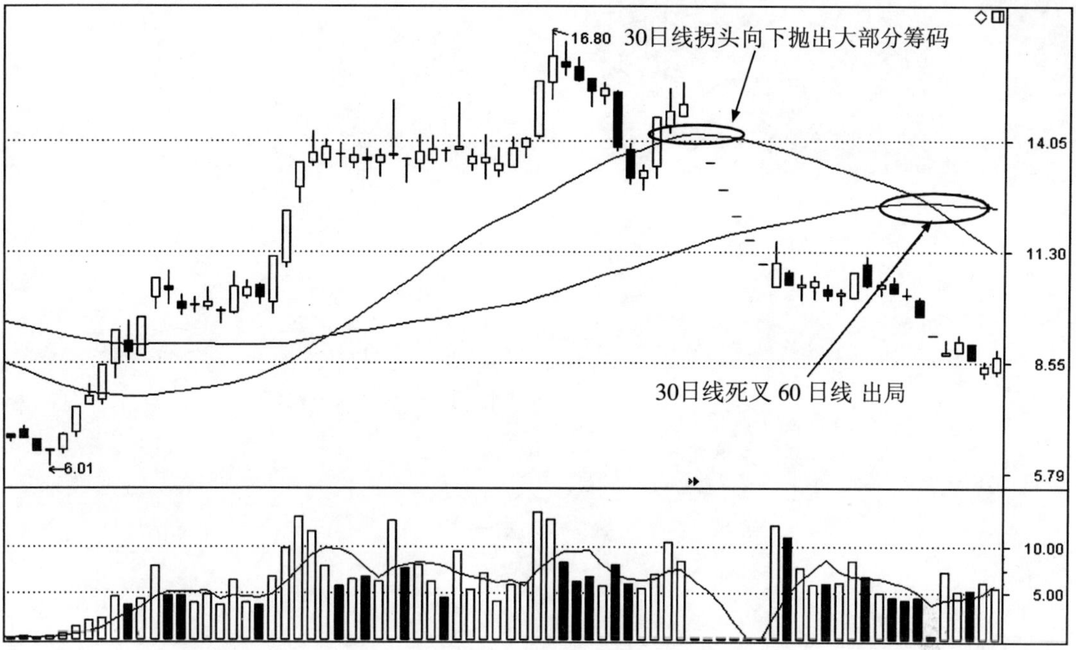

图 8－24　罗平锌电（002114）出局方式（三）

第九章

主力资金运作篇

“知己知彼，百战不殆”，要想在股市的博弈中取胜，既要了解我们的对手，又要认清涨停背后的推手，如此才能不断地提高自己的操作能力。

第一节 吸筹建仓

每只最后能大涨的股票，主力事先的吸筹建仓工作往往都做得非常充分，有的打压的时间非常漫长，有的打压的深度比较惨烈，就操盘手段来看，这些资本大鳄往往是无所不用其极的，故短线赚主力的钱是很难的，想短线追高赚主力的钱就更难了。所以在股票没涨停前和主力同步建仓是明智的。这里我们来好好研究一下主力的吸筹建仓状态。

主力打压建仓，常规的有三种手法，下面我们结合具体案例分别介绍一下。

1. 纵深打压建仓

纵深打压建仓，是最狠毒的建仓手法，通过对股价的纵深打压，在“飞流直下三千尺”这样惨烈的下跌过程中，没有人不害怕的，这种手法又以跌停板建仓最为有名。

例如，三安光电（600703）从 2008 年 8—10 月出现了 16 个跌停板，随后的事大家都知道了，两年不到，这只股票上涨了近 18 倍。我们很多人都误认为涨停板才是强势，其实跌停板也是强势，敢于将股价打至跌停本身就说明主力的控盘程度极深、极强。当然，注意上面提及的打压属于缩量跌停，放量跌停那可真是出货了，如图 9－1 所示。

纵深打压建仓手法要义：

（1）在纵深打压过程中，那些大阴线或者跌停板一定是无量或缩量的，放量的下跌不包括其内。

（2）股票本身要有比较好的基本面，或潜在的利好和题材。

（3）散户的介入点仍然是趋势最佳买点和均线最佳买点。

（4）大熊市末期，如果满足上述三个条件，那以跌停板建仓为代表的、纵深打压建仓的股票是我们介入的首选。

同类型的手法大家可以参考 2008 年熊市下跌中的獐子岛等股票。

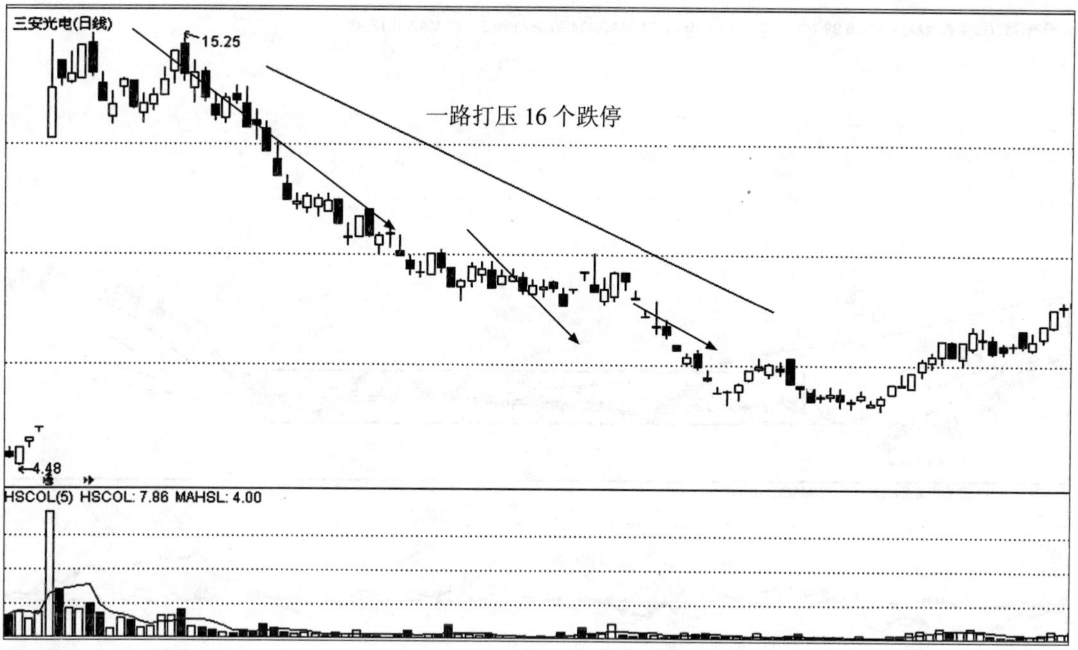

图9－1 三安光电（600703）2008年8—10月走势

2. 长时间横盘整理建仓

长时间横盘整理建仓这种磨盘整理是让人心碎的，眼看着大盘和其他个股疯涨，自己的股票就像死猪一样一动不动，真是让人心急如焚，随着意志的消磨，最后的结果就是散户都走光了，主力的目的也达到了。

例如承德露露（000848），从2008年12月—2009年8月，该股一直在箱体内整理，而这段时间大盘涨了近2000点，其他个股翻五六倍的比比皆是，呜呼悲哉！太狠了，这样的洗盘，界内大多戏称为磨盘，没的说，就是折腾死你，如图9－2所示。

长时间横盘整理建仓要义：

（1）你可以和主力同步在箱体内高抛低吸滚动操作。

（2）如果你无法忍受折磨或者无法做到第（1）点，那请你选择暂时躲避，等股价放量突破箱顶后再介入。

（3）如果你不滚动操盘却又选择等待，那请你先确定这是只可以让你坚守的成长股。

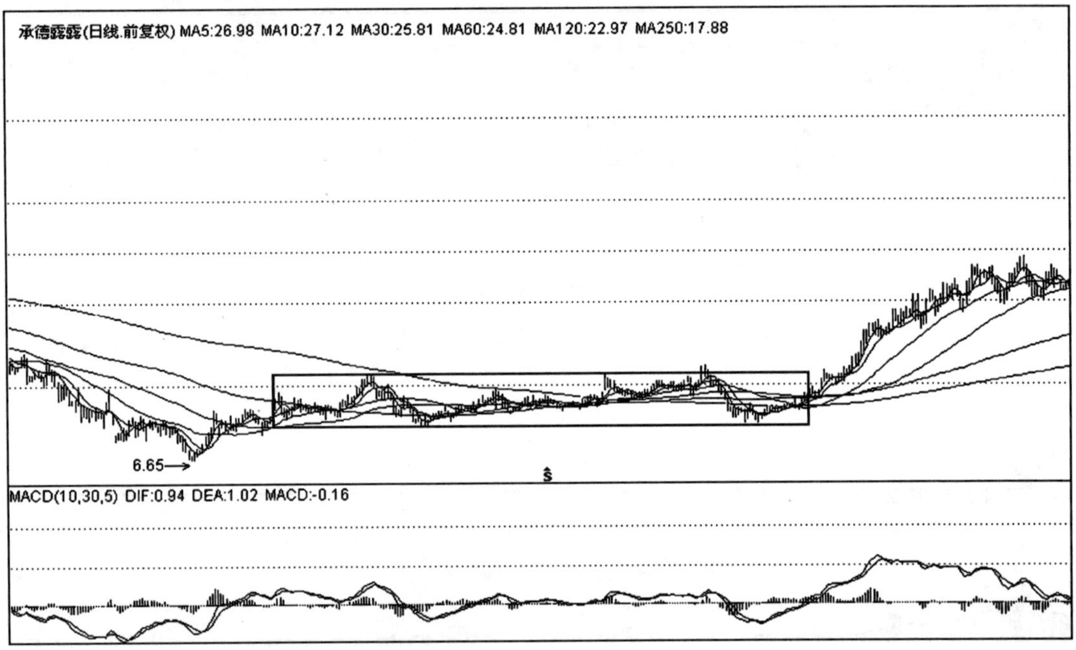

图 9-2 承德露露（000848）2008 年 12 月—2009 年 8 月走势

3. 滚动操盘建仓

这类建仓被主力用得甚广，因为操作起来很容易。所谓滚动操盘，就是咱们常说的高抛低吸，主力的目的是在股价没启动前通过滚动操盘降低自己的持仓成本，不要天真地以为股价创了新低主力就被套了，其实人家的成本已经低的让你无法想象。

例如安科生物（300009），如图 9-3 所示，该股自上市后近一年的时间里股价都处于上涨放量、下跌缩量的走势中，这样错落有致的量能说明了什么？那就是主力滚动操盘迹象非常明显。此股蓄势时间很长，一旦突破，应该爆发力极强，图中的趋势线是最重要的一个技术阻力位。

滚动操盘建仓的要义：

（1）滚动操盘区间内一定是上涨放量、下跌缩量的量能结构，否则就说明这个股有问题。

（2）你可以和主力同步高抛低吸，但这需要一定的波段操作技巧。

（3）如果你认定它是成长股，那你可以长时间持有而忽略过程。

（4）如果你是投机者，则最好等股价突破阻力位后再介入。

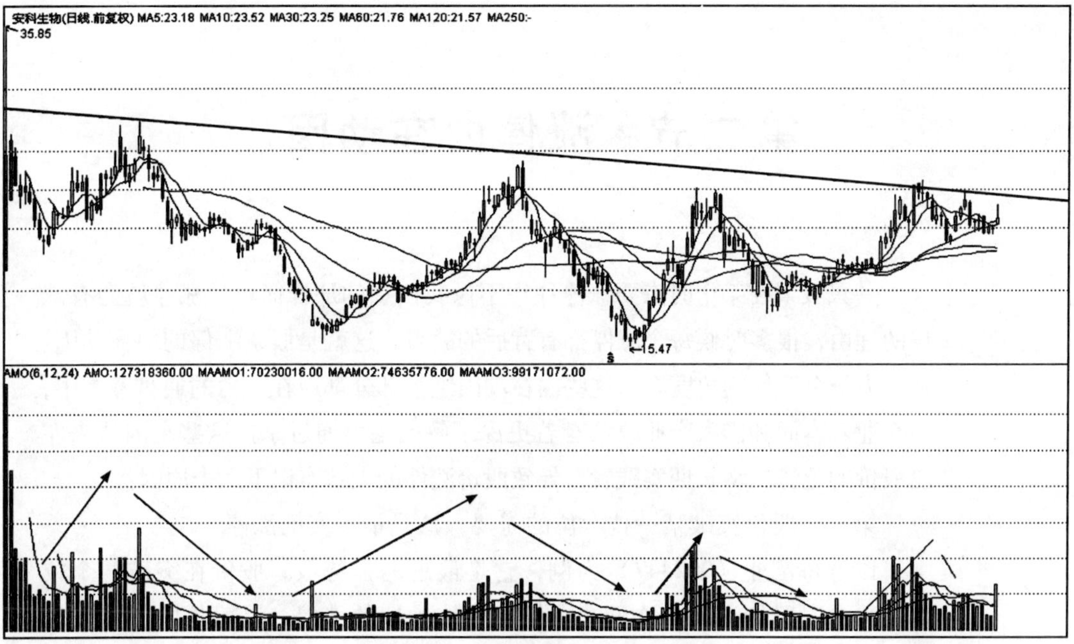

图9－3　安科生物（300009）走势

以上是常规的三种涨停板底部建仓手法，一般来说，打压的深度越大、整理的时间越长、滚动操作的时间越久，后市该股的涨幅就越猛、越大。另外，建仓整理的过程往往会暴露出主力的行股风格，如果建仓手段是比较强悍的，比如跌停板建仓的主力，则该股后市走势往往很强；而长时间横盘整理的主力，如果建仓区间内没有涨停或跌停板出现，那么后市该股走势可能很强，但涨停的频率不容乐观；滚动操盘的主力往往会成为该股的长庄股，这可能意味着该股本身有某些潜在的不为人知的利好，临盘时要好好琢磨。

无论是以何种方式建仓，建仓完成后股价总要启动。行情要启动，主力就要找些嚼头，有嚼头的要启动，没嚼头儿的编个嚼头也要启动。在市道偏弱的环境中没有题材个股是炒不起来的，即使在牛市中也需要题材来吸引股民的眼球，这在主力资金运作的计划中早已经做了通盘考虑，这就是下节要和朋友们一起交流的内容——涨停内在动因。

第二节 涨停内在动因

一只股票在某个时点要涨停往往不像我们想的那样简单，涨停就会有涨停的理由，很多时候每个涨停都有背后的故事，这就是股票涨停的内在动因。从主力资金运作的角度看，这些内在动因绝大部分都应在主力的通盘考虑中，对企业基本面和国家产业政策有着更深了解的主力通过拿捏这些动因从来左右股价的走势。从长期实践看，导致股价涨停的大致有以下六个原因：

第一，股价突破某一技术位的需要，这是最平实的涨停。

以壹桥苗业（002447）为例，它是最近的强势股，股价在突破两个技术性平台时股价涨停，这里的涨停属于技术性的涨停，是股价阶段性整理完毕后短线启动的标志。从图9－4中看，这只股走得很强，其中第二个椭圆和第三个椭圆所示K线组成涨停双响炮，临盘指导时在第三个椭圆涨停板时介入，后续几天应该还能继续涨一些，这种涨停因为没有利好的刺激，反倒是更真实性可信些。

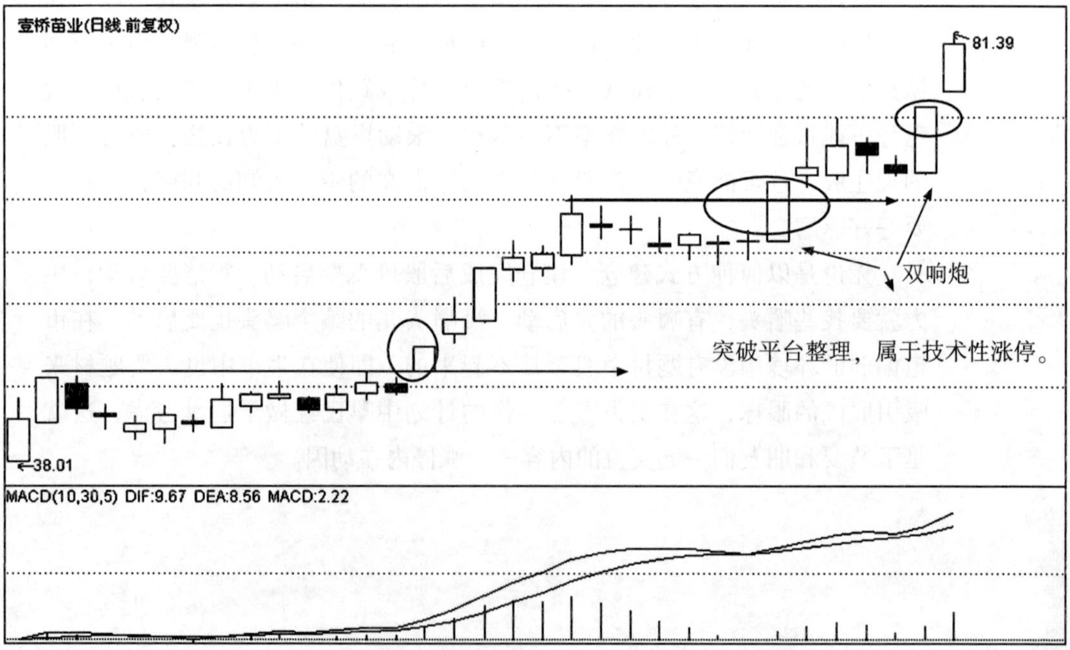

图9－4 壹桥苗业（002447）2010年8月走势

第二，高送转导致的股价涨停。这是我们常见的一种导致股价涨停的内在动因。中国股民或机构大多把高送转看作超级利好，所以一旦企业发布高送转的消息，股价如果处于低位，大涨或涨停的概率就非常大。

以中联重科（000157）为例，该股2010年7月6日晚发布10送15派1.7元的超级利好，由于公司的低市盈率、低股价，又处于长期下跌的底部区域，股价再出如此利好，不涨停就说不过去了，如图9－5所示。

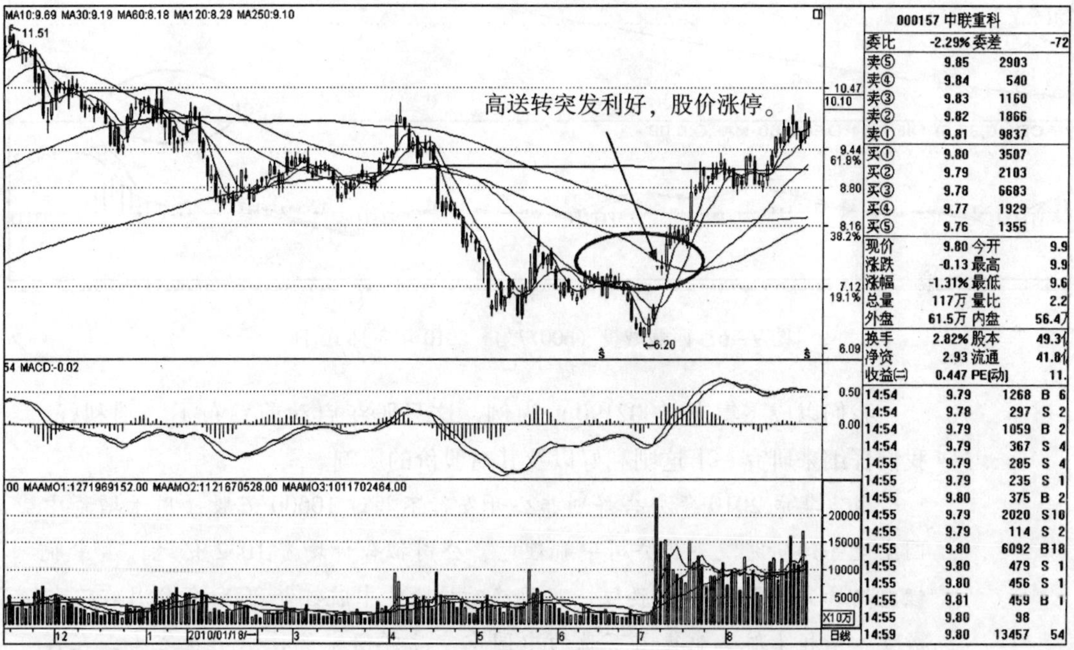

图9－5　中联重科（000157），2010年7月

第三，股票摘星脱帽导致的涨停。这也是一种经常见的涨停。摘星脱帽就意味着企业远离退市风险，对股票持有者来说可谓长舒了一口气，对其主力来说更是阴霾尽去，不来几个涨停难解心头之恨，所以涨停也就顺理成章了。

例如西藏城投（600773），2010年3月16日，该股摘星脱帽，股价一口气三个涨停板涨了40%，长期的抑郁一扫而空，如图9－6所示。

第四，大股东资产注入。这种情况大家事先一定要评价一下注入资产的质量，注入的资产能够为企业带来多少收益，毛利率是多少，能够为企业每股增加多少收益，这种收益的持续性能维持多久……这里显然需要一些基础分析的知识，特别是一些财务知识。

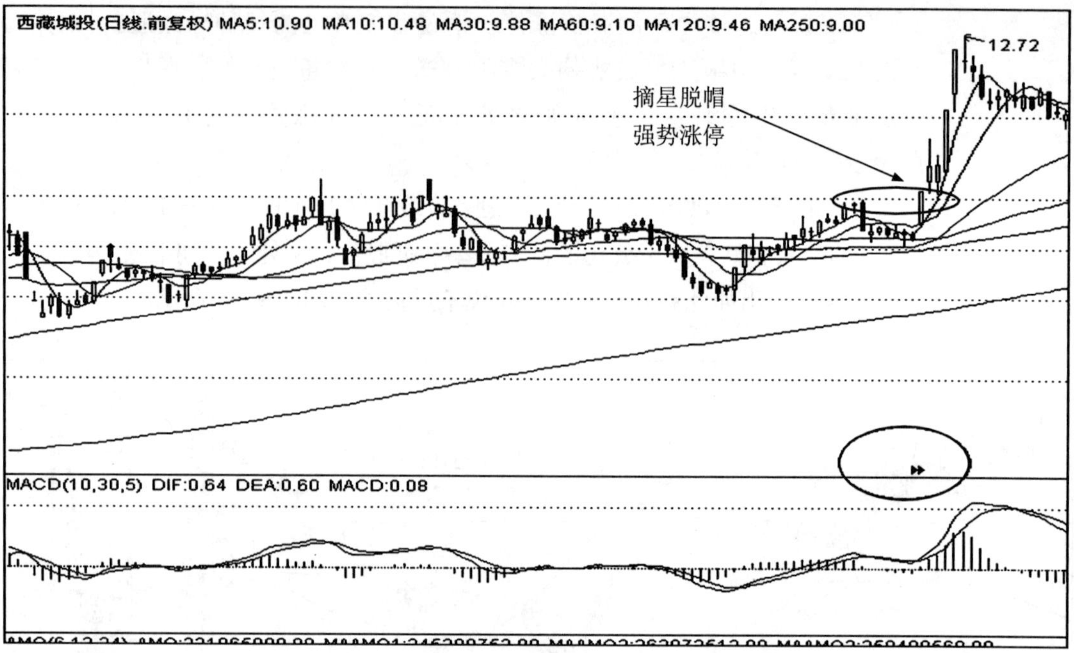

图 9－6　西藏城投（600773），2010 年 3 月 16 日

我们以成飞集成（002190）为例，这只股在启动前发布了一则利好，我们仔细来研究一下这则利好以及其对股价的影响。

成飞集成 2010 年公告筹划非公开发行不超过 10600 万股，用于增资中国空空导弹研究院下属公司中航锂电，公司拟合计增资 10.2 亿元，占中航锂电增资完成后 60% 的股权，实现绝对控股。中航锂电 2009 年 9 月在洛阳成立，依托中航工业集团下属的中国空空导弹研究院技术研发实力，在锂离子动力电池、动力电池模块领域技术领先。中国空空导弹研究院 2008 年成立了新能源产业基地，通过天空能源（洛阳）公司进行锂离子电池的生产研发和销售，主营磷酸铁锂电池，生产的电池及模块大规模应用于军品，民品上多应用于电动车。中航锂电本次项目总投资 17 亿元，周期 38 个月，全部建成后形成了 6.8 亿 AH 大容量锂电池生产基地，建成后产生净利润 3.74 亿元/年，投资回收期为 7～8 年。成飞集成 2009 年净利润 4178 万元，预计 2013 年项目建成后公司净利润增长约 9 倍，按照增发后的总股本 31223 万股测算，EPS 增加约 1.2 元。

对于一个当时只有 10 元多的小盘股票，项目投产后每年每股可增加 1.2 元的收益，现在的市盈率才只有 7 倍，这意味着天大的利好。当时实盘时我说过这只股票会涨到 20～25 元，由于项目 2013 年才开始量产，所以 25 元以上我认为属于恶搞，这是明显的游资行为，如图 9－7 所示。

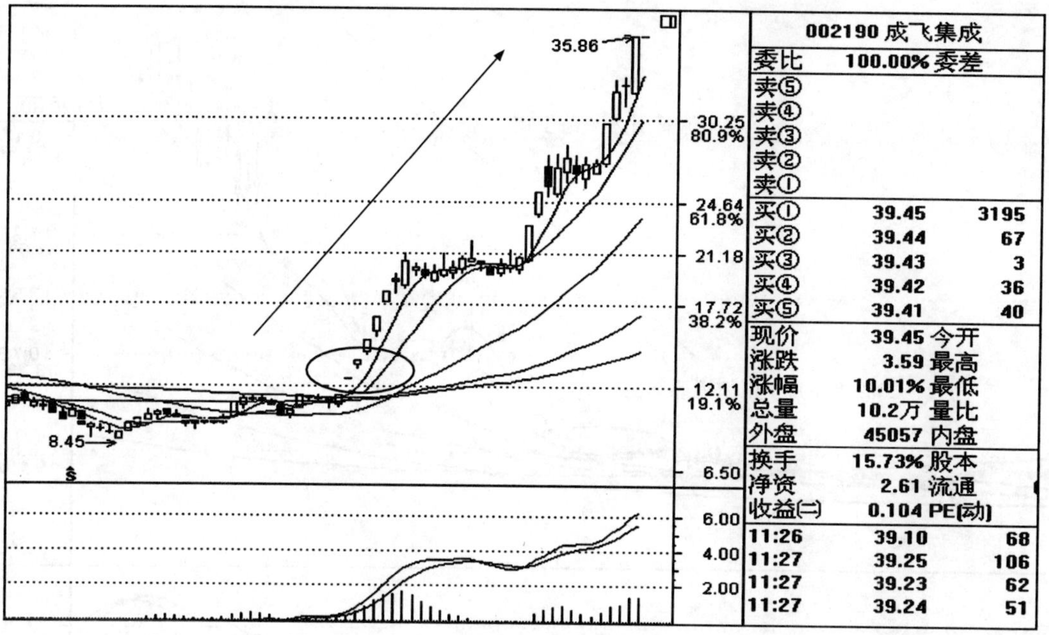

图 9－7　成飞集成（002190）

第五，突发事件的刺激。由于突发的社会事件或产业政策给某个企业带来实质性利好，如甲型流感事件中的莱茵生物，超级病菌中的联环药业，环保 4 万亿规划中的巴安水务等。这种情况一定要仔细研究哪只股是正宗的概念股，哪只股是伪概念股，就我的经历看，这些概念炒作还没有哪个是给企业带来实质性利润的，大多数涨停都是快钱或游资的恶搞，来得快，去得也快，连续涨停过后往往是一片狼藉，股价会长时间陷入整理之中。这方面大家可以参考莱茵生物，如图 9－8 所示。

第六，企业中标大单、重大项目或收到政府部门重大财政补贴等。中标大单或大合同对企业来说无疑可以大幅度增加利润，但这个要仔细分析，订单什么时候能动工，什么时候能完工结算，该项目常规的毛利率是多少，可增加每股多少收益等，都要做个初步评估。

例如，2010 年 8 月 9 日，东方园林（002310）获衡水 4 亿元景观工程合同，对当时只有 7000 多万股的东方园林是个超级利好，股价当时强势涨停就不难理解了，如图 9－9 所示。

对于一些高成长的企业，有时其股价涨停往往让人感到有些无厘头，这种涨停内在动因你可以理解为企业高成长推动的结果。另外，这种企业其股价一般都会不断攀高，主力如何运作这种股价，投资者如何在实盘中持有这种股票取得中长线收益呢？这就是下节要和朋友们一起交流的内容——涨停板周线形态。

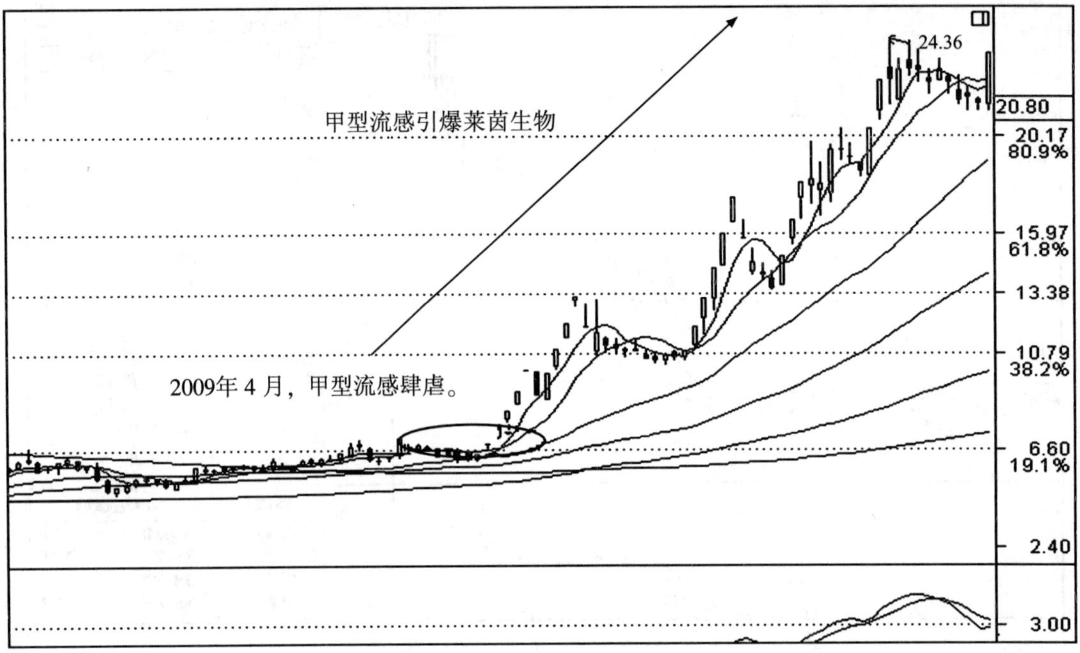

图9－8　莱茵生物（002166）

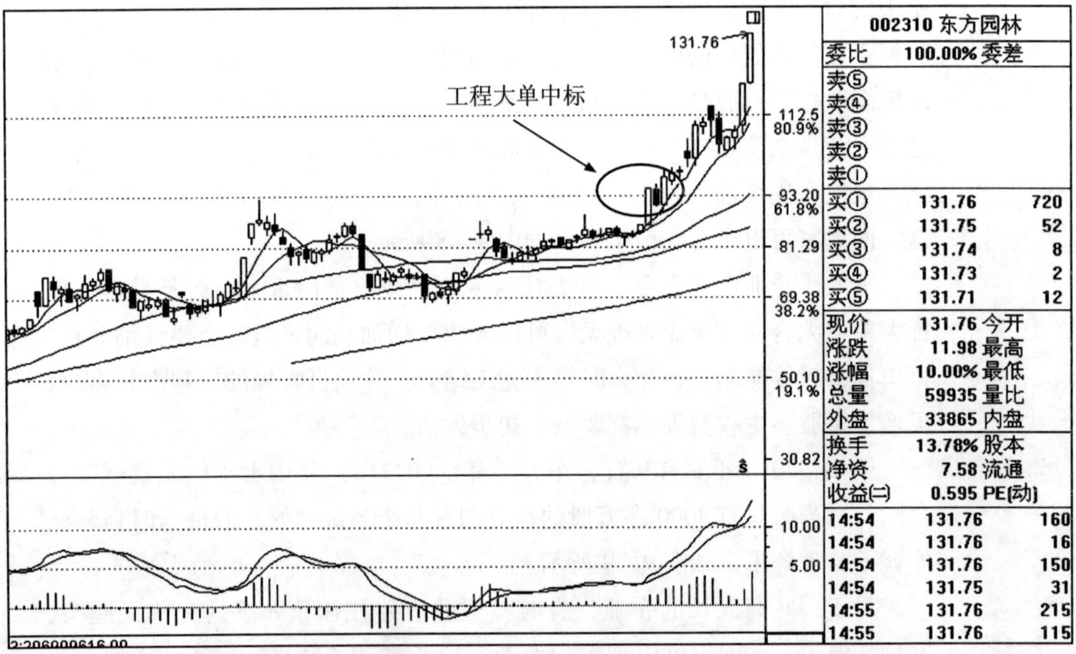

图9－9　东方园林（002310）

第三节 涨停周线形态

实战中我们对涨停板的股票很喜欢，对连续大涨的股票尤为喜欢，但哪些股票能连续大涨需要我们静下心来自己研究一下。只能一个涨停板的股票搞起来没吸引力，风险也太大，或者涨停板后有可能陷入旷日持久的调整，多研究一下那些能连续大幅涨停的股票往往能在实盘中给我们带来不菲的中长线收益。下面和读者朋友一起研究一下涨停板股票的周线形态。

在实战中，周线形态有下列六大特征的股票连续大幅拉升的概率较大。

（1）周线均线形态成密集缠绕形且成多头排列，均线间的乖离极小。

（2）5 周线金叉 10 周线。

（3）60 周线金叉 120 周线。

（4）30 周生命线处于下降趋势的要剔除，30 周线走平或略微上翘最佳。

（5）MACD 指标 0 轴上刚开始金叉，红柱出现，注意是 0 轴上的金叉，0 轴下的不要参与，风险太大。

（6）周 K 线第一次放量。

在此仍结合具体实战案例对以上六大特征做一介绍。

图 9-10 所示为成飞集成（002190）的周线图，启动前均线已经密集缠绕，5 周线金叉 10 周线说明短线走好，60 周线金叉 120 周线说明趋势走好，30 周线略微上翘说明波段上涨基础牢固，MACD 初始金叉说明行情刚刚启动介入无忧，周 K 线第一次在重要的技术位放量说明行情是真突破而非假突破，一起看起来那么完美。从 2010 年 7 月初开始，股价从 12 元/股涨至 35 元，在技术形态上看，也就顺理成章了。符合上述所说的周线六大技术特征，体现在日线上就是涨停一个接一个，连续大幅拉升，气势宏伟。这只股给大家提示过，第一段行情从 12 元到 22 元是合情合理的，22 元以后属于恶搞，当时提示可适量参与，但要记得 10 日线一破就要及时退出。

图 9-11 所示为莱茵生物（002166）2009—2010 年周线图。不用多说，和上述周线六大特征核对一下，两波行情每波股价都翻了好几倍，主力都猴精，日线级别往往会遮蔽我们的双眼，但周线级别一般不存在技术诱空。

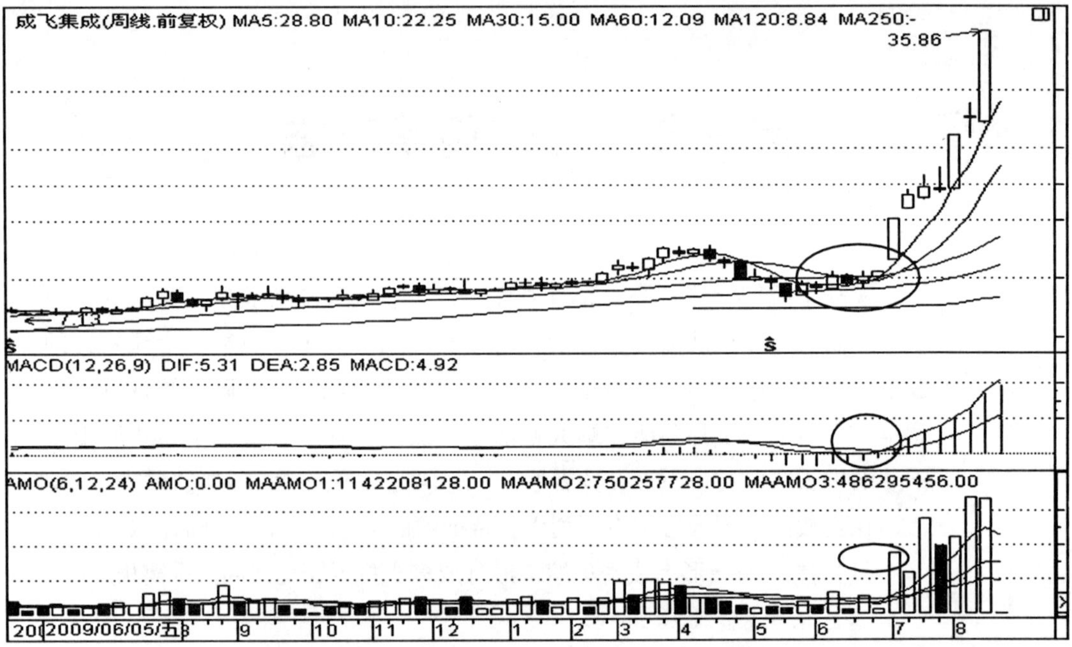

图 9－10　成飞集成（002190）2010 年周线走势

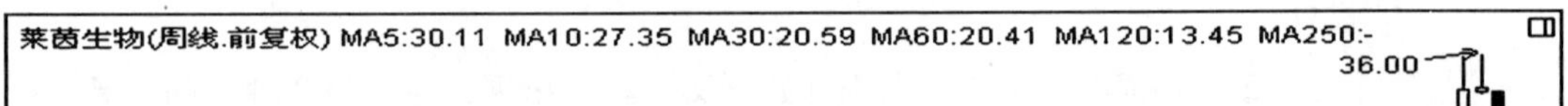

图 9－11　莱茵生物（002166）2009—2010 年周线图

如图9－12所示，为江特电机（002176）2010年周线图。从该股周线看，启动前很完美，符合六大形态，但周线六大形态买点后出现了两根放量阴线，看起来让人揪心，从图中看似乎没什么。马后炮的话谁都会说，可当时临盘时却不是那个心情，当时也很犹豫，是走是留，这还必须回到日线级别看。

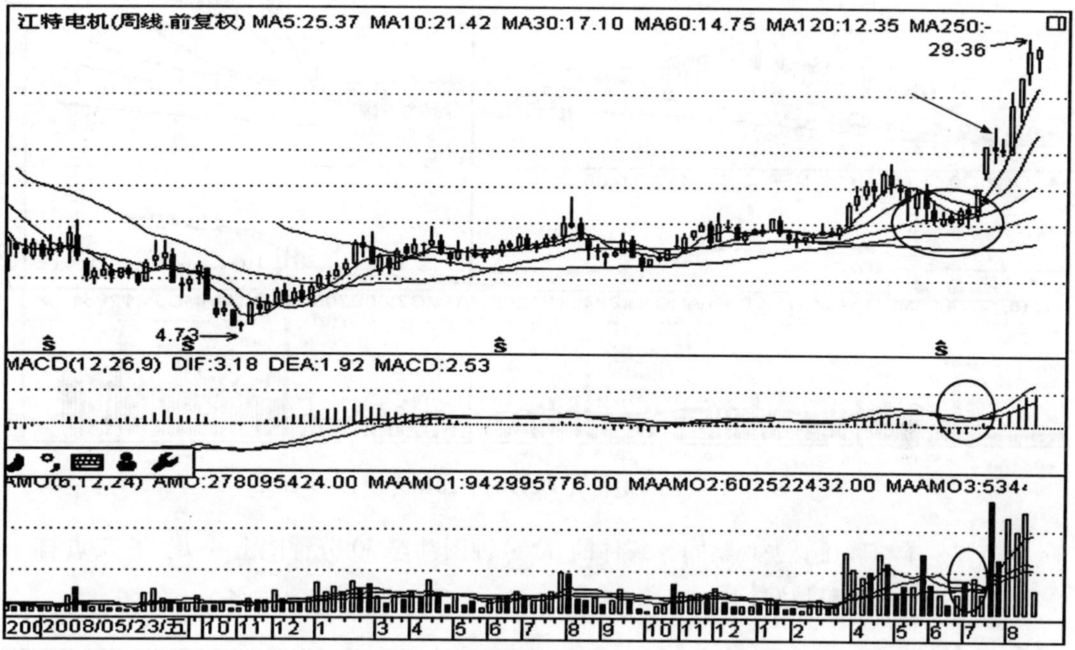

图9－12　江特电机（002176）2010年周线图

从图9－13看，该股2010年7月19日的巨大阴量是属于突破前高后的回踩，量虽特别大，但股价并未跌破5日线，因此有技术性诱空嫌疑。8月2日的中阳证明了这种猜测的正确性，但实盘时还是要考虑下万一股价戛然而止怎么办，因为主力获利已经高高在上，理论上还是有这种可能性的。但实际上主力操盘和我们散户一样要遵守一定的战术纪律，那就是波段上涨行情不能放量跌破10日技术控盘线，5日线不能死叉10日线，两者如果同时发生，那么这段上涨行情宣告结束，从该股日线图5日线始终金叉10日线来看，符合实战持股待涨法则。

这里还要交代一下，一旦个股符合周线六大特征，我们就要介入，介入的时点就是符合日线图六大特征的那根K线，日线六大特征是和周线六大特征一样的，只不过级别降低罢了。我们还是以成飞集成为例，看看日线级别的买点。

如图9－14所示，为成飞集成次级别同等条件的买点，即日线买点。为什么要求日线买点？因为这样可以避免周线已经大涨了再去买，有时为

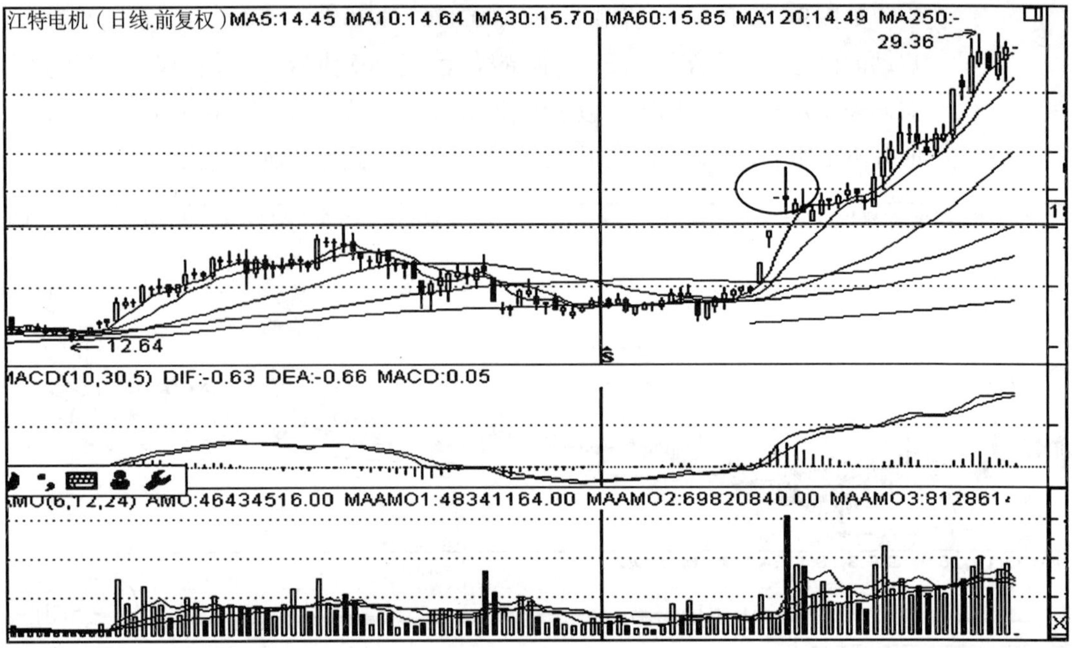

图 9－13　江特电机（002176），2010 年 7 月 19 日

了精确还要去观察同等条件的 60 分钟图甚至 30 分钟图上的买点，买点自然越精确越好。

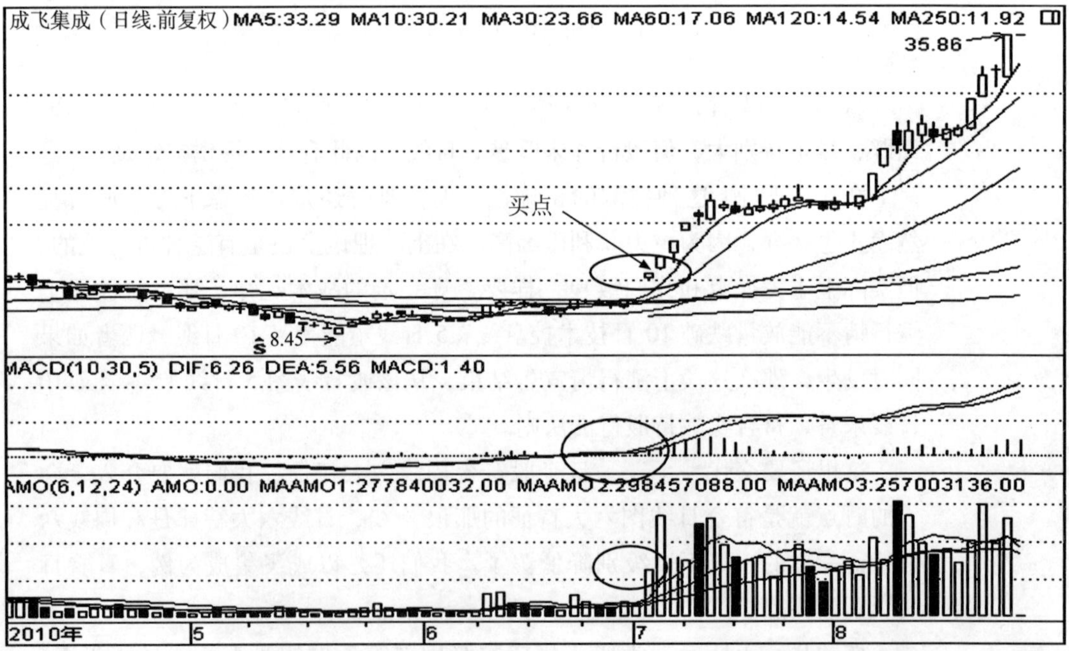

图 9－14　成飞集成（002190），2010 年 7 月 7 日

讲涨停板的周线特征是为了让读者朋友有个大局观，有些股票如果你只看日线似乎涨得很高了，就不敢去追了，实际看周线却是刚起步，做股票你看到是树木你得到的就仅是树木而已，如果你看到的是森林，那说不定整片森林都是你的了。

有的读者朋友可能要问，本章第一节吸筹建仓、第二节涨停内在动因分析及本节的周线形态研究都在不厌其烦地说主力的运作，那藏在股价背后控制股价走势的黑手到底是谁？这就是下一节我们要一起探讨的——涨停背后的推手。

第四节　涨停背后的推手

这节和大家一起谈谈涨停的幕后推手。我们知道这个市场上股票大都有背后的主力，那有的朋友会问，有没有没有主力的股票？问得好，有的。那些潜伏着巨大危机的股票主力多半已经提前撤离了，但一般能涨停的股票我可以肯定地告诉你一定有主力存在。其实大多数股票散户的资金总量都是第一的，但散户的资金并无合力可言，所以其力量是不足以将一只股票拉至涨停板的，这样研究股票涨停的幕后推手就有价值了，这对于我们临盘介入的时点、参与的仓位、持股的时间等都具有重要参考价值。

经过长时间的观察和对股票主力追踪的研究，我将涨停的主力分为以下几类。

1. 公募基金

公募基金持有的股票涨停的次数极少，牛市中那些在K线上表现为小阴小阳不温不火的上涨的股票多为公募基金重仓股，公幕基金的持仓时间一般很长，不会频繁换股，波段操作者居多。

公幕基金股票涨停特点：

持仓股票一般很少涨停，即便涨停换手率一般都小于5%，这类股票由于缺乏涨停基因，临盘想捕获涨停板的难度极大。

例如洋河股份（002304），如图9－15所示。该股也算是2010年的强势股了，这是典型的公募基金重仓股，所以从该股上市至今没有出现一次涨停板，对于喜欢扑捉涨停板的朋友，这样的股票最好敬而远之，它更适合中长线持有。有意思的是，截止本书定稿时，在该股上市3年的时间里股价虽然翻了4倍却仅有两次涨停，看这不温不火的性格就是公募的写照。

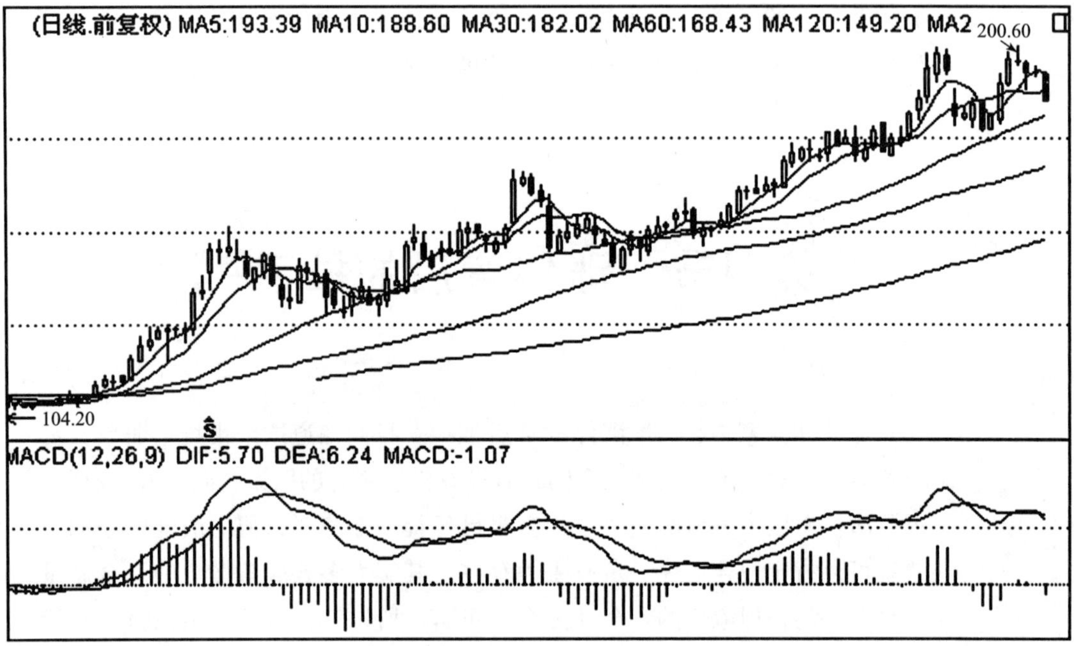

图9－15　洋河股份（002304）2010年走势

2. 私募基金

谈到私募基金我们很多朋友感觉会很神秘，其实公募基金和私募基金一样都还属于中长线持股者的范畴，大多奉行价值投资和成长性投资，只不过操盘手法上私募基金显得非常泼辣，大阴大阳的K线非常多，连续涨停的爆发力也较强。

私募基金重仓股票涨停特点：

涨停的频率较高，换手率一般多为5%～15%，但大多还是价值投资和成长性投资，是中长线投资，持仓时间较长，是股市上的常胜将军。

例如，东方园林（002310）。该股2009年11月27日上市至2010年8月，股票不断地出现涨停，9个月的时间里出现了10次涨停，股价一年翻了4倍多，但这并不是短线的炒作，而是基于成长性投资的理念进行的中长线投资。不过从盘面上看，操盘手法异常凶悍，临盘捕获涨停板的概率很高，如果你能确定一只有强悍私募入主的高成长性股票，那么无论做短线抓涨停板还是做中线投资都是绝佳的选择，如图9-16所示。

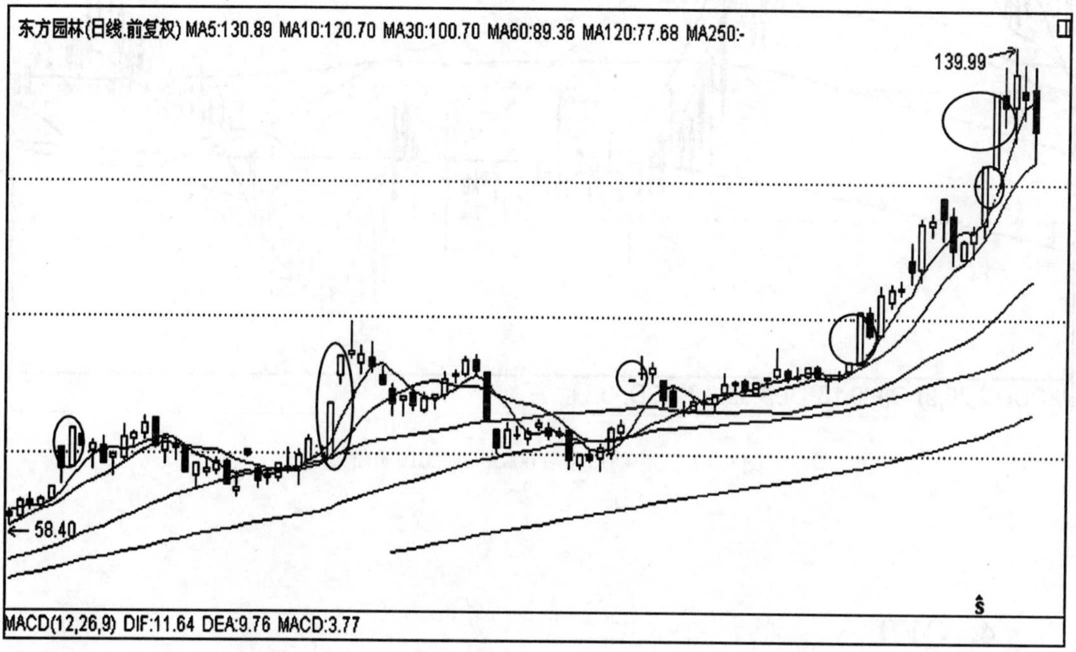

图9-16　东方园林（002310）2010年走势

3. 券商

券商行股的风格介于公募基金和私募基金之间，从盘面看，所持股票的走势风格和私募操盘手法更为接近，是中线机构投资者。但由于券商对单只股票的持仓有政策限制，所以盘面控制力弱于私募。

券商重仓股票涨停特点：

涨停频率高于公募基金但低于私募基金，从盘面走势看，大阴大阳K线甚多，股票日线振幅很大，涨停爆发力较强，涨停换手率为5%~15%。

例如，南纺股份（600250）。该股自2009年至今出现了5次涨停，从盘面看，手法比较泼辣，日线振幅较大，短线获涨停的概率高于公募基金重仓股，但明显弱于私募重仓股票，如图9-17所示。

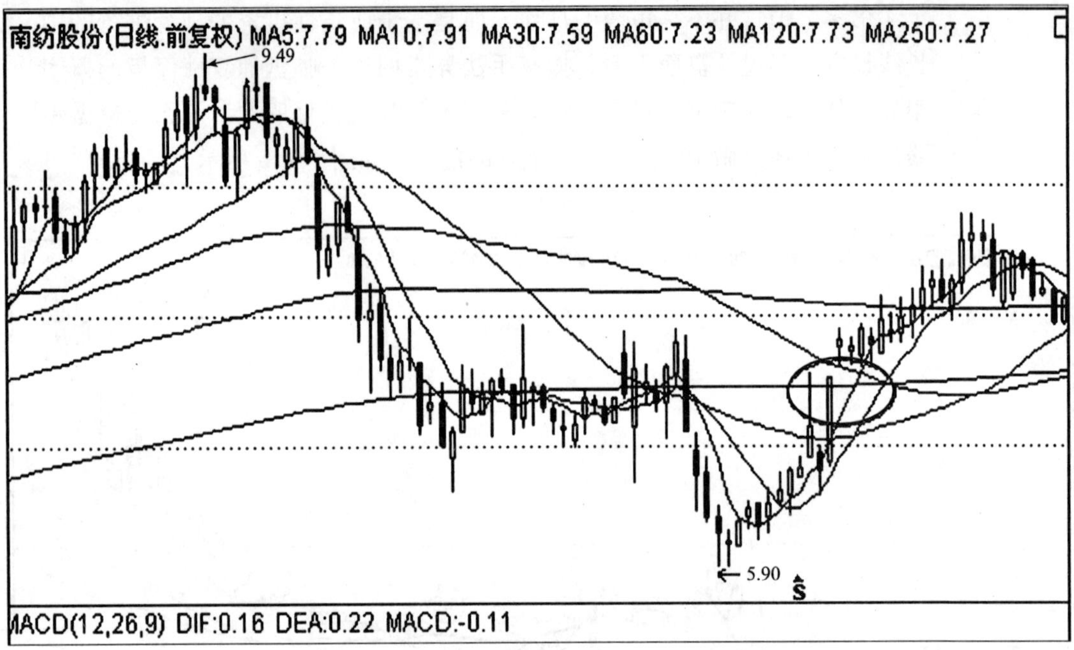

图 9 – 17　南纺股份（600250）2010 年走势

4. QFII

QFII 指国外机构投资者，他们对行情和大势判断极准，并精于企业的基础分析和研究，是中长线价值投资者和成长性投资者。

QFII 持仓股票涨停特点：

他们对股票一般不进行短线操控，其所持股票很少出现涨停，短线很难捕获涨停板，参与价值较小，适合中长线持有。

例如，王府井（600859）。这是 QFII 重仓股票之一，2008 年年底到 2010 年没有出现一次涨停板，但股价走势还算强劲，其投资眼光没的说，但想从中捕获短线涨停板就难了，如图 9 – 18 所示。

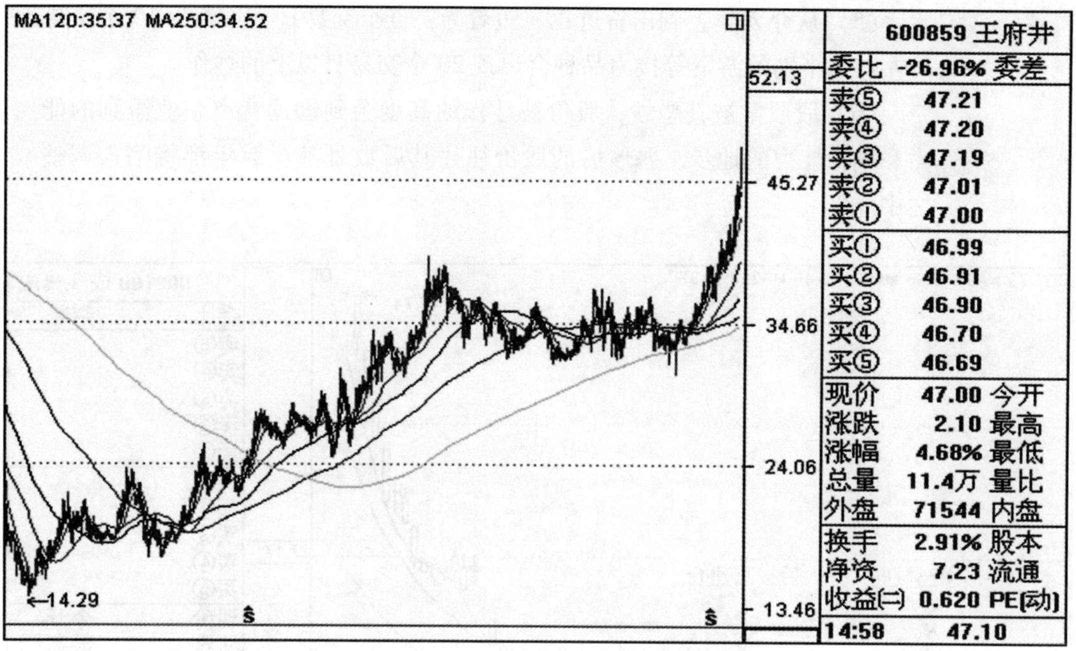

图 9－18　王府井（600859）2008—2010 年走势

5. 游资、热钱、地下钱庄

我把这三者归为一类，本质上，这三者都是短线投机者，所追求的都是快速地获利，来时如急风暴雨，气贯长虹。就涨停板来说，这是最佳参与标的。当然也是风险最大的一类，大盘如果处于牛市中，则此类股票往往 15 个交易日左右便可轻松翻倍。

游资、热钱、地下钱庄涨停板操作特点：

（1）找形态已经做好的股票。这里指股价已经整理完毕，处于启动前夜。

（2）找主力介入程度不深的股票。这里主要指其他主力持仓较小或者不足以控制盘面走势的股票，道理很简单，介入这类股票被阴的概率较小，能够迅速完成建仓。

（3）涨停板的换手率为 15%～40%。

（4）如果有突发事件（这里指突发社会事件或企业重组、资产注入等）就利用媒体对突发事件造势；如果没有突发事件就借助或利用媒体进行虚假报道，反正要为股票上涨找个借口。

（5）从介入建仓到出货逃亡，短者为三五个交易日，长者为10个交易日左右，个别的游资等接力品种会出现20个交易日以上的炒作。

（6）股票常被其恶炒，股价被炒作的高度会到远远背离企业盈利的能力和成长能力的地步，恶炒后的股价往往其后数月甚至数年都将陷入调整之中。

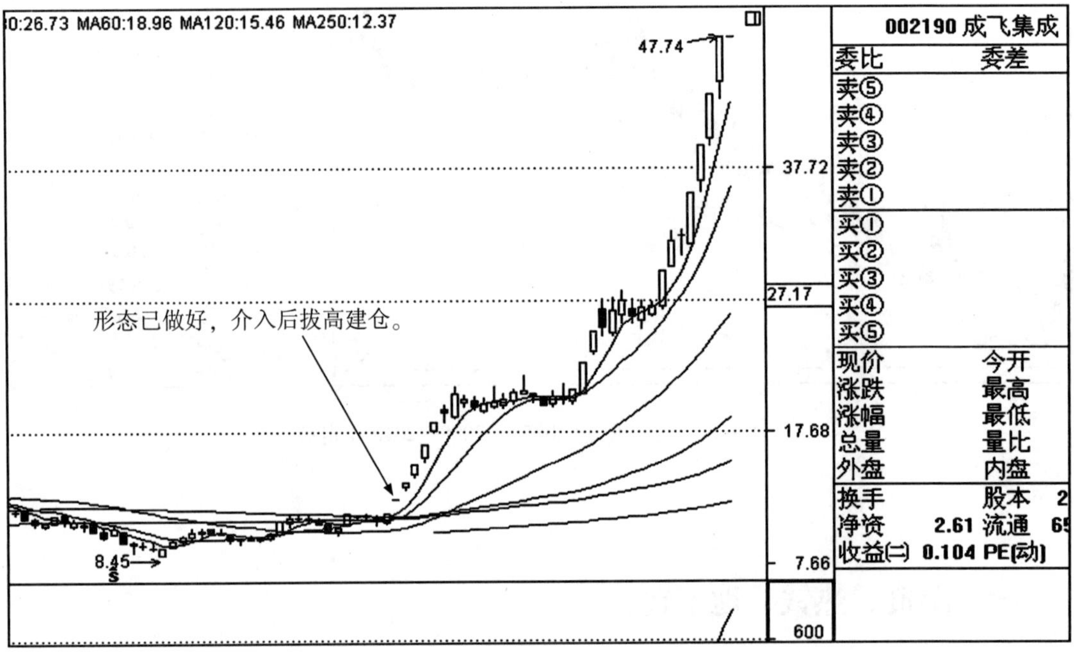

图9-19　成飞集成（002190）2010年走势

例如，成飞集成（002190）。这是一只经典的游资类恶炒股票，形态做好后，游资介入拔高建仓，利用企业增发介入锂电行业对股价进行了淋漓尽致地恶炒，其涨停板的换手率多在20%以上，2010年7月8日的换手率竟然达到41%。从股价走势来看，气吞山河，似长虹贯日。可以料想的是，股价其后很可能会陷入长时间的箱体整理，不知道接最后一棒的“倒霉孩子”会是谁，反正这个地方我们只有观望的份儿了。

写涨停的主力篇是为大家分析时多添一个视角，其实A股市场正进入全流通时代，机构主力妄想进入一只股票后便一家独大的时代正慢慢远去，我们以后遇到更多的情况是一只股票出现多家机构进行博弈的盘面，真正的庄股时代可能正渐行渐远。这一节最好和涨停基因篇参照阅读。

涨停板战法到这里就算终结了。要写一部关于涨停板战法的著作，这个想法已经在我大脑里酝酿了很久，从2006年5月份开始就着手准备，期间每天进行实战检验的资金都是10万以上，很幸运地经历了史上最宏伟的大牛市，也经历了从6000点下来的悲壮熊市，这给我积累了很多经验，所以这部涨停板战法可能不是史上最完美的，却是最接近实战和主力思维的，它的点滴都是实战经验的总结。

涨停板和T+1交易制度都是A股市场不成熟阶段的产物，管理层的本意是出于对散户的保护，实际上它保护了谁却有待商榷，涨停板战法也只是应对这个畸形制度的一种技术策略。尽管我的涨停板战法已经尽可能从主力操作角度出发去研究，但实际上还有两个问题需要大家注意：第一，主力在大家心中常常是万能的，但实际上主力和散户一样都是九赔一赚的。就我的经历看，在A股20多年历史上，主力抑或是主力早已经尸骨累累、堆积成山，这和散户没什么区别，你看看2012年二季度基金巨亏4600亿元就知我所说非虚。第二，任何短线技术操作方法主力都可反向操作，这就决定了短线本身难度和风险都是极大的。大家经常看到很多人的技术著作，初一看觉得头头是道，看完之后认为掌握了永恒的盈利法宝，到你实战时却又感觉不是那么回事，何也？这是因为这些人写作时都是找一些成功的案例写的，对失败的案例避而不谈。但我的涨停板战法一开始就不想回避这个问题，我始终强调它不是万能的，失败的例子不在少数，如果在熊市，失败的案例占得比重约在25%左右，因此我不是股神，读者看了这个战法也做不了股神，这本书能带给你的是它只能提高你成功的概率。基于上述认识，我建议大家具体操作时，一是大盘趋势向坏或不明时，尽量不要操作；二是具体操作时要注意资金分配，不要孤注一掷。

中国人是非常聪明的，主力的操作手法也很好地体现了这一点，但无论主力多么狡诈，他也都无法掩盖一点——股价的好坏最终的决定力量是企业的成长能力和盈利能力。所以我建议大家对我的系列战法研究到一定程度时，一定要回头去脚踏实地地研究一下企业本身的成长能力和盈利能力。股票也是一种商品，你买商品最先关注的是商品本身质地的好坏，千万不要被它的千奇百怪的包装所迷惑，如果你想长久稳健地在股市盈利，一定还要在这方面下足功夫。

下篇

分时战法

分时是大多数散户投资者直接跟主力对话的环节，分时细节和盘口表现是主力操盘意图最直接的体现，因此从这个层面说，分时战法是精微技术，热衷于短线的朋友需要对此加强修炼，中线投资者也需要对此有所关注。中国股市是个特别的地方，综合能力越强的投资者生存下来的概率越大。

本篇共包括七章，前三章（即第十章~第十二章）是分时战法的哲学认知，属于纲领性的；接下来四章是本篇的核心内容，涉及五档盘口知识、讲盘口波形、分时结构的内容以及分时看盘的要点，其中分时看盘的要点是对前面三章的深化运用。第十五章1分钟战法是盘口知识的实战运用，是超短线技术；最后一章（即十六章）是心态调节和操作认知方面的内容，和第十章互为犄角，都是总体性的综述认知。

这里必须强调，分时走势是主力最容易操控的环节，实战中必须结合K线形态和量能等因素综合考量。比如分时中主力出货也并非意味着股价立刻见顶，分时中的吸筹也同样如此，分时所能提供的就是一个变盘信号，为读者朋友实战决策特别是资金实力较大的朋友提前做出一个预警，因此对分时战法要有通彻的理解，分时战法并不仅仅指当下分时上的操作，它对整体上的资金和仓位上的安排，甚至是战略上的持股抑或持币决策都具有参考意义。

具体实战时，分时上的操作一定要合理控制仓位和参与资金规模，心态上不要求每次都对，只要整体上能保证百分之七八十的成功概率就够了，多看多练，盘感出来了，盈利想挡也挡不住。股市中的高手都是千锤百炼造就的，知行合一需要一个过程，分时战法是练技术，但同时也是练心，手起刀落的果敢性格成就之际，也是你踏上成功大道之时。

第十章

技术分析的哲学理解

“细节决定成败。”适用于月线、周线和日线等图形上的支撑线、趋势线及各类整理和反转形态也适用于分时走势，这是分时战法的哲学基础。

股市在中国散户心里成了一个彻底的投机套利场所。若有这样一个认识，那最后的结果只能成仁不能成功。我碰到过很多国外的中小投资者，他们是不大关心股票的价格走势，甚至对K线图是何物都不知道，但能将他们所投资的企业说得头头是道。这里当然离不开以巴菲特为代表的价值投资和费雪为代表的成长股投资理念的影响，但更主要的还是美国股市百年历史的洗礼，是无数血淋淋的教训教会了美国股民一些东西。作为A股的投资者，任何宣扬自己的技术分析包赚不赔的人都是道貌岸然的伪君子，想妄图通过技术分析成为巴菲特那样的首富是前无古人、后无来者的美梦而已。因此，在对技术分析掌握较为精通的情况下，一定还要加强对宏观经济和企业基本面的研究，技术分析和基础分析必须双管齐下，方能增加成功的胜算。这段话你可以当作是我的忠告，也可以当成废话理解，每个人的固有理念是很难改变的。

1. 技术分析的认识

技术分析经过百年大浪淘沙般的洗礼而能流传于世，就必有它流传下来的道理，对中小投资者来说这一套更切合他们的实际，没有哪个散户会去企业做调研，也没有多少散户能完全看懂企业财务报表，所以技术分析派的高手名人都成了市场热捧的对象，成了散户心中的教父。就我本身的体会而言，我的系列战法配合我的操盘系统使用，牛市中成功的概率在80%以上，由于它脱胎于技术分析中，也必然不能保证它就会包赚不赔，但这样的成功概率总比纯粹的赌博要强一些，所以技术分析者也无需妄自菲薄，只是你的技术分析一定要强。一定要细，只有精微技术才能让你更好的生存。

2. 技术分析的哲学认识

上面是对技术分析的认识，下面谈几点我对技术分析的哲学认识，即如何在哲学层面理解分时战法（包括其他几类战法）。

（1）分时的定义。有没有真正的分时呢？应该说没有。K线上我们有月线图、周线图、日线图、60分钟图、30分钟图、15分钟图、5分钟图、1分钟图，普通软件到了1分钟图以后就不能用K线表示了，股市上时间不能无限细分，否则价格走势就是断续而非连贯的。实际上我们看的很多分时走势都出现了三五分钟内没有成交的现象，不能再细分就找了分时走势图来代替。所以，所谓的分时也不过是更小时间单位的价格走势罢了。原则上，更小时间单位的价格走势也可以用 K 线图来表示，我们常见的分时走势可以认为是以更小单位的 K 线的收盘价连接起来的。基于上述认识，即用于月线、周线和日线等图形上的支撑线、趋势线及各类整理和反转形态就必然适用于分时走势，这一点很重要，这是分时战法的哲学基础。

（2）物极必反，即趋势必将完成，但趋势也必将转换。所谓月盈则亏，任何一个趋势都有走到尽头的时候，上涨趋势有走完的时候，下跌和盘整也同样如此。对股价走势而言也就只有三种趋势，即上涨、下跌、盘整，股价无外乎就在这三种趋势间不停地转化。对于我们来说，如何把握趋势转化的关键点就是盈利的关键，没有这个认识，技术分析则是无根的。

（3）趋势的转化是一个渐进的过程。由一种趋势转化为另一种趋势不是瞬间完成的，股价快速拉升其实也是一个快速出货的情况，高位本身就孕育着下跌的潜在风险，低位的打压通常伴随着吸筹建仓的状况，所以低位本身就内藏着上涨的机遇。阴，在阳之内，不在阳之背；同样，阳，在阴之内，不在阴之背。对于头部和底部来说，正如这古语所言。再比如，唐朝最盛时期是在唐明皇时期，但衰落也是从那个时候开始的；清朝最繁荣的时期是在乾隆年间，但盛极转弱也是从那时开始的……最初的时候，堡垒都是从内部分化崩裂的，所以趋势转化前都在前趋势中隐藏了某种必然的“隐患”。

我的顶部形态研究和底部形态研究（后续会整理出版）是为了让大家更好地抓到趋势转化的关键点，涨停板战法是为了让大家在上涨趋势中利润最大化，至于分时战法显然是精微技术，是为了把握趋势和趋势转化前的“隐患”。我所有的系列战法都是基于上述哲学认识而完成，所以在第十一章前先给大家交代一下。

第十一章

盘口知识

盘口有盘口的语言，读懂盘口语言，不仅能让我们辨别出主力做盘的行为目的和方向，还能让我们清晰地分析出我们所需要的结果、市场未来的表现和发展方向。

第一节　开盘定价

每天上午9:15~9:25是早盘集合竞价时间，这个竞价时间有个规则，它和9:30以后的交易有所不同，9:30以后的交易是按照价格优先、时间优先的原则成交。但集合竞价这段时间内，还有一个最重要的原则就是数量优先，问题就出在这里，谁的数量大谁优先成交，计算机据此原则撮合竞价，数量最大的优先成交，其成交价就是开盘价。

上面这段话不知大家读明白没有？直白点儿，就是集合竞价时谁参与筹码多谁就能决定开盘价，谁拥有的筹码多呢？那自然是主力、机构和主力。举个例子，某股主力有两个账户A和B，只要早盘集合竞价时用A账户卖出100万股，用B账户买入100万股，如果主力想让开盘价定在9.58元，那卖出的价格和买入的价格就都下单为9.58元，开盘9:25出来的开盘价就是9.58元，为什么会这样呢？当然是它的数量大，它就优先成交。所以主力对股票的开盘价拥有绝对的定价权，这是主力能够操纵股票走势的核心手段之一。

实际上，主力当然不可能像我说的那样只通过两个账户对敲完成定价，那样监管层还不一抓一个准儿，一般是多个账户之间在集合竞价时通过对敲完成对股票开盘价的控制。这些股票多出现在暗庄、游资等坐庄的股票中，公募基金一般不爱这么玩儿的。

下面以实战案例形式来理解盘口的开盘定价。

如图11-1所示，太原刚玉（000795），2010年10月25日早盘集合竞价成交价为13.25元，成交数量10381手，即100多万股，对于股本只有2.77亿的股票来说，这么多的数量到底是怎么来的？在没有特别利好的情况下，散户、中户乃至大户会盲目地在集合竞价时动用这么大的数量去参与吗？显然无论能力和实力，这都不可能是中小投资者所为，唯一可解释的就是这是主力主动操纵股价的行为。看盘要看什么，这就是看盘的重点之一。

如图11-2所示，从太原刚玉的价格走势图看，主力前一个交易日刚刚突破前高，今天以百万股的数量跳空高开，开盘价高开3%，难道刚刚全部解放就又想套牢自己，显然不合常理，唯一解释的就是另一波行情已经跃跃欲试。由此分析，当日开盘就全仓买进。所以对集合竞价后开盘价的

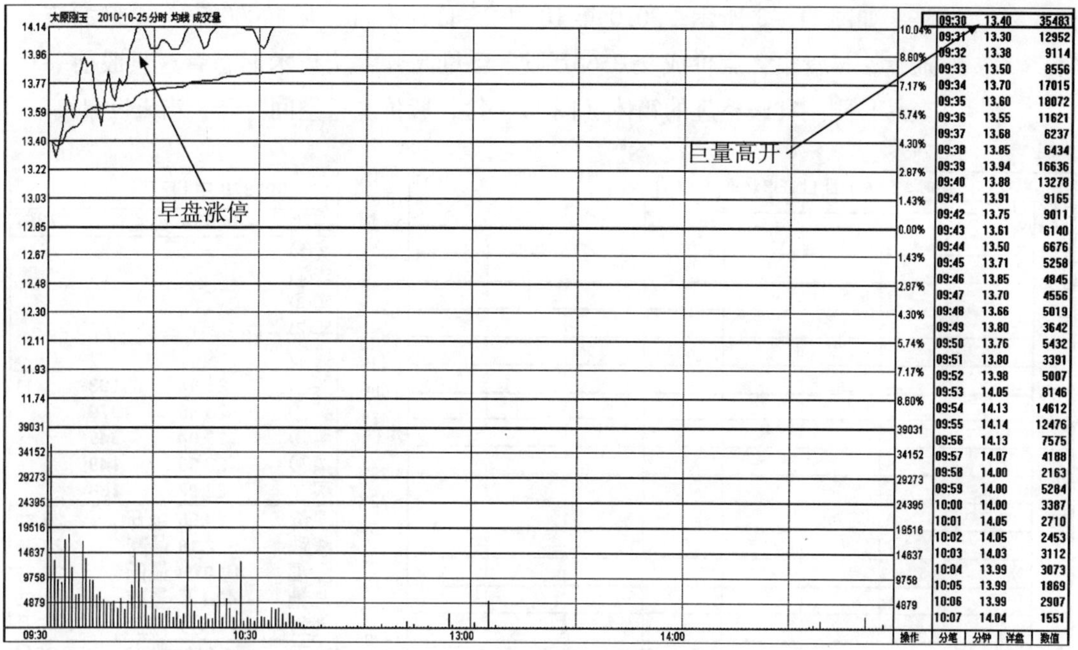

图 11－1 太原刚玉（000795）2010 年 10 月 25 日分时图

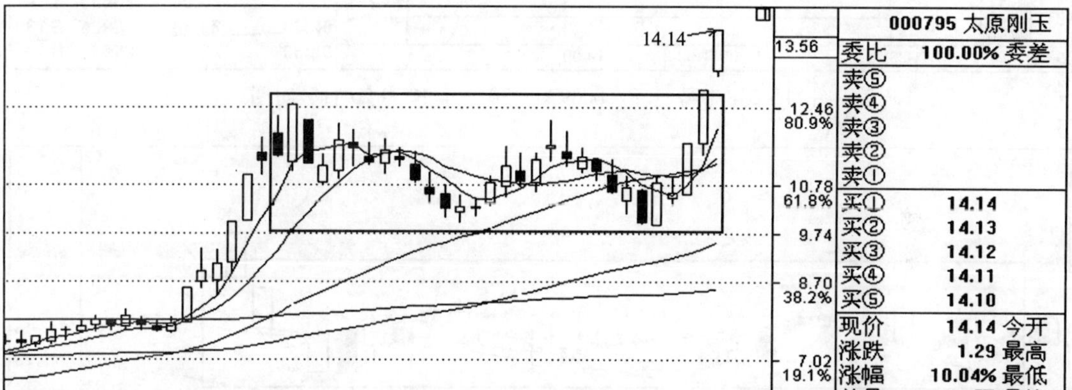

图 11－2 太原刚玉（000795），2010 年 10 月 25 日

理解要构建在整个股票价格走势基础上，这样有利于对主力行为有个更为清晰地认识。

如图 11－3 所示，2010 年 10 月 25 日，中科三环（000970）4 亿的流通盘，早盘集合竞价成交 236 万股，巨量高开，从技术形态看这只股前一交易日刚刚突破整理的箱体（图 11－4），股价上行空间打开，当天巨量高

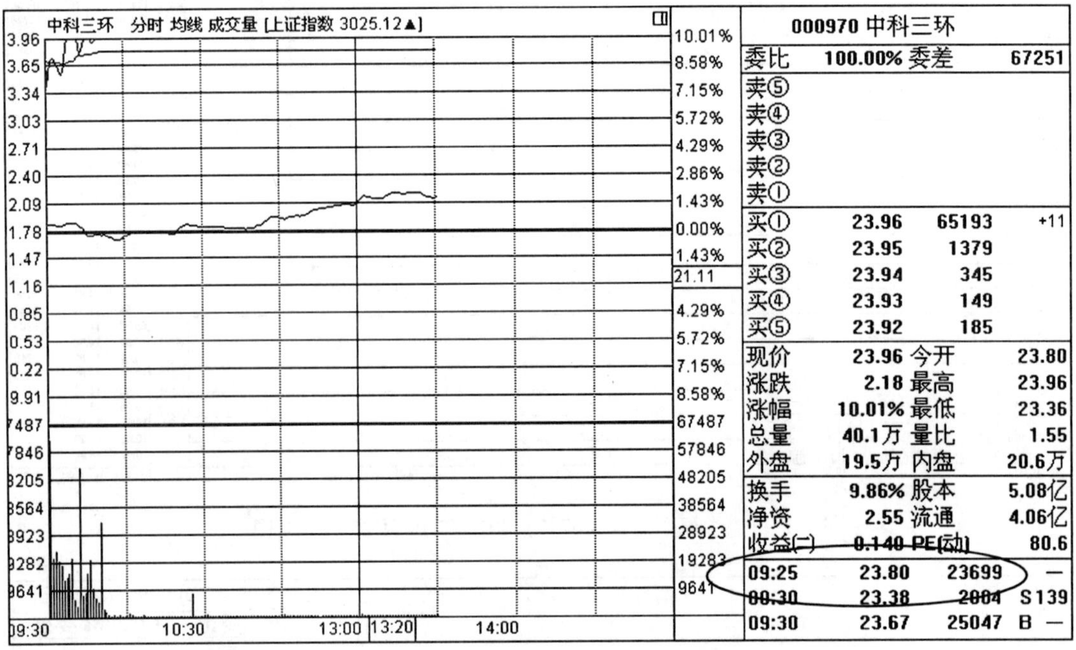

图 11－3　中科三环（000970）2010 年 10 月 25 日分时图

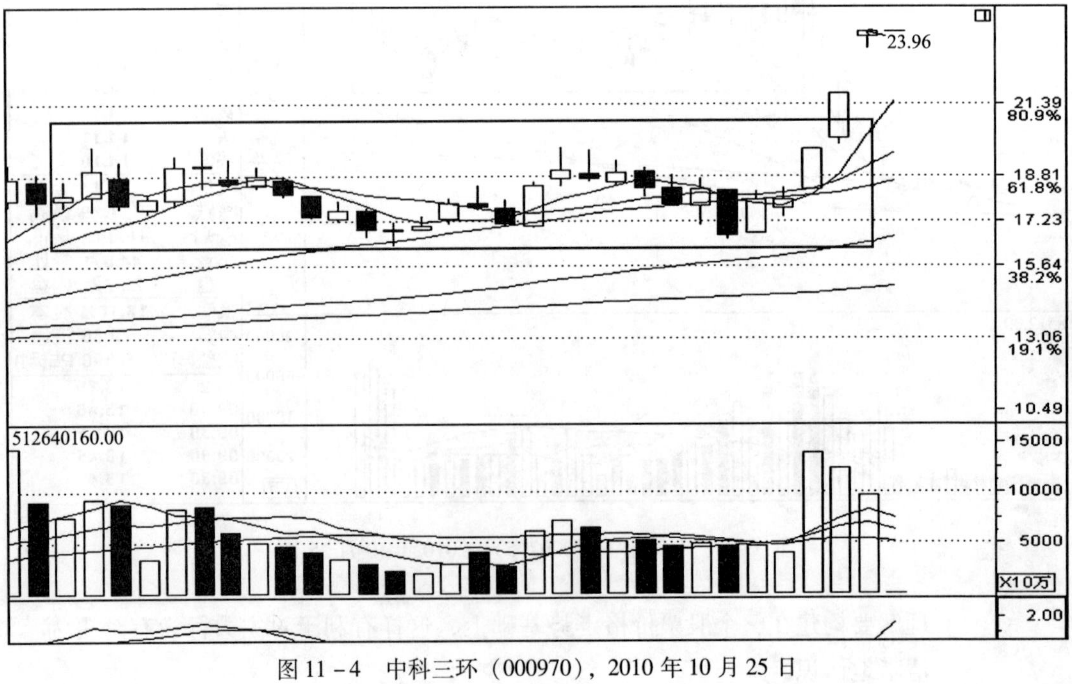

图 11－4　中科三环（000970），2010 年 10 月 25 日

开，通过对敲将开盘价定在 23.8 元/股，主力扫货目的明确，临盘时要果断狙击。这只股的开盘定价实际上就决定了当天的强势、主力账户之间的对敲，这个高价买卖也是会增加它的成本，只有股价上升初始阶段主力才有可能不惜血本地向上做盘，后市应该还有向上扩展空间。

从图 11 - 5 看，华胜天成（600410）在 2010 年 10 月 26 日当天主力账户早盘通过对倒定价，成交 320 多万股，开盘就直接涨停，但盘中出现开板，到底能不能买呢？考虑股价处于拉升加速初期，由于只是温和放量且涨停属于极强的钻石级，临盘自然短线一搏，继续上攻的概率大。当然，此时也要做好止损准备。从图 11 - 6 看，日线形态很漂亮，而且由于日线温和放量，主力阶段拉升任务应该仍未完成，短线仍然还有继续上攻潜力，后市可继续耐心持股，要走的话也要等量能放出来再说。

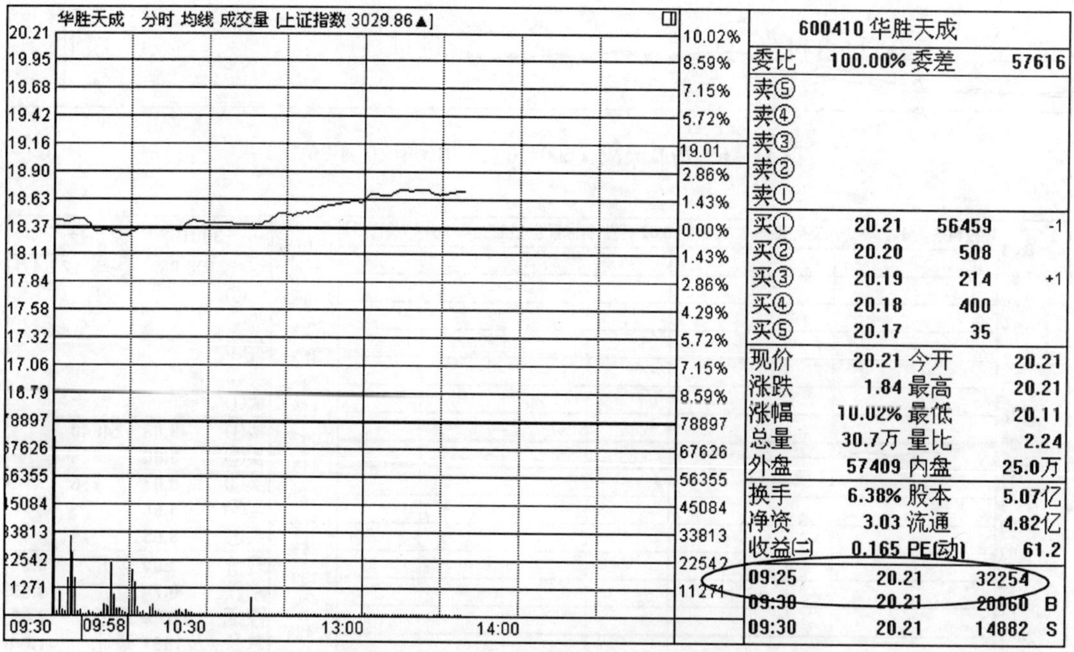

图 11 - 5 华胜天成（600410）2010 年 10 月 26 日分时图

如图 11 - 7 和图 11 - 8 所示，燃控科技（300153），2012 年 11 月 16 日巨量高开一字板，请读者朋友自己看图分析吧。

主力通过开盘定价就牢牢控制了股价当日甚至以后数日的走势，巨量的集合竞价成交，一旦出现在突破某一阻力位或底部区域时，往往是股价启动的标志。所以，一定要特别留意那些低位涨停的股票，做股就做强势股。有些股盘整时间那么长，在没有量价突破时，散户没必要参与。另外，巨量高开出现在股价高位时要特别小心，这往往会出现钓鱼波出货走势。

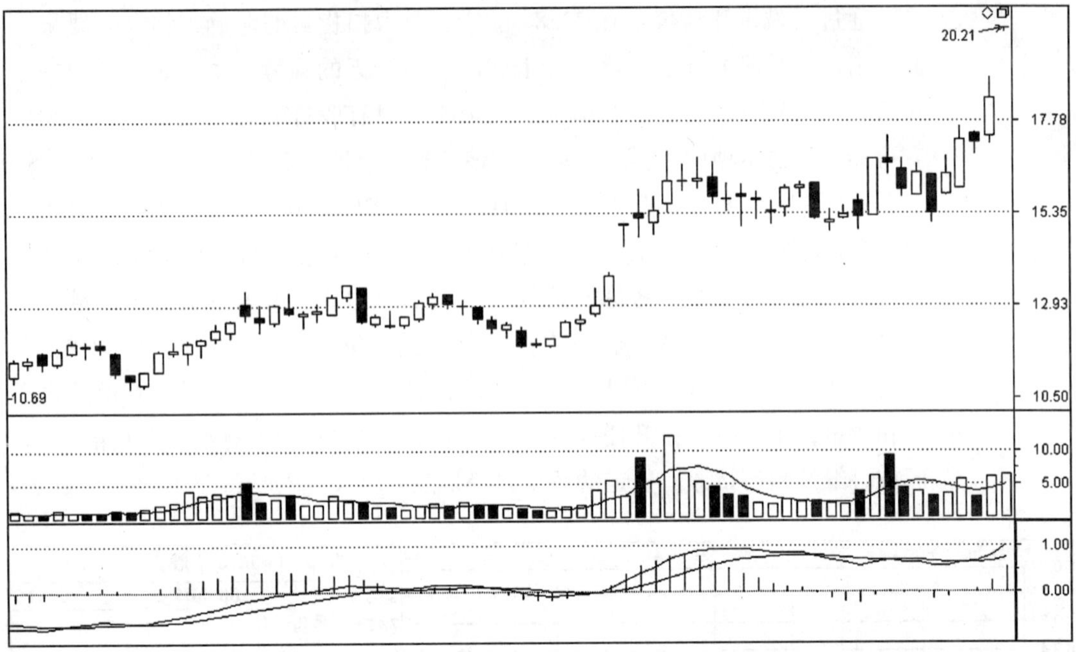

图 11－6　华胜天成（600410），2010 年 10 月 26 日

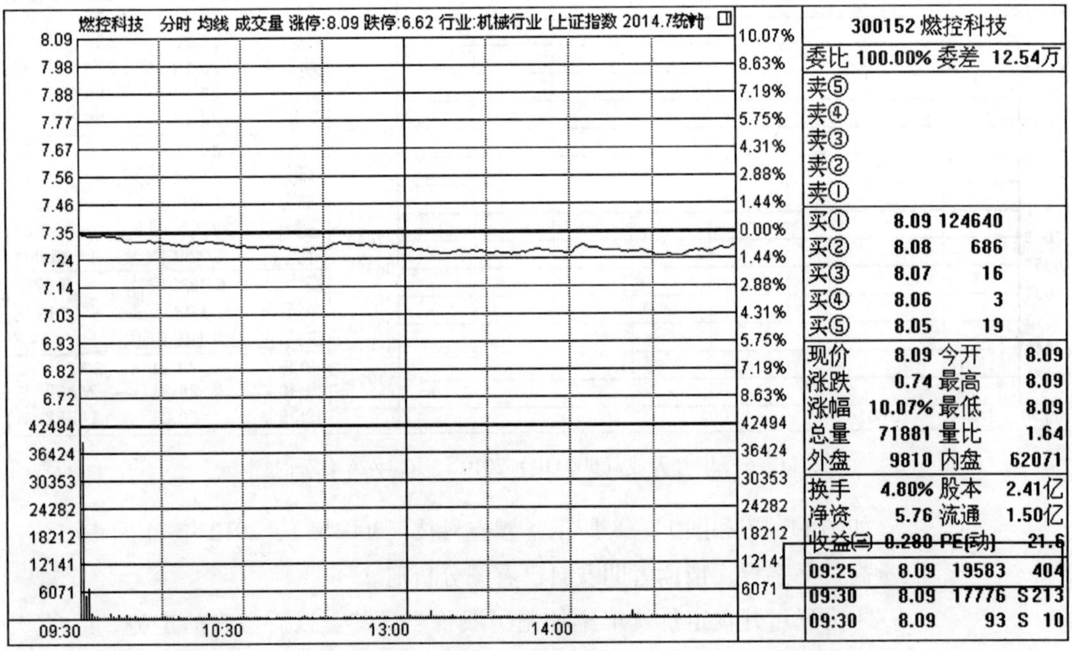

图 11－7　燃控科技（300153）2012 年 11 月 16 日分时图

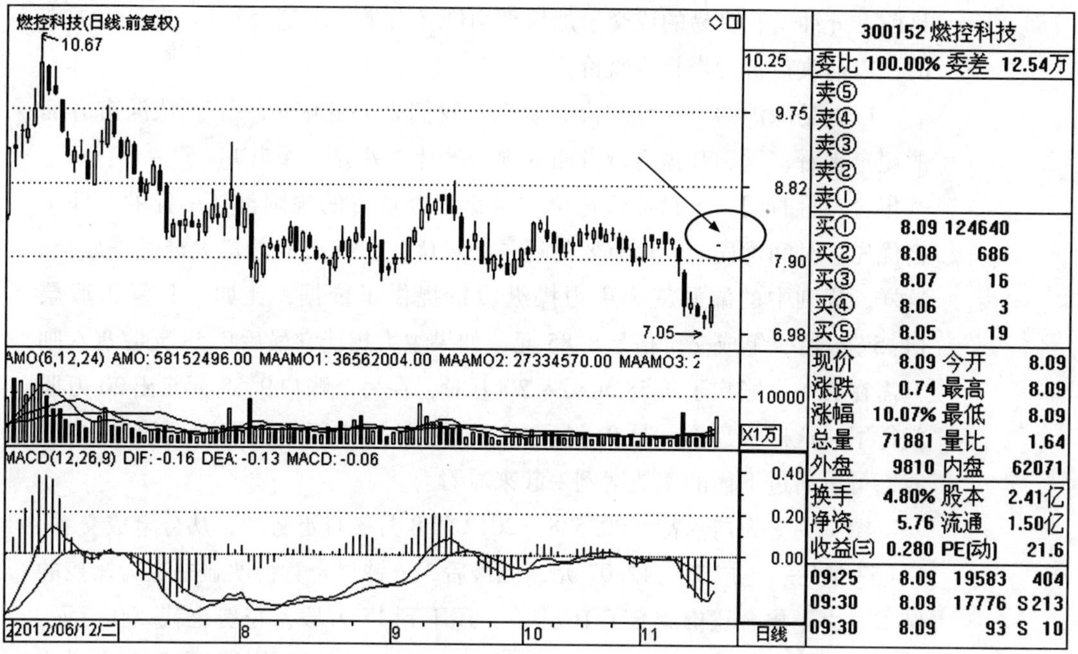

图 11－8 燃控科技（300153），2012 年 11 月 16 日

第二节 收盘定价

上一节和大家交流了开盘定价的知识，试想一下，如果股票当天的开盘价和收盘价都确定了，那该股的 K 线图也就算画好了，因为股价的走势就是由一根一根的 K 线组成的，K 线图控制好了，那股价走势便控制自如了。所以在主力的主控战略中，如何设计好股票的开盘价和收盘价就是中心任务。

所以本节的收盘定价和开盘定价一样，都是主力形态控制学的一部分，了解收盘定价方面的盘口细节，对掌控主力的操盘意图具有重要的参考价值。

我们先解读一下沪深两市收盘定价方面的规则。

深圳证券交易所交易规则：规定深市证券的收盘价通过集合竞价的方式产生。收盘集合竞价不能产生收盘价的，以当日该证券最后一笔交易前 1 分钟所有交易的成交量加权平均价（含最后一笔交易）为收盘价。当日无成交的，以前收盘价为当日收盘价。

上海证券交易所交易规则：规定沪市收盘价为当日该证券最后一笔交

易前1分钟所有交易的成交量加权平均价（含最后一笔交易）。当日无成交的，以前收盘价为当日收盘价。

以上是深沪两市收盘定价的规则，我们来一起解读一下。从深市方面的规定来看，这和开盘定价方面的规定没什么差异，深市14:57~15:00是其集合竞价时间，尾盘集合竞价和早盘集合竞价的规则都是一样的，即价格优先、时间优先，但最重要的还是数量优先，即谁的数量大谁优先成交。这样，规则中的漏洞就为主力操纵股价提供了依据，比如一只深市股票14:57最后一笔成交价格是8.85元，如果主力想让它最后9.58元收盘，则只需在其一个账户于9.58元买入20万股，在另个账户9.58元卖出20万股就行了，这样收盘价就是9.58元了。至于沪市方面的规定则更简单一些，我们可以通过下面的实战案例一起来看看。

图11-9为司尔特（002538）2012年8月3日走势图，从分笔成交看，14:57最后一笔成交是12.07元，但最后3分钟集合竞价明显是主力操控的结果，由于集合竞价成交了1675手，还不到17万股，花费也就200万元，结果股价收盘就被定格为12.29元/股，比14:57的股价拉高了两个点，这样通过最后的集合竞价主力投入了少量资金就得到了自己想要的收盘结果。如图11-10所示，从股价K线看，在前期重要支撑区出现反弹不意外，加上2012年8月3日是周末，估计是主力想搏一下周末的利好。

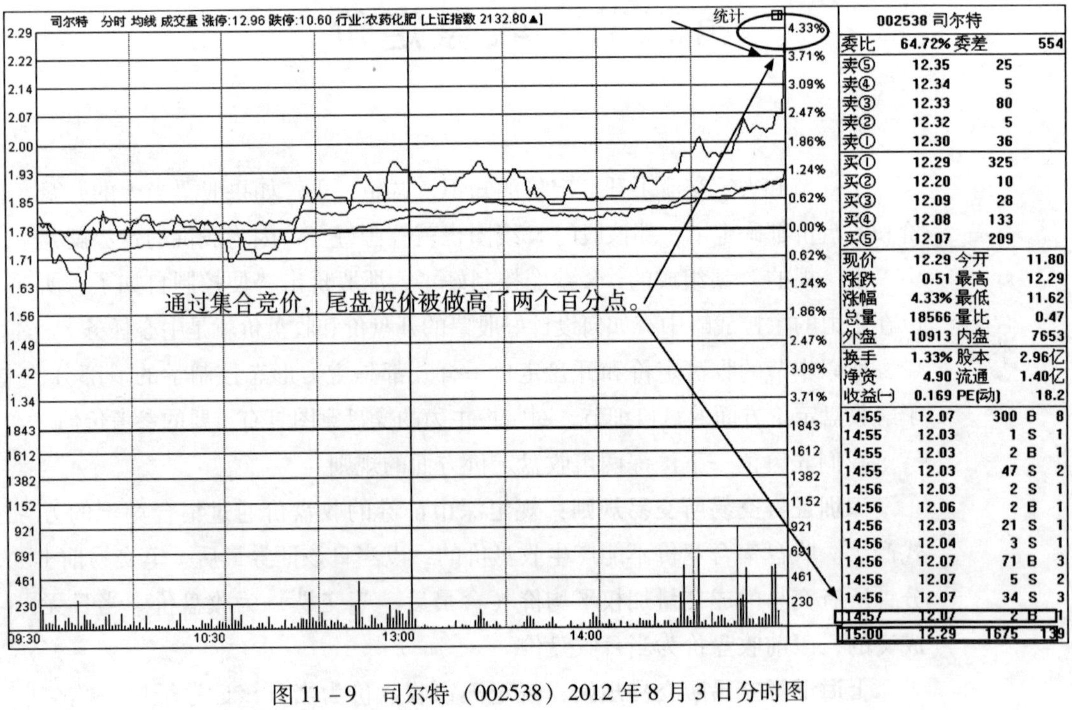

图11-9　司尔特（002538）2012年8月3日分时图

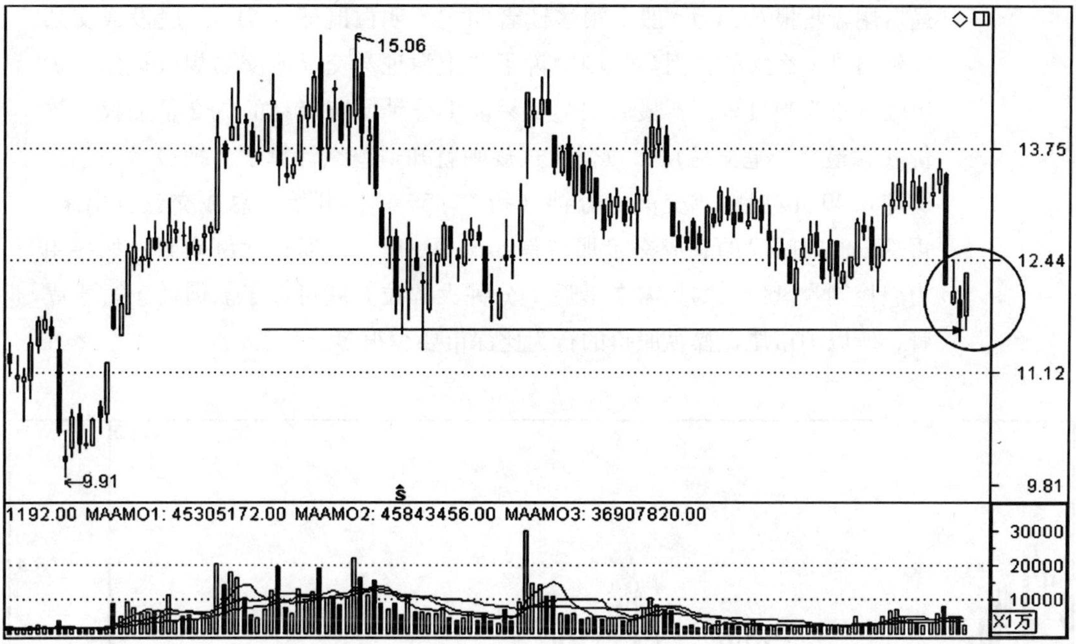

图 11－10　司尔特（002538），2012 年 8 月 3 日

图 11－11 和图 11－12 为北京城乡（600861）2012 年 8 月 3 日的走势，

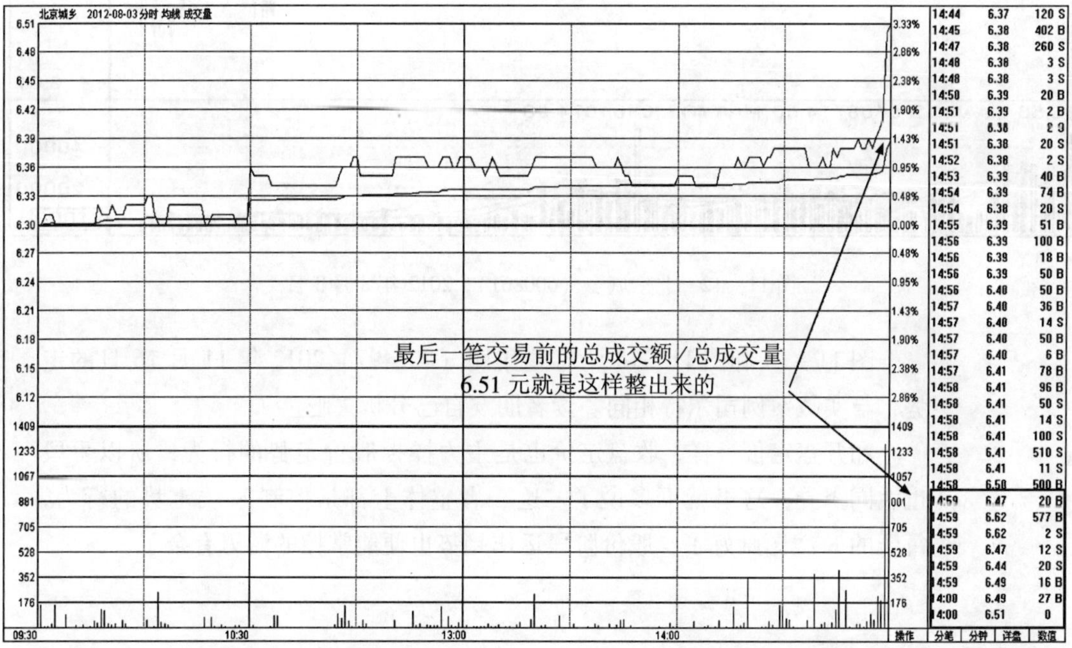

图 11－11　北京城乡（600861）2012 年 8 月 3 日分时图

最后尾盘收报6.51元/股，很多读者朋友不明白既然6.51元/股没成交那这价格是怎么来的？因为规则中说了“上海证券交易所交易规则规定：沪市收盘价为当日该证券最后一笔交易前1分钟所有交易的成交量加权平均价（含最后一笔交易）”，读懂了这规则就知道怎么计算了，把最后一笔成交即6.49元/股的成交前1分钟（指14:59止）开始的总成交额算出来，再除以此时间段的总成交量那就是6.51元/股了。通过案例来看，如果主力想控制收盘价，则只需在最后1分钟大幅拉升就可以了。但由于过于露骨，所以沪市尾盘操纵股价的行为比深市要少很多。

图11-12　北京城乡（600861），2012年8月3日

图11-13和图11-14为雅化集团（002497）2012年11月16日的走势，与实战案例司尔特相同。读者朋友自己分析去吧。

和开盘定价一样，收盘定价也是主力操控股价走势的行为，所以手段也大同小异，这里就不多说了。这二者整体上都是控制K线走势的行为，每天的K线图画好了，股价阶段运作趋势也便能掌控的游刃有余了。

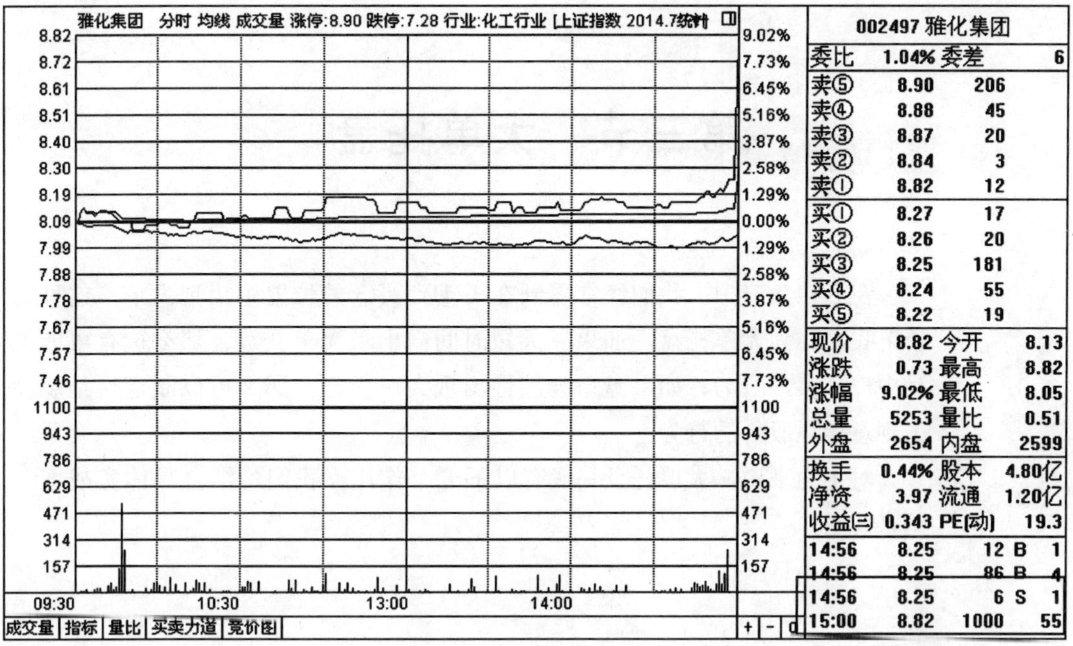

图 11－13　雅化集团（002497）2012 年 11 月 16 日分时图

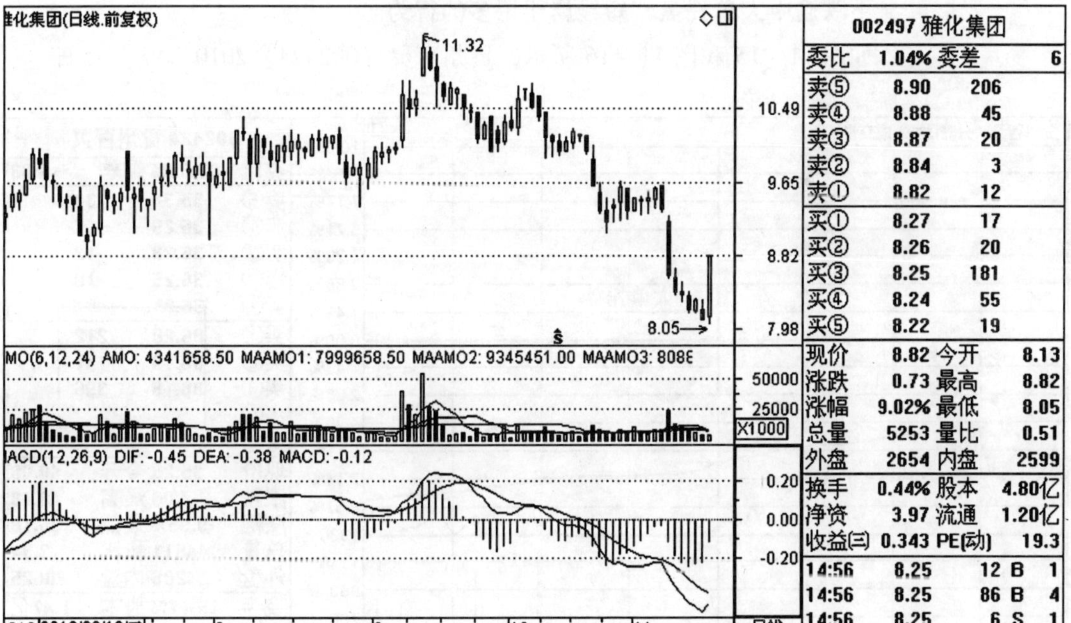

图 11－14　雅化集团（002497），2012 年 11 月 16 日

第三节 大单托盘

在五档盘口中，我们经常看到在买①到买⑤的位置中出现大单，这种情况我们称为大单托盘。如果一天短时间内出现大单托盘，那么这有可能是中户、大户所为；如果盘口连续性出现大单托盘，那么可以断定这是主力刻意操纵股价的行为。

对主力来说，大单托盘一般有以下五个作用，我们均结合具体实战案例来说明。

1. 短线诱多

下跌途中大单托盘，短线属于诱多的行为。

如图 11－15 和图 11－16 所示，贵州百灵（002424）2010 年 7 月 2 日

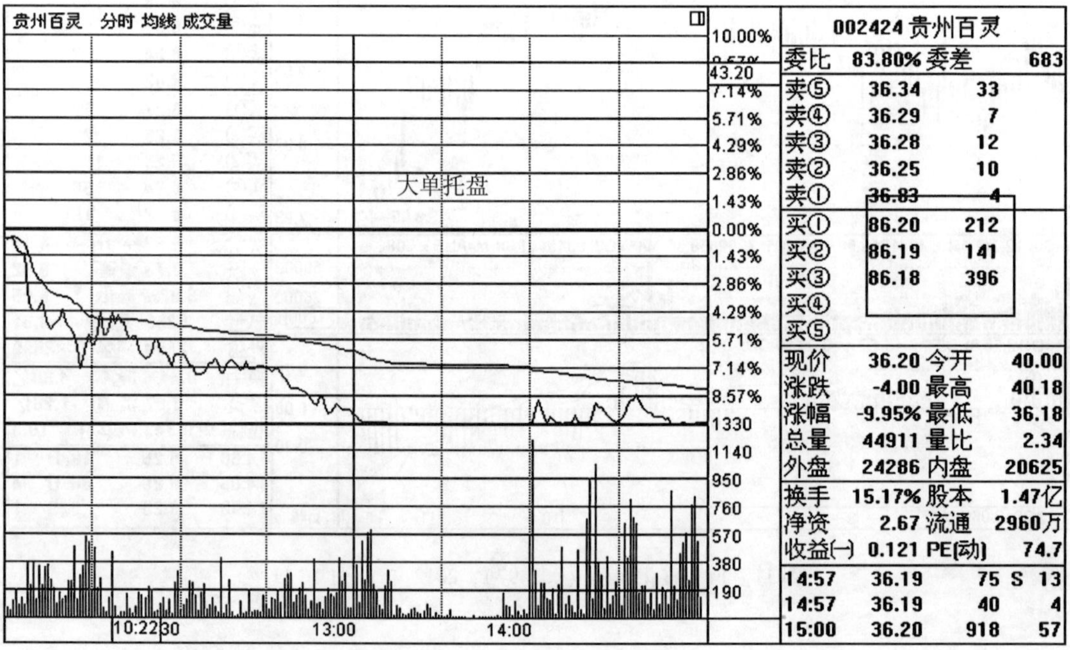

图 11－15 贵州百灵（002424）2010 年 7 月 2 日分时图

跌停板被打开，盘口有巨量吸筹的行为，特别是午盘后巨量买入盘涌入。从形态看，实盘指导时，我自己虽不赞成买入，毕竟下跌形态还在延续，但实在此时不宜斩仓了，从此时的盘口来看，下降趋势大致接近末端，但次日短线怎么走呢？从分时盘口看，买①、买③位置出现大单托盘，尾盘又放量下挫，所以可以断定次日还要调整，短线看还是有诱多嫌疑，因此这还不是最佳狙击点，要耐心等待底部形态的出现。

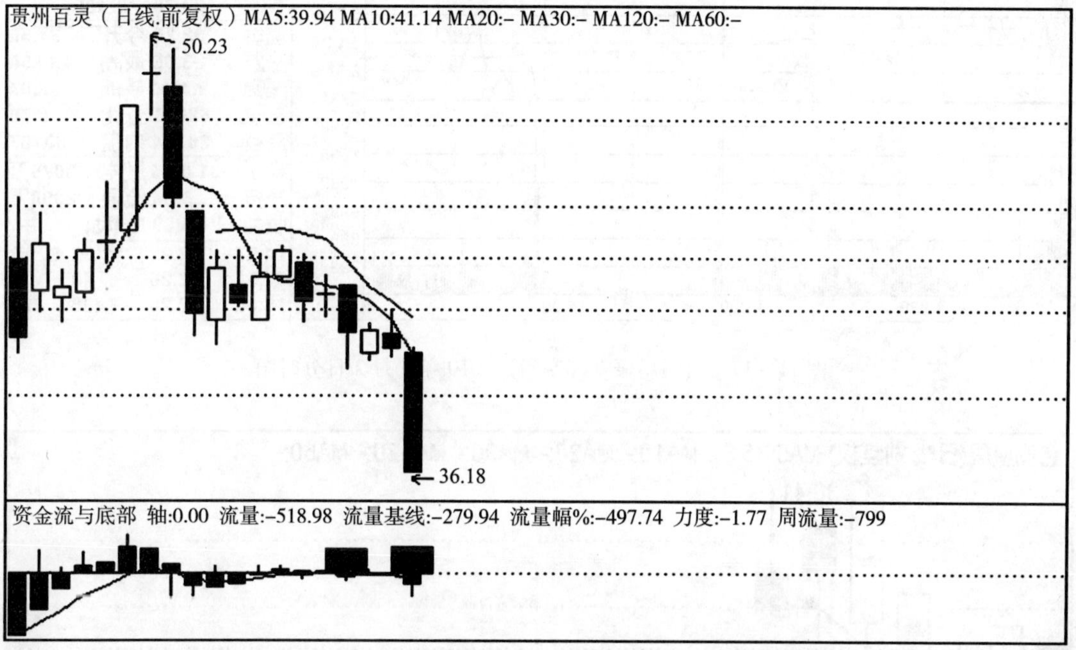

图 11-16　贵州百灵（002424），2010 年 7 月 2 日

图 11-17 和图 11-18 所示为启明星辰（002439）2010 年 7 月 2 日的走势，其分析道理同案例贵州百灵。另外需多说一句，我认识的很多散户朋友对买股票很上瘾的，见了股票就想买，这是不成熟的心态，如果不能赚钱买，它做甚？冲动是魔鬼，这句话一点儿都没错。从分时看，股价即将见底，但该股大单托盘短线还是诱多行为，还是等底部形态出来再动手吧。

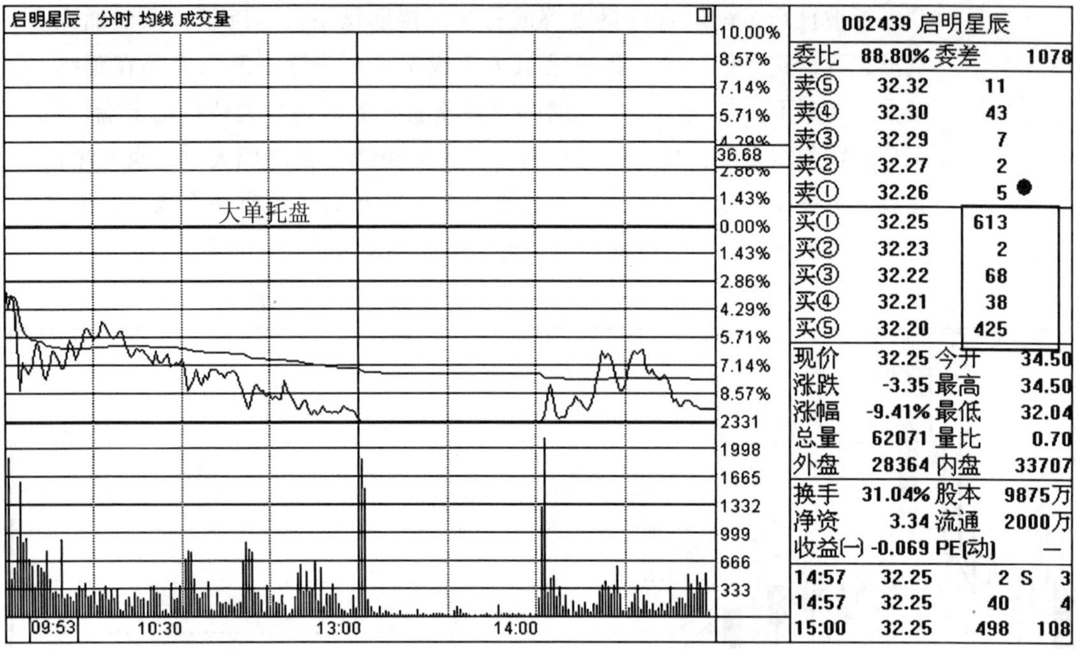

图 11－17 启明星辰（002439）2010 年 7 月 2 日分时图

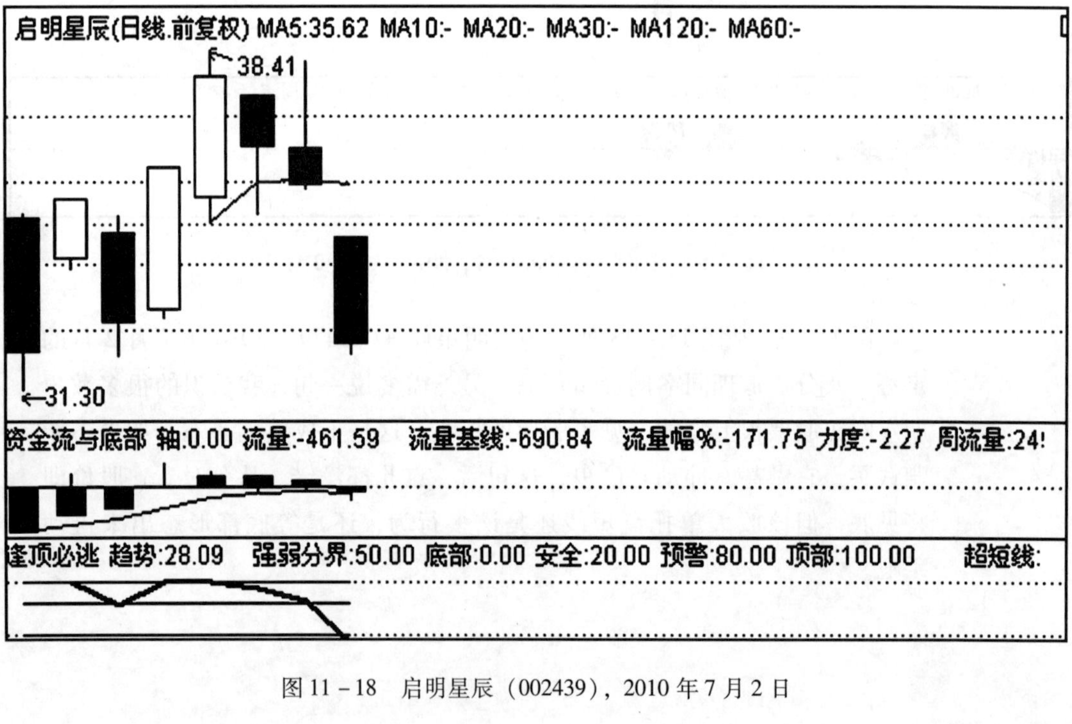

图 11－18 启明星辰（002439），2010 年 7 月 2 日

2. 吸引跟风减轻上升阻力

股价启动初始阶段出现大单托盘，这是吸引散户跟风减轻上升阻力的行为。

如图 11－19 和图 11－20 所示，海普瑞（002399）2010 年 7 月 6 日分

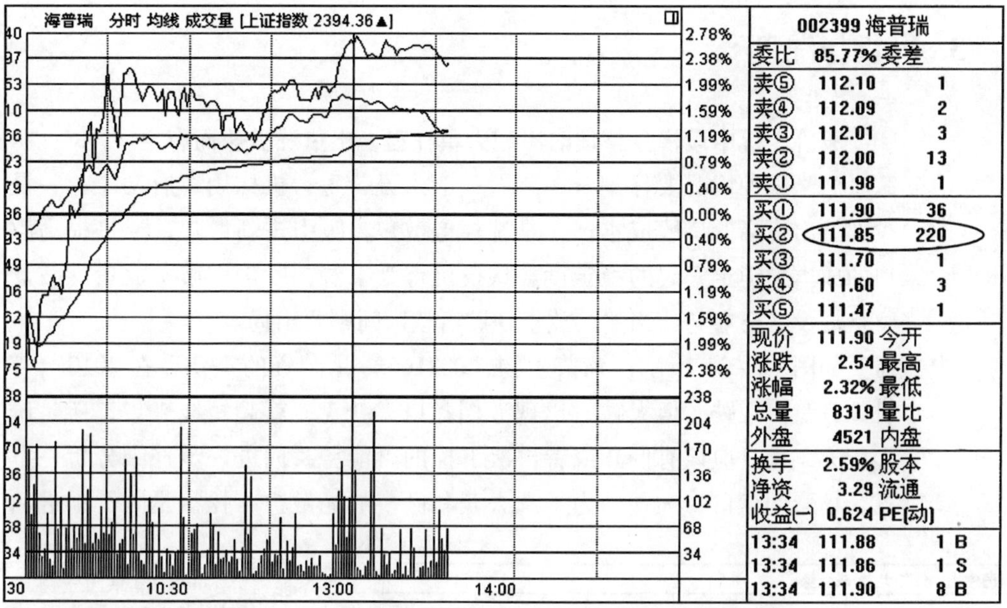

图 11－19 海普瑞（002399）2010 年 7 月 6 日分时图

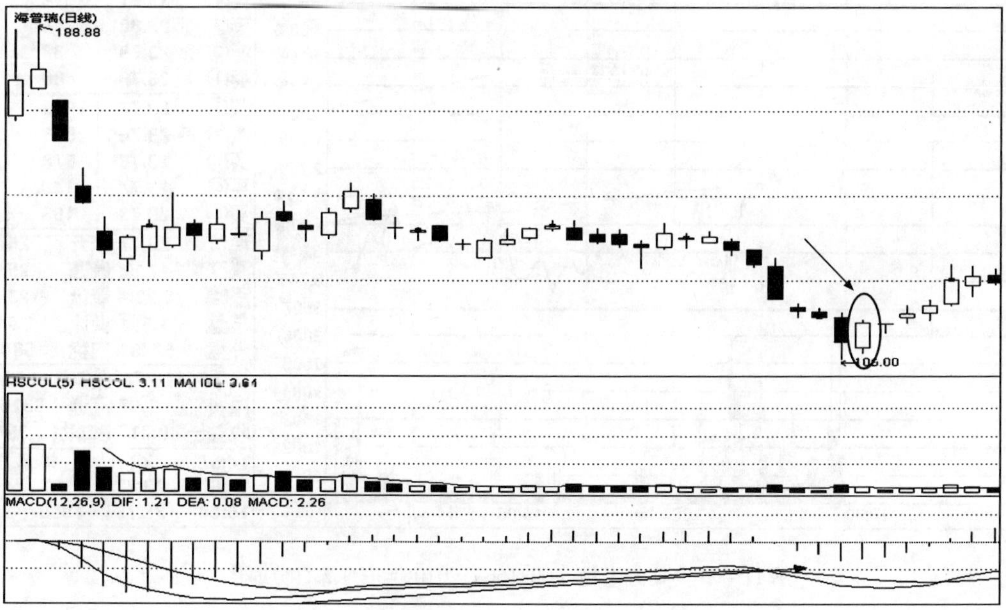

图 11－20 海普瑞（002399），2010 年 7 月 6 日

时一路上攻，但这个盘口很有意思，一边是大单托盘，另一边是放量上攻，本来散户看见大单托盘就手痒难耐了，再看见股价噼里啪啦往上攻，参与的情绪必然高涨，后市出现这样的盘口行情还可期待。股价初始阶段一般出现此等盘口一定不要放过，大单托盘伴随着盘口放量就是进攻的号角。

3. 出货与洗盘

股价上行中段横盘整理时出现大单托盘，出货洗盘兼而有之。

对于这种情况要仔细分析了。一般来说，主力机构用意有两个：一是少部分出货降低持股成本；二是洗掉老散户，吸引进新散户，通过提高散户的成本来锁定筹码的稳定度。从投机行为来看，股价后市不放量突破盘整格局没必要参与。当然，放量跌破盘整区间则要出局。

如图 11－21 所示，莱茵生物（002166）是游资的杰作，在 2010 年 7 月 2 日盘口大跌，但大跌时出现五档盘口大托盘，就超短线来说，还是诱多行为，次日应该有低开或者再次下探的可能。我们进一步仔细分析一下这个精彩的盘口，大跌是为了洗去获利已多的老散户，托盘是为了引进新

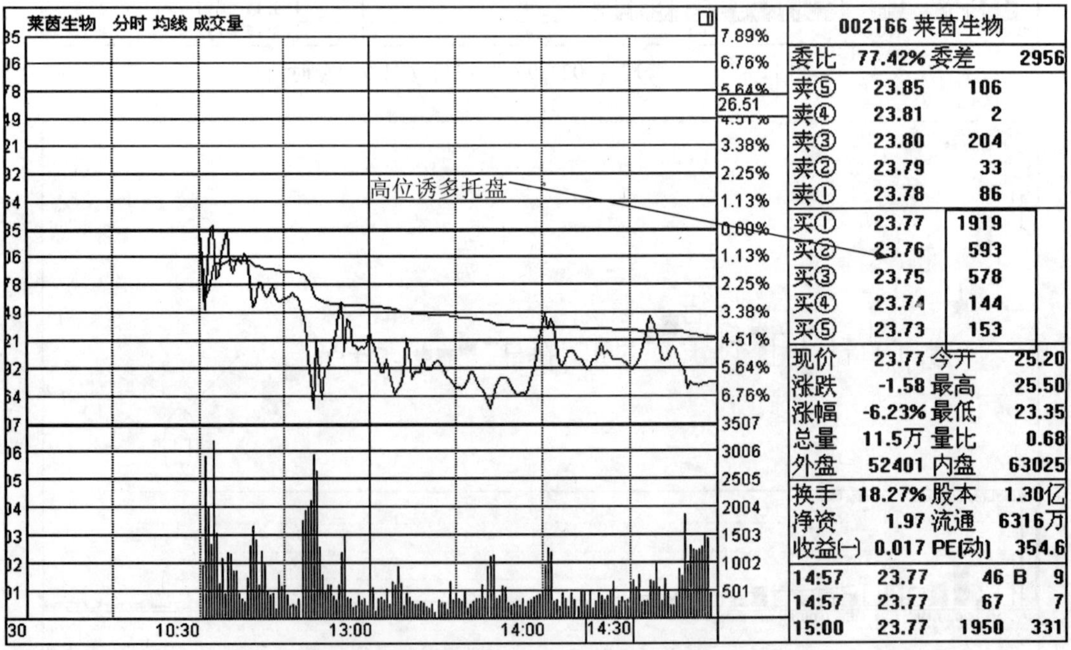

图 11－21 莱茵生物（002166）2010 年 7 月 2 日分时图

散户，区间K线震荡一来可以降低主力成本，二来可以部分出货，妙哉！但这个盘整就是行情的终结吗？不是。这里面有一个破绽，就是盘整时阳线放量阴线缩量，这应是典型的上升中继形态，当然也要做好止损准备。股市中谨慎永远没有错，如果碰到了比较不靠谱的主力，股价真跌破图11－22中的下轨支撑线，那就要跟主力一起出局了，这种可能性虽较小，但必要的防备必须有，炒股永远都是在钢丝上行走。

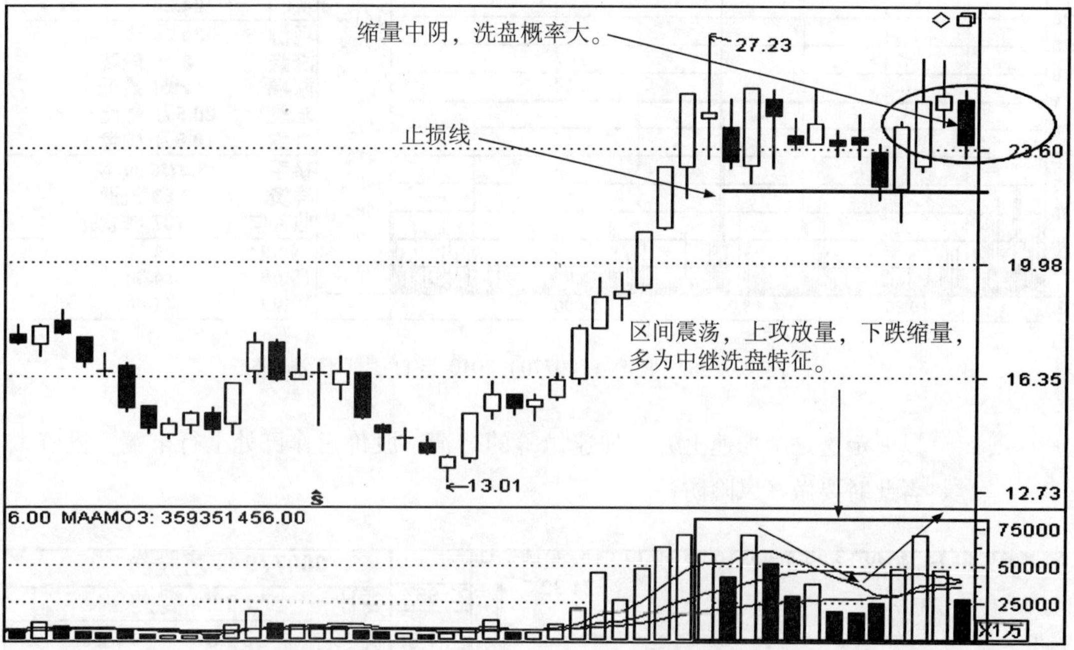

图11－22　莱茵生物（002166），2010年7月2日

4. 骗线出货

股价高位出现大单托盘，多为骗线出货行情。

股价高位出现大单托盘，如果量能散乱，就一定要特别谨慎，此时的盘口主力往往通过单笔或几笔大单拉升吸引散户跟风，从而达到暗中出货的目的。详见图11－23和图11－24的综艺股份（600770）2010年11月1日的走势。

如图11－24所示，从综艺股份（600770）在2010年11月1日分时看，量能非常散乱，这不是我在涨停板战法里介绍过的健康的量能结构，分时上的下跌放量状态暗示这是个主力出货阶段，加之五档托盘，基本可

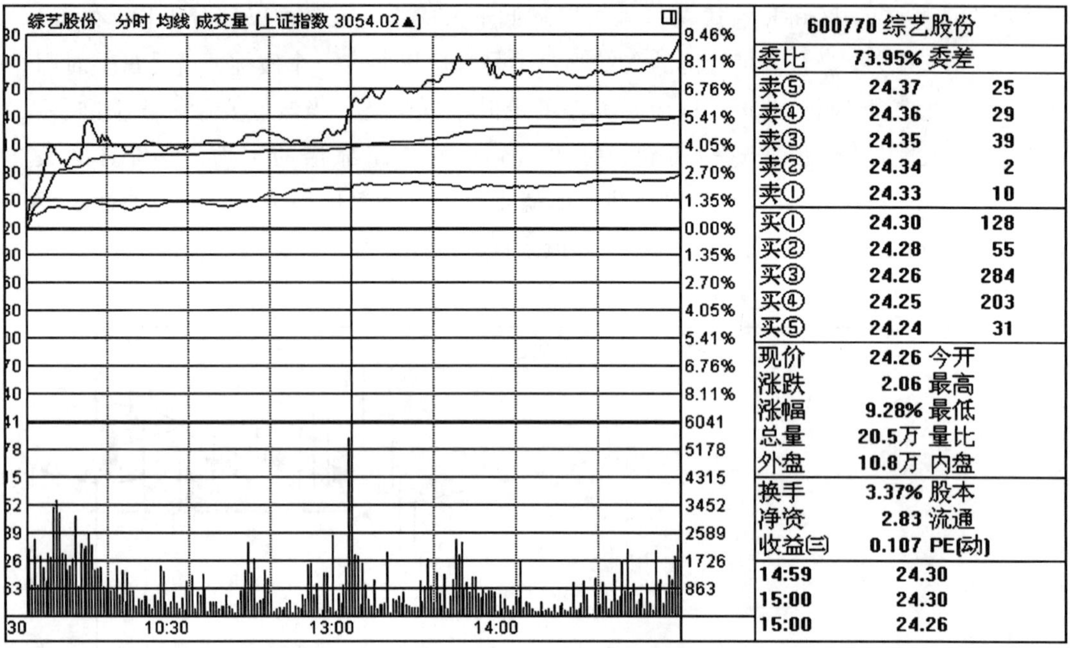

图 11－23 综艺股份（600770）2010 年 11 月 1 日分时图

以断定这是个加速上升、加速抛筹的行情，股价运作已处上行末端，投资者此时要做好风险防备。

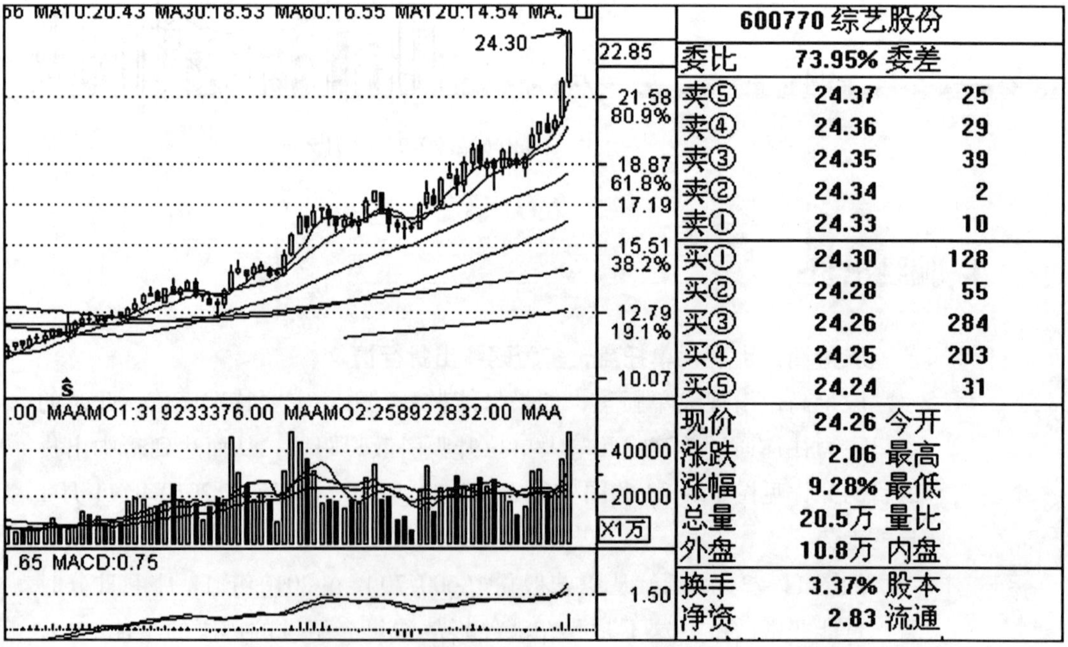

图 11－24 综艺股份（600770），2010 年 11 月 1 日

5. 主力俯视

具有居高临下的俯视功能。

大单托盘还有一种最基本的功能，那就是主力居高临下的俯视功用。大多时候是主力想在这种状态下观察一下场内投资者的状况，如果此时场内买盘踊跃，那么主力得到的反馈信息是股票筹码锁定良好，那么主力很有可能近期策划拉升行情；如果在大单托盘时仍然出现较大的卖盘，那主力很有可能会继续打压股价。另外，大单托盘还有一种作用，就是大盘下跌时，个股五档买盘出现大单托盘，这种情况是主力护盘行为，目的是遏制股价的下跌。结合图 11－25 和图 11－26 一起分析一下：

图 11－25 中股价下面叠加的是大盘分时走势，通过比较看，午后 1:00 后大盘开始出现下挫走势，但海普瑞出现了大单托盘，这是分时抗跌特征之一，这不仅仅是主力护盘，对散户也有暗示作用，这是该股 2010 年 7 月 6 日走势图，说明该股下午还有拉升动作；我们看该股下午的走势（图 11－26），结果大盘下午不怎样，但该股下午逆市拉升再创新高，这也是从大单托盘这个盘口细节揣测到的主力操盘意图。

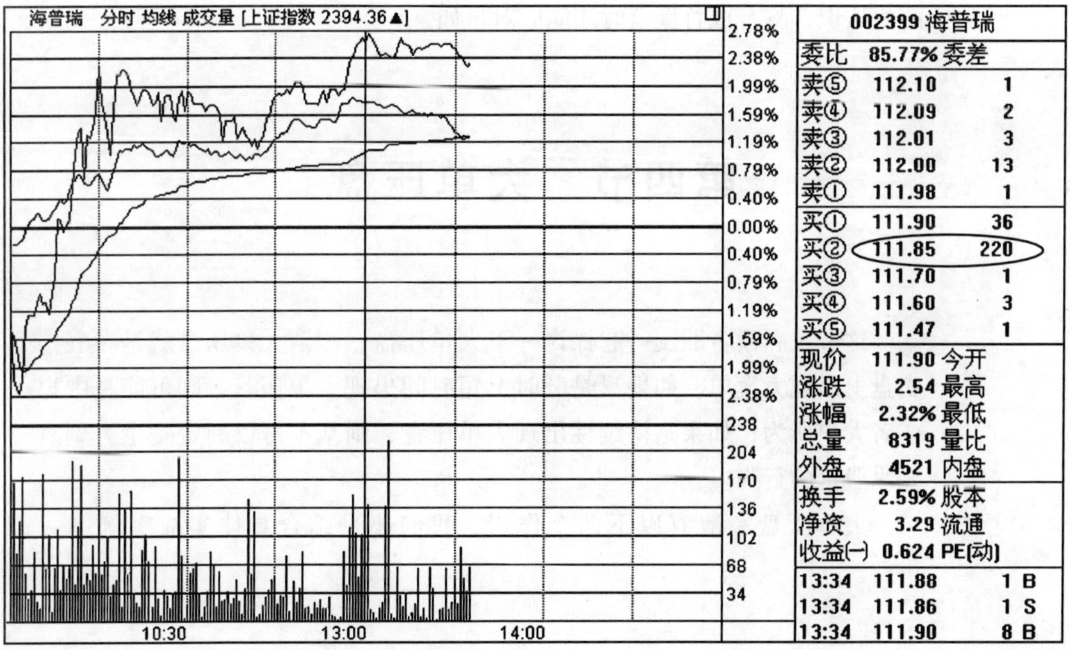

图 11－25 海普瑞（002399）2010 年 7 月 6 日 13:34 分时图

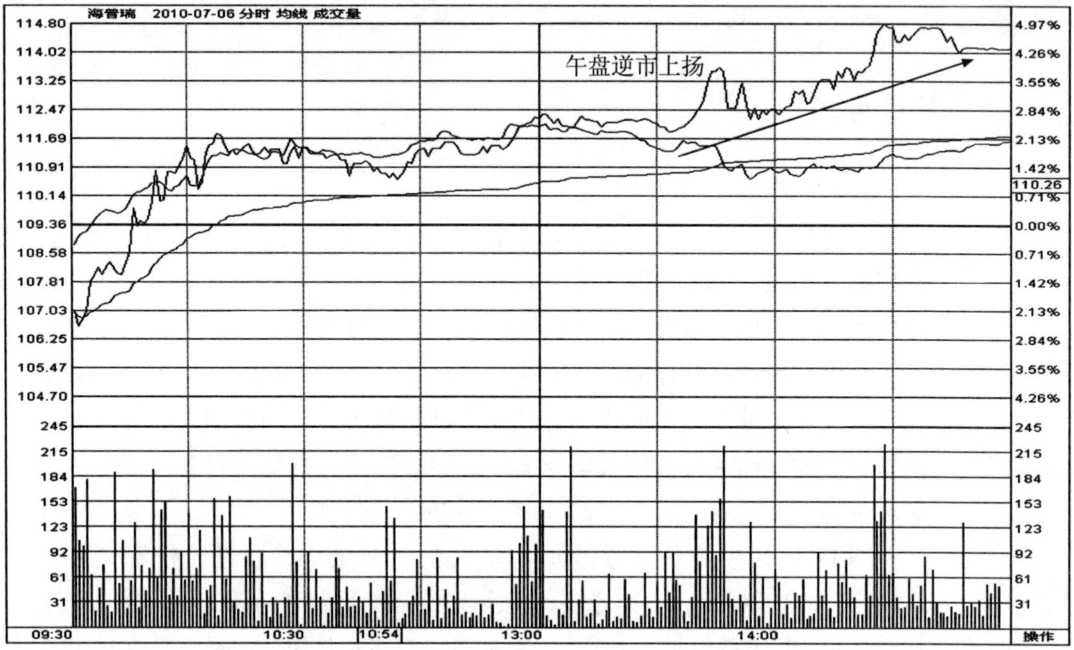

图 11－26　海普瑞（002399）2010 年 7 月 6 日分时图

关于大单托盘的内容就说这么多，实战时一定要结合股价所处的位置具体分析，二者相互佐证可以让读者朋友对股价运行的轨迹和规律有更清醒的认识，胸有成竹操盘时才能应对自如。

第四节　大单压盘

这节我和读者朋友一起探讨一下大单压盘，所谓大单压盘就是在五档卖盘上出现大卖单。如果只是分时上短时间出现大单压盘，则可能是中户或者大户所为；如果是持续性出现大单压盘，则基本可以断定是主力刻意操纵股价的行为。

大单压盘一般有以下四个作用，我们还是结合具体实战案例一一讲解。

1. 侦察盘面

道德经有言：治大国若烹小鲜。散户对市场非常迷茫，处理股票时总感觉自己站在大山或森林面前般迷茫不知所措，而主力却站在高山上俯视你。如果说大单托盘更多的是测试筹码跟风，那大单压盘更多的是为了测验市场抛压情况，主力盘后依据得到的反馈信息而决定短线操作方向。

图 11－27 和图 11－28 所示为荣丰控股（000668）2010 年 7 月 2 日走势。从分时盘口看，该股当日多次出现了大单压盘情况，这一压盘不要紧，从分时量能看，受压盘的恐吓左右，导致分时上每次拉升都被卖单打了回来，筹码锁定不好，股价上攻遇阻明显，主力通过大单压盘测试的信息就是筹码锁定还有待加强，股价短线应回调在即。

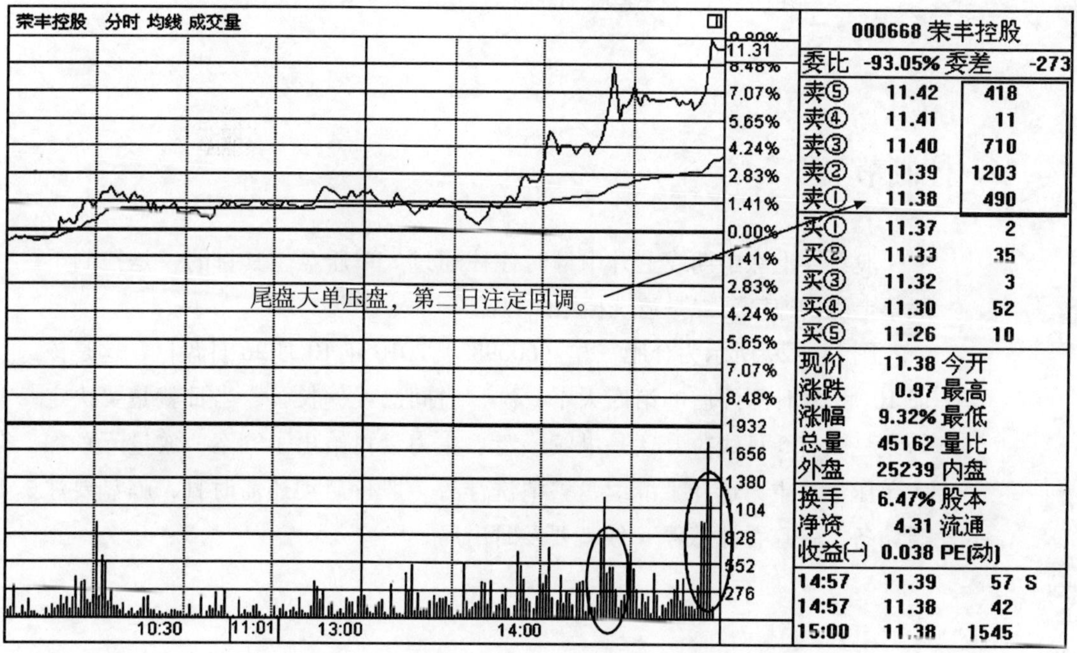

图 11－27　荣丰控股（000668）2010 年 7 月 2 日分时图

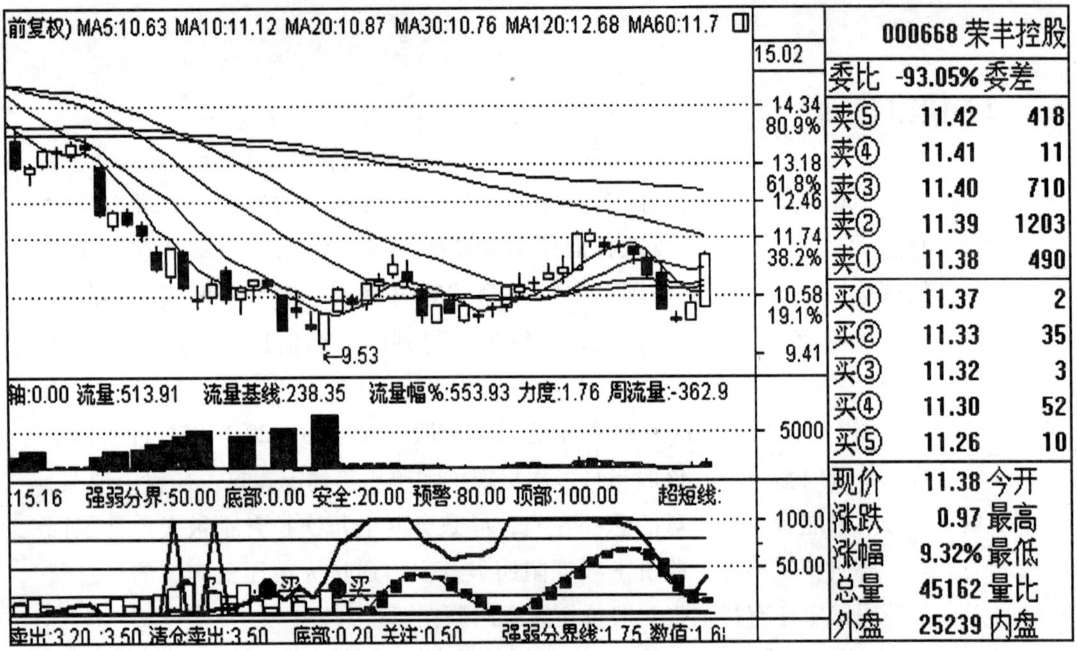

图 11－28　荣丰控股（000668），2010 年 7 月 2 日

2. 控制节奏

股票在上涨中期或上升中继时往往通过大单压盘，其目的一是控制下股票上涨的速度；二是清洗掉跟风盘。

图 11－29 所示为合肥三洋（600983）2010 年 10 月 26 日盘口，这是该股 10 月 20 日涨停后的第四天了，洗盘时间已经偏长了，当日就是要决定短线是顺着 5 日线拉升还是继续横盘，主力盘口给出了答案，放量下跌加大单压盘，主力选择了继续盘整清洗浮筹，股价启动还需时日，临盘要注意防备，一旦吞掉涨停 K 线就要及时出局。

3. 预示股价回调

股价在高位出现大单压盘属阶段出货，股价回调在即。

图 11－30 所示为上实发展（600748）2010 年 8 月 19 日的盘口，股价在连续两个一字涨停后，开盘出现了如此巨量高开的情形，考虑个股的所

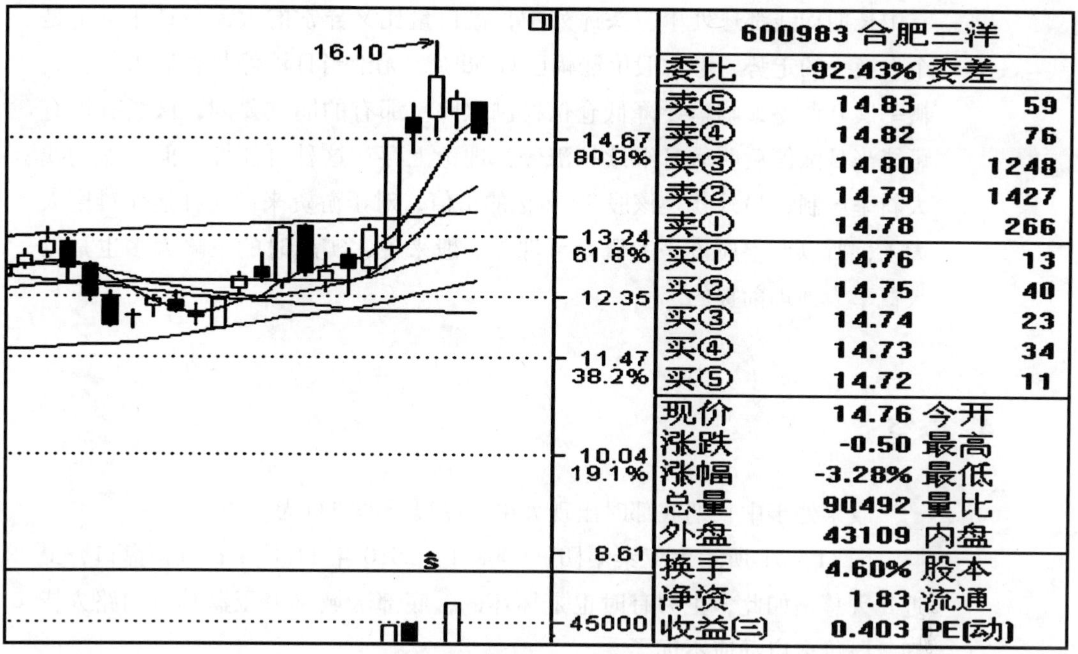

图 11－29　合肥三洋（600983），2010 年 10 月 26 日

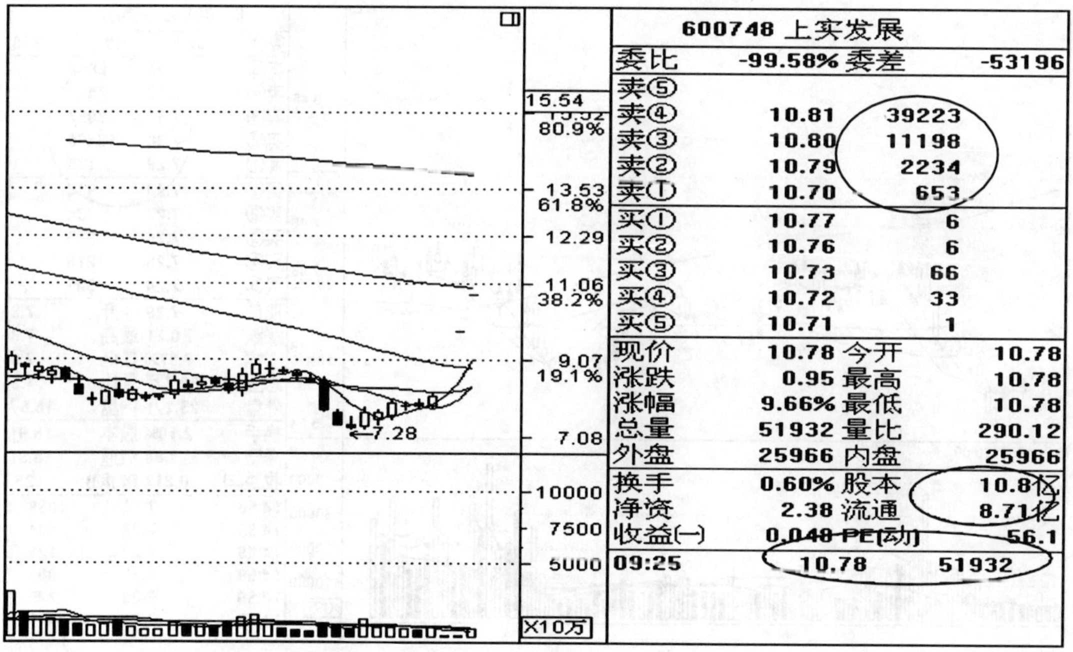

图 11－30　上实发展（600748），2010 年 8 月 19 日

有中长期均线都还处于空头序列中，盘口量比又异常的大，当日注定了是个大换手的走势，考虑股价涨幅已近50%，无论当日涨停与否后市都会大概率展开调整，临盘要降低仓位控制风险。那有的朋友要问，该股有没有可能当日涨停后明后日继续拉涨停？理论上存在这种可能性，但考虑均线大斜率压制，另外就是该股80多亿的市值，对于游资来说这样运作难度太大了，所以调整应该是大概率事件。一般来说，实战时的策略大多也是以大概率为处理前提的。

4. 诱空

股票处于中长期底部时出现大单压盘属于诱空行为。

图11－31所示为亚泰集团（600881）2010年11月4日五档盘口，最近几天总是如此，主力有时也是坏坏的，底部区域再来压盘其目的路人皆知，股价离启动应不远了。

关于大单压盘就写这么多，下节和朋友们一起交流一下五档小单。

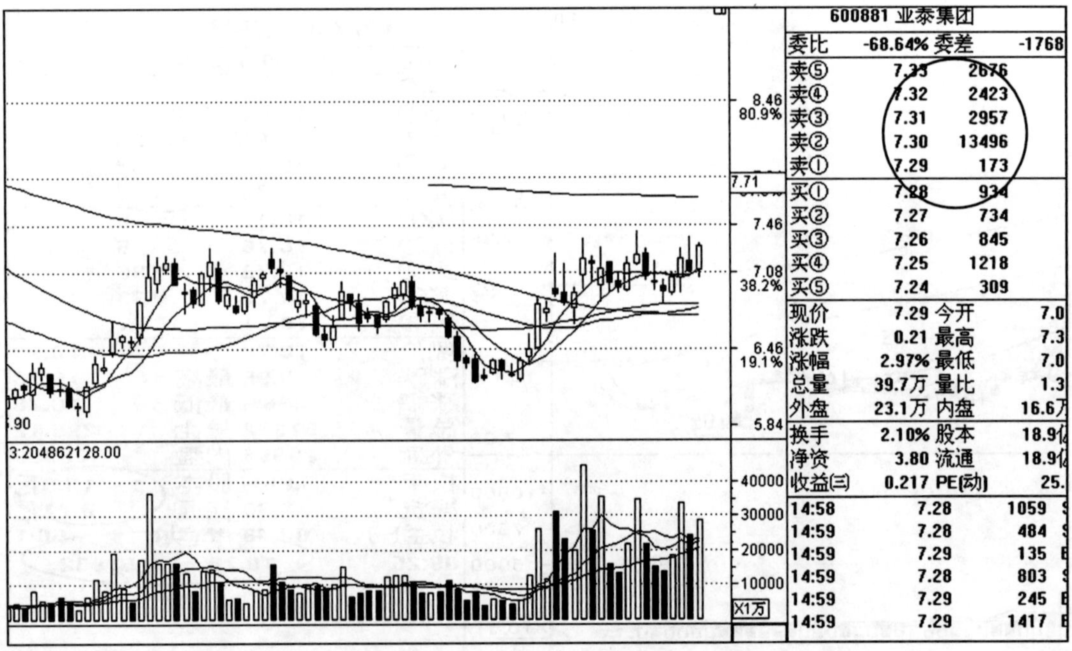

图11－31　亚泰集团（600881），2010年11月4日

第五节 五档小单

所谓五档小单，就是在五档买卖盘口出现不超过 100 手的买卖盘挂单的情况，这里是就多数股票而言的。对于超级大盘股，如果不超过 1000 手也可认为是五档小单挂盘，大小是相对的。但对于多数散户朋友而言，一般不热衷于大盘股，所以这里以前档标准为研究对象。

五档小单一般有以下三个作用，我们仍结合具体实战案例来介绍。

1. 观察和判断其他主力动向

通过小单挂盘这种方式暗中观察该股是否还有其他主力进驻。这种情况多出现在下跌趋势末端或主力建仓完成之时。宋太祖有句话说得很好："卧榻之侧岂容他人鼾睡。"大多时候对于主力来说是不喜欢别人跟他抢食的，这时候股价就像杯子里的水，你不要来回晃动它，你要让它停止下来，只有它静止下来你才能看清里面的一切。主力很多时候就是通过这种五档小单的以静制动方式暗中观察里面其他主力的动向，看看到底有没有其他主力进驻，其他主力实力如何，如果有的话就约他喝喝咖啡谈谈合作，合作不成那就只能在盘面真枪实弹地火拼一番了，这都是在拉动行情前应该仔细考虑的问题。所以大家不要以为操盘手整天都在那里不停地下单做差价，那样的操盘手还是比较稚嫩的，成熟的操盘手总有几个甚至数十个交易日是不动的，只是在暗中窥探，看清楚一切才能掌控局势。所以我经常建议朋友去多读几遍《道德经》，《道德经》是哲学中的哲学，里面有通用于万物的智慧。

如图 11－32 和图 11－33 所示，为前期曾提到的壹桥苗业（002447），上市当日我就在实盘中对我的学生说："这是我寻找到的第二个獐子岛。"自 2010 年 7 月份上市以来该股股价前期经过三波拉升，随后两波打压，直至 11 月 8 日这 4 个月的建仓期对主力来说也不算短了，这个时候主力就应该静下来看看盘面的情况了。11 月以来的几个交易日盘口都像 8 日那样，都是个位数的小单挂盘，这就是主力以静制动的"偷窥行为"，看看自己不

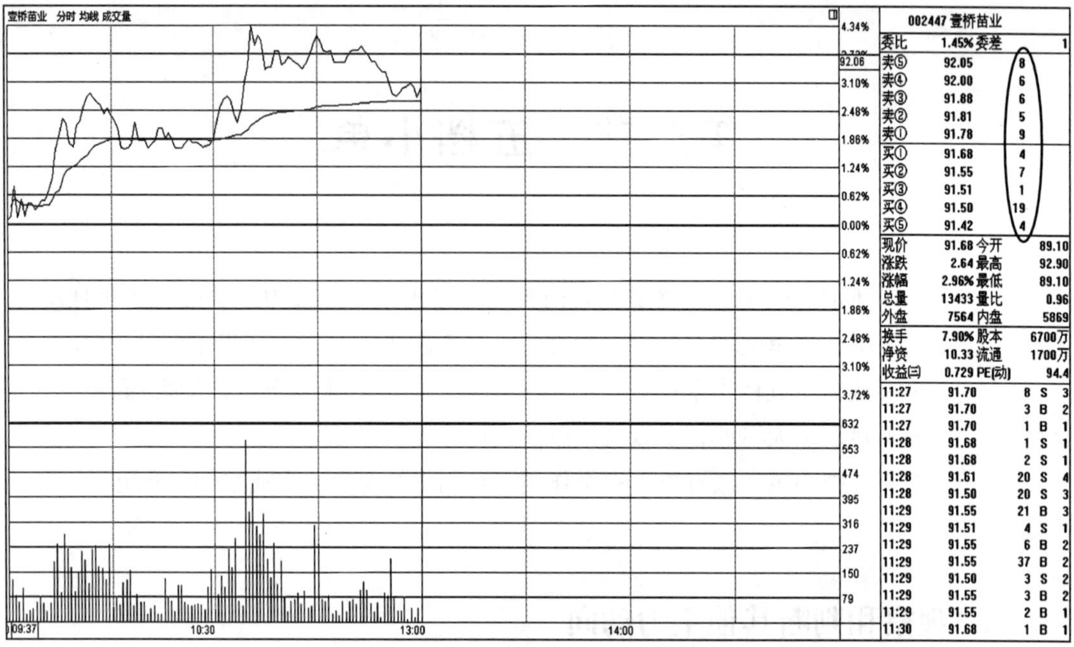

图 11－32　壹桥苗业（002447）2010 年 11 月 8 日分时图

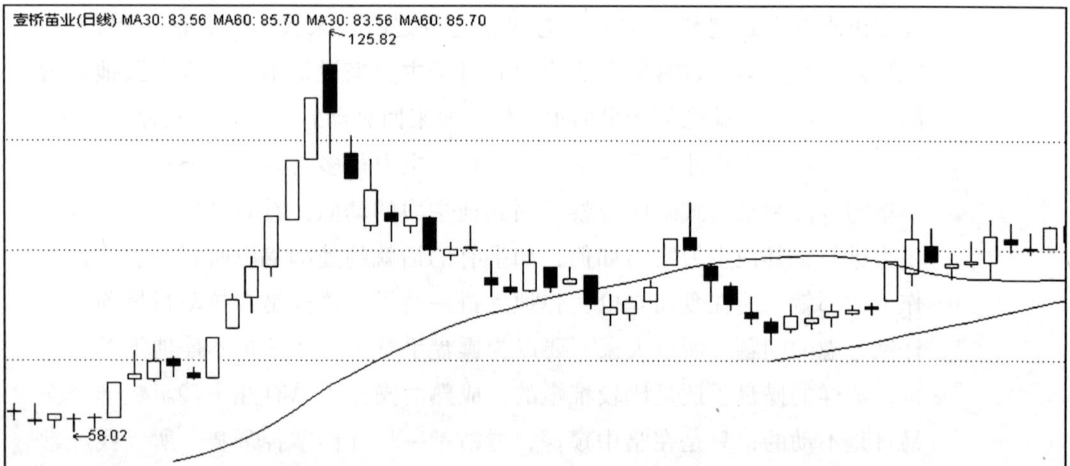

图 11－33　壹桥苗业（002447），2010 年 11 月 8 日

行动的时候盘面是否有大动作，如果有的话就要格外小心，不要被他人鱼肉。当然，咱不是这个股的主力，但从当日盘口看，上升阻力较大，上攻

和下跌量能旗鼓相当，分时量能结构不大健康，多次上攻都被揍了下来，浮筹仍然较多，后市可能还要整理数日。

2. 测试股价上档阻力

股价在拉动前或拉动中应通过这种间歇式的方式来测试一下股价上档的阻力情况。如果在五档小单挂盘时，股价上攻没大的卖单砸盘，则基本可以认为筹码锁定良好；如果有大卖单砸了下来，那说明筹码锁定度还有待提高。

图 11－34 和图 11－35 是世纪鼎利（300050）2010 年 7 月 6 日的盘口，买卖五档全天基本上都是这种个位数的挂单，从 K 线形态上看，股价需化解前面的大阴线，这个时候通过五档小单就可以很好地观察上面的阻力情况，当天分时成交并无大的卖单卖出。从盘面情况看，分时越往后走抛压就越轻，主力反馈到的信息较为乐观。就散户而言，主力盘中缺乏明显的攻击性量峰，大级别的波段行情还没有到来，短线狙击即可，大级别行情还有待来日。

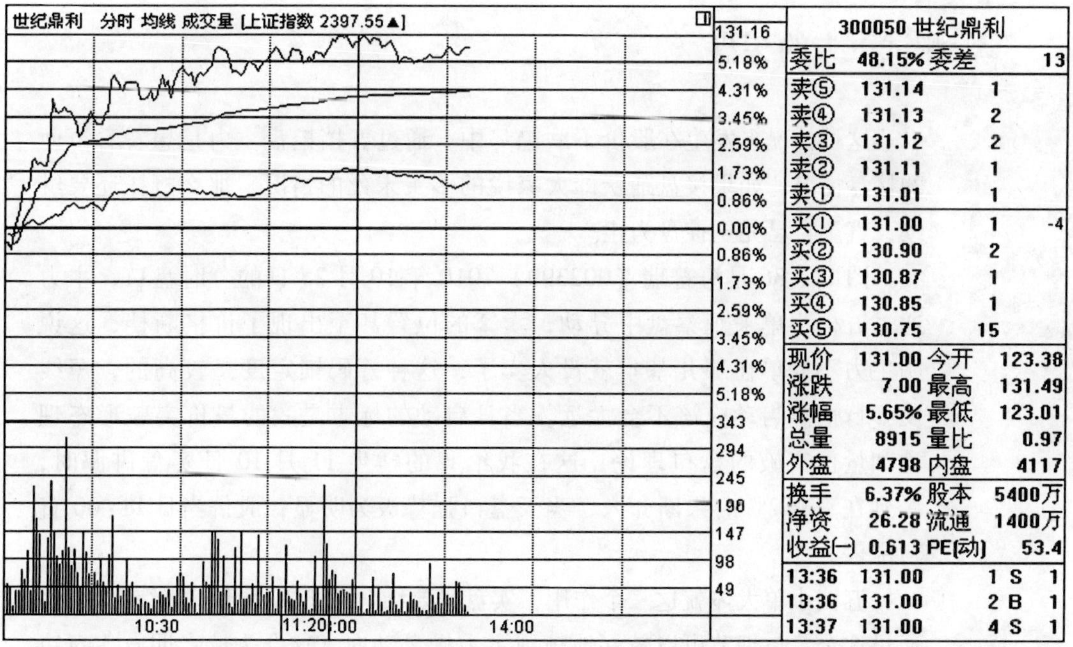

图 11－34 世纪鼎利（300050）2010 年 7 月 6 日分时图

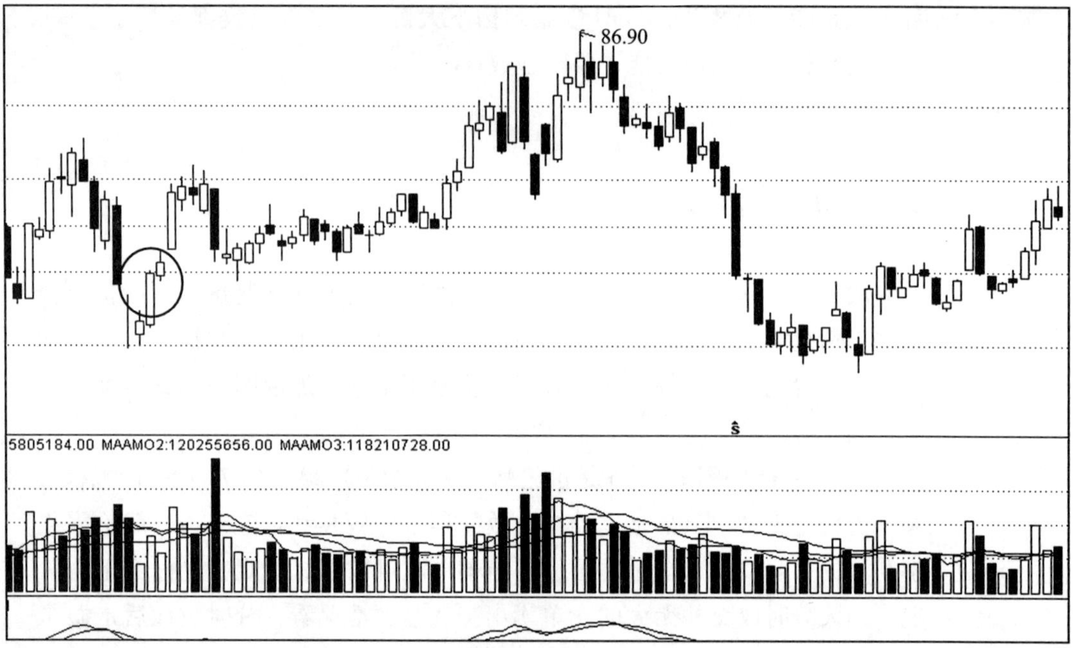

图 11－35　世纪鼎利（300050），2010 年 7 月 6 日

3. 测试下方的买盘

这种情况多发生在股价下跌趋势中，通过五档控盘主力是想看看下面的接盘情况，如果接盘踊跃即大家说的多头未死的情况，那么打压还要继续，直至自己完全控盘为止。

图 11－36 是海普瑞（002399）2010 年 10 月 25 日的分时盘口，主力通过五档小单来观察盘中异动，卖②的位置甚至出现了价格断档，这说明主力不放单在那儿基本就没人卖了，这种筹码锁定度是较高的，短线反弹行情离启动应该不会太远。当日启动的标志是我的量价突破形态理论和量价突破的盘口理论，这在我给我的学生 11 月 10 日实盘讲课时，讲到在涨幅 2% 时果断介入，当天盘口强势极为明显，股价当日 11：00 直封涨停。

五档小单大体就这三个作用，实盘时要结合股价 K 线形态来综合研判。通过这个盘口细节可以较好地窥视主力操盘动向，这会为读者朋友实盘决策带来重要的参考价值。

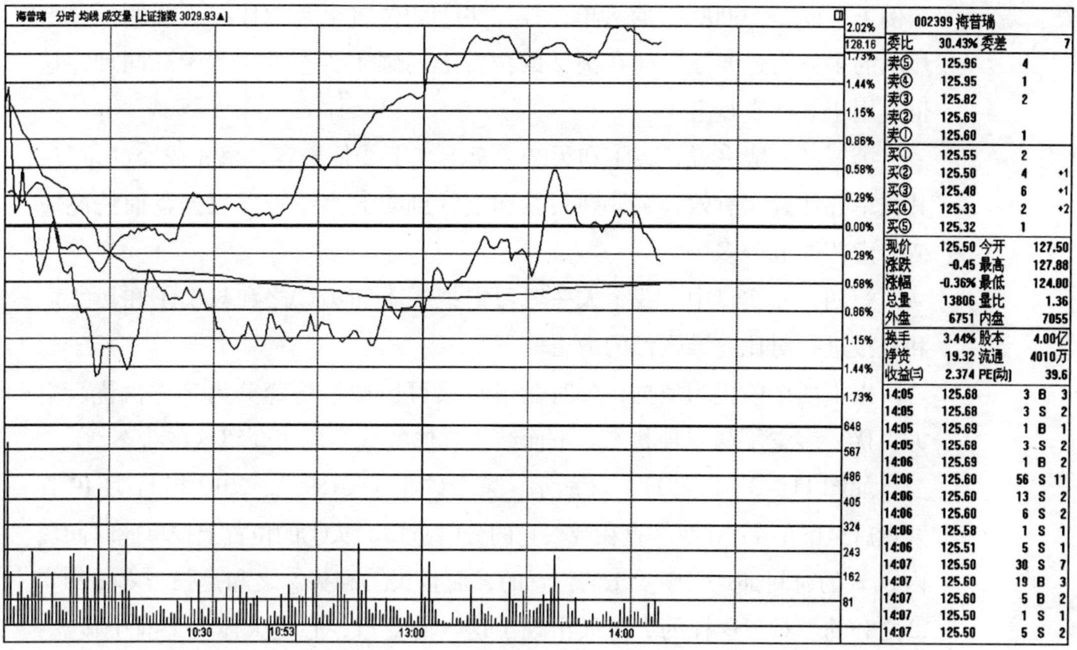

图 11－36 海普瑞（002399）2010 年 10 月 25 日分时图

第六节 盘口博弈

这里所说的盘口博弈是就大盘股而言的，市值大的蓝筹股一般是某单一主力无法操控的，其分时走势必然是众多机构相互博弈的结果。我们这里研究的对象就是特定的大市值股票，流通盘小或流通市值较小的品种不在本篇研究的范围。业内经常流传的一句话，大盘股五档盘口以正用兵，小盘股五档盘口以奇取胜，情况大体如此。

五档盘口的对弈其实和象棋的排兵布阵是一样的，这里面有几个要点要说明一下：

第一，买①和卖①的位置是盘口阅读最重要的，是必须首先关注的地方，它们是多空对峙的先锋部队，直接体现了买方和卖方的实力，盘口的对弈其实就是近距离的肉搏战，买①和卖①就是多空直接亮剑的位置，对大盘股而言，谁先示弱谁就心虚。

第二，对同一数量的挂单来说，买①至买⑤的位置显示买方的力量递减。同理，卖①至卖⑤的位置显示卖方力道的递减。这一点很好明白，举个例子，同是 10000 手的买单，挂在买①的位置上要比挂在买②的位置上显示的多方力道要强，挂在买②的位置上要强于买③的位置上。同理，这也适用于五档卖盘上。

第三，一般来说，买①和买②、卖①和卖②是最容易率先成交的位置，其挂单往往真实有效；买③到买⑤和卖③到卖⑤多空可以根据盘面情况应变，虚假的成分多一些。

第四，在实盘中，我个人一般习惯把买①和买②之和与卖①和卖②之和直接进行对比，谁强谁的力道就更足。

以上四个前提为依据，分时盘口自然可以通过博弈分为多方占优、空方占优、多空平衡三种状态。下面结合具体实战案例来介绍这些状态。

如图 11－37 和图 11－38 所示，紫金矿业（601899），2010 年 11 月 19 日开盘后至下午 1∶30 我一直在观察它的分时盘口，买①的位置上挂单此时间段内 80% 的时间都是强于卖①的位置的，而且买①和买②之和是强于卖①和卖②之和的。对于这样的大盘股出现了这样的盘口，心里大体上要有个概念，该股止跌了，至少也要在这里盘整一下再往下跌，想割肉的也可以暂且观望一下。大家再看看该股当日的 K 线图，紫金矿业此时已经缩量跌落到 60 日决断线和年线附近，再配上以上分时盘口分析，等待反弹的底气就多了些。

图 11－37 紫金矿业（601899）2010 年 11 月 19 日分时图

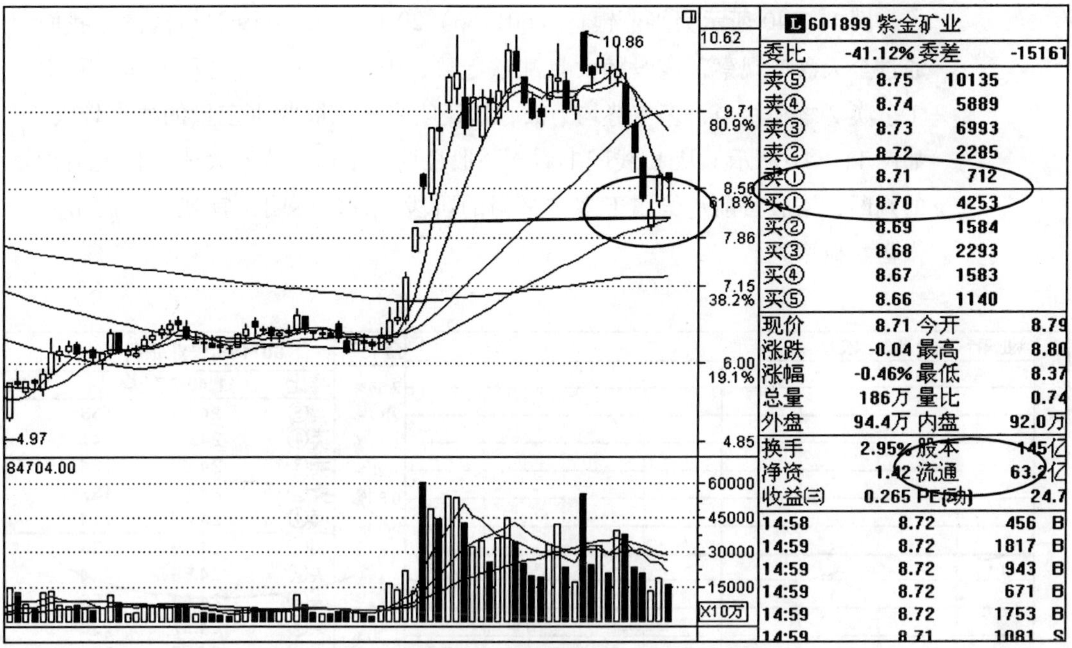

图 11－38　紫金矿业（601899）2010 年 11 月 19 日

图 11－39 是 2010 年 11 月 10 日工商银行（601398）的盘口，卖①和买①的单数对比约为 17∶1，当天多空力量对比比较悬殊，在分时量能没有异动前，这种弱势将维持下去，这就是明显的空方占优的盘口。

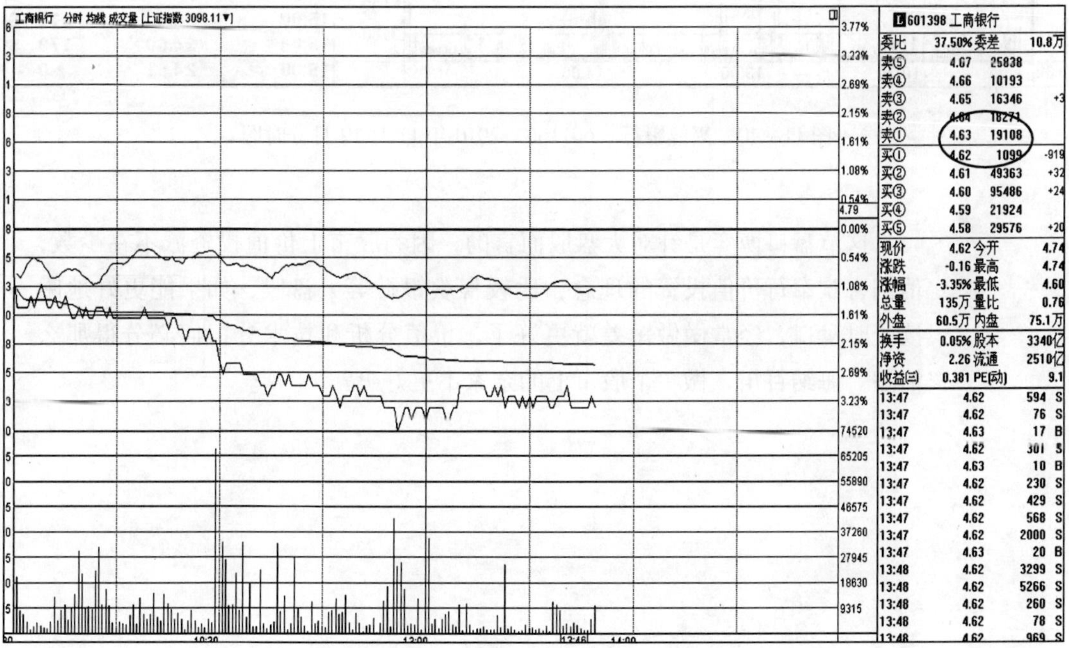

图 11－39　工商银行（601398）2010 年 11 月 10 日分时图

图 11－40 所示为兴业银行（601166）2010 年 11 月 19 日分时图，我们通过全天盘口观察，该股随大盘涨跌起舞，但买①、买②之和大体上和卖①、卖②之和相当，多空势均力敌，这说明当天该股收十字星的概率较大。如图 11－41 所示，从 K 线图上看，该股最后收了锤子线，大体上接近临盘的判断，该股目前走势属于多空平衡的阶段，方向不明，宜观望，后市陷入盘整概率大。

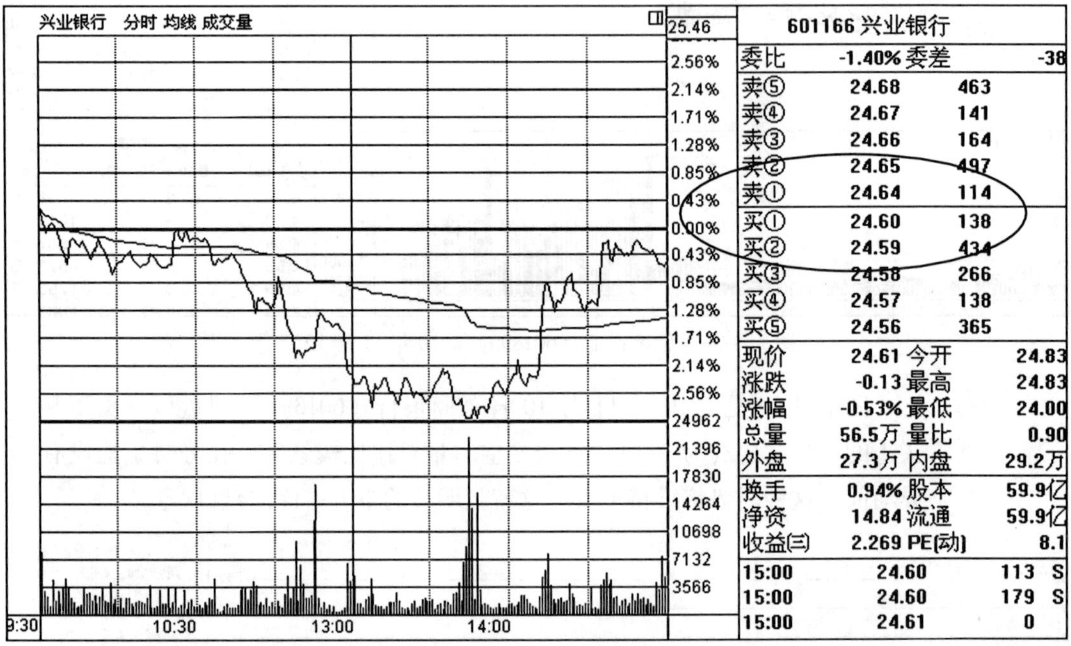

图 11－40 兴业银行（601166）2010 年 11 月 19 日分时图

这节盘口博弈是针对大盘股而言的，因为股市上价值投资派不在少数，他们喜欢奉行价值投资的理念，比较喜欢银行等大盘股，如果能更好地阅读分时盘口，经常做做短差就更好了。价值分析和技术分析何必分得那么清楚。海纳百川，做一个股市上的杂家不更好吗？

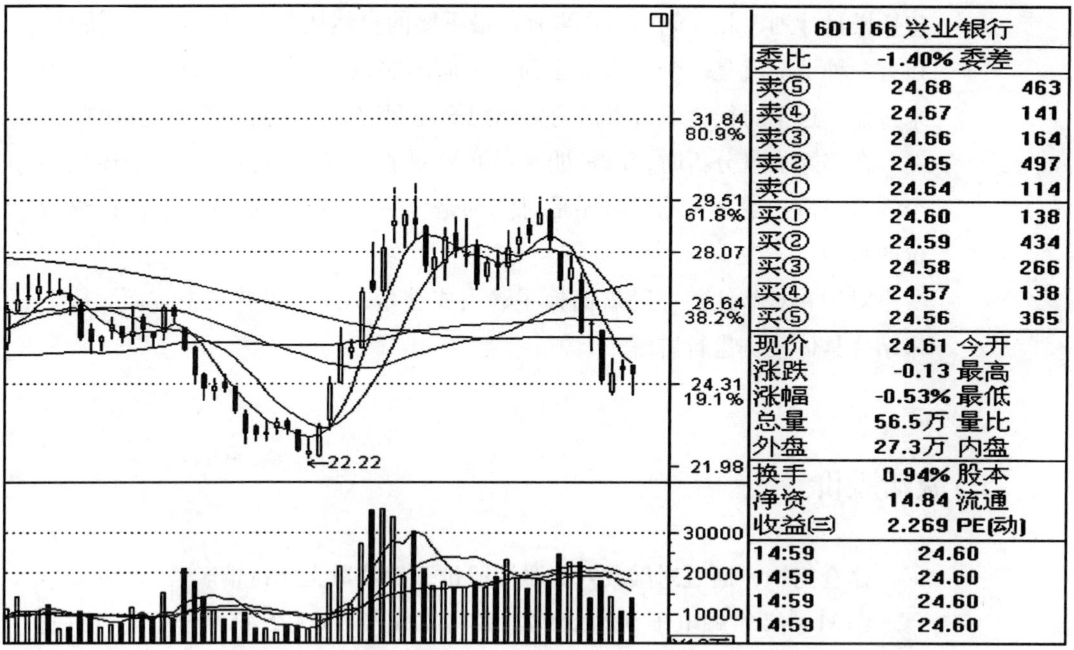

图 11－41 兴业银行（601166），2010 年 11 月 19 日

第七节 对敲与对倒

对敲与对倒是两个概念，长期以来即便是业内人士也很容易混淆这两个概念。所谓对敲，是同一主力通过自己的不同账户之间的买卖来操纵股价的行为；而对倒，是不同主力或者说是多个主力通过不同账户交易来操纵股价的行为。从定义上看，二者相同点就是对敲和对倒都是主力主动操纵股价的行为；不同点是对敲是一个主力的行为，而对倒是多个主力间的行为。

对于对敲很好理解，可以简单地认为这只股票就这一个主力。注意！这个地方还是要交代一下，操纵股价是违法行为，所以主力一般要开很多账户，少则几十个、多者数百个，这是为了避开管理层的监视，有时我们发现很多股票通过软件来看没有基金或机构进入，但实际从盘面我们能感受到主力的存在，这多是一些暗庄、游资、地下钱庄或者热钱化整为零操纵股价的行为。但对于对倒怎么理解，为什么不同的主力之间会联合起来操纵股价呢？一般来说，通过和其他主力联合起来操作股价，一是能更好地规避监管风险；二是可加强资金的使用效率。当然事先都要在谈判桌上仔细地协商，包括操盘计划、相互间的协作事宜，最重要的自然还是获利后的分赃协议。还有一种情况就是一个主力坐庄到一半时不想做了，通过协商让另一主力来接盘，这个时候就通过盘面的对倒把筹码倒给对方从而达到换庄目的。

在实际临盘分析时，散户朋友没必要对股票背后的主力是一个还是多个弄得一清二楚，无论对敲还是对倒都是统一意志或达成共识后的操纵股价的行为。

对倒和对敲往往伴随着高换手、大成交量，其作用有三个方面。接下来结合具体案例进行讲解。

1. 激活股价

建仓完毕，通过对敲或对倒激活股价开始波段上涨行情。

图 11－42 宇顺电子（002289），我在 2010 年 11 月 5 日给学生实盘讲解过，当天虽然没有涨停，但该股完成了技术上的量价突破，可以根据 3－3－4 资金管理法则临盘狙击。该股当日换手 22%，从该股当日的换手看，主力对倒手法明显，该股应该属于游资或私募股票；从软件数据看，该股三季度是没有主力进入的，但从 K 线形态看，该股已经完成了前期的打压建仓的任务。

图 11－42　宇顺电子（002289），2010 年 11 月 5 日

由图 11－43 可知，数据基本上看不到主力的影子，但股价不经意间已经飞到了山顶，主力账户已经化整为零分散开了。有的朋友会很纳闷儿地问：难道主力真有那么多筹码吗？其实不然。举个例子，如果主力建仓完成后拿到了该股 30% 的筹码，那么假设该主力有 6 个账户，每个账户有 5% 的筹码，当然主力还有另外的拉升资金，其中一个账户卖出去 5% 的筹码（这里面多半是主力自己用拉升资金买的，还有散户跟风买的），然后该账户再买回来 5% 的筹码，这样一个 5% 筹码的账户就完成了 10% 的换手率。在极度狂热的市场中因为有散户的跟风，一个 5% 仓位的账户会产生极大的乘数效应，最终的换手可能会扩大到 20%。所以，有些股就是要连续大涨成为散户心中最耀眼的明星股，在市场舆论的聚焦下，此时主力一点星星之火股价就会变成燎原之势，当然最后被烧成灰的多半还是散户。

002289
宇顺电子

最新提示 | 公司概况 | 财务分析
公司大事 | 港澳分析 | 经营分析

☆主力追踪☆ ◇002289 宇顺电子 更新日期：2010-11-18◇ 港澳资讯 灵通V5.0
★本栏包括【1.机构持股汇总】【2.股东户数】【3.机构持股明细】【4.异动上榜】
【1.机构持股汇总】

报告日期	2010-09-30	2010-06-30	2010-03-31	2009-12-31
基金持股		3.00	10.00	10.33
占流通A比		0.16	0.54	0.56
持股家数及进出情况		共计1 新进1	共计1 新进1	共计8 新进8

注：以上数据取自基金持股和公司十大流通股，季度数据未包含基金持股明细
　　最近一期数据可能因为基金投资组合或公司定期报告未披露完毕，导致汇总数据不够完整。

【2.股东户数】

截止日期	股东户数	户均持股	较上期变化	筹码集中度
2010-09-30	12568	2618	趋向集中	较分散
2010-06-30	11239	1646	无明显变化	非常分散
2010-03-31	11857	1560	趋向分散	非常分散
2009-12-31	10736	1723	趋向分散	非常分散
2009-09-30	8952	2066	-	较分散

【3.机构持股明细】

图 11－43　宇顺电子（002289）

2. 洗盘

如图 11－44 所示，机器人（300024）2010 年 2 月 26 日一根巨阴线造成成交量数倍扩大，当日换手率 30%，看起来高位巨阴实在可怕，但从技

术形态看，该股完成了对前期平台的突破。该股连续大涨，仅仅一根阴线主力能全身而退吗？显然不现实。次日该股就露了馅儿，量能和换手迅速萎缩下来。要是出货的话，随后几日也应该是大的换手，量能迅速萎缩，说明主力多半要展开洗盘，后市只要不击破突破的前期平台便可持股待涨。

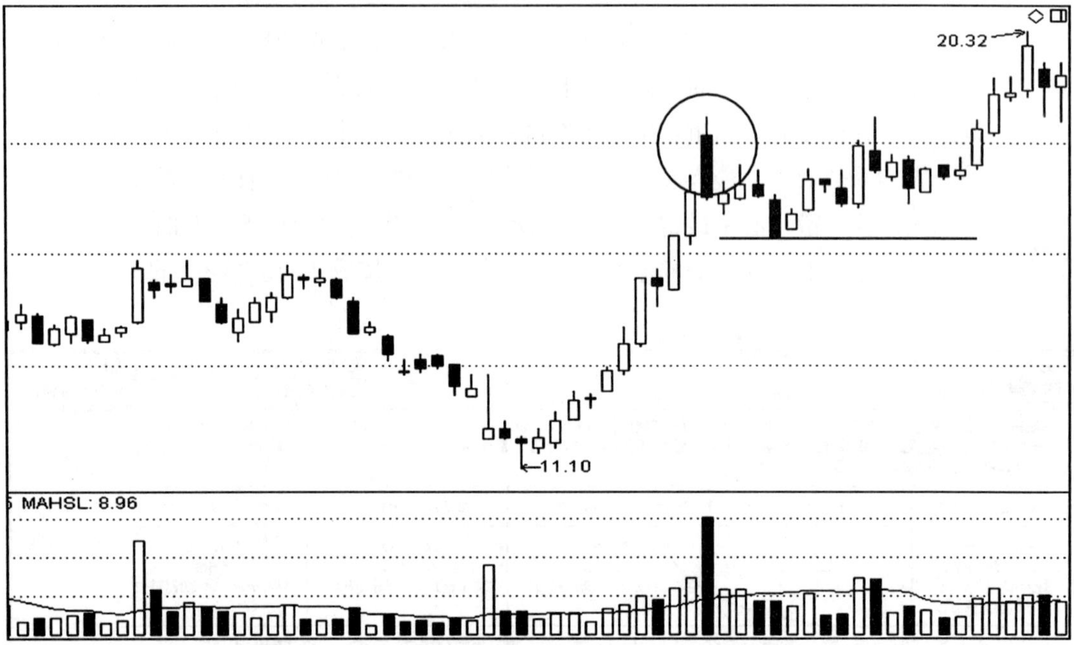

图 11－44　机器人（300024），2010 年 2 月 26 日

3. 出货

如图 11－45 所示，广晟有色（600259）在 2010 年 10 月 18 日至 11 月 2 日期间，高位区域大换手。注意，这是持续的高换手，底部筹码慢慢地全部转移到高位，主力对倒派发明显，矩形内最后一根阴线砸出来后就不能再犹豫不决了。这时候和上一案例机器人的中继洗盘是不同的，之所以能断定它是出货，除了持续高换手外，还因为该矩形内阴量之和是显著大于阳量的，也是我多次和大家交代的矩形整理判别方向的技巧之一。注意，该股即便如此，也不可能完全派发完毕，主力仓内肯定还有货，没有三五个月它走不了，如果能缩量到 60 日决策线附近即可展开短线狙击。

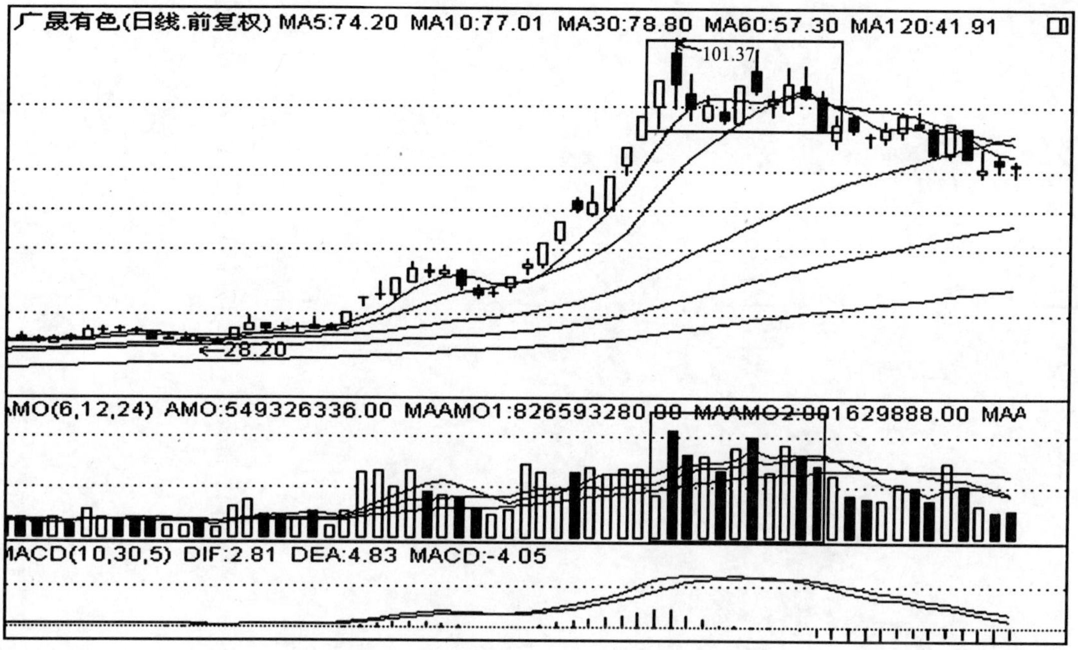

图 11－45　广晟有色（600259）走势

对敲与对倒大致就有以上三个作用，随着监管层监管力度的加强，这些操纵股价的行为会越来越少，但目前看，游资推动的个股品种还是以这些手法为主，所以散户对此多了解一些没坏处。

第十二章

盘口波形

盘口心电波是主力高度控盘的波形，盘口出货波是主力慌不择路、杀跌出货的波形，盘口钓鱼波是主力诱你跟风受骗的波形……技术分析只是术，不是道，所以技术分析要学，基础分析也不可荒废，道术兼修才是成为一名成功投资者的正途。

本章主要讲解盘口的三种波形，即心电波、出货波、钓鱼波。

第一节　心电波

心电波又称“心电图”，其图形类似于医学上人的心电图，波形呆滞，是一种重要的分时波形，经常可以把它看作主力高度控盘的特征，多数庄股经常会出现这种走势。

1. 心电波的主要特征

（1）成交量稀疏，分时上只有稀稀疏疏间隔的单子成交，换手率极低；

（2）波形呆滞，像心电图般极不流畅。

2. 心电波作用

关于心电波的作用，我们结合下面的实战案例来看看。

（1）心电波出现在底部，是主力建仓完毕后高度控盘的重要特征。

如图 12－1 和图 12－2 所示，数字政通（300075），2010 年整个 7 月份该股的分时走势都如 16 日这样，呆滞的脉冲波形，像极了心电图，个别地方都打横不走了，分时成交量更是稀疏，大多时候只有稀稀疏疏的几手单子成交，如果一只股连续数日出现了心电波，则说明筹码基本都被主力拿走了，此时要长个心眼儿，切忌割肉，波段拉升行情近在咫尺。

（2）拉升途中出现心电波，这首先说明该股是主力中长线控盘，此时心电波属于主力滚动操盘的盘面特征。

图 12－3 所示为张裕 A（000869）2010 年 6 月 21 日分时图，6 月份该股走势大都如此，稀稀疏疏的成交量，呆滞的波形像极了小女生的麻花辫儿子，成交明细上只有间隔的个位数的单子。大家仔细看看，21 日 10：19～10：24 这 5 分钟内是没有任何成交量的，显示了该股良好的中长线控盘特征，该股的脉冲波形也就是主力自拉自压滚动操盘的结果，估计这种独自表演也震不下几个筹码。

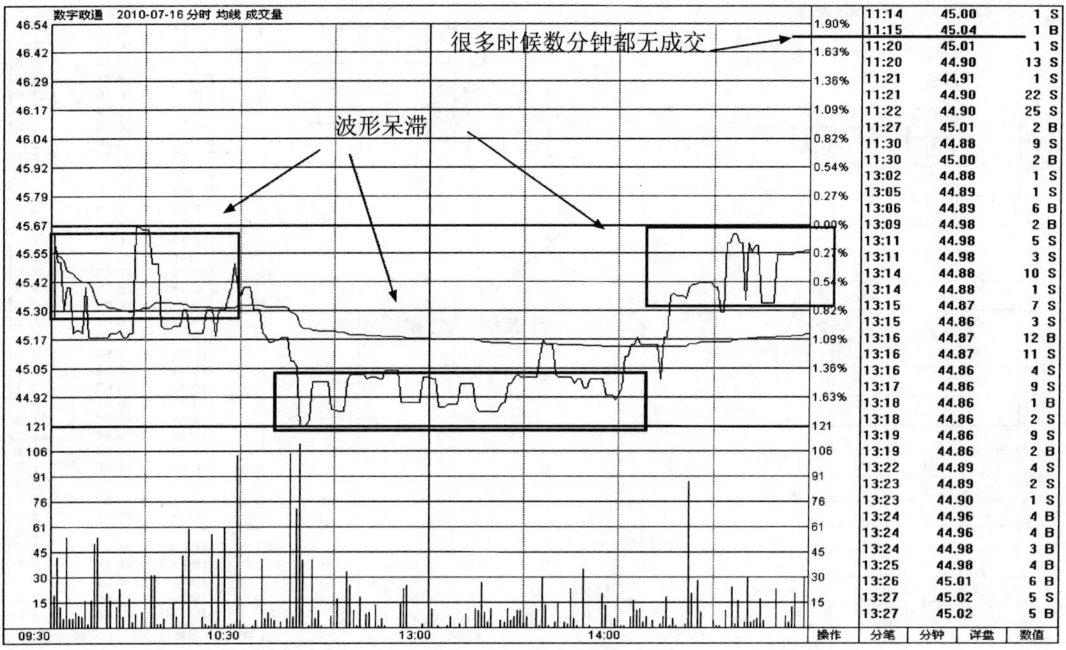

图 12－1　数字政通（300075）2010 年 7 月 16 日分时图

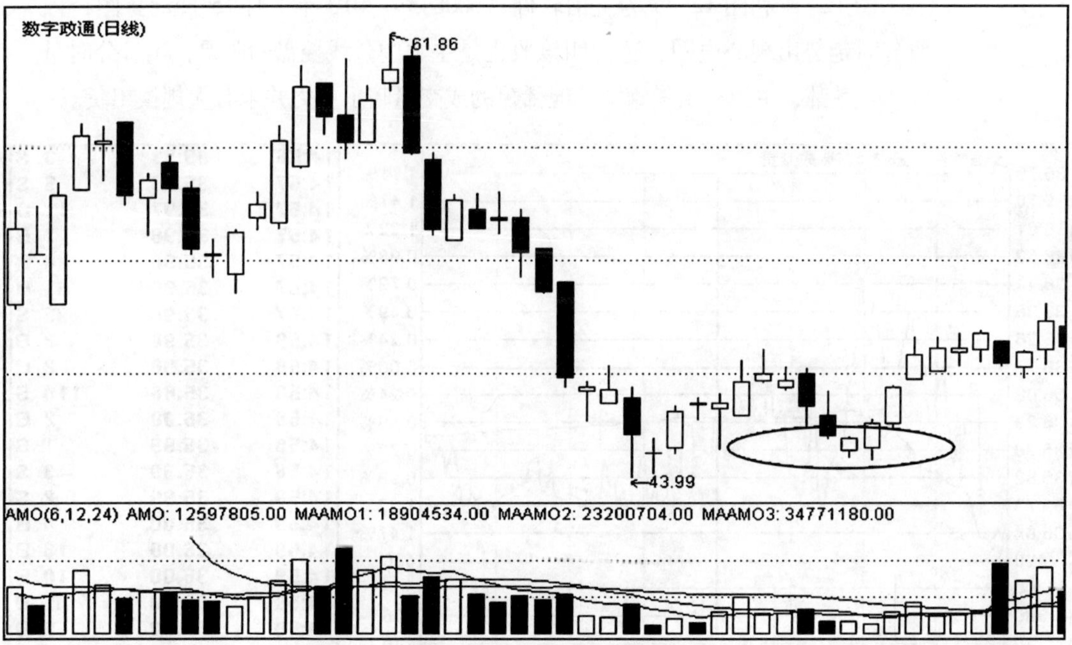

图 12－2　数字政通（300075），2010 年 7 月 16 日

（3）高位出现心电波，说明该股是主力高度控盘的特征，但心电波暗示主力还没有大规模出货。

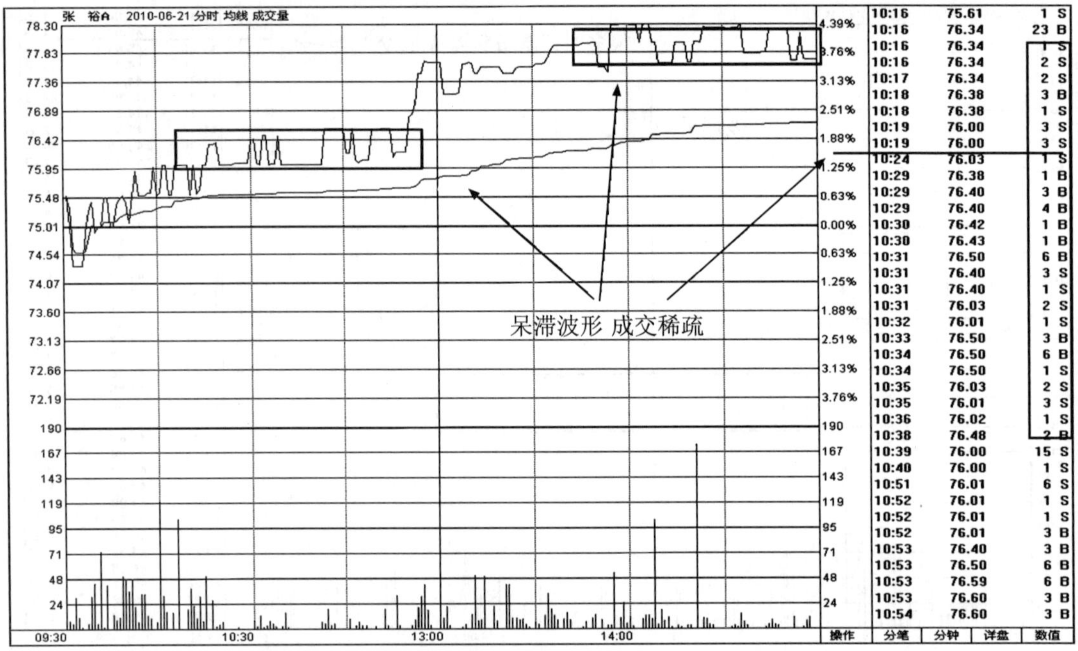

图 12－3　张裕 A（000869）2010 年 6 月 21 日分时图

图 12－4 和图 12－5 为宝信软件（600845）2010 年 1 月 15 日走势图，该股分时走势出现心电图，这说明该股也是主力中长线控盘的股票，当日分时量能比较散乱，主力有出货嫌疑，但稀疏的成交量暗示主力并未有大规模出货。

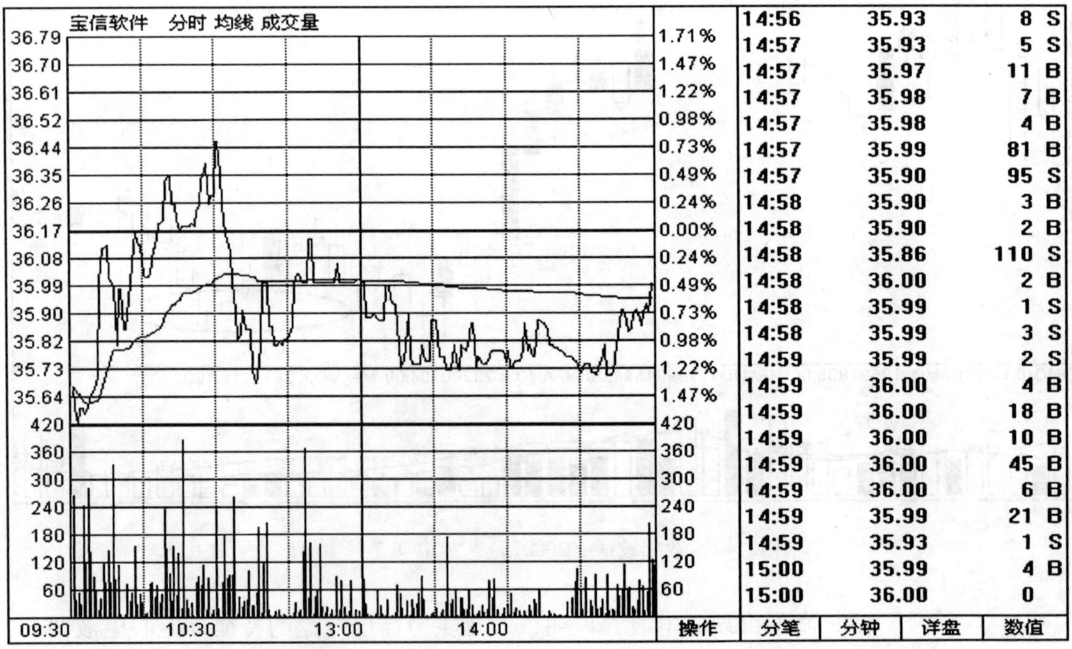

图 12－4　宝信软件（600845）2010 年 1 月 15 日分时图

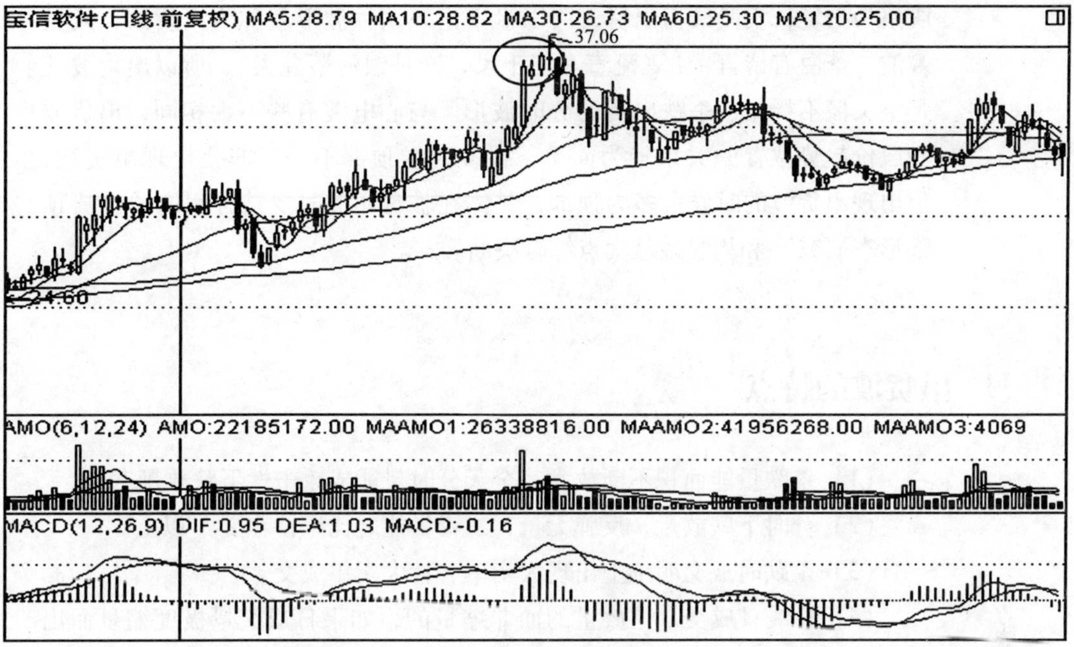

图 12-5 宝信软件（600845），2010 年 1 月 15 日

最后必须再给大家交代一下：第一，即个股底部、顶部有可能出现心电波，但有的个股底部或顶部未必出现心电波，有的个股天生就喜欢对倒洗盘或出货，所以其底部或顶部换手也很大，分时走势就不会出现心电波；第二，出现心电波也不一定意味着底部的出现，极端杀跌的单边市场向来是底在底下，底部的出现一定是伴随着我所说的趋势最佳买点和均线最佳买点的出现（后续出版的书中会有介绍）。细节能帮助我们辨别股价处在何种阶段，但无视趋势谈细节那都是莽夫的行为，二者要相互验证。

心电波对判断股价运行趋势具有重要的参考作用，朋友们可以结合我后续出版的书中的经典底部和顶部形态研究一起参详，融会贯通后会有更深刻的体会。

第二节 出货波

这一节我和朋友们谈谈出货波，出货波是和扫货波对应的，这个习惯称谓来自香港，由于恒生股市早于 A 股诞生，那时香港证券从业人员称买股票为扫货，卖股票为出货，所以盘中出现这种波形就称为出货波，或抛筹波。李白有诗言，“飞流直下三千尺，疑是银河落九天”，所以出货波就是空头慌不择路、杀跌出货的分时波形。与心电波有些不大相同，出货波和股价趋势位置的关系较为简单，很多时候顶部不一定非要出现出货波，但出现出货波的时候大多为顶部，具体在临盘实战时要结合我的“经典顶部形态研究”和均线最佳卖点综合决断。

1. 出货波的特点

（1）杀跌量能面积不断放大，全天分时量能成攻击性下跌放量态势。

（2）分时下跌放量，反弹无量，二者量能之比维持在2∶1以上。

（3）杀跌时成交明细上出现大卖单、特大卖单成交。

（4）K线日成交量是放量的而非缩量的，如果日成交量极度缩量而出现出货波，则大多是诱空陷阱。

2. 案例

如图12－6和图12－7所示，红日药业（300026）2010年4月13日全天分时量能下跌时面积不断放大，而分时反弹时是无量的（见图12－6中椭圆标示），空方优势非常明显，看K线图上当日大阴线是有大阴量配合的，既有顶部形态又有细节上的出货波配合，我们基本可以断定顶部成立，操盘上要和主力一起杀跌出局。

如图12－8和图12－9所示，机器人（300024）2010年4月13日的分时波形全天呈放量下跌态势，反弹软弱无力没有量能配合，全天成交量巨大，K线组合上出现了类似的黄昏之星的变体，出货波和顶部形态一起出现，此时不逃更待何时！

图12－10和图12－11所示为2010年9月3日东方园林（002310）的走势，不用我废话，结合案例红日药业和机器人，读者朋友应该一看就懂。

其实，对大多数个股来说，下跌是有先兆的，主力并不是一开始就出货杀跌的，顶部通常是个过程，主力一般要通过盘整震荡不知不觉地出货，其制造诱多陷阱时，往往以钓鱼波为主要手段。这是我们下节要和朋友探讨的内容。

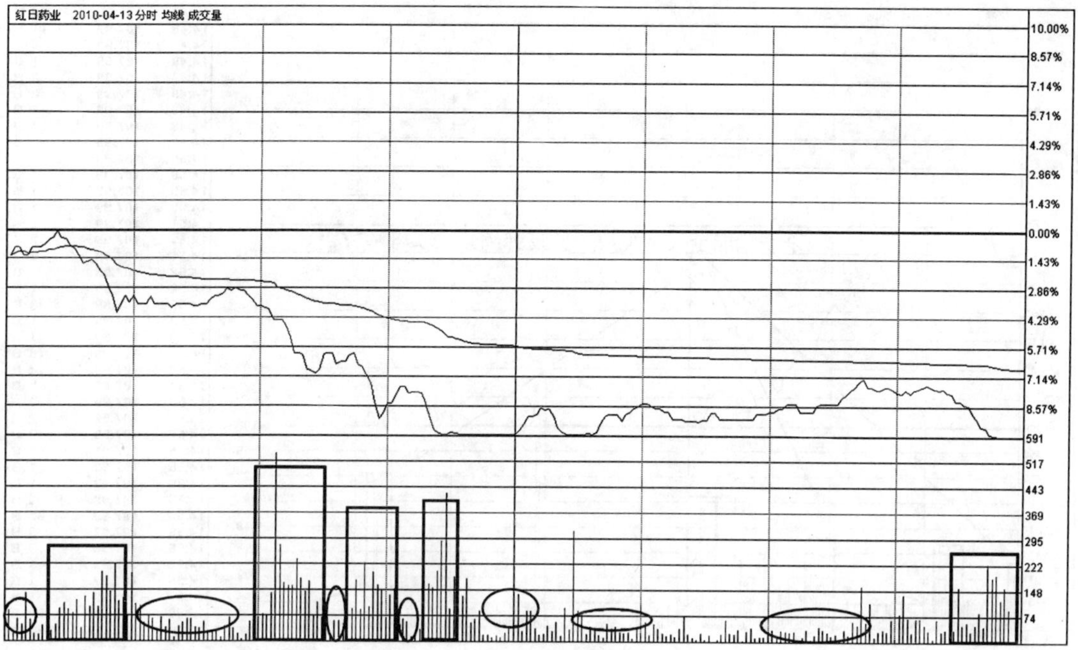

图 12－6　红日药业（300026）2010 年 4 月 13 日分时图

图 12－7　红日药业（300026），2010 年 4 月 13 日

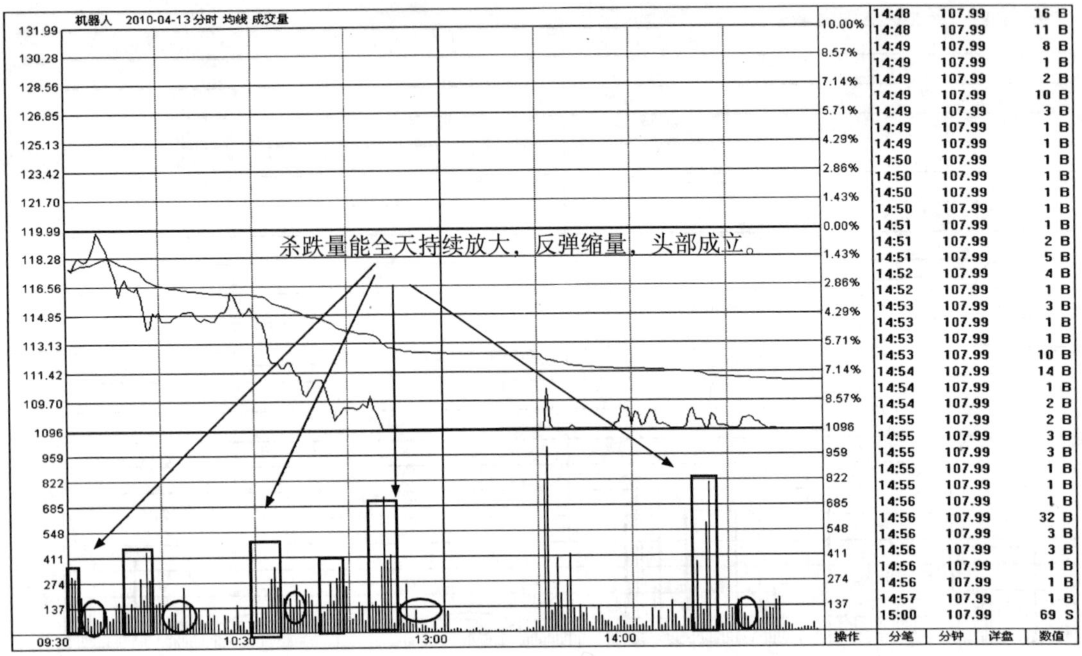

图 12－8　机器人（300024）2010 年 4 月 13 日分时图

图 12－9　机器人（300024），2010 年 4 月 13 日

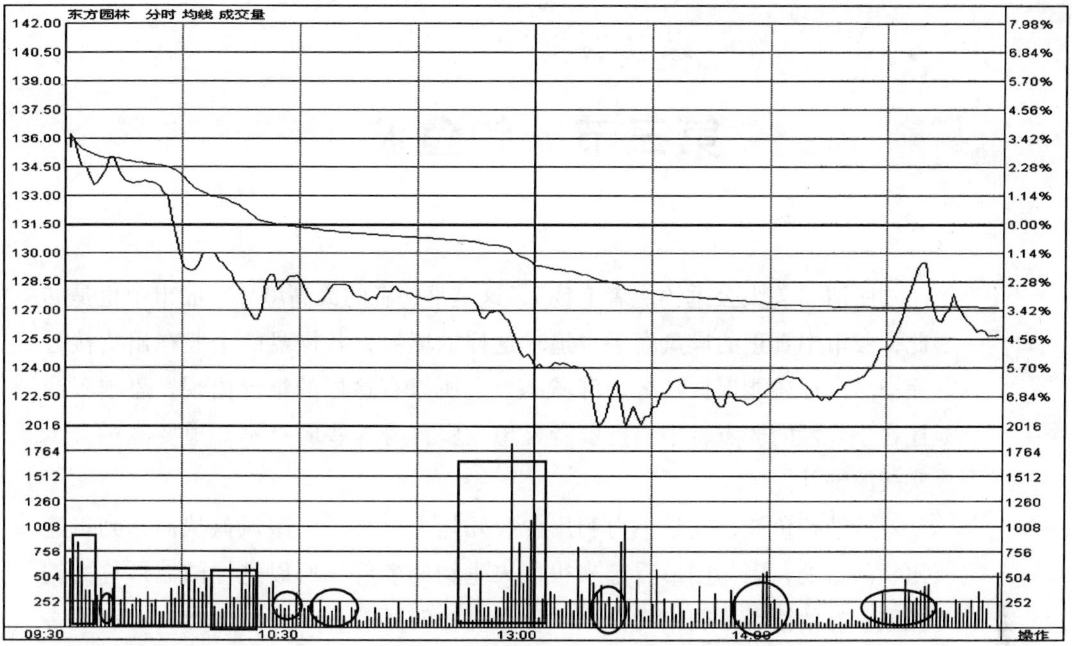

图 12－10 东方园林（002310）2010 年 9 月 3 日分时图

图 12－11 东方园林（002310），2010 年 9 月 3 日

第三节 钓鱼波

所谓“姜太公垂钓愿者上钩”，这是垂钓者的最高境界。股市中也是如此，股市中真正的操盘高手也追求这样的境界，其操盘的个股在出货接近完毕后往往还能保持强势上涨状态。之所以有这样的情况出现，恐怕根源还在于人性的弱点，中小投资者要想克服自身这些弱点不知道要经过多少实战的洗礼。

所谓钓鱼波，就是主力利用少数几笔大单来吸引跟风盘从而达到迅速出货的目的，因为图形看起来很像人垂钓的姿势，所以这样的波形称为钓鱼波。有的读者不明白为什么股价在高位时还有那么多跟风盘，趋利避害是人类千古不变的本性，追涨杀跌是人类这一本性在股市中的本质流露，当人被贪婪和欲望吞噬时悲剧就不可避免地要发生。

1. 钓鱼波特点

（1）钓鱼波一般发生在股价高位或波段高位处。

（2）钓鱼波一般发生在早盘半小时内，极少数发生在午盘或尾盘。

（3）钓鱼波一般多为主力少数几笔大单拉高，相应的量能结构一般比较散乱，如果有两波或三波拉高，则通常伴有量价背离现象发生。

（4）对钓鱼波走势全天量能统计，一般杀跌量能之和是拉升之和的两三倍以上。

（5）钓鱼波出现后，K 线形态常出现经典的头部组合，均线最佳卖点和趋势卖点随后出现。

2. 案例

如图 12－12 和图 12－13 鲁信高新（600783）所示，该股 2010 年 10

月 28 日走势，早盘半小时内几笔大单将股价拉高，几波走势并不流畅，而且分时出现了明显的量价背离走势，这说明做多量能出现了萎缩且已成强弩之末之势，随后股价出现了跳水走势，全天以震荡盘跌出货为主，特别是尾盘最后一小时的疯狂出货更是验证了早盘的判断。从当日 K 线图看，这个位置虽还不能肯定地下判断股价立马转为跌势，但通常情况最好的情况也只是转为一个盘整走势，实战中只能根据大概率处理，如果此时你心里还指望它继续疯涨的话，那就是被自己内心的贪念所牵引，有这种心态自然就会当断不断反遭其乱，股市中机会很多，但要想从中盈利，技术是一方面，手起刀落的性格却必不可少。

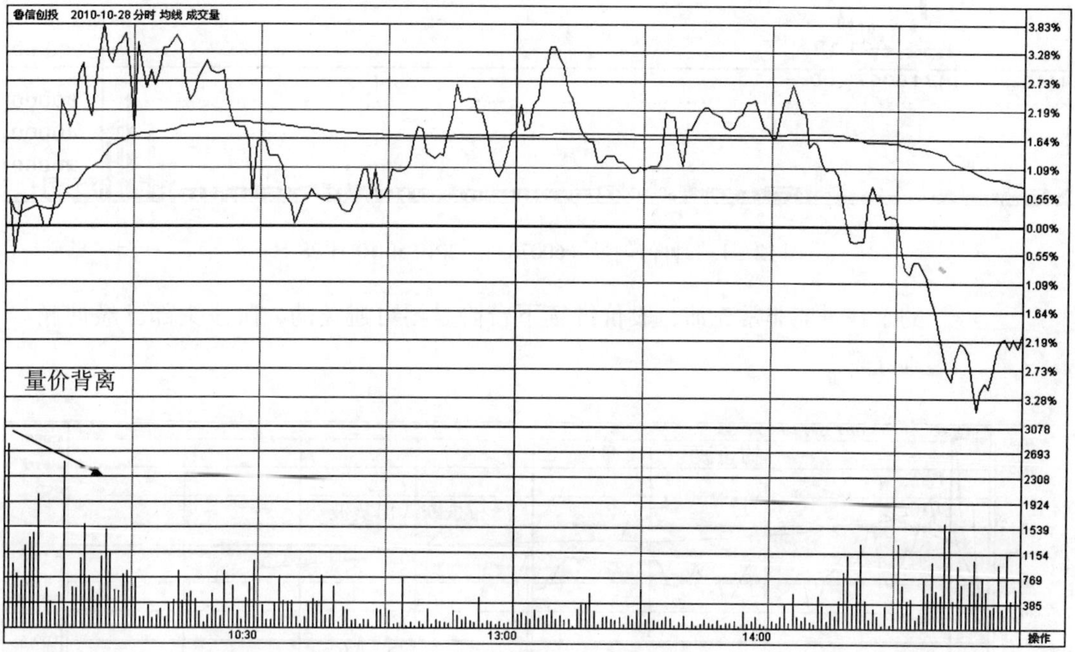

图 12－12　鲁信创投（600783）2010 年 10 月 28 日分时图

还是以鲁信创投（600783）为例。图 12－14 所示为该股 2010 年 11 月 2 日分时走势，该股当日走势是非常正宗的教科书般的钓鱼波走势，该股早盘通过几笔凌乱的大单将股价迅速拉高，随后主力快速杀跌出货，全天振幅巨大，套牢者无数。该股主力对人性的拿捏十分到位，早盘 15 分钟内将股价拉高是不想给前期套牢者太多思考卖出的时间，同时迅速套牢早盘追高者，可谓一石二鸟。午盘开始直至收盘是上一节我们讲的瀑布杀跌式出货波。我们看看图 12－15 该股当日后的 K 线形态。该股当日出现了具有长上影线的大阴线，而且阴线实体收于小箱体所有 K 线实体之下，其对应

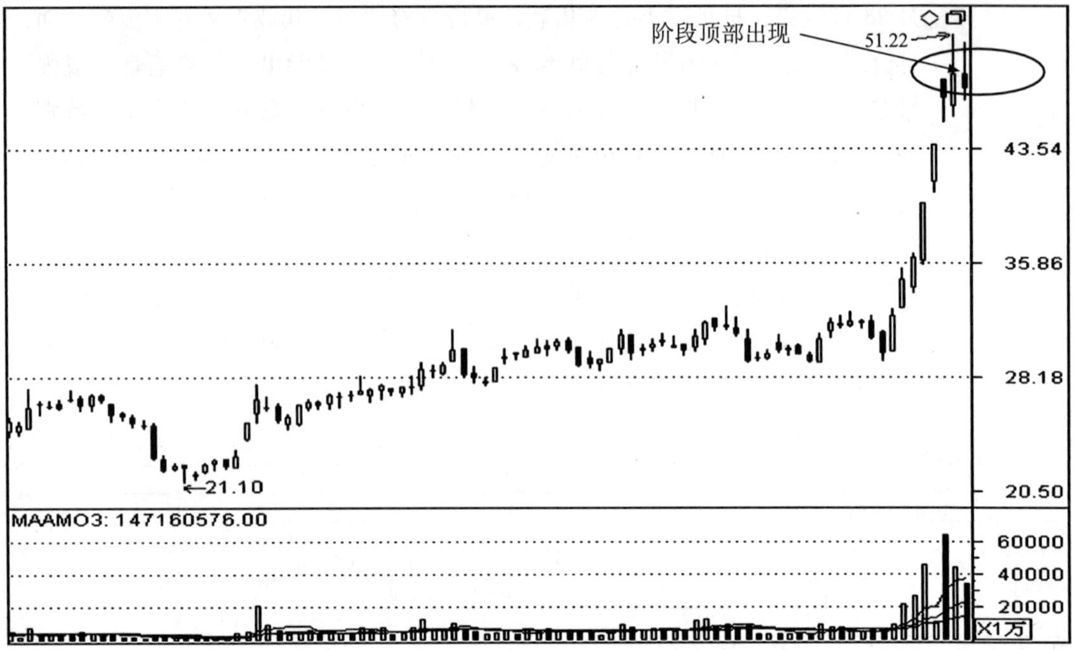

图 12－13　鲁信创投（600783），2010 年 10 月 28 日

的杀跌量能非常充沛，股价继续下台阶是不可避免的，阶段头部已经彻底确立了。

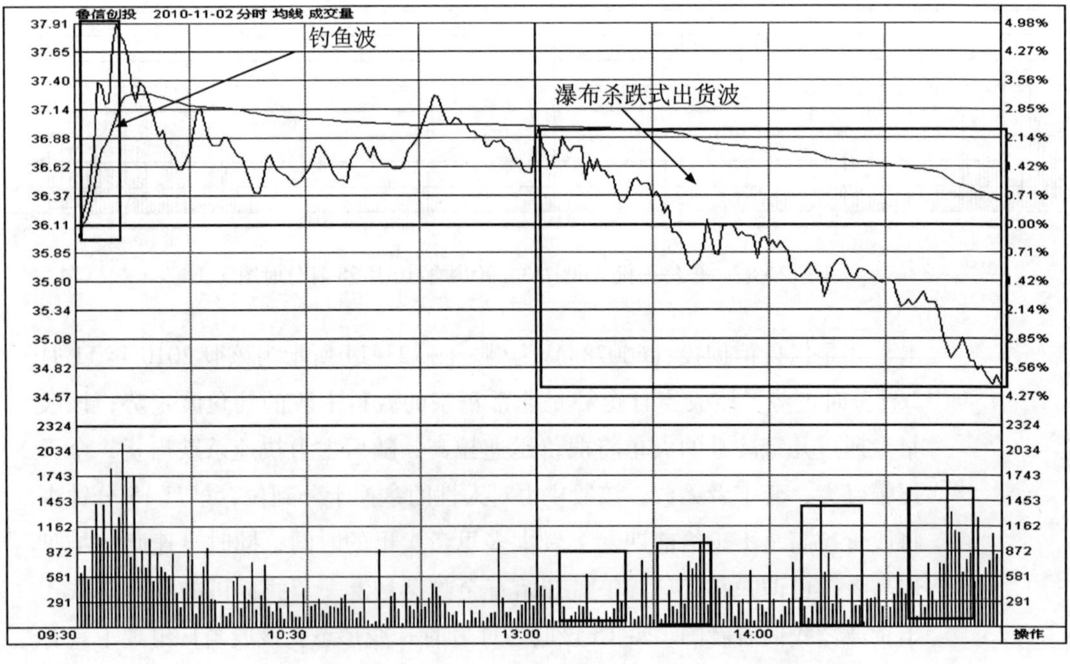

图 12－14　鲁信创投（600783）2010 年 11 月 2 日分时图

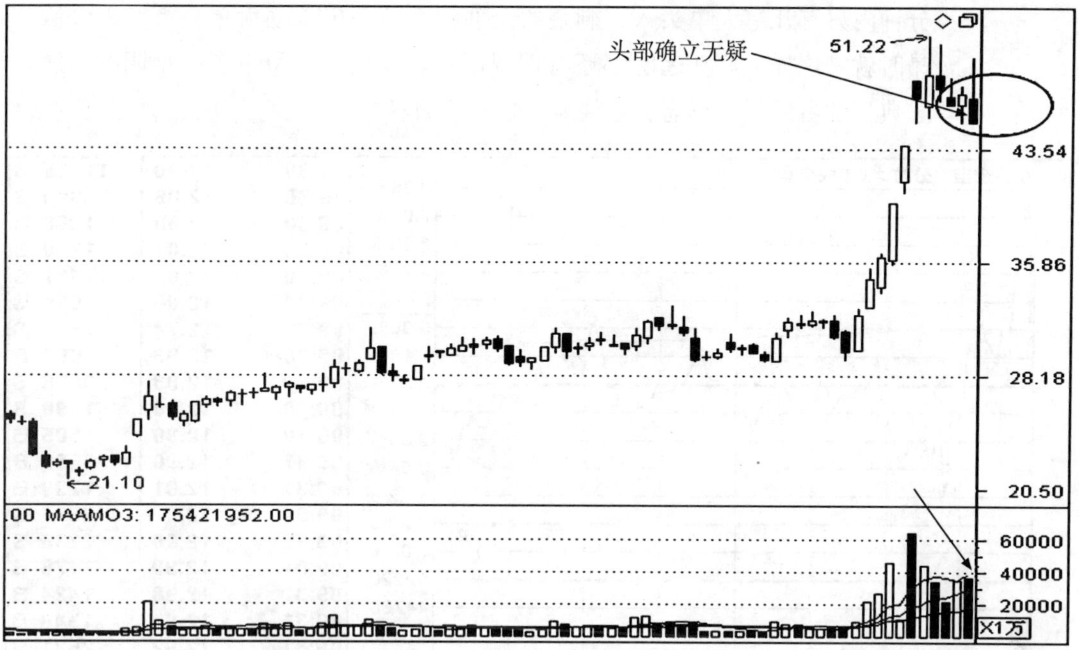

图 12－15　鲁信创投（600783），2010 年 11 月 2 日

如图 12－16、图 12－17 和图 12－18 所示，2010 年 10 月 20 日，江苏宏宝（002071）的走势是非常夸张的，早盘该股主力只有几笔大单拉升，但跟风者太多，从该股当日早盘前 5 分钟的成交明细来看，该股当日开盘 5

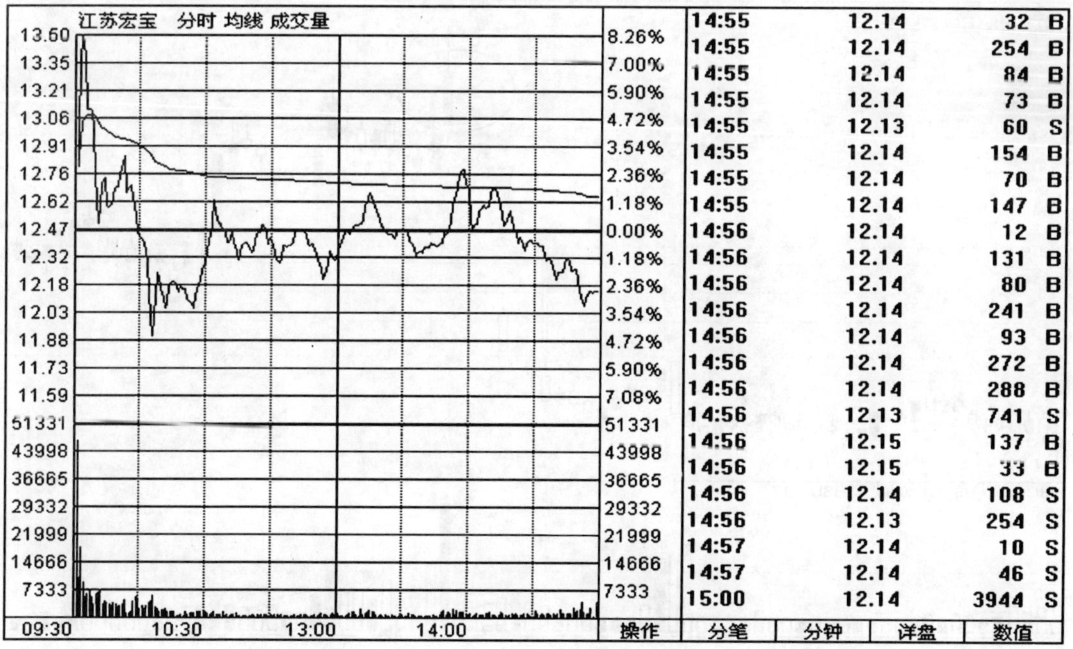

图 12－16　江苏宏宝（002071）2010 年 10 月 20 日收盘明细

分钟内只有几笔大单买入，剩余的全部为巨额卖出杀跌大单。市场人气激昂时就是这样，疯狂之时哪还有理智可言。该股当日留下了巨型阴线，属于典型的看跌吞没形态，短线减仓是必须的。

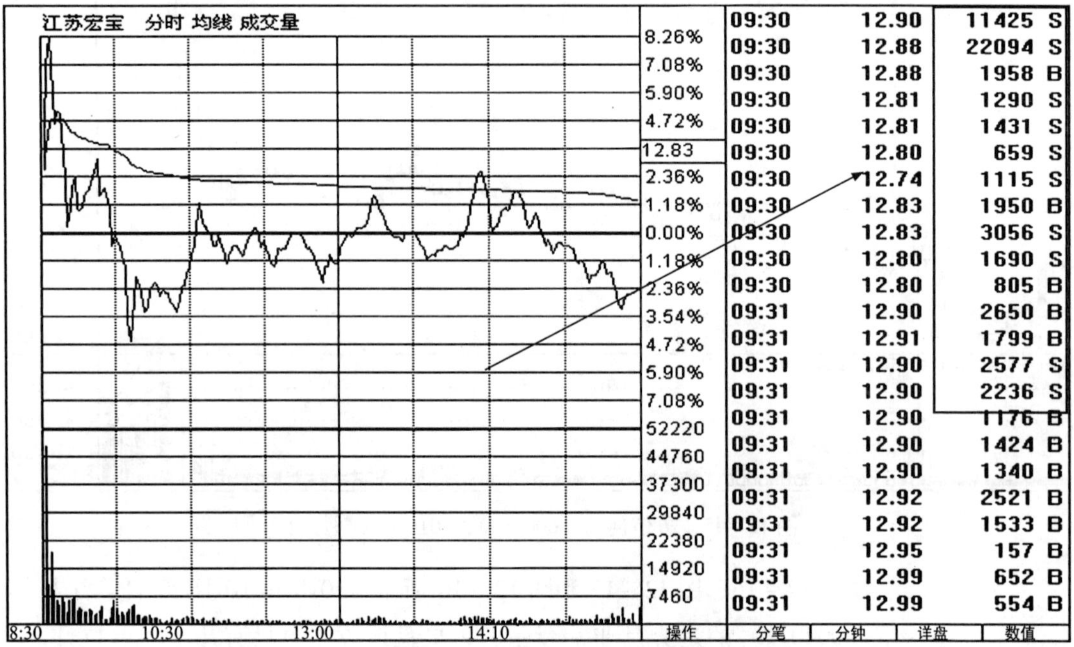

图 12－17　江苏宏宝（002071）2010 年 10 月 20 日开盘明细

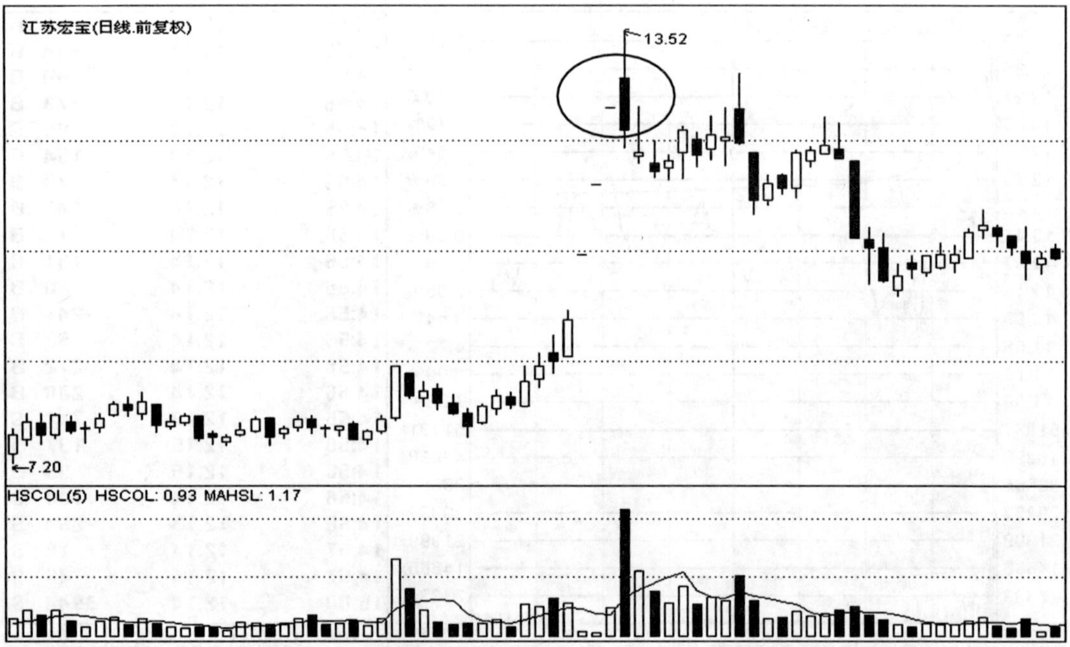

图 12－18　江苏宏宝（002071），2010 年 10 月 20 日

实战时，钓鱼波一般要结合头部形态和均线卖点及趋势卖点综合研判，有的钓鱼波出现后股价还有可能出现横盘整理情况而不是股价排山倒海般地杀跌。分时波形属于细微技术，一般和趋势达成共振那才是卖出的契机。

回顾中国A股这30多年的发展，不但公募基金出现巨亏，很多私募基金也都被清盘，所谓的游资敢死队被绞杀的案例更是比比皆是。技术分析只是术不是道，机构尚且无法借此生存何况散户乎？所以，技术分析要学，基础分析也不可荒废，二者相结合才能让我们离事实真相更近一些。我看到市场很多技术分析者特别是某些人把自己的技术吹的神乎其神，这种自欺欺人的做法的危害是非常大的，如果真能靠他们所建立的那一套不断地盈利而无亏损，那他们的财富早就超越巴菲特了。所以，读者朋友不要迷信那些“股神”的说教，道术兼修才是成为一名成功投资者的正途。

第十三章

分时结构研究

分时是K线细分的极致，分时上的走势较日线、周线等更容易把握，掌握好分时结构及形态的应用，能让你在超短线操作上更胜一筹。

第一节 箱体

在第十章技术分析的哲学理解一章中我已提及，分时其实是K线细分的极致。对于K线，我们经常说年线图、月线图、周线图、日线图、60分钟图、30分钟图、15分钟图、5分钟图、1分钟图，一般的软件上再分就分不下去了，分不下去了怎么办？于是更细微的分时图就出现了。从分时图产生的机理看，分时图和一般K线图一样，可以采用传统的技术分析方法来分析，这节我们就来谈谈分时形态结构——箱体。

1. 分时箱体的特征

（1）分时箱体内的量能一般成缩量状态。

（2）分时箱体的突破一般要求放量和高换手。

（3）分时箱体突破后一般会出现回踩和反扑。

（4）日线趋势向上时，分时箱体向上突破后可加仓；日线图向下时，分时箱体向下须减仓。

下面我们结合实战案例来看看分时箱体的特征。

2. 案例

如图13－1和图13－2所示，为海普瑞（002399）在2010年11月29日的走势，早盘10:00分时上突破了一个小箱体，然后该股从上午10:00到下午2:00之间在长箱体内蓄势，下午2:00附近量能异常放大，箱体被突破，随后分时上还有个回踩箱体的动作。这两处箱体被突破及回踩处都是加仓点，为什么？从该股的日线图看，该股当日放量，而且开盘就直接突破了两个重要的技术位。一是均线最佳买点；二是突破趋势线压制。所以是有效突破，追涨买入无忧。

图13－3和图13－4所示为信立泰（002294）2010年12月6日走势，

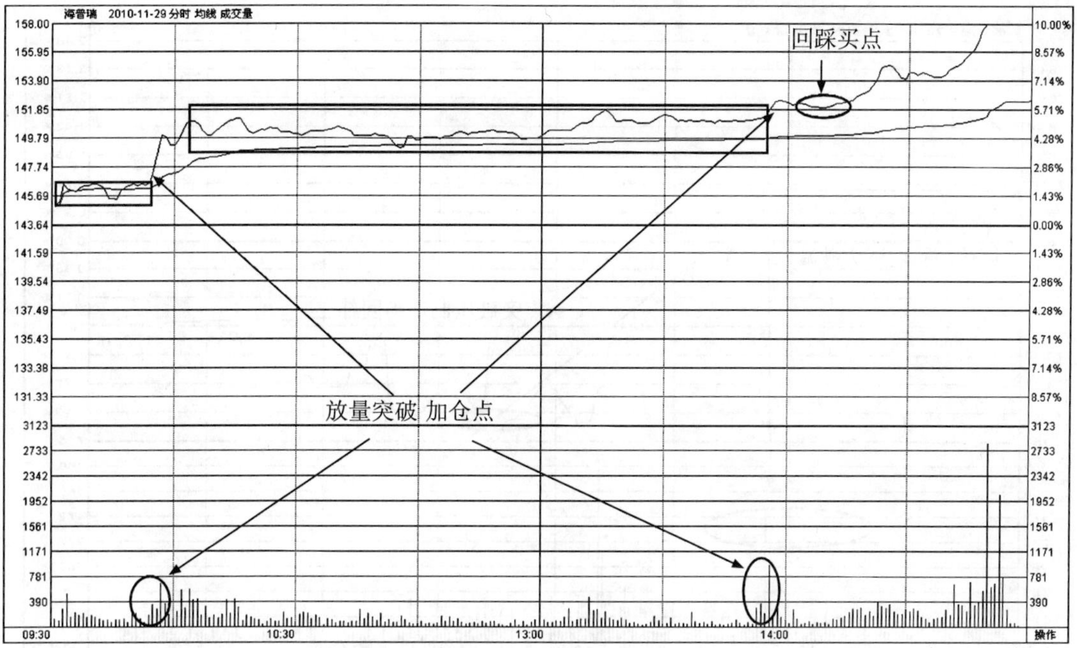

图 13－1 海普瑞（002399）2010 年 11 月 29 日分时图

图 13－2 海普瑞（002399），2010 年 11 月 29 日

该股分时上在 9：30～10：40 间形成了一个箱体，注意这个箱体的突破是一个明显的带量向下突破，因此就超短线看，减仓没问题，下午分时走势突

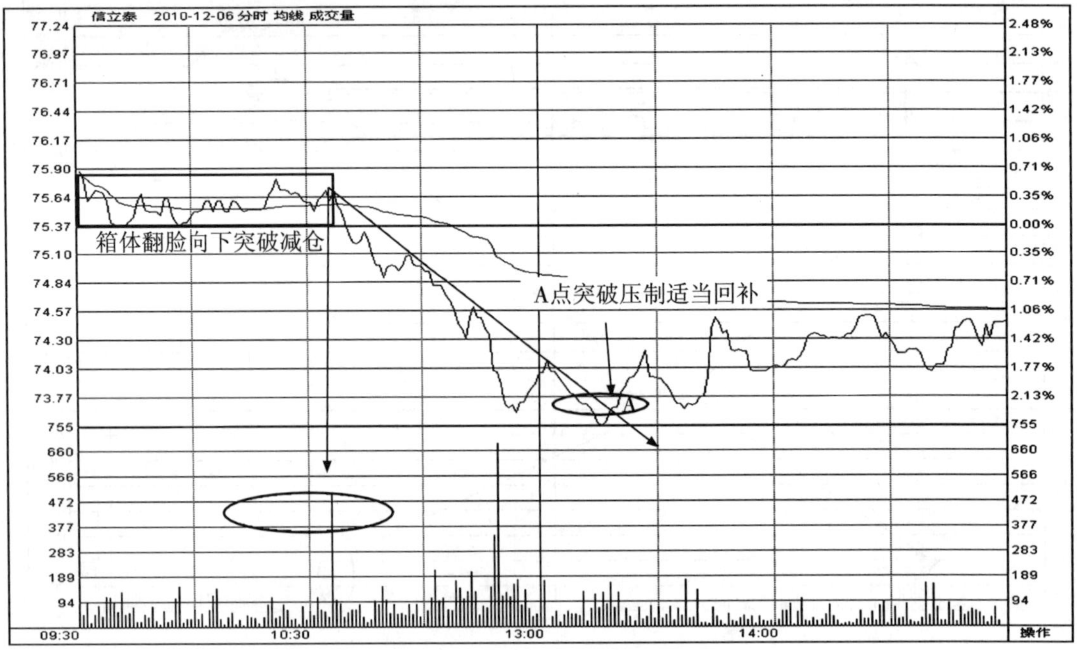

图 13－3 信立泰（002294）2010 年 12 月 6 日分时图

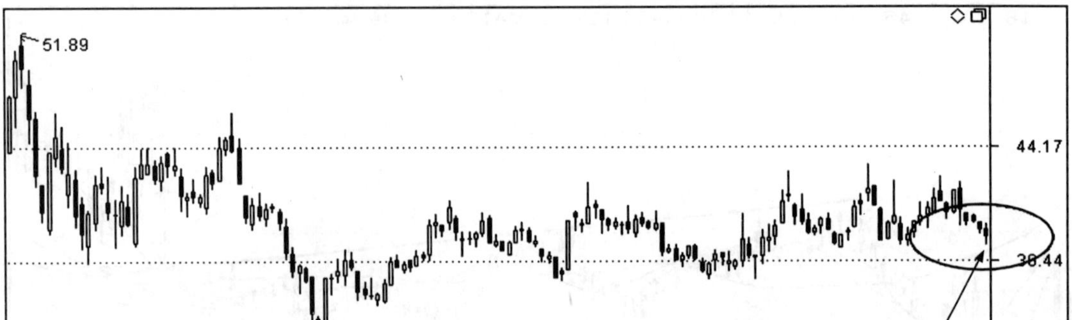

图 13－4 信立泰（002294），2010 年 12 月 6 日

破趋势线压制时可适当回补。但从日线图看，该股处于盘整阶段，方向不明，这种情况要谨慎为上，大的战略临盘减仓实在不能含糊。

图 13－5 和图 13－6 所示为丽珠集团（000513）2010 年 12 月 6 日走势，不多说了，大家可以根据案例信立泰的分析来推敲一下临盘时的操盘策略。

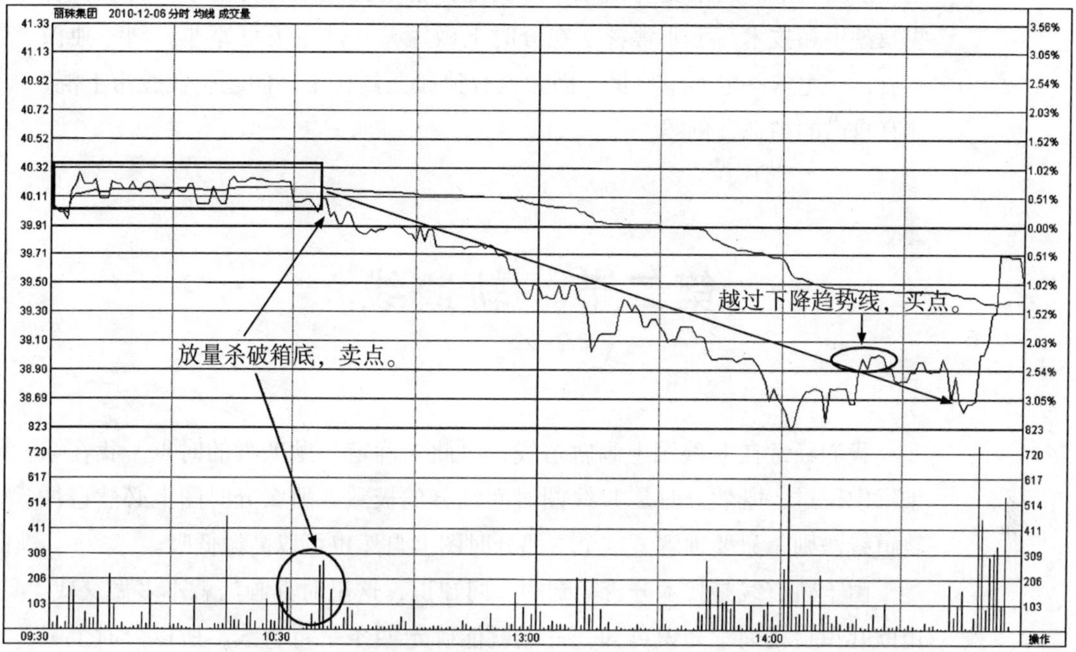

图 13－5 丽珠集团（000513）2010 年 12 月 6 日分时图

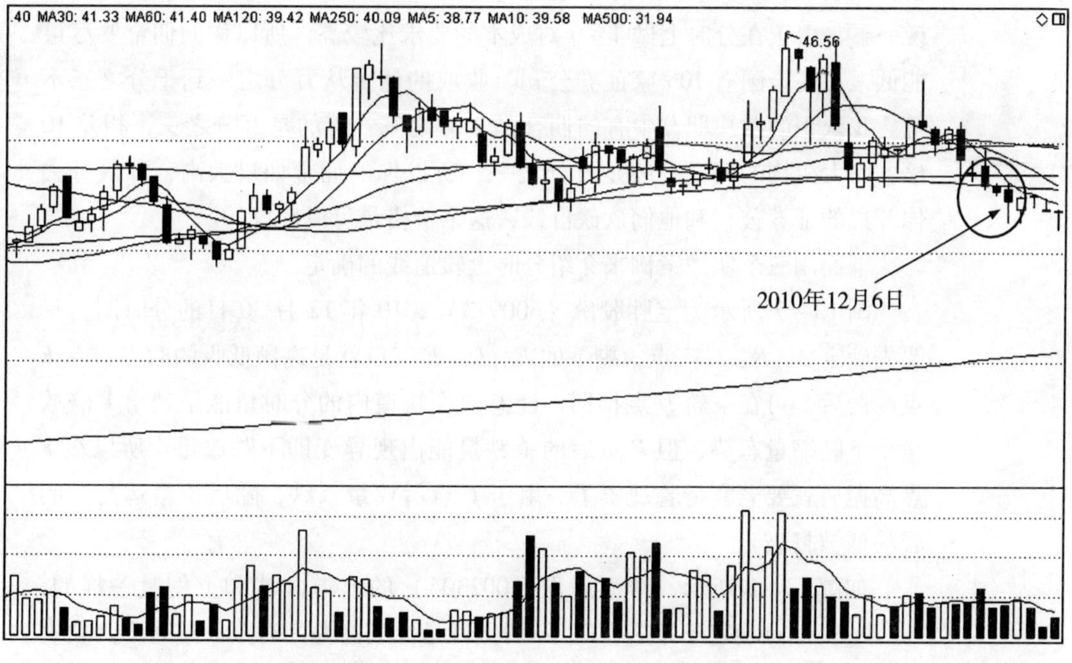

图 13－6 丽珠集团（000513），2010 年 12 月 6 日

一般来说，分时上的走势较日线、周线等更容易把握，因为日线、周线涉及时间相对较长，受经济周期、国家政策、货币供应等的影响更大，往往预测和推断起来更为困难，反倒是分时把握起来相对简单。所以，有些操盘手和技术高手非常喜欢在分时上做短差，这也无可厚非。剑圣独孤求败，一生求一败而不可得，因为他有独孤九剑在手，问题是在股市上混，你有自己的独孤九剑吗？

第二节　轨道线

我们经常在K线图上画轨道线，以此来确定高抛低吸的时点。我在第十章中说过，既然分时是K线图时间细分的极致，那么分时图上必然遵循轨道线法则，只要理解了这个，那分时图上自然也可以高抛低吸。

由于轨道线是技术分析基础的入门知识，这里对其画法就不多做交代。由欧几里得几何学知识可知，三点就能确定两条平行直线，所以分时上只要能先确定三点，其价格轨道自然就确定下来了，剩下的价格走势就会在平行线这个轨道内运行，直至量能异变打破这个平衡。这里还要和朋友们说一下，由于在分时上做T+0对成本的要求比较高，所以你的佣金要尽可能低，现在全国有106家证券公司，收取的佣金从万分之一到千分之三不等。我认识的散户朋友中有的佣金是千分之三，有的是万分之三，相差10倍，而大机构的佣金一般是万分之一，所以你的佣金如果太高，那最好去你开户的证券公司和他们砍砍价钱，这个价格是可以商议的。

下面用三个实战案例来介绍分时上轨道线的确定。

图13－7所示为宝胜股份（600973）2010年12月30日的分时图，只要先确定*A*、*B*、*C*三点，剩下的*E*、*D*、*F*三点就是高抛低吸的时点，在*E*点高抛后，可在下轨*D*点接回，注意前面轨道内的分时量能呈现出上涨放量、下跌缩量态势，但*F*点后的杀跌量能出现异变即下跌放量。所以在*F*点高抛后就要老实待着观望了。由于*F*点后放量杀跌，随后价格运行区间轻易便被打破。

如图13－8所示，洋河股份（002304）的轨道画法和上例是一样的，*A*、*B*、*C*三点确定下来后，*D*、*E*两点就是低吸高抛的时点。这时下降轨道内的量能变化和案例宝胜股份恰好相反，呈现出下跌放量、反弹缩量态势，

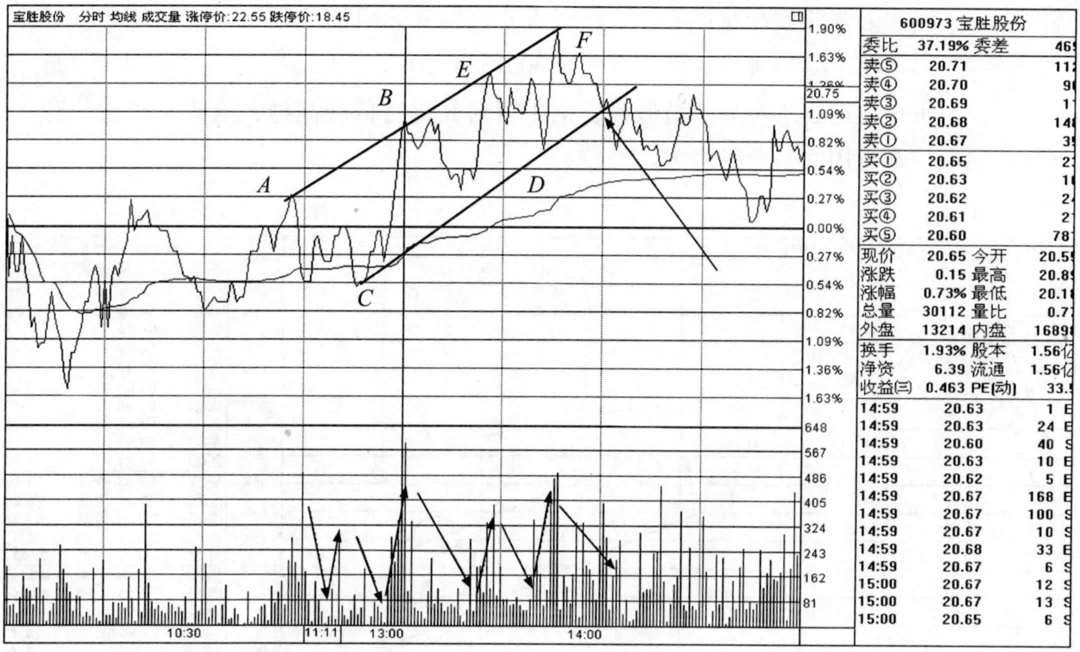

图 13－7　宝胜股份（600973）2010 年 12 月 30 日分时图

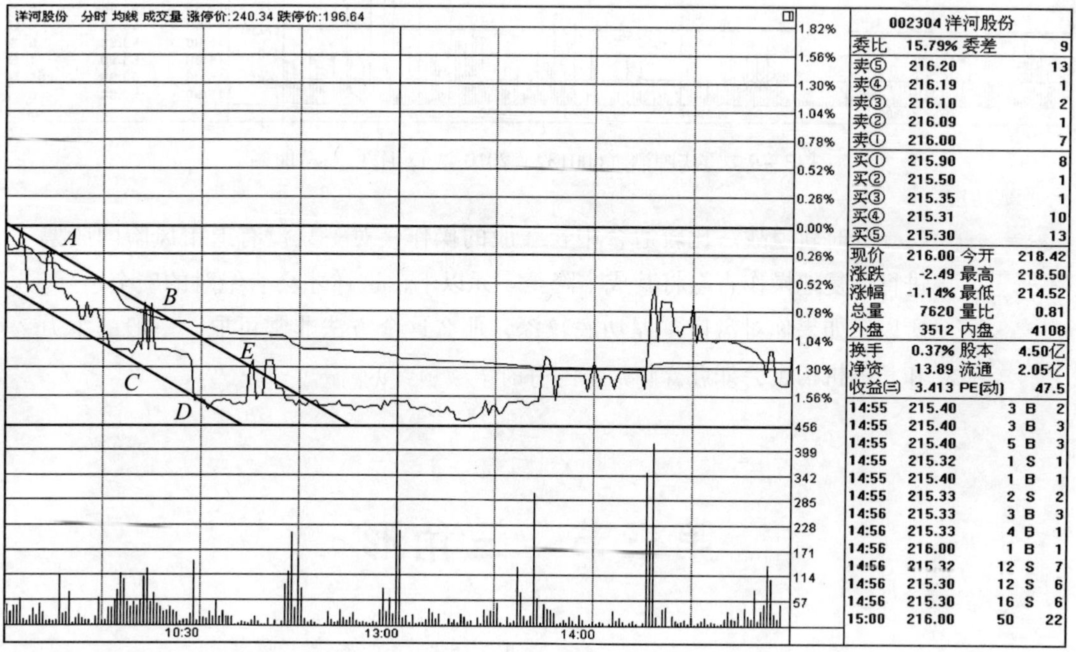

图 13－8　洋河股份（002304）2010 年 12 月 30 日分时图

由于 E 点没发生量能异变，所以 E 点高抛并无问题。

图 13－9 所示为重庆啤酒（600132）2010 年 12 月 30 日分时图，早盘可按轨道战法对其高抛低吸，下午可对其进行低吸高抛，这算是轨道战法综合运用的一个战例了。

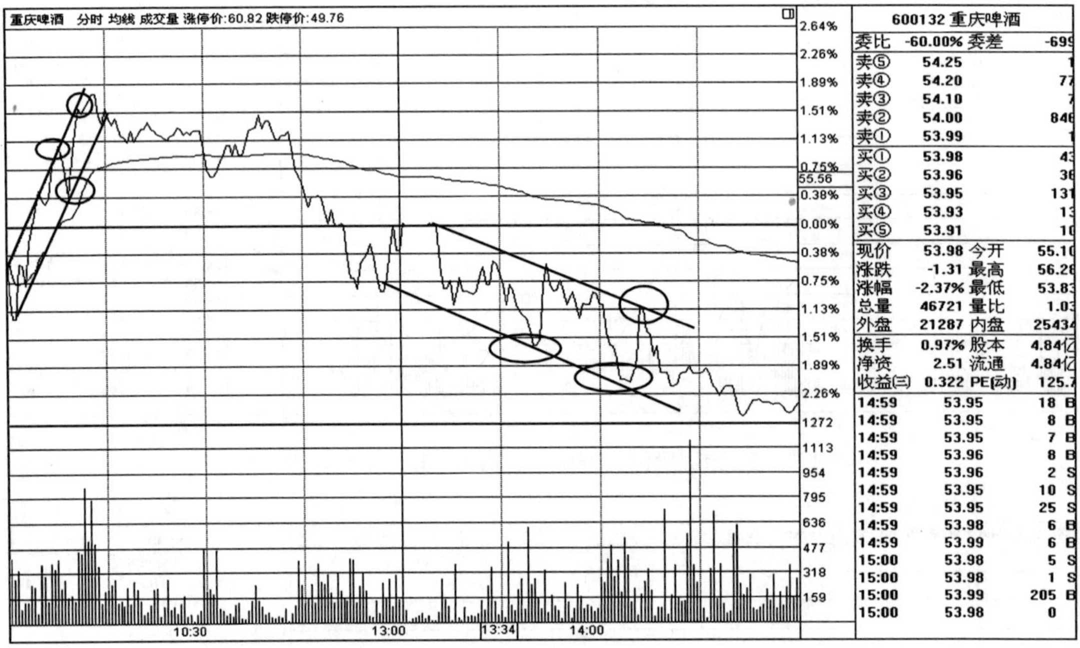

图 13－9 重庆啤酒（600132）2010 年 12 月 30 日分时图

分时轨道战法比较适合中长线股的操作，对一只没有退市风险的股票进行反复地操作直至将其成本降至零元以下，这样才会有绝对的安全边际。所以，如果你对盘口拿捏功底较深，那么这个方法非常可取。一般的主力和私募机构也会如此操作。

第三节 三角形

K 线分析上有三角形整理形态，根据技术分析的哲学理解，分时上也必有三角形形态。三角形整理形态有对称三角形、上升三角形和下降三角形三种，这节我就和朋友们探讨一下分时上的三角形整理形态。

下面仍结合具体实战案例来理解分时上的三角形整理形态。

图 13－10 所示为海普瑞（002399）2010 年 11 月 19 日分时图，这是分时上标准的对称三角形。读者朋友需要注意的是，三角形整理末端是不断缩量的，缩量至极致就必有选择，至于对称三角形最后向哪个方向选择，那就要看三角形末端后向哪个方向放量，在图 13－10 中选择向上放量突破，第一次突破上轨及回踩三角形上轨时就是加仓点。

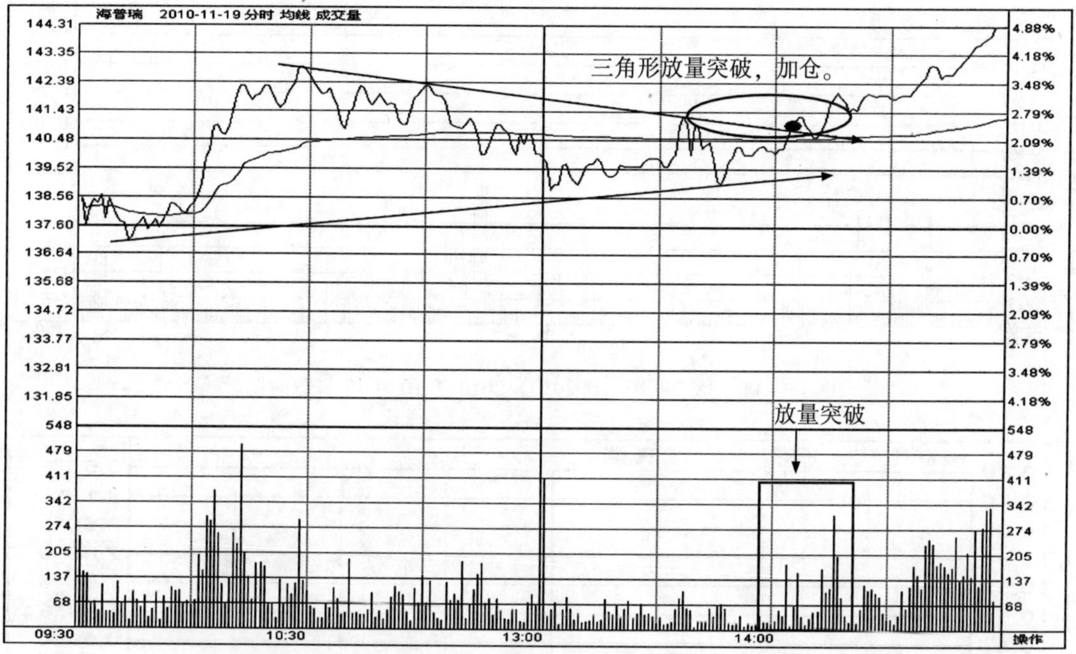

图 13－10 海普瑞（002399）2010 年 11 月 19 日分时图

如图 13－11 所示，达安基因（002030）2010 年 10 月 19 日早盘走出了标准的上升三角形整理形态。从该图看，下轨底部重心不断被抬高，一旦放量突破上轨就可及时跟进。做短线眼疾手快是必须的，看盘时要凝神静气、仔细观察、等待时机，该出手时就出手。注意，放量时挂单要比现价高出一些，否则可能无法买到。该股当日下午 1:15 左右放量突破，要及时下单跟进，股价午后飙升，这样就搞出了两三个点的短差收益。

如图 13－12 所示，长征电气（600112）在 2010 年 12 月 6 日早盘 11:00 附近走出了下降三角形整理形态。该股早盘下轨处不断获得支撑，但反弹的高点不断降低，最后末端放量下跌，突破下轨时就是分时最佳卖点。

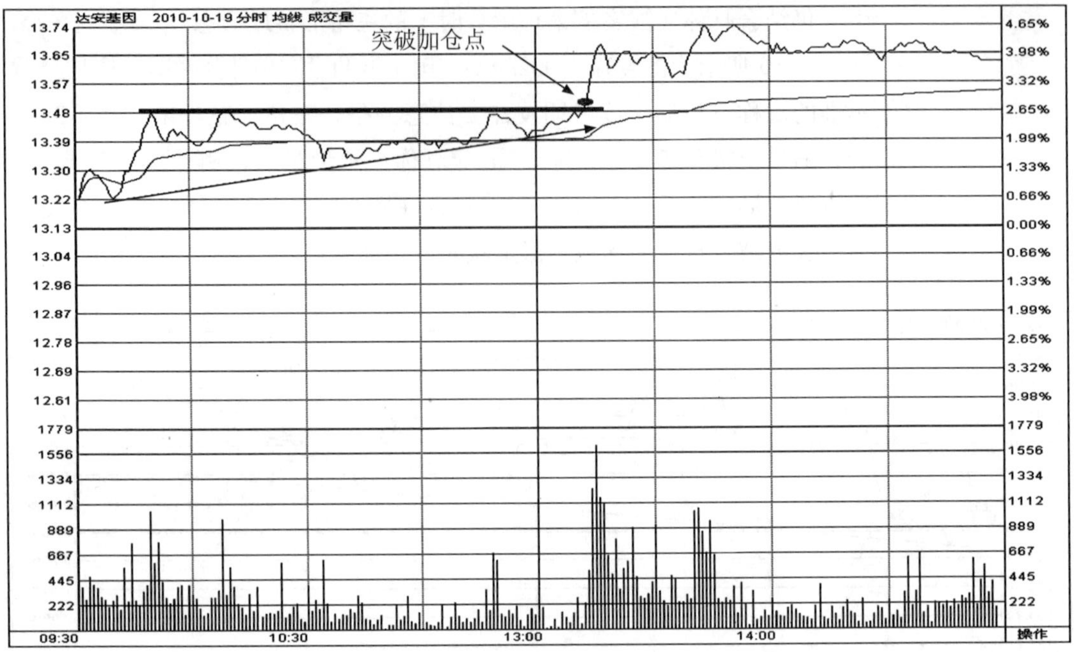

图 13－11 达安基因（002030）2010 年 10 月 19 日分时图

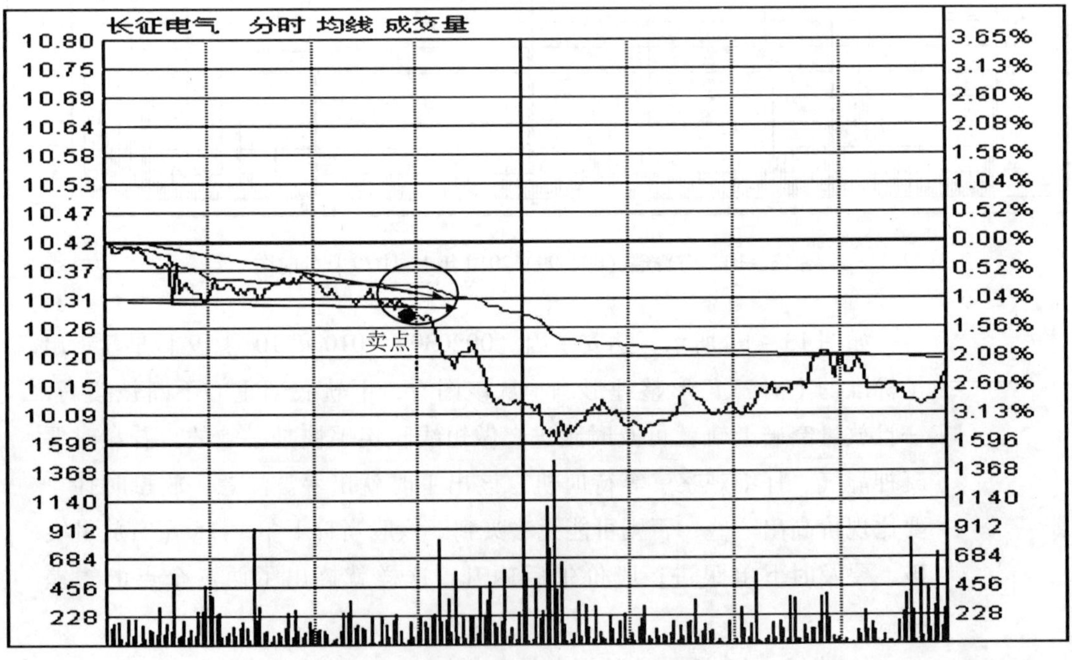

图 13－12 长征电气（600112）2010 年 12 月 6 日分时图

这种分时战法要和其他形态配合使用，它同样非常适合中长线持股者，通过此种超短线操作持股成本不断下降，最终的目的当然是要将自己的持股成本降到零元以下，这样才会有绝对的安全边际。

第四节　头肩底

上节和朋友们交流了三角形整理形态，这节和朋友们探讨一下另一个重要的分时形态——头肩底。

还是结合具体实战案例来理解分时头肩底形态以及操作策略。

图 13－13 所示为信立泰（002294）2010 年 12 月 7 日早盘分时图。该股早盘半小时走出了漂亮的头肩底形态，分时上该股突破颈线位即构成加仓点，这一点和日线头肩底形态的技术处理方法是一致的。

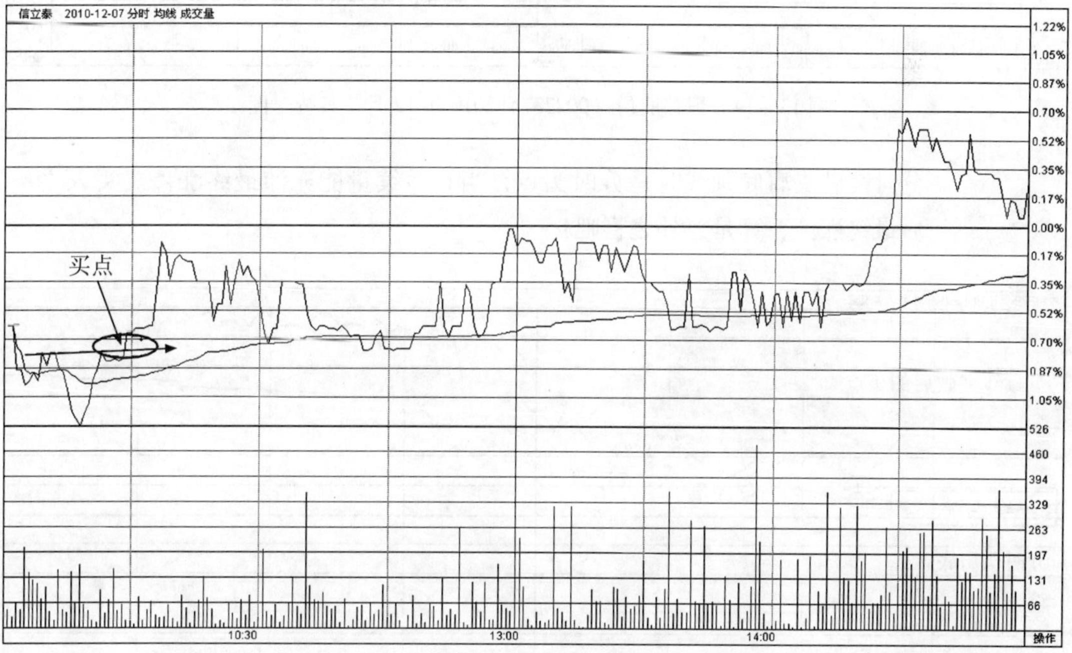

图 13－13　信立泰（002294）2010 年 12 月 7 日分时图

图 13－14 所示为恒邦股份（002237）2010 年 12 月 7 日早盘分时图。该股早盘也走出了一个头肩底形态，但不同的是，此头肩底是一个上升中继形态。同样的道理，颈线位一旦突破，就是短线加仓点。

图 13－15 和图 13－16 所示为中科三环（000970）2010 年 12 月 31 日分时图，该股早盘 40 分钟内走出了漂亮的头肩底形态。同样的道理，该股

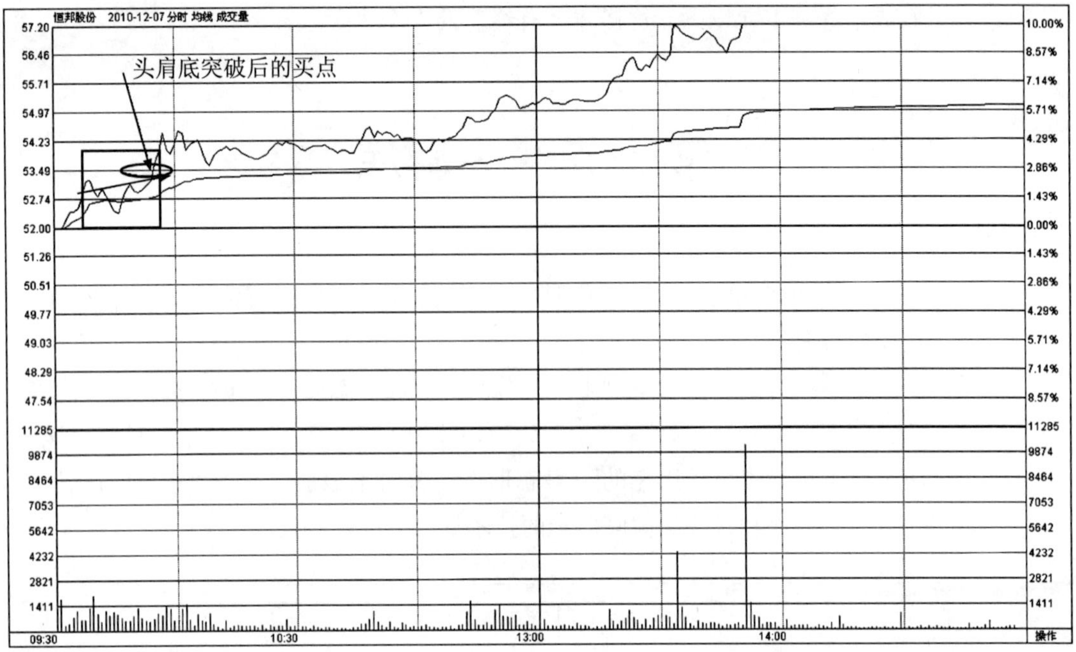

图 13－14 恒邦股份（002237）2010 年 12 月 7 日分时图

分时突破头肩底颈线时是分时买点，当日后续量能充沛最终涨停。买入之后最终涨停，算是意外之喜吧！

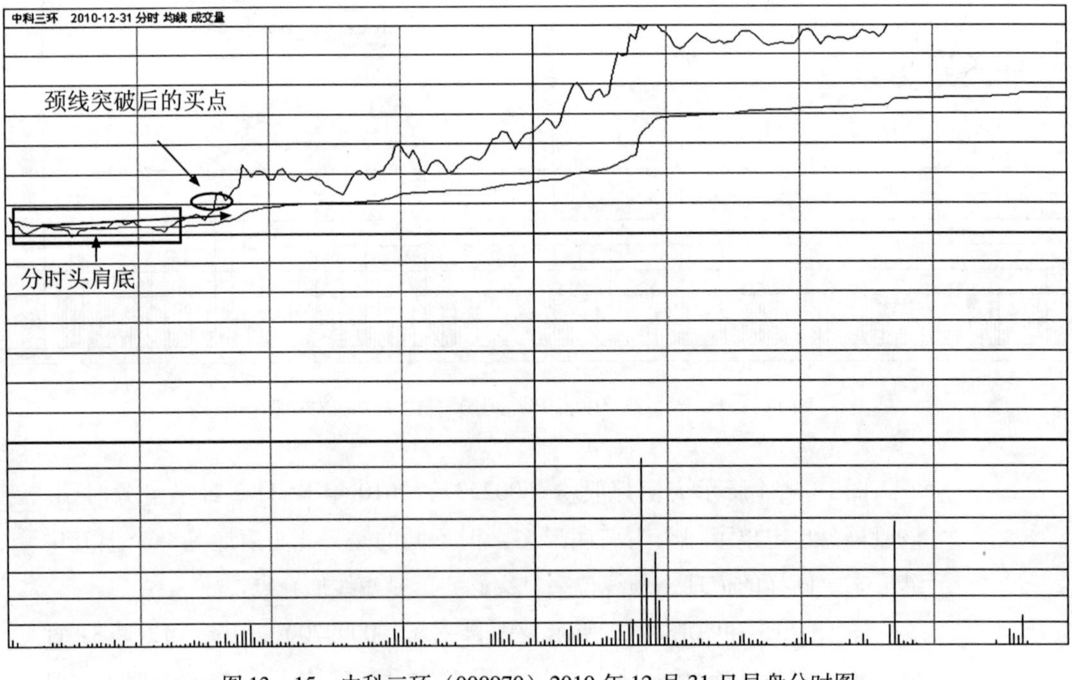

图 13－15 中科三环（000970）2010 年 12 月 31 日早盘分时图

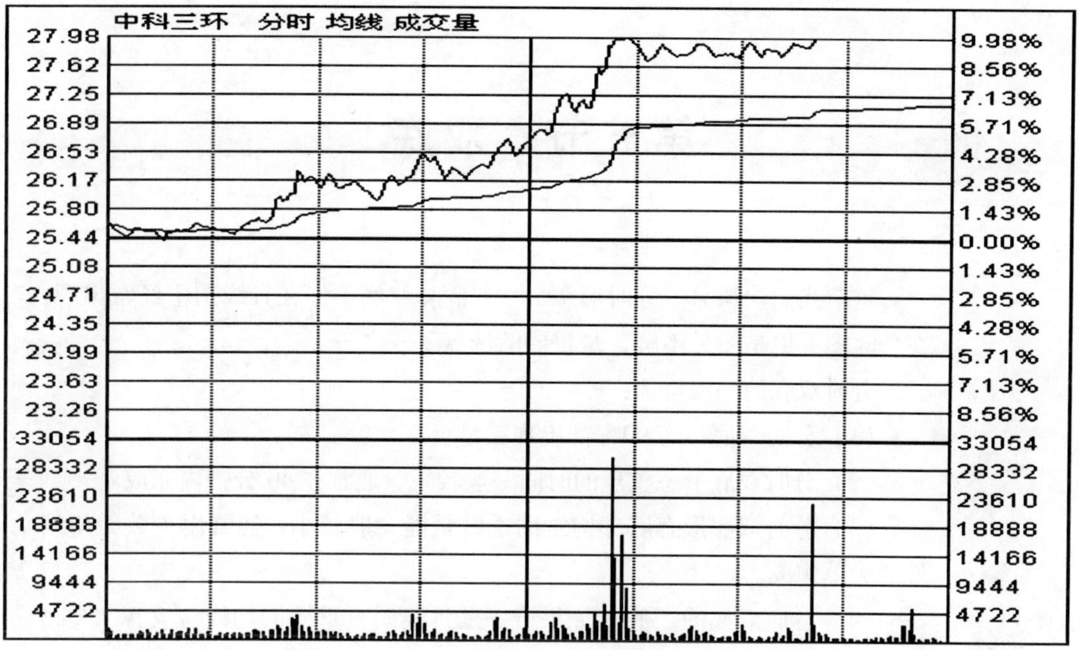

图 13－16　中科三环（000970）2010 年 12 月 31 日分时图

关于头肩底的量能结构，这里给大家简单说一下，图 13－17 所示为我的学生整理出的关于头肩底量能结构的一般情况，这里仅供大家参考，实战中的情况要复杂得多，切不可教条。

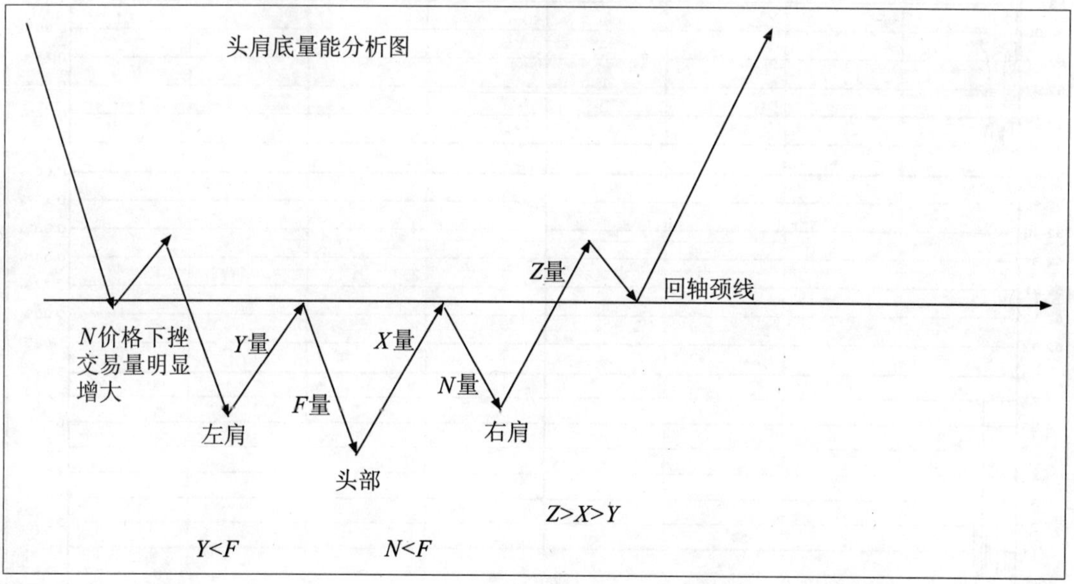

图 13－17　分时头肩底量能结构示意图

第五节　双底

这节我们谈谈另一分时形态——双底。双底不但在日线图中经常出现，在分时图上也是屡见不鲜，是重要的洗盘手法之一。

分时双底的一般特征：

（1）分时双底形态90%都出现在早盘。

（2）分时双底形态整理的时间一般较短，通常在40分钟内完成。

（3）分时双底形态底部构筑的杀跌量能一般较小，通常由少数无持续性的大单构成。

（4）分时双底的“底”如果恰好是日线图上重要的均线位支撑（如5日线、10日线、30日线等），或者是重要的技术支撑位（如箱体回踩、轨道支撑等），那实战价值将更大。

下面我们结合具体实战案例来解读。

图13－18和图13－19所示为英唐智控（300131）2010年12月31日走

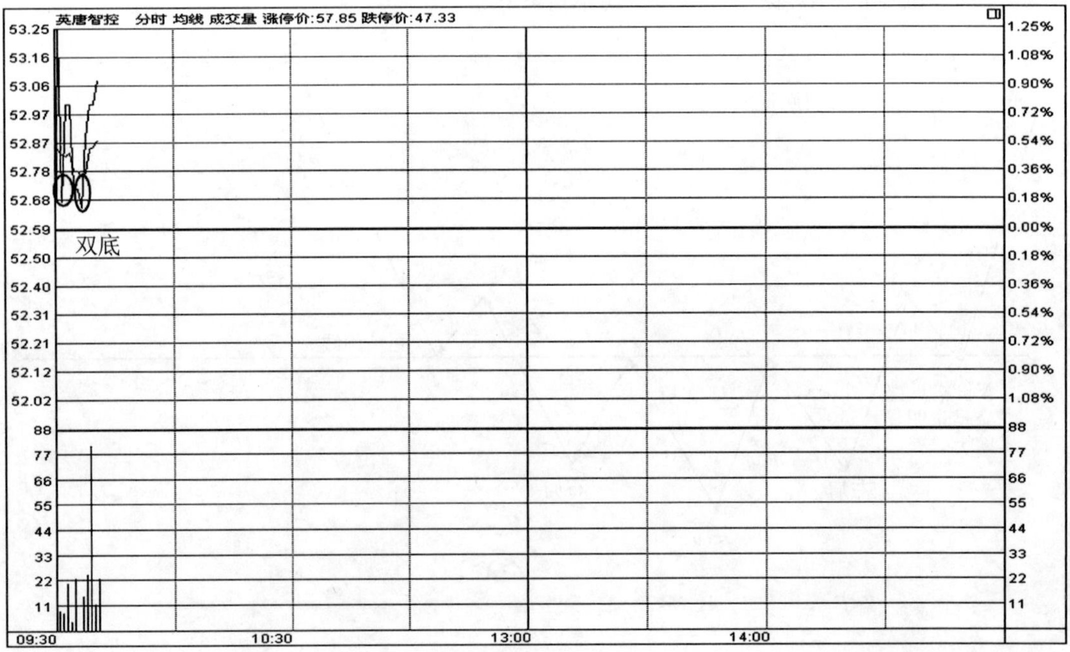

图13－18　英唐智控（300131）2010年12月31日分时图

势。该股早盘构筑了小双底，从分时看，是由少数几笔大单砸出来的。注意，在图形没走出来之前一定要看量比，有的个股虽然看起来分时杀跌量能密集，但往往量比很小，很容易让你产生视觉上的误差，胆子小的人很容易上了主力的道；另外还需要注意的是，该股分时上的双底恰巧是日线图上的5日攻击线和30日生命线的二合一的重要支撑，看起来该主力的操盘也是很讲究的。

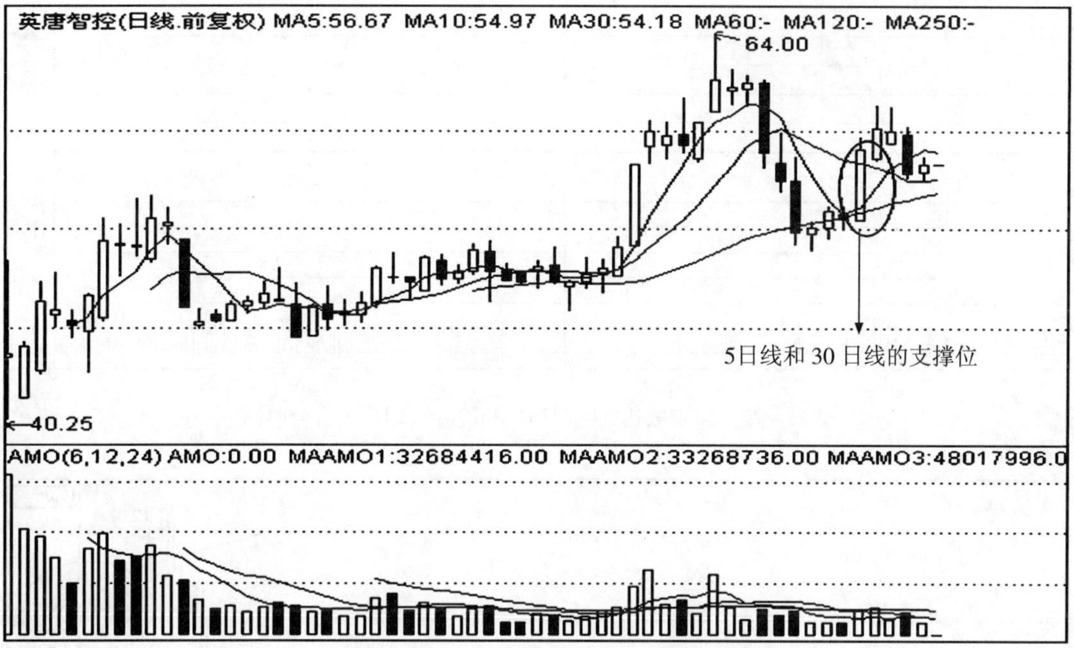

图13-19 英唐智控（300131），2010年12月31日

图13-20和图13-21所示为山东威达（002026）2010年12月31日走势，该股早盘同样是由几笔单子打造了双底，洗盘力度很一般，在日线图上似乎没有什么均线支撑位。但仔细观察，当日K线和前根阴线组成了平底结构，也是重要的技术支撑位。所以分时上的双底结构之后，股价的上涨就顺理成章了。

图13-22和图13-23所示为天齐锂业（002466）2011年1月7日走势。从分时图上看，该股早盘构筑了双底结构，什么时候是买点呢？早盘构筑双底后股价放量突破前高就是买点，观察随后的量能，突破前高后一举碾过前期小平台，此时量比的异常放大让我们实盘决策时更加踏实。但注意，该股从日线技术形态看并没有出现真正的底部形态，这种情况一般要等突破所有均线后回踩情况时再定决策，这样折腾一下起码也要两个月的时间。该股分时图上的分析只适合短炒而已。

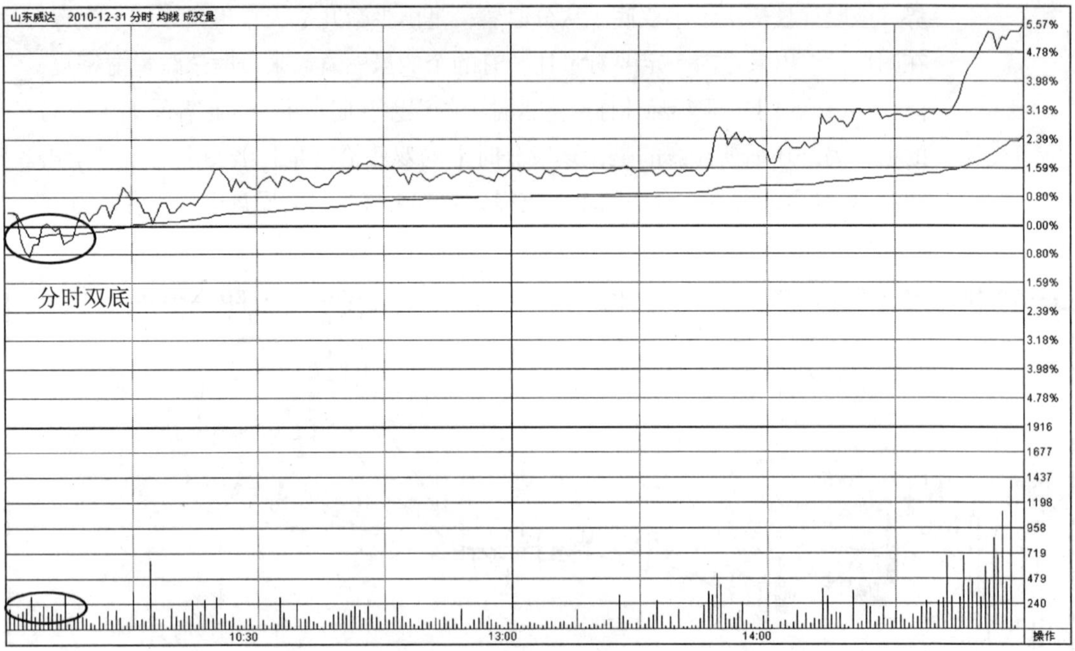

图 13－20 山东威达（002026）2010 年 12 月 31 日分时图

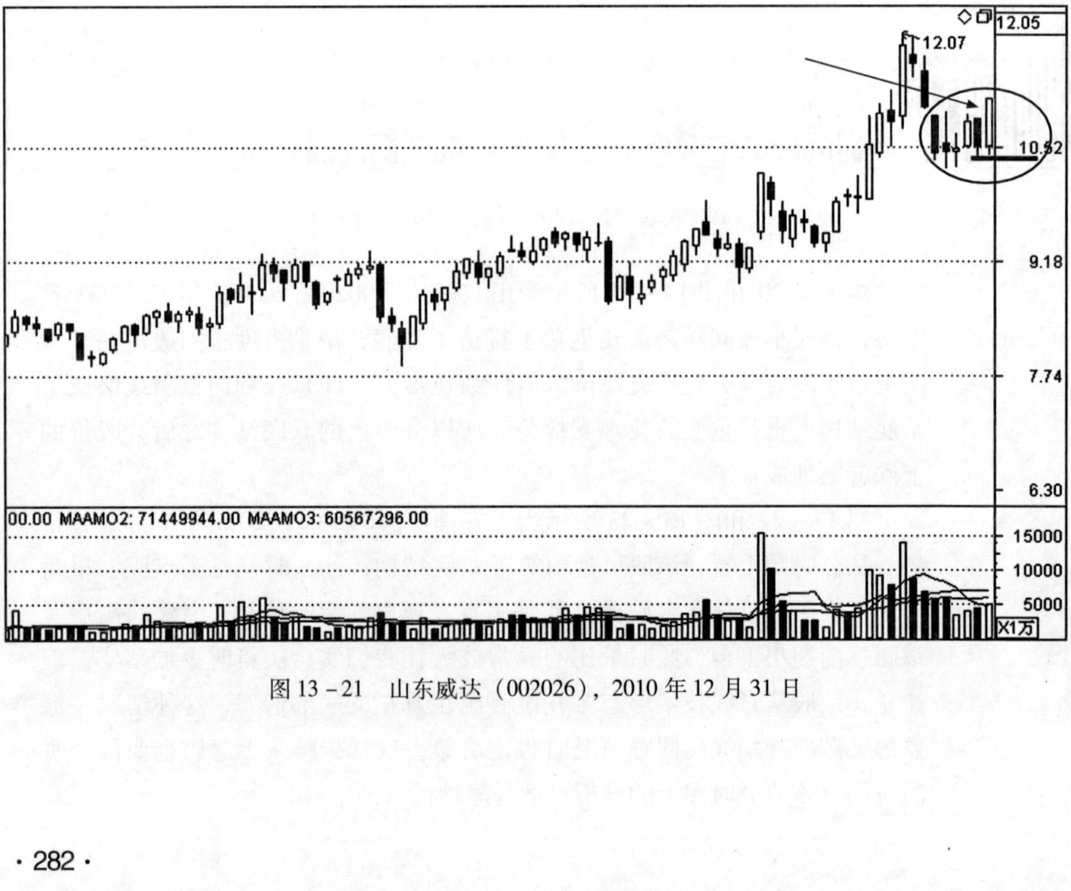

图 13－21 山东威达（002026），2010 年 12 月 31 日

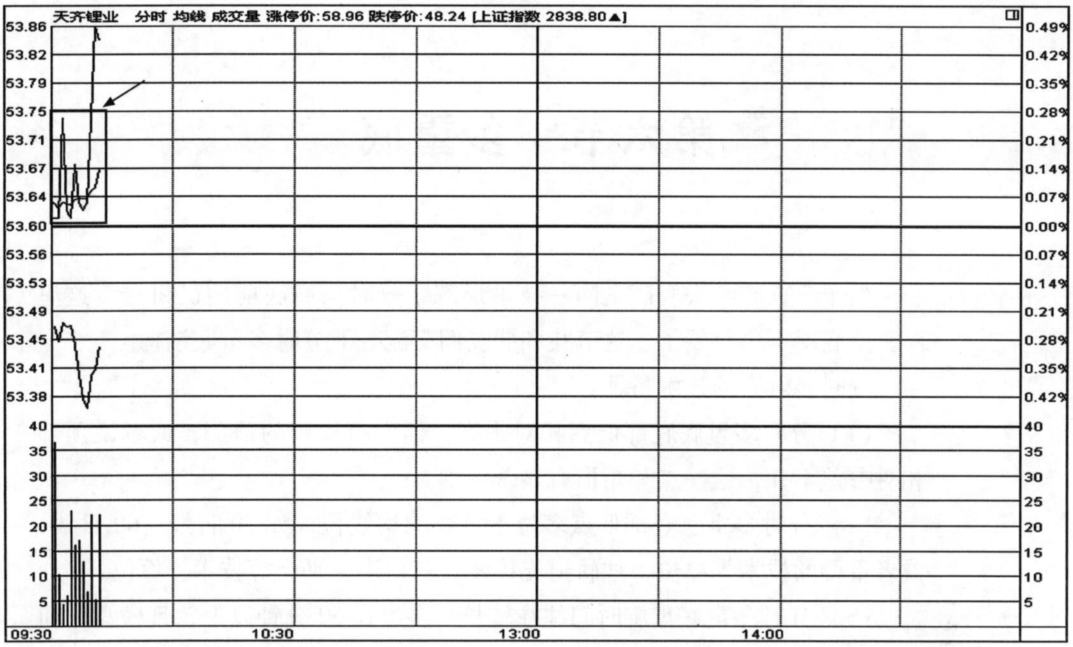

图 13－22　天齐锂业（002466）2011 年 1 月 7 日分时图

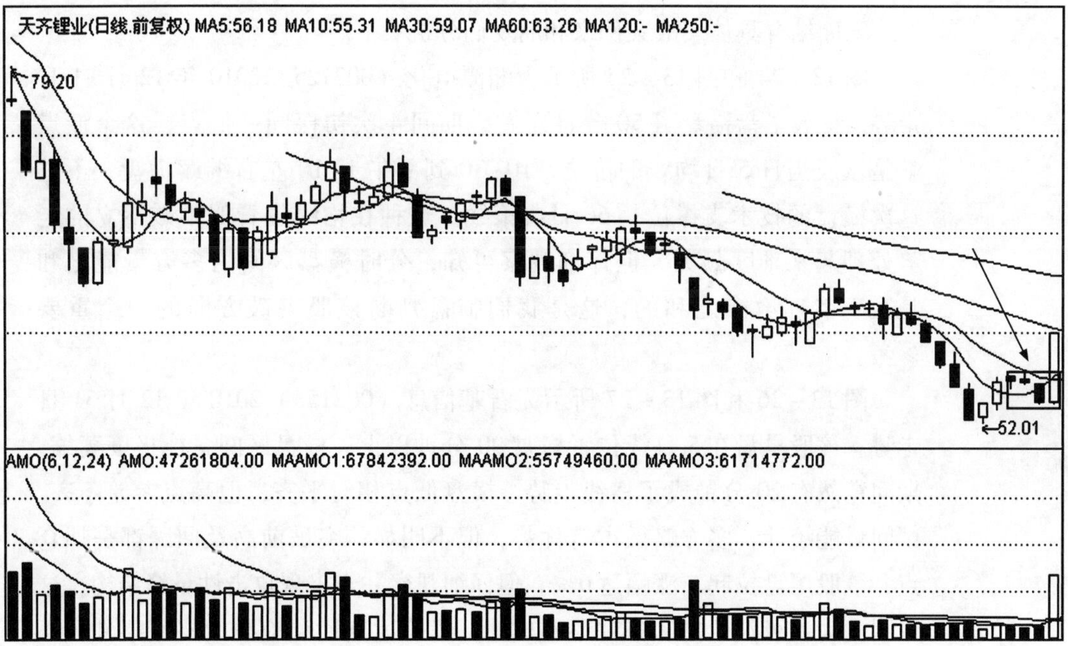

图 13－23　天齐锂业（002466），2011 年 1 月 7 日

第六节　多重底

由于三重底和头肩底是同一技术形态，分时头肩底前面已讲过，这里对三重底就不再重复了。这节我和朋友们交流一下分时多重底结构。

分时多重底的技术特征：

（1）分时多重底底部低点相对平齐，但没有规则的顶部，或者说顶部相对参差不齐，这一点和矩形有显著区别。

（2）分时多重底底部低点多位于重要的均线位，如 30 日线、60 日线，或者重要的技术支撑位，如轨道支撑线、三角形、平台等技术支撑位。

（3）分时多重底盘旋时间往往较长，多半在 60 分钟以上，且横盘区间内呈现极度缩量状态。

（4）分时多重底底部盘旋时要对多重底内的多空量能进行合计，绝大多数情况，多方量能之和是有优势的，这是多方吸筹状态的临盘体现。

下面结合具体实战案例来和朋友们分析一下。

图 13－24 和图 13－25 所示为湘潭电化（002125）2010 年 12 月 31 日走势。该股早盘横盘了 50 分钟左右，期间 4 次初探同一低点，这个低点就是该股当日 5 日均线的价位，10:30 到下午 1:10 左右继续横盘，不过这次横盘的技术支撑位是 60 日决策线。这种在均线位看似不破不立的走势处理起来难度颇大，但仔细观察可知，分时横盘区间内多方量能之和是大于空方量能之和的，这是我们临盘判断该股突破方向的一个重要参考。

图 13－26 和图 13－27 所示为石基信息（002153）2010 年 12 月 31 日走势。该股早盘在 5 日线位置横盘 90 分钟以上，横盘区间量能极度萎缩，期间竟然有 20 分钟成了横线走势，横盘低点相对平齐，但高点参差不齐。区间量能统计，多方略微占有优势，但不明显，突破前高及回踩都是加仓点，该股尾盘拉起，涨幅达 6%，但仔细观察并未出现攻击性量峰结构，这说明发动大级别行情的条件还不成熟，股价近期回调应是大概率事件，还是见好就收吧！

图 13－28 和图 13－29 所示为山西三维（000755）2011 年 1 月 13 日走势。该股早盘半小时拉升后便在 10 日操盘线位置横盘，区间内吸筹状态明

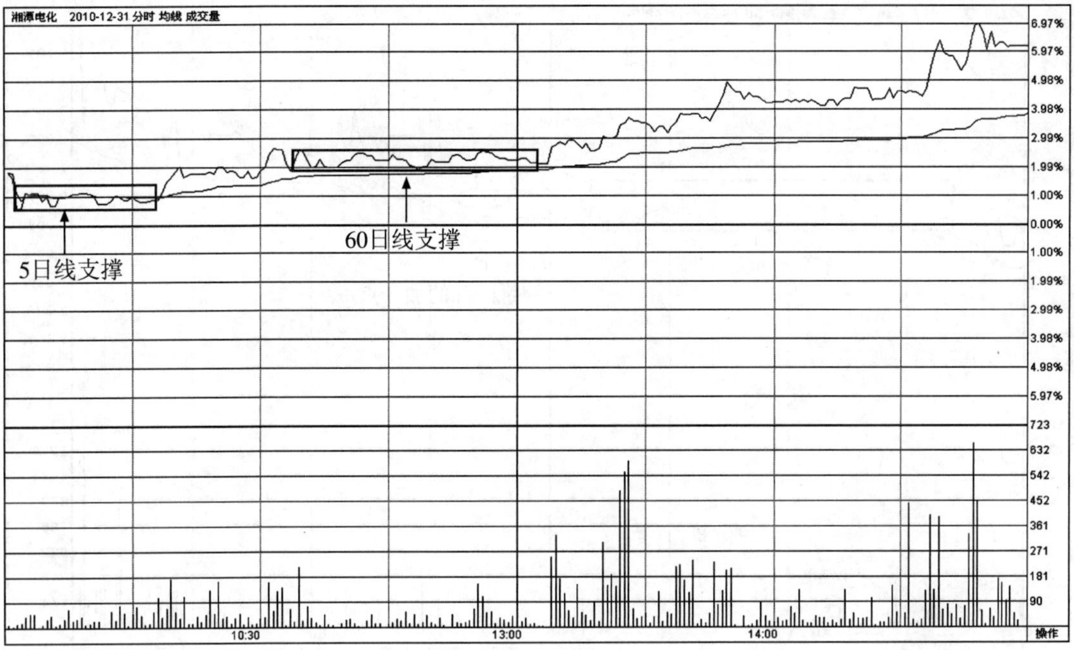

图 13－24 湘潭电化（002125）2010 年 12 月 31 日分时图

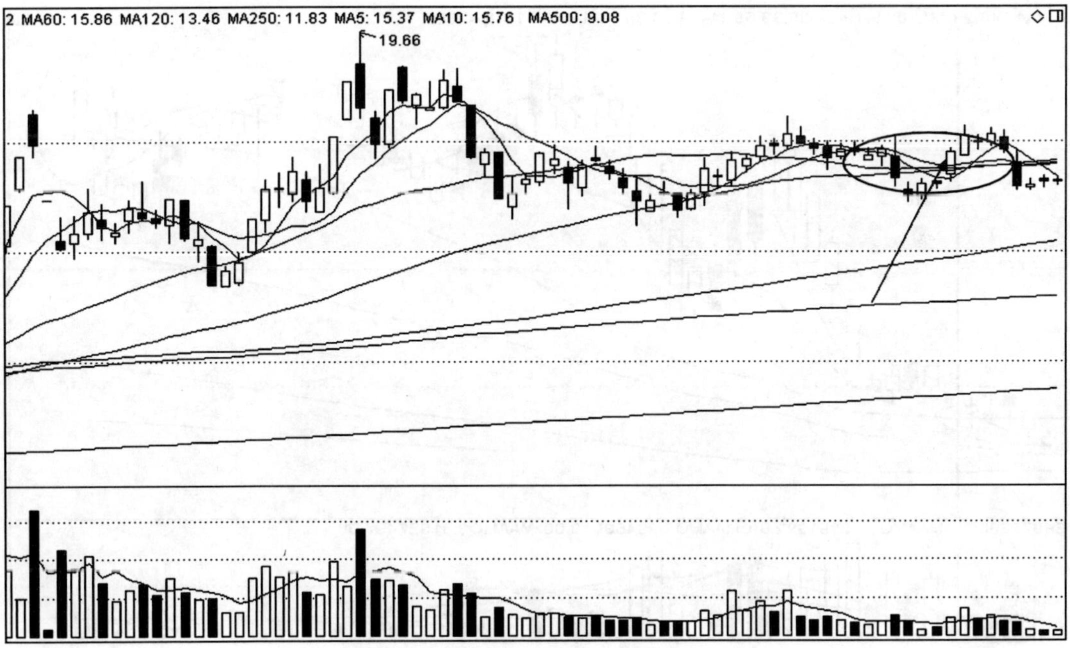

图 13－25 湘潭电化（002125），2010 年 12 月 31 日

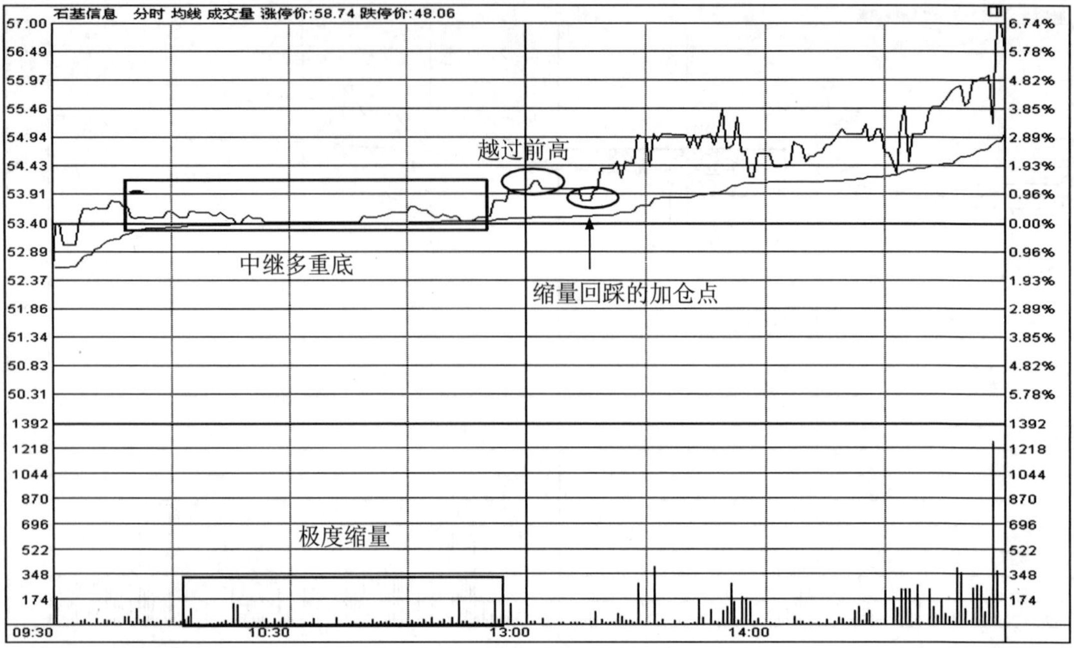

图 13－26　石基信息（002153）2010 年 12 月 31 日分时图

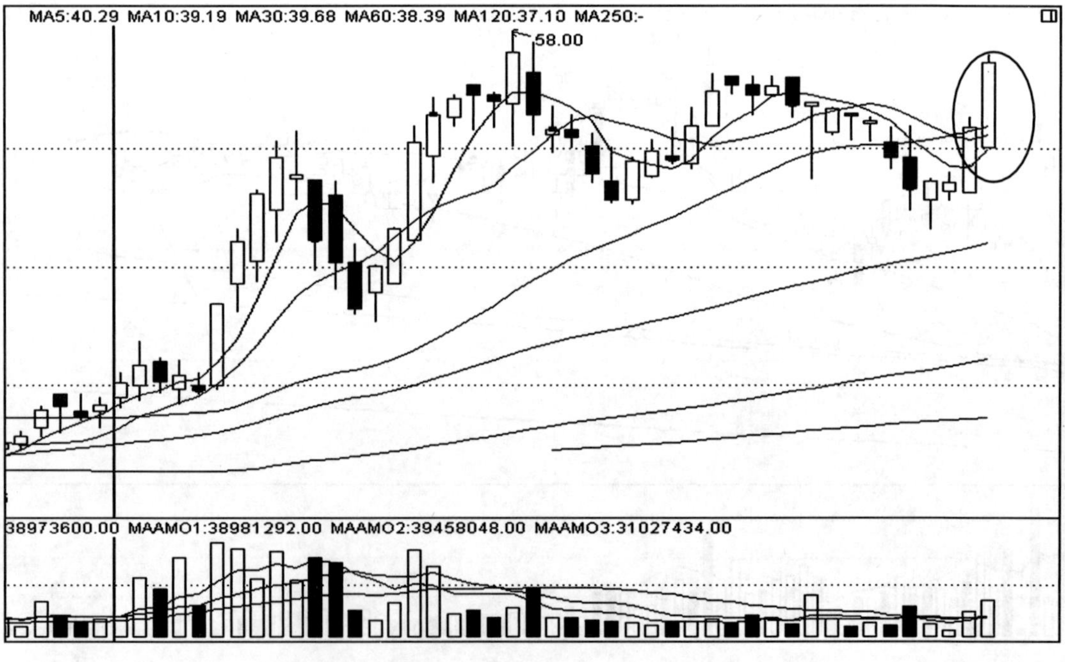

图 13－27　石基信息（002153），2010 年 12 月 31 日

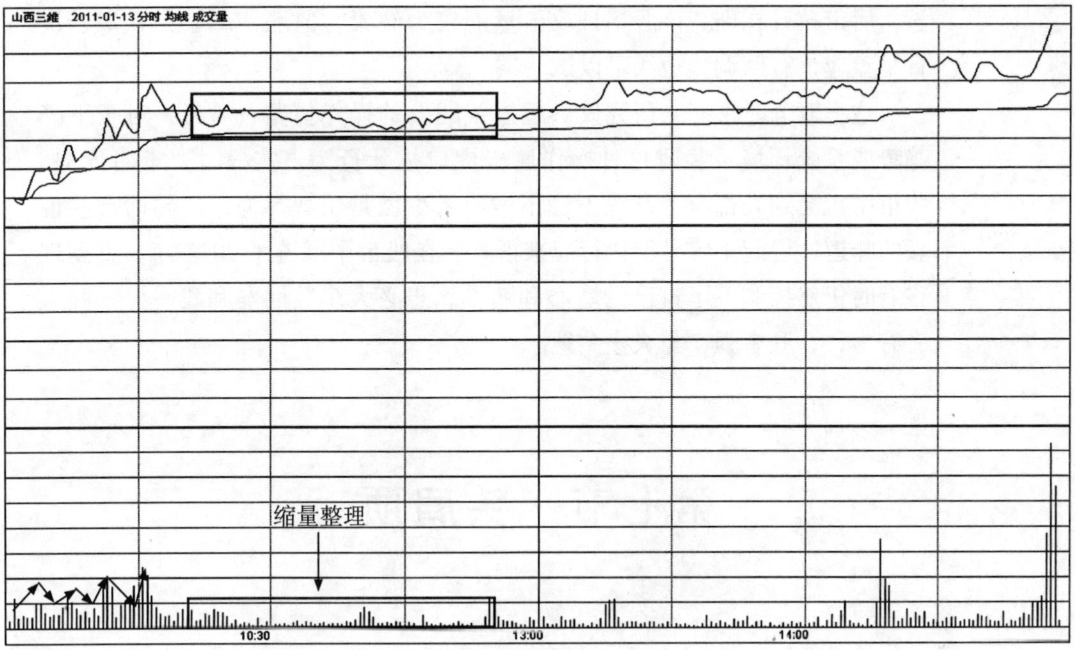

图 13－28 山西三维（000755）2011 年 1 月 13 日分时图

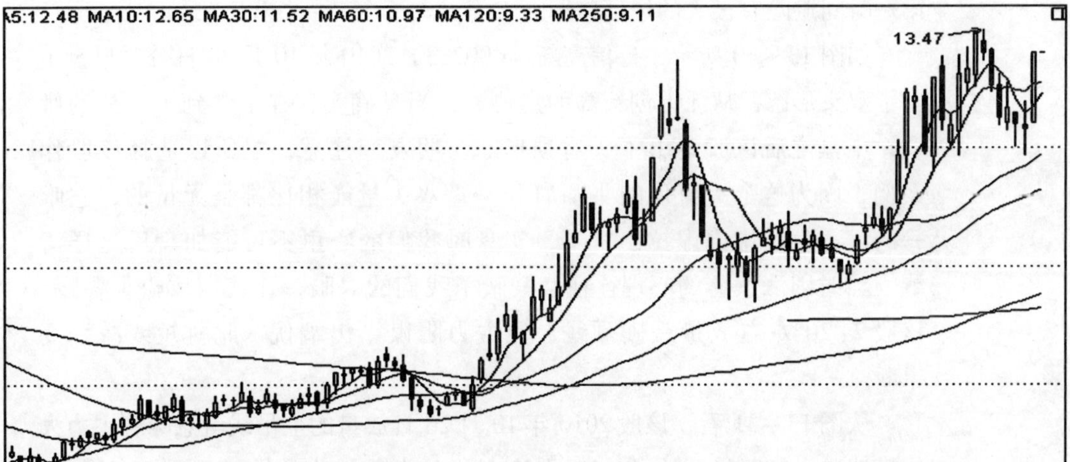

图 13－29 山西三维（000755），2011 年 1 月 13 日

显，后市拉升在即，该股当日攻击量能较为健康，但涨停属于黑铁级，次日早盘应该有回调，短线可以试一试。

这里对分时形态的研究仅供超短线朋友的操作借鉴、参考，对于下降趋势或系统环境不稳时这种操作属于虎口拔牙行为，实战时要审时度势。股市中机会到处都有，系统不稳不做或者少做是明智行为，这句话有些说教的味道，说起来容易但执行起来很难。在股市中混迹了20多年，直到现在有时仍然控制不了自己的贪心和赌性，想必大多数朋友和我一样。胜人者有力，自胜者强，与大家共勉。

第七节　头肩顶

分时头肩顶是一种非常重要的分时头部形态，它常出现在日K线的顶部区域。因此，它不但对我们分时做短差有帮助，而且对头部区域出现时，第一时间避险有极大的佐证作用。

如图13-30所示，鲁信高新（600783）2010年10月28日分时早盘走出了双头形态，从无力创新高的走势看，当日确实存在上涨到了尽头的嫌疑，午盘之后该股走出了头肩顶形态。朋友们注意，之所以选择该股作案例，因为这个头肩顶的头和肩和早盘双头量能相比都是无量的，它唯一的解释就是主力虚拉出货了，实盘时我们的心里不可能如盘后这样清醒，当时因涨大喜的心理往往会蒙蔽了我们的双眼，让我们放松了警惕。该股2:20左右放量跌破颈线，让主力阴谋露出端倪，此时短线减仓要果断。

从图13-31看，该股2010年10月26日放量的上吊线就意味着主力大规模波段出货已经开始了，10月27日虚拉盘整震荡出货，10月28日如我们分析无力创出新高。在图中，椭圆标注处这3根K线属于高位区域，同时量能放大异常，属于典型的头部特征，这时多一份警惕是理所当然的。当然，股市上什么事情都有，也有可能震荡之后继续向上，但此时做好一旦跌破5日线就大幅减仓的准备是不会错的。

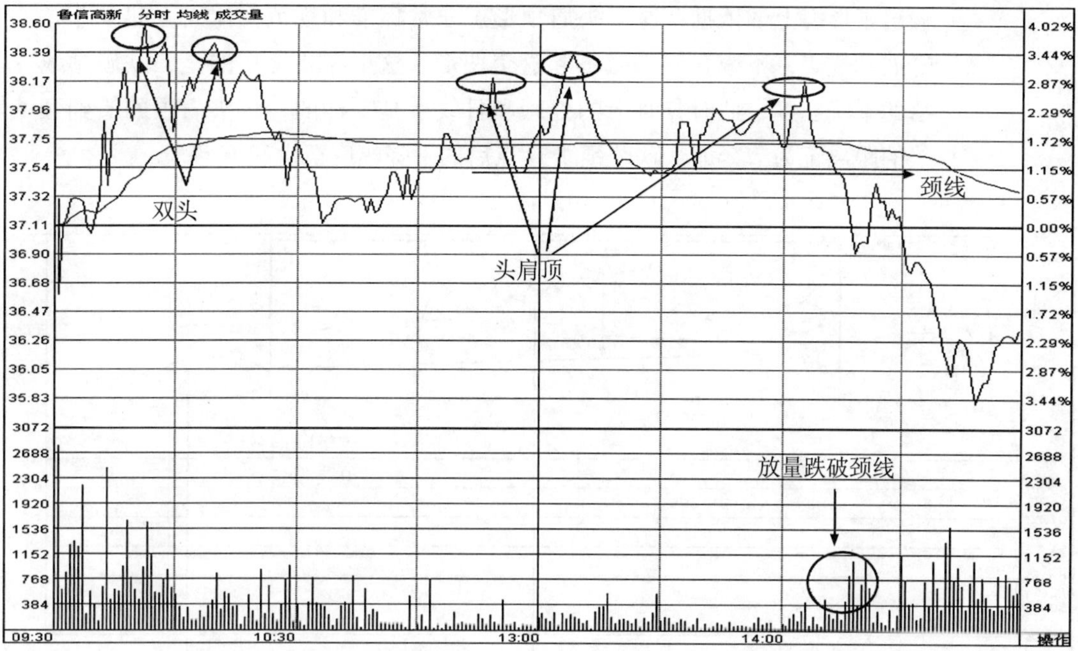

图 13-30　鲁信高新（600783）2010 年 10 月 28 日分时图

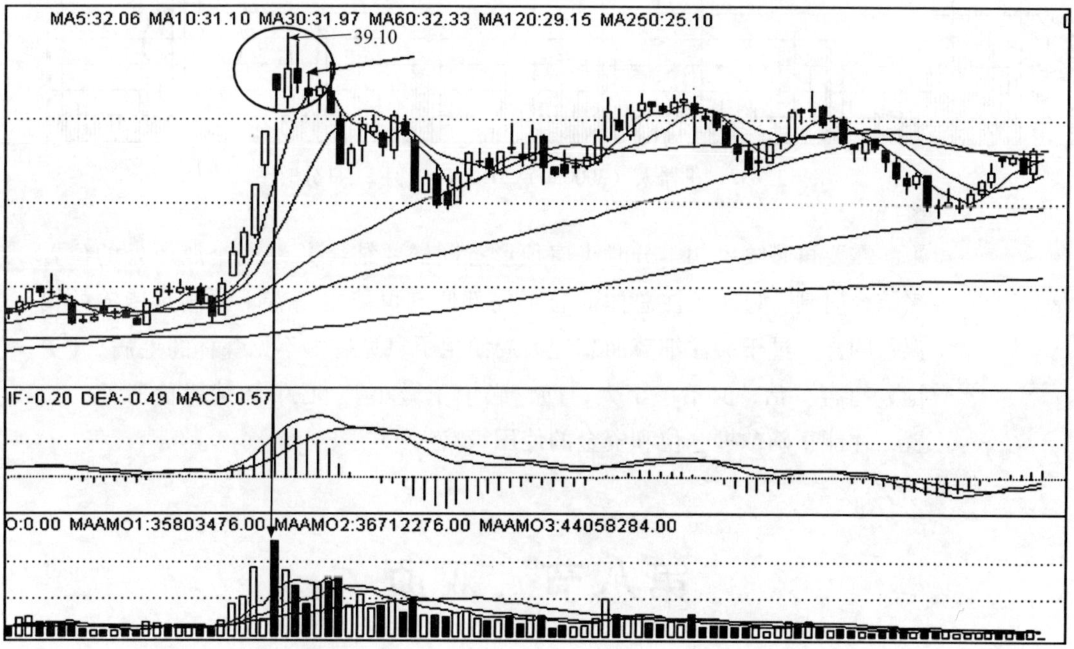

图 13-31　鲁信高新（600783），2010 年 10 月 28 日

图 13-32 所示为机器人（300024）2010 年 12 月 21 日分时走势。该股当日走出了头肩顶形态，同样跌破颈线需要短线减仓，这为日线上的 T+0

做出了形态上的依据，这个头肩顶形态非常标准和规范，让人看起来非常舒展和优美，不减仓似乎对不起这个图形。这里需要交代的是，跌破颈线后的下降幅度，此时分时上的处理和日线上是一样的，将头肩顶的头到颈线的距离记为 H，那么跌破颈线 D 点后的下降幅度至少和 H 等长。

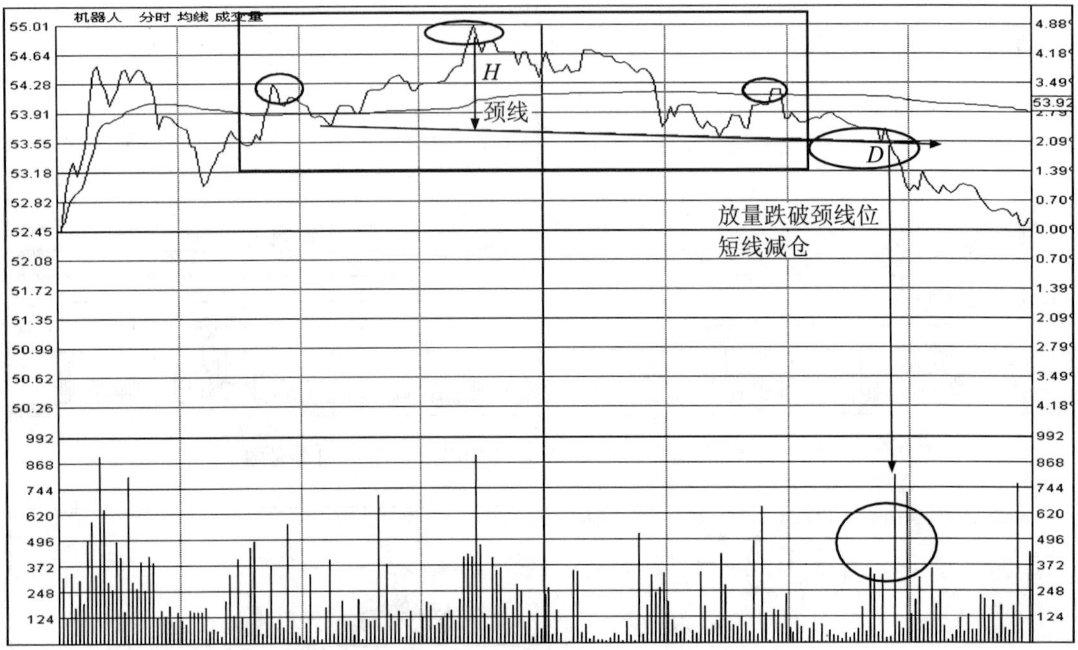

图 13－32 机器人（300024）2010 年 12 月 21 日分时图

需要再啰唆一句，分时头肩顶形态同样要结合 K 线图个股所处的位置来综合研判，过于关注总体而忘了局部便有可能犯一着不慎满盘皆输的错误；同样，过于关注细节而忘记大局便犯了只见树木不见森林的毛病。《史记》有言“治，必治于至大；谨，必慎于微小”。心中清楚股价所处的位置，才能正确拿捏仓位和资金的使用策略。

第八节 双顶

双顶既称双头，也称 M 头，是一种常见的分时头部形态。在一些个股波段涨幅的高位，一旦分时出现双顶形态，就要警惕波段高点的来临。

图 13－33 和图 13－34 所示为天士力（600535）2010 年 11 月 25 日走势。

该股当日分时在量价背离的情况下形成了双头，量价背离形成双头本身就是一种常见的技术处理卖点，如果不看日线图或许情况还不至于那么糟。我们来看看该股当日的K线图所处的位置：该股股价从29.8元/股涨到了45.7元/股，波段涨幅50%，属于一个中型波段了，而且日K线出现了明显的量价背离，这样日线图和分时图就出现了背离共振，此时分时上的卖点就极有可能成为波段高点。当然，如果按我的均线战法跌破操盘线，就是减仓点，可这样处理的减仓点虽然妥当，但毕竟不如分时图上的卖点精准。

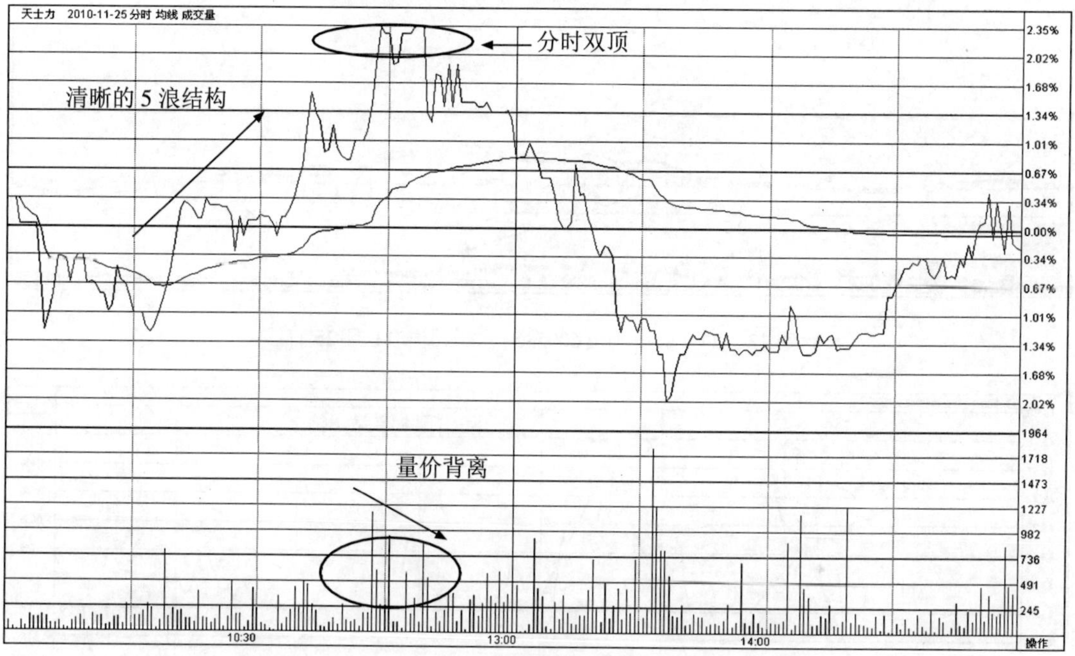

图13-33 天士力（600535）2010年11月25日分时图

如图13-35和图13-36所示，五洲明珠（600873）2011年2月11日推出了史上最牛的送股方案，10送16.86股派5元，晚上看到这个消息可能会让很多持有者鼓舞不已，那该股明日走势会是什么样子呢？从图13-35看，该股分时出现了双头形态，这也是分时上量价背离的状态下出现的双头，因此短卖没问题，但这个短卖是不是波段的高点呢？从K线图上看，当日收盘是一根缩量的小阴线，由于3日前的那根涨停K线力度太强，当日5日线股价获得支撑，因此临盘时还可持股，次日仍有望拉出长阳线。当然，如果次日收盘跌破5日线就要十分小心，止损计划一定要有。

这里需提示大家的是，分时上双头卖点的把握，首先是量价背离的第二个头部一旦上涨出现拐点，一定要第一时间卖出；其次是挂卖单的价格

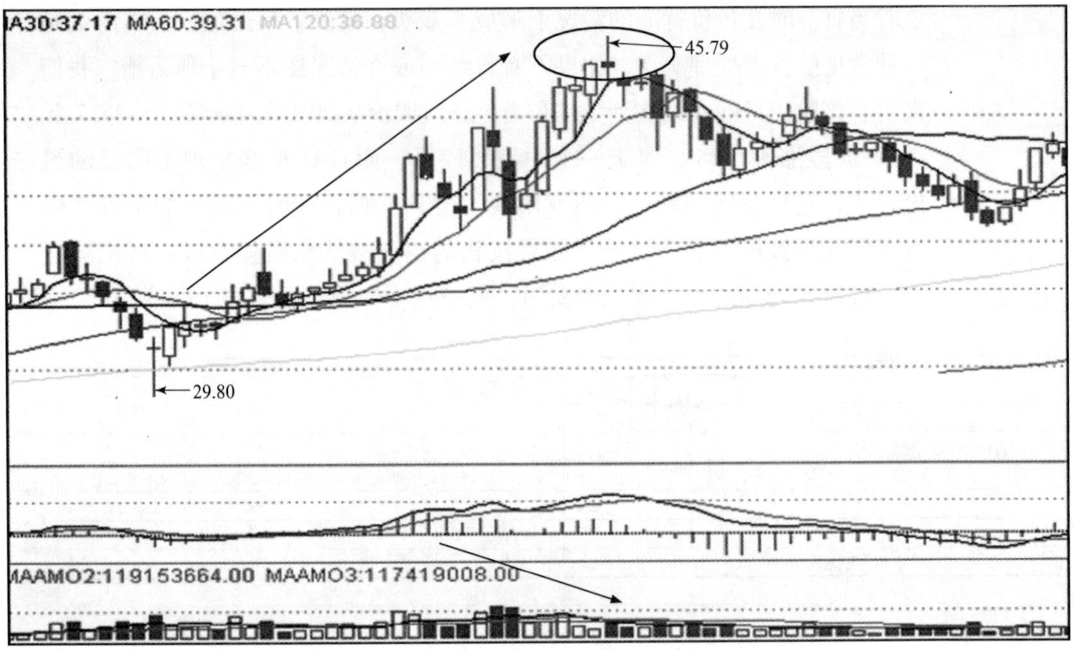

图 13－34　天士力（600535），2010 年 11 月 25 日

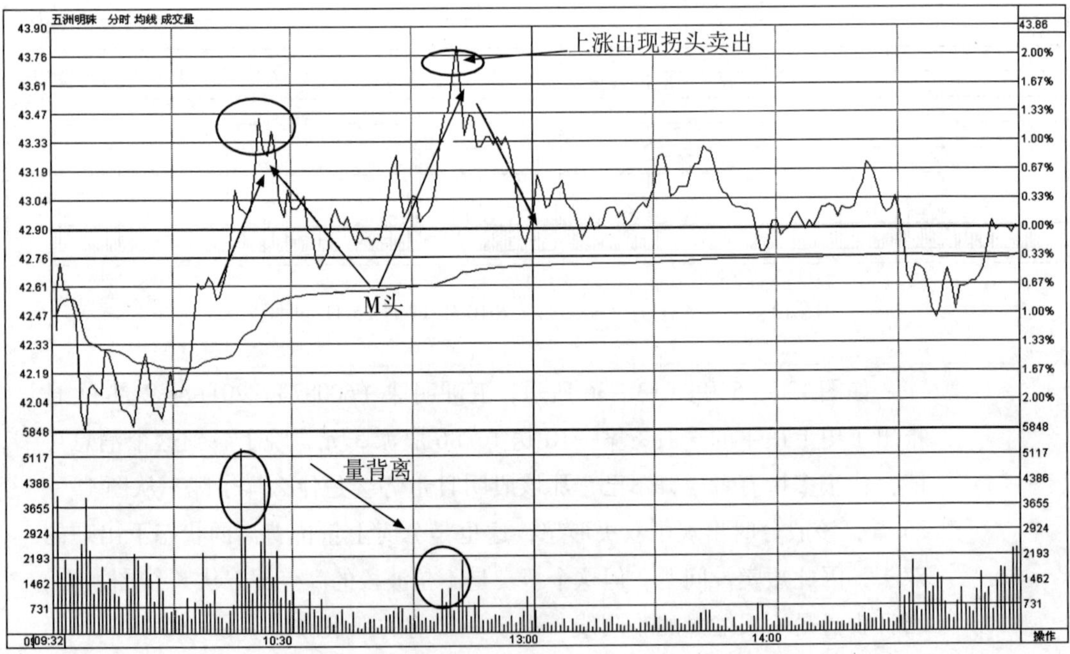

图 13－35　五洲明珠（600873）2011 年 2 月 11 日分时图

要比股票当时的现价低一些，比如该股第二头部于 43.80 元拐头，那你挂单最好挂 43.70 元，以便能第一时间及时卖出。

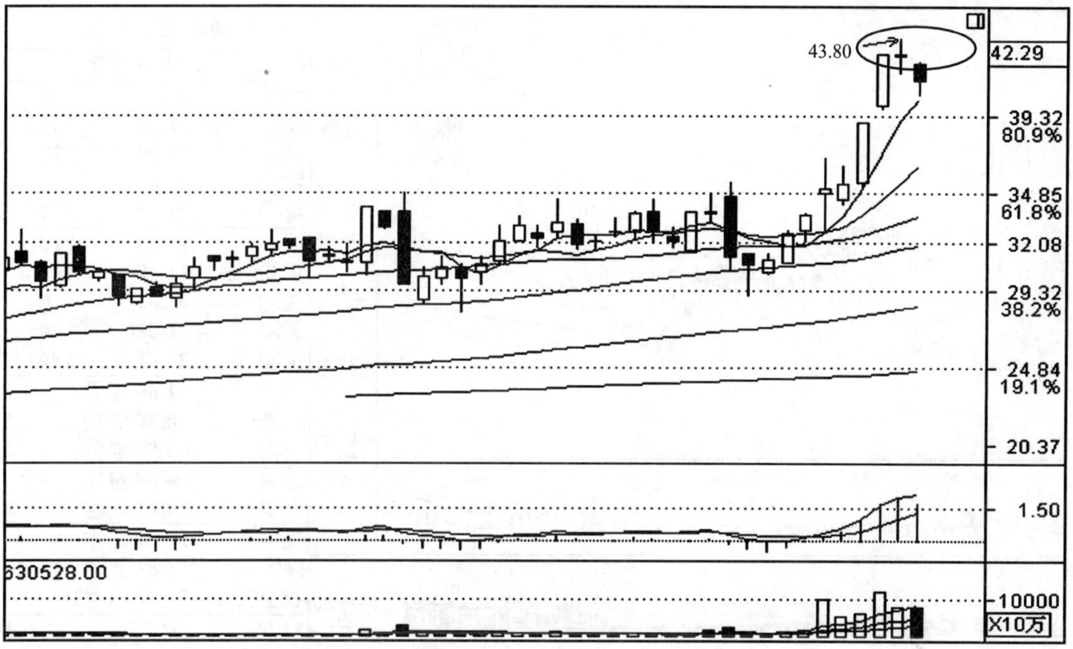

图 13－36　五洲明珠（600873），2011 年 2 月 11 日

图 13－37 和图 13－38 为轴研科技（002046）2011 年 2 月 11 日走势。大家可以分析一下该股分时图，结合股价 K 线图，如无意外，股价波段高点应该正在形成中。

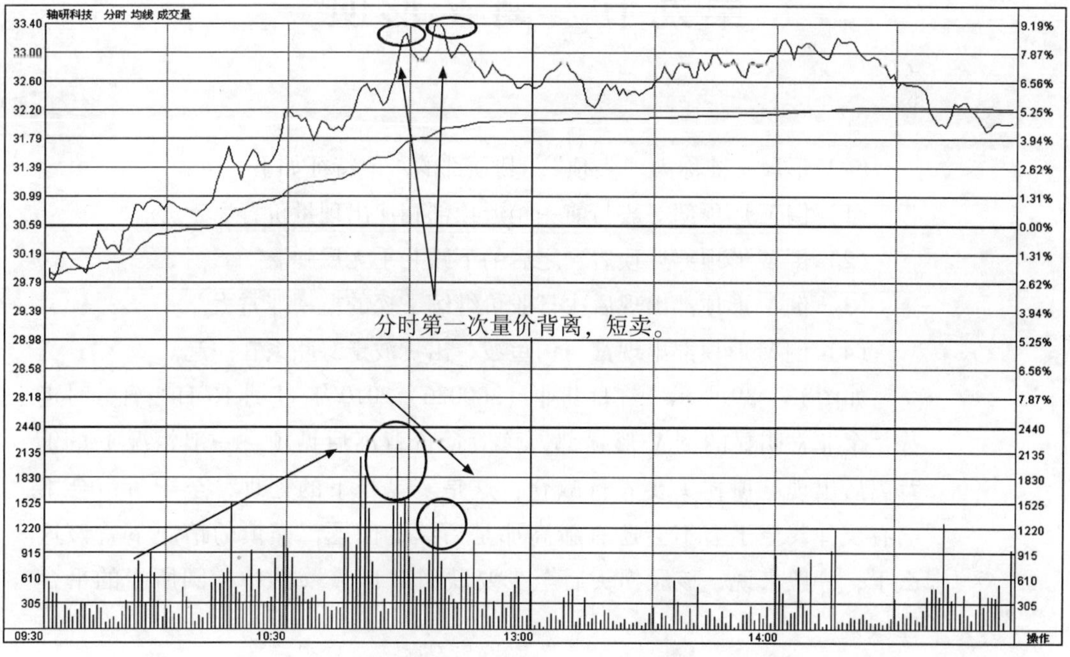

图 13－37　轴研科技（002046）2011 年 2 月 11 日分时图

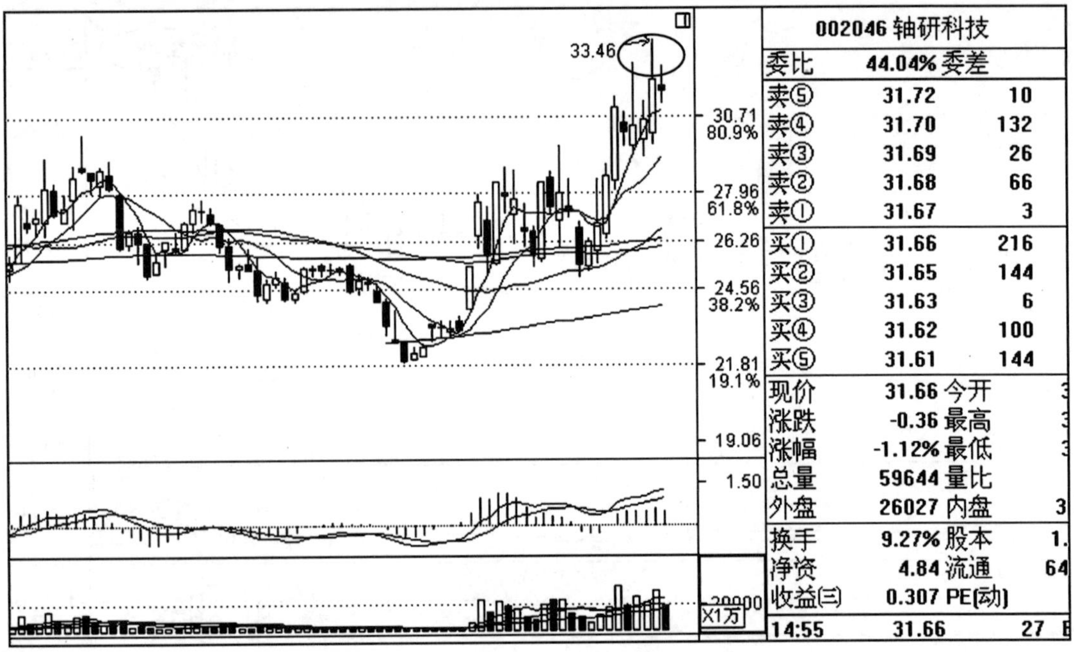

图 13－38　轴研科技（002046）2011 年 2 月 11 日

第九节　倒 V 形顶

倒 V 形顶又被称为“尖顶”，其顶部的一般特征如下：

(1) 倒 V 形顶部一般与前一相近顶部相比出现量价背离走势。

(2) 倒 V 形顶部见顶后，之后的下跌几乎无反弹。

(3) 倒 V 形顶部出现后次日股价继续下探的概率非常大。

(4) 倒 V 形顶部出现常与钓鱼波、出货波走势联系在一起。

如图 13－39 所示，红日药业（300026）2010 年 11 月 16 日当日分时走势是个非常明显的倒 V 形顶部，该股量价背离后见顶，一般情况下量价背离后出现见顶拐头要先行减仓，这是实盘当下的处理，至于后市会不会有反弹甚至于会不会还有新高那是后续的问题。谨慎的情况下就该这么干，一般来说，该股拐头后至少要跌回 B 区域（图中椭圆所指的平台区域）。

图 13－40 和图 13－41 为机器人（300024）2011 年 1 月 6 日走势。该

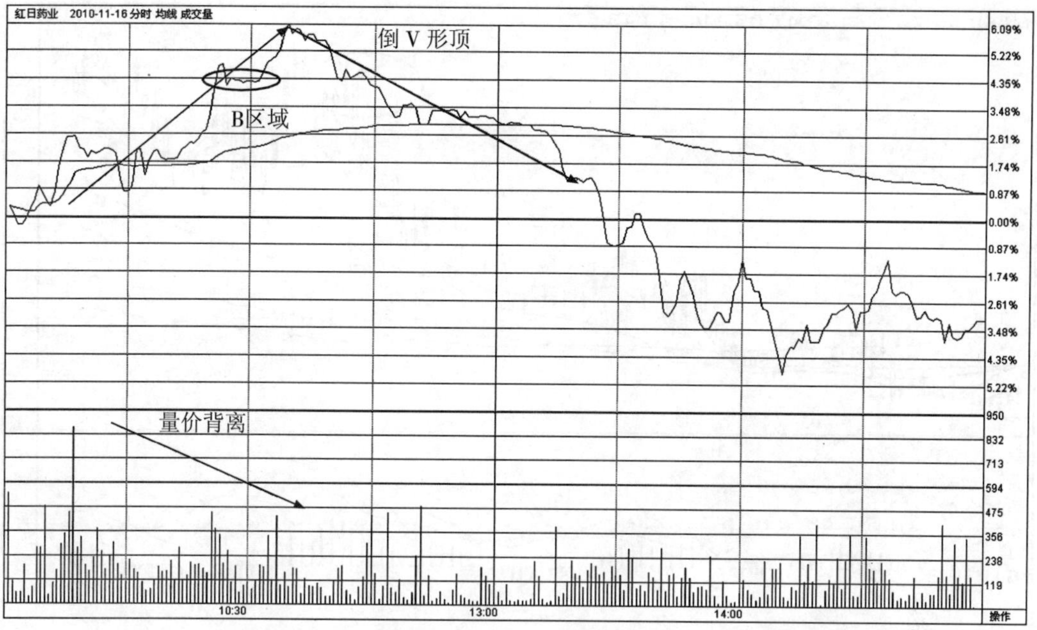

图 13－39　红日药业（300026）2010 年 11 月 16 日分时图

股早盘钓鱼波拉升，随后杀跌出货，这是标准的钓鱼波形成的倒 V 形顶部。这个分时走势本身没什么好说的，但这个图一旦出现在波段涨幅高位就会给我们两点启示：第一，分时出货现象明显，波段见顶应该为时不远；第二，次日会有低点出现，收盘时可减仓，等次日低点接回。

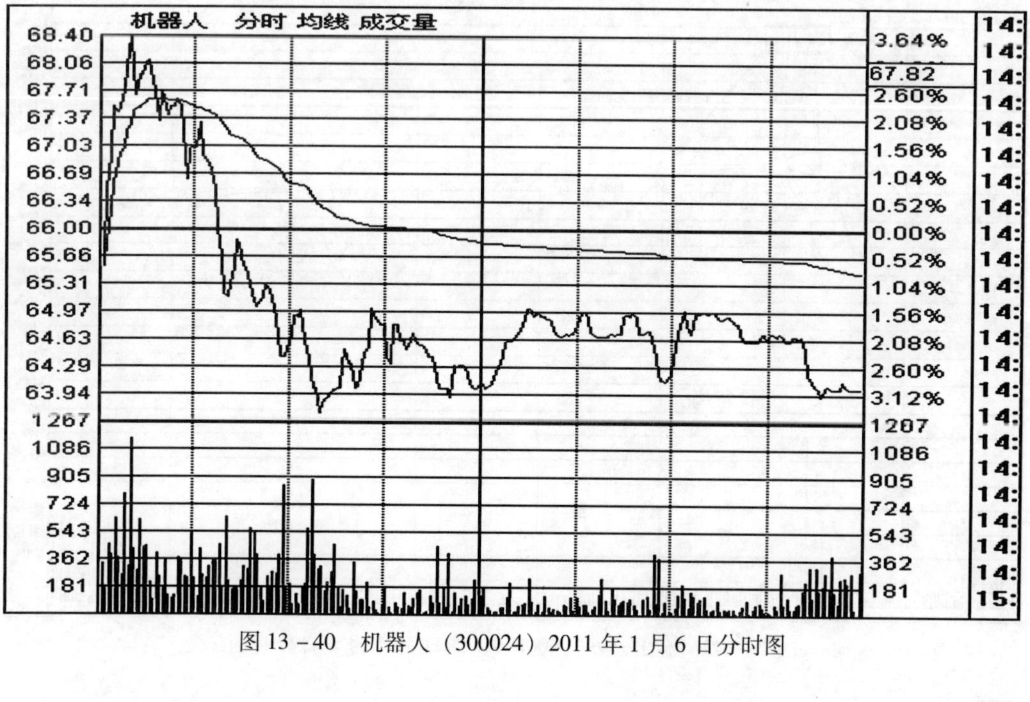

图 13－40　机器人（300024）2011 年 1 月 6 日分时图

图 13－41　机器人（300024），2011 年 1 月 6 日

图 13－42 和图 13－43 为金山开发（600679）2011 年 1 月 4 日走势。该股存在问题的严重性是一样的，不过该股量价背离后减仓是没说的，它至少应该跌回 B 区域（图 13－42 中椭圆所示）。这就是实战中起码的技术处理，这为少数爱打短差的朋友提供了参考依据。

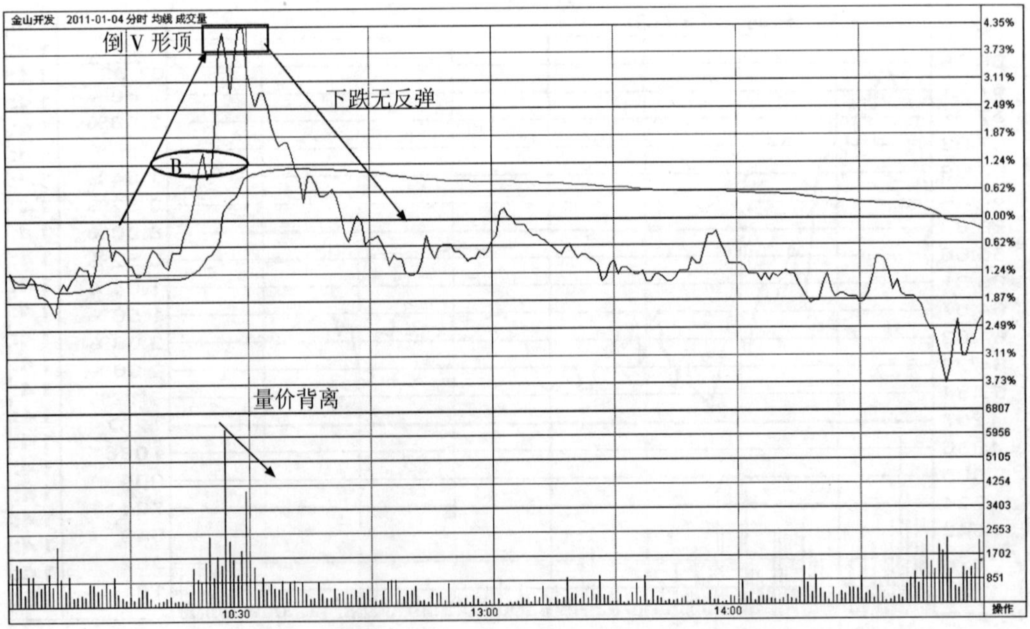

图 13－42　金山开发（600679）2011 年 1 月 4 日分时图

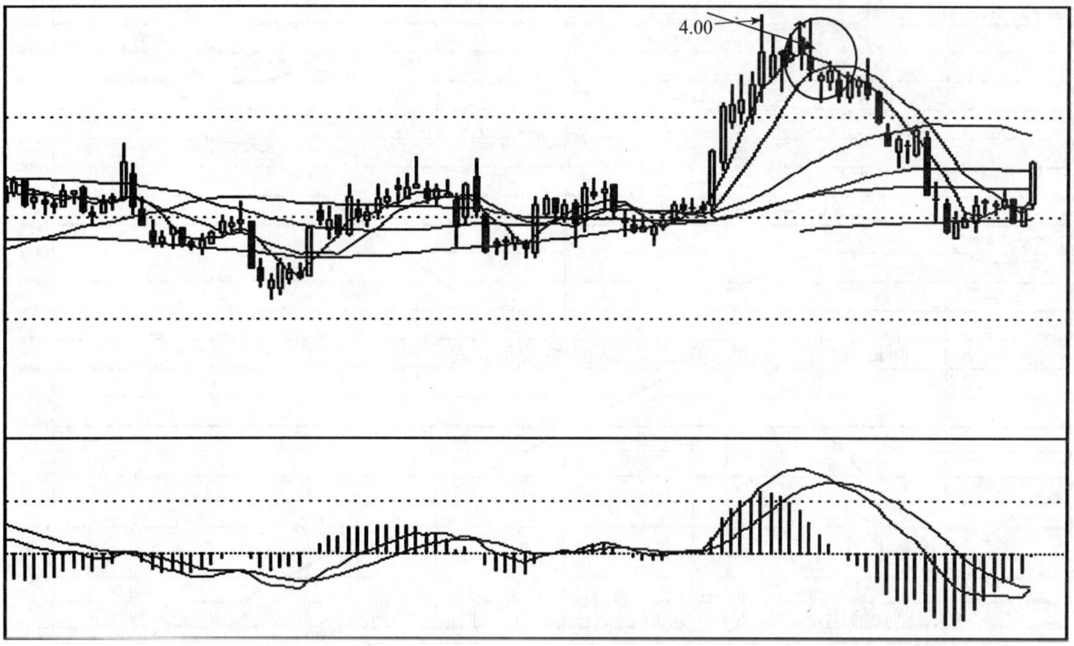

图 13－43 金山开发（600679），2011 年 1 月 4 日

第十节 圆形底与圆形顶

这一节虽不在先前的计划内，但从分时战法的系统性和完备性考虑，思来想去还是要写出来。因为分时走势中出现圆形底和圆形顶的概率非常小，这种分时形态也极少看到，所以这里就把圆形底和圆形顶放在一起讨论，仅供朋友们参考。

图 13－44 所示为博深工具（002282）2011 年 1 月 4 日分时走势，该股早盘半小时做了个漂亮的圆形底，这是主力惯用的洗盘手法之一。一般来说，个股在上升过程中出现圆形底分时洗盘。注意，若这个圆形底的低点不破 5 日或是 10 日均线，那当日其后的上涨力度往往很可观。分时圆形底另一重要特征就是量能极度萎缩，这显示出空方的力道极度衰竭，这就为多方后续的排山倒海般的攻击埋下了伏笔。

图 13－45 所示为威尔泰（002058）2010 年 12 月 22 日分时走势，该股早盘是一个半拉半出的走势图，并以 V 形顶结束，随后出现的是一个圆形

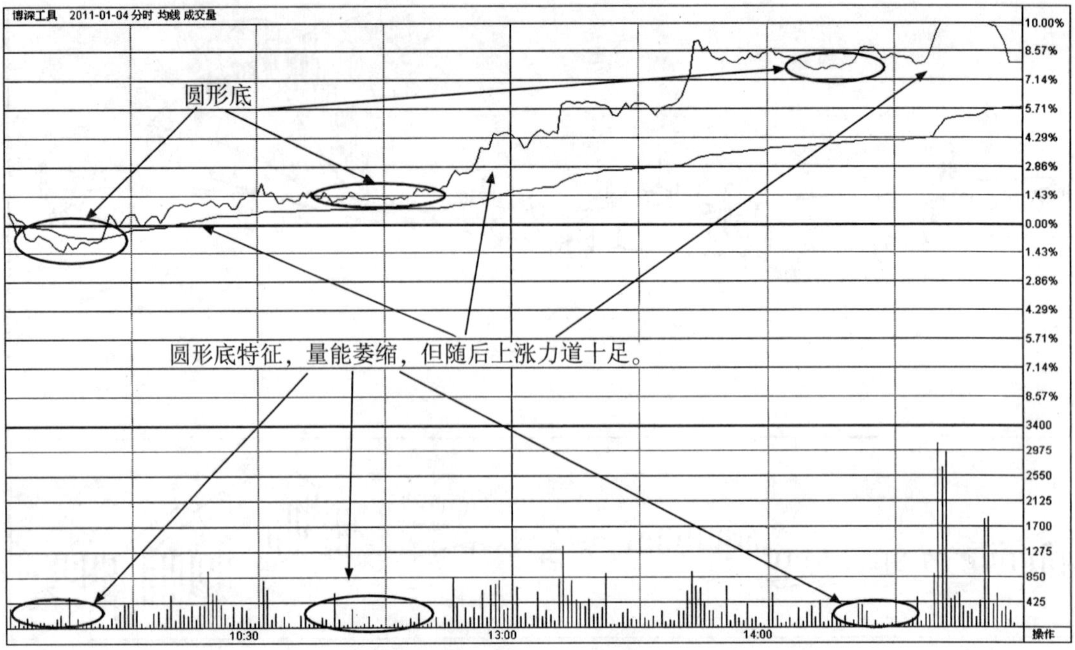

图 13－44 博深工具（002282）2011 年 1 月 4 日分时图

顶，显然无量能配合是一个无精打采的走势，这个圆形顶出来后结合早盘那种出货走势可以基本预判全天基本就这么着了。问题是，这个 K 线处于波段顶部，对后续行情要谨慎些。

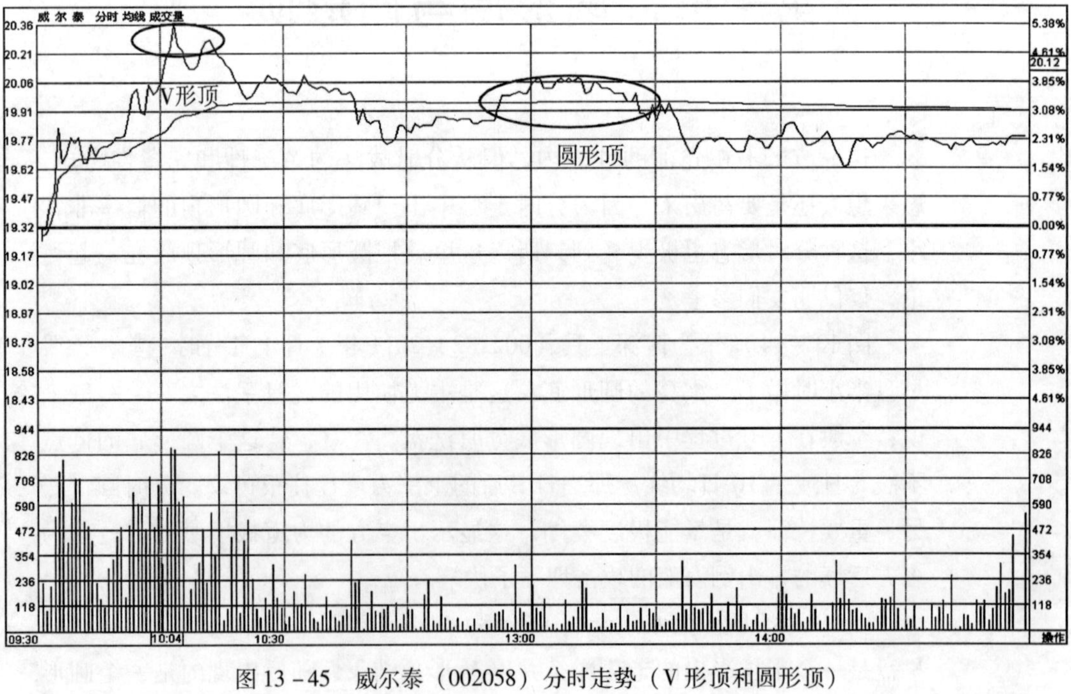

图 13－45 威尔泰（002058）分时走势（V 形顶和圆形顶）

图 13－46 所示为海普瑞（002399）2011 年 1 月 31 日分别走势。这是一个圆形顶后跟着一个圆形底的走势，这样一个上攻乏力但下探力竭的走势属于典型的底部形态，对这种筑底中的股票要多些关注，股价随时都有启动的可能。

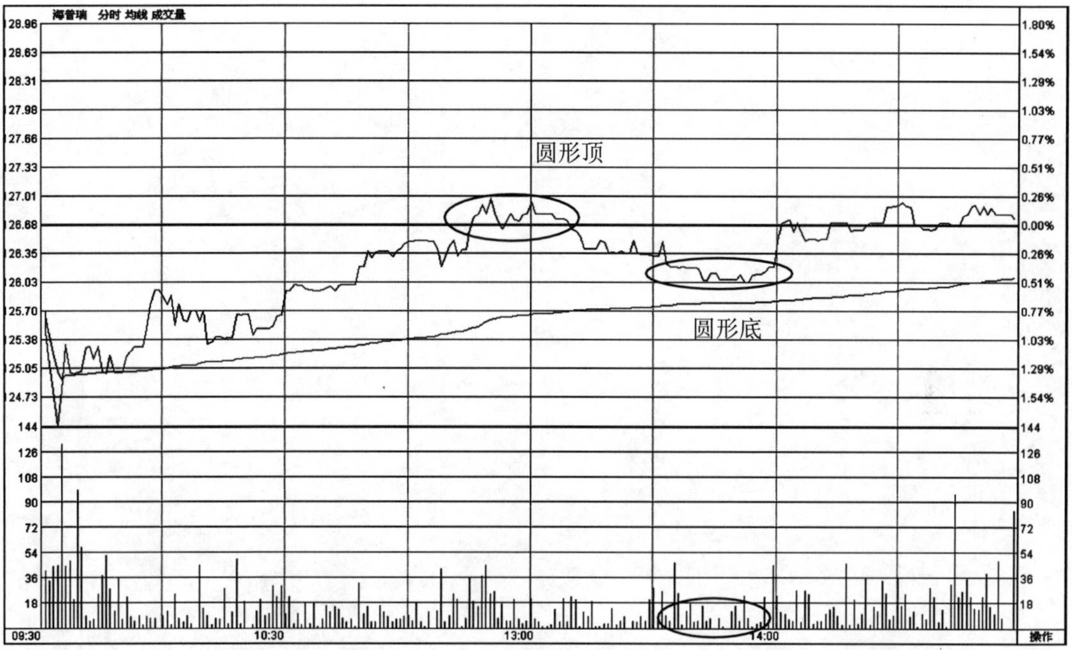

图 13－46 海普瑞（002399）分时走势（圆形顶和底）

这里必须对大家再次说明的是，我的系列战法文章全部来自实战经验的总结；同时由于在股市中混迹久了，也可以说它们是经验积累上升到直觉或潜意识而形成的实战中的盘感。这里写的是经验，不是理论，它并不像数学那般钉是钉铆是铆，是一门严谨的科学。我一直有个愿望想建立一套股市中的相对论，为此在读大学期间就把所有的传统的股市技术分析著作做了通读，但这些东西仍然无法精准地应对股市瞬息万变的情况，后来无奈之下又想从《道德经》和《易经》等传统文化吸取营养，尽管实战中也取得了不错的效果，比如 2010 年 7 月 2 日在《中证内参》发表的文章《空头陷阱已经竣工》中断定 2319 点是阶段铁底就来自易经智慧，但这些东西无法量化，经实战检验也出现了许多其他问题，所以对传统文化有些研究心得也不敢写，经不起考验的东西发表出来会坑害人。所以对我来说，夙愿没有完成仍需继续努力。我的涨停板战法和分时战法研究可以提高实战成功的概率，但这些技术战法并无百战百胜的把握，对这一点我有自知之明。

第十四章

分时看盘精要

分时盘口所透露的是主力的操盘意图，它能够让你更好地把握股价运动方向。你可以不在分时上操作，但一定要对分时盘口有所关注，对分时盘口的拿捏，可以更好地指导自己操盘，这样才会让你与“狼”共舞时进退自如，而不至于乱了阵脚被“狼”所食。

第一节　强弱（上）

个股从分时上如何辨别强弱是我们实战中应该注意的问题，一个分时走势极弱的个股至少就当天来说是没有参与价值的，强势的个股在分时上必然有所显露，这就要求做短线的朋友对个股分时盘口要仔细观察和考量。

在此我们要明白一个道理，强弱是相对的，强弱的比较标的，一是大盘，二是同板块的个股。这里先把同板块个股方面的比较说一下，至于大盘和个股的比较放在下节讲。

第一，如果一只个股分时走势即便强于大盘，也不要贸然出击，要仔细观察其所属板块的强弱，很可能的一种情况就是它虽然强于大盘，但弱于同板块中的大多数个股，甚至低于该板块的平均涨幅，那这样相对于大盘的强势就没有意义了。

第二，比较的第一步是通过大盘和板块的比较选出领涨板块，然后通过板块中同类个股的比较来确定龙头股个股，短线不就是搞龙头股吗？所谓龙头股，一要看 K 线形态，只有那些 K 线形态率先启动或率先调整完毕的个股才能作龙头股；二要看分时，那些分时呈现出上涨极大放量而下跌极度缩量的就是强势品种，而且就上涨幅度来看，涨幅居前的才能作龙头股；就启动强度来说，往往是涨停启动的才能作龙头股。当然龙头股还有一些其他特征，比如股本一般适中，大多在 10 亿股本以下，股价在 10～15 元/股之间等。当然权重板块，如金融板块股本都很大，这里股本大小也是板块中同类个股比较出来的，大体是在同类板块中股本居中甚至以下为好。

比如最近市场热炒的新三板股票，我们首先要通过板块和大盘的比较来定性这个板块是远远强于大盘的，这个通过涨幅就可以很明显地看出来，然后要比较的是该板块中个股的强弱。在图 14－1 中，我们通过个股 K 线形态比较来看，该板块 2011 年 2 月 10 日启动（图中都已经用方框标示出来了），其中只有中关村当日强势涨停，这就成了，敢为天下先的不就是龙头股吗？由于新三板上市扩容作为证监会的八大工作之重，所以基本可以断定这必然是 2011 年要被反复炒作的板块。如果次日要买那你去买哪个？当然是买龙头股了。注意，实盘中必然要面临仓位配置的问题，比如中关村次日到底能否继续涨停？这个是不必然的，是没有任何理论可以保证其次日是必定涨停的。但基本可以断定这个涨停板是行情启动的标志，次日可以以四成仓位买入，如股价有回调则继续加仓即可，贸然全仓买入也是欠妥当的。

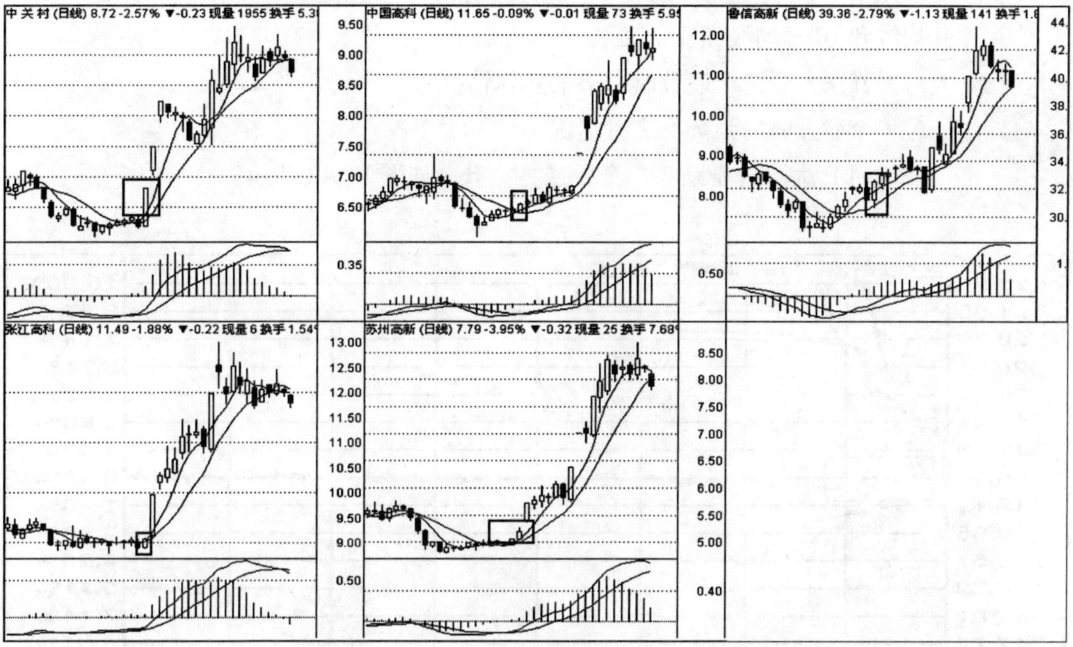

图 14－1　新三板个股 2011 年 2 月 10 日

作为热点板块来说，启动初期要追龙头股，龙头股调整时要追补涨的个股。比如中关村三个涨停板后出现了小阴线那就是调整的信号，此时你可以去埋伏还没涨的苏州高新、中国高科等其他滞涨的新三板概念股票，这是节奏把握的问题。

第二节　强弱（下）

要寻找强势个股一般先要通过大盘和板块的比较找出强势板块，然后从强势和热点板块中找出龙头个股，这在牛市中是极为理性的操作方法。但生活哪能尽如人意，股市中一半时间是属于熊市的，熊市或震荡市中热点的持续性往往很短，有时甚至无热点板块，更多的是个股无厘头式的短

线炒作。所谓熊市炒题材、做短线、打游击就是这个道理，

针对熊市这种情况就必须对个股和大盘进行直接的比较，以辨强弱。

首先，个股形态不能太差，如果主要均线都处于空头系列，那该形态下无论个股分时多强，都没有参与的价值，对个股形态的最低要求是 5 日均线和 10 日均线完成金叉。

其次，分清个股分时强势的具体情况。

个股分时的强势有三种情况：

（1）大盘处于跌势，个股逆势拉升，如图 14－2 所示。

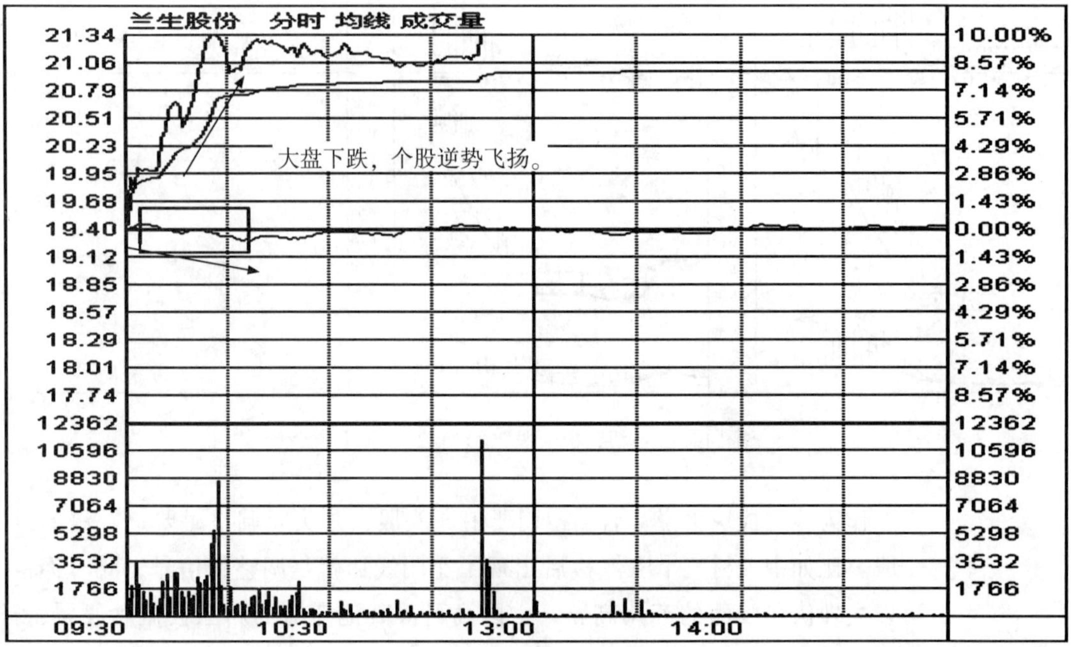

图 14－2 大盘下跌，个股逆势拉升

（2）大盘处于跌势，个股横盘抗跌，如图 14－3 所示。

（3）大盘横盘，个股飞扬，如图 14－4 所示。

下面结合具体实战案例进行说明。

图 14－5 和图 14－6 所示为常发股份（002413）2011 年 3 月 14 日走势。从该股 K 线形态看，均线已处于多头序列，波段行情蓄势待发，受日本地震影响，大盘早盘开盘 45 分钟内一直处于下跌趋势中，但该股呈现出分时抗跌横盘状态。注意，该股的这个分时横盘是很有讲究的，即低点不破 10 日操盘线，高点触及 5 日攻击线，随后该股放量站上 5 日线这是第一买点。该股放量站上前期 K 线盘整高点 25. 89 元是第二买点。做短线时要

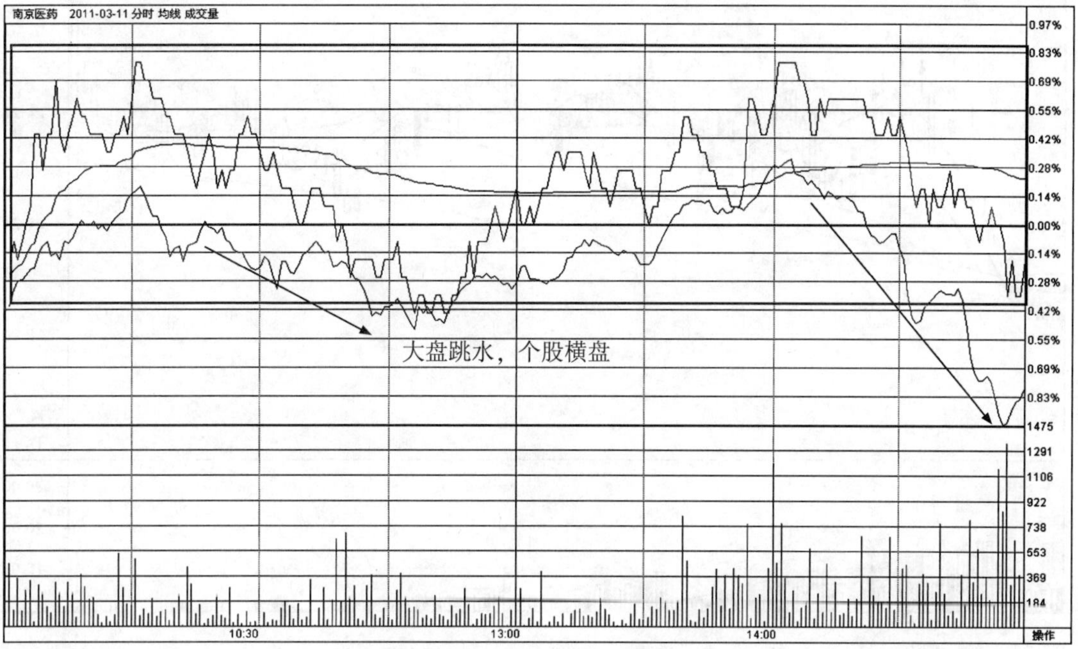

图 14－3　大盘下跌，个股横盘抗跌

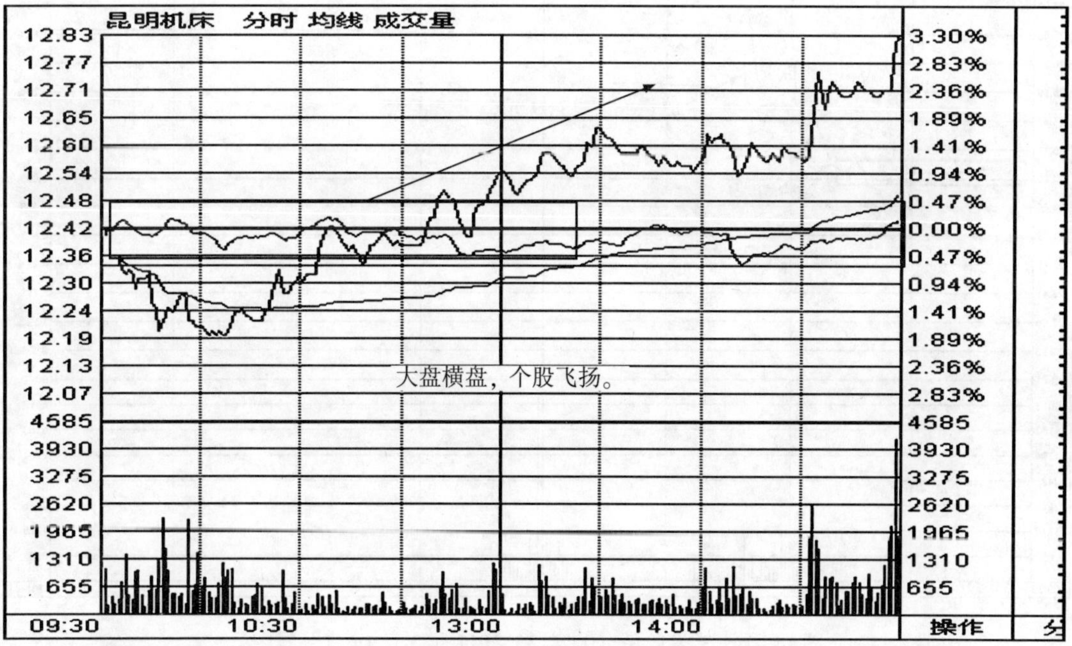

图 14－4　大盘横盘，个股飞扬

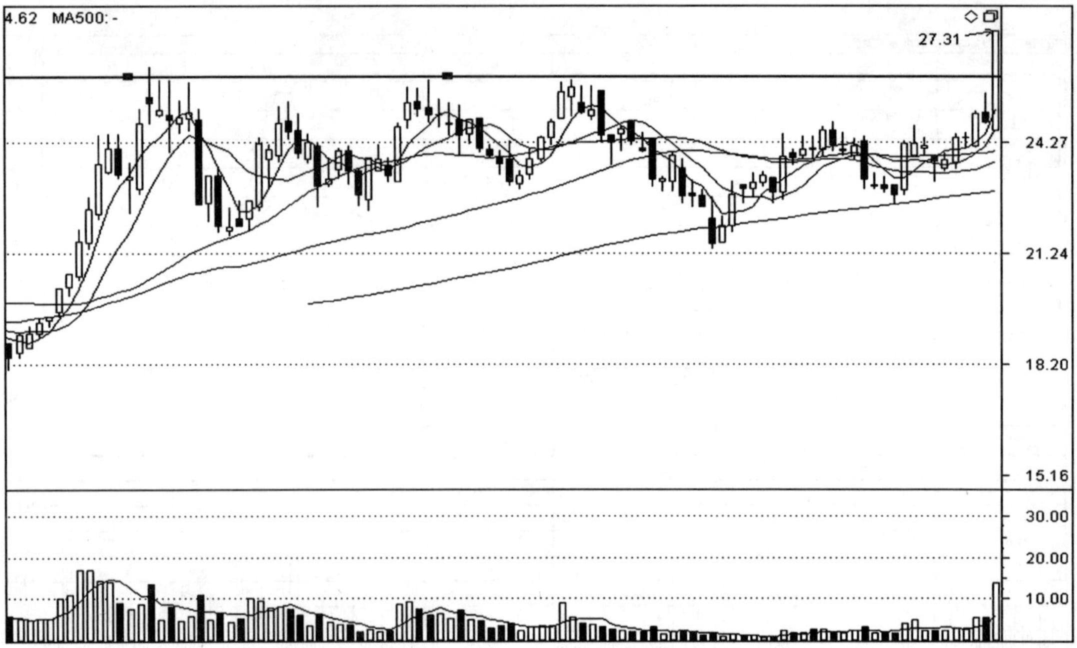

图 14－5 常发股份（002413），2011 年 3 月 14 日

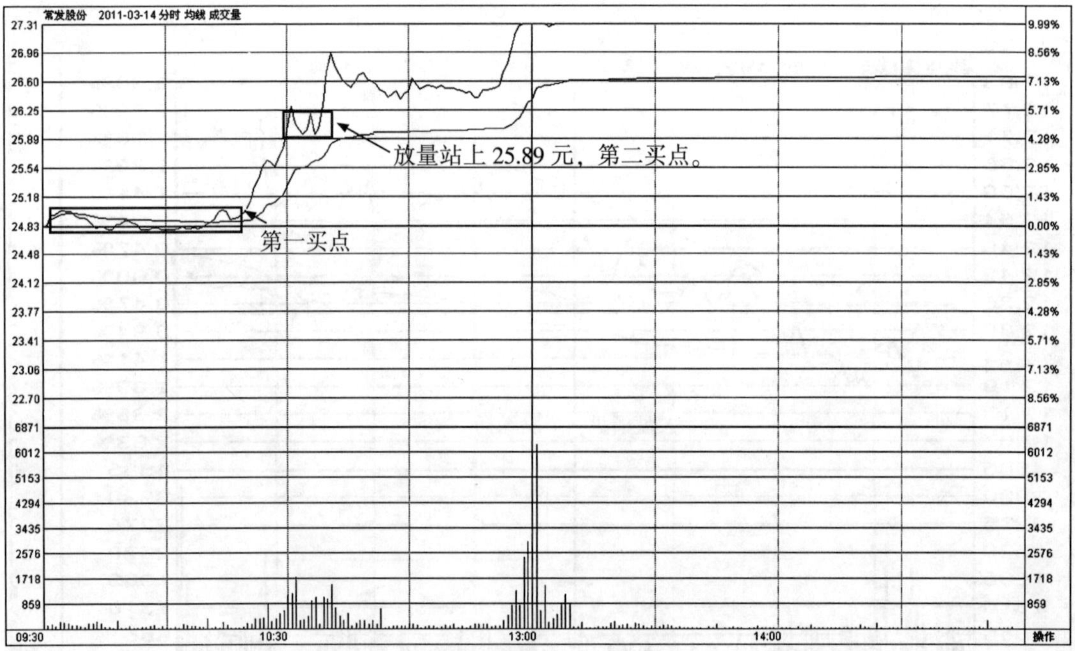

图 14－6 常发股份（002413）2011 年 3 月 14 日分时图

心无旁骛，凝神静气，这是最基本要求，静静地感受走势，要放弃主观的东西，这样才能与主力融为一体。

图 14－7 和图 14－8 所示为江苏吴中（600200）2011 年 3 月 14 日走势。当日早盘大盘快速下探，该股逆市飞扬，显然这是个股最强的一种态

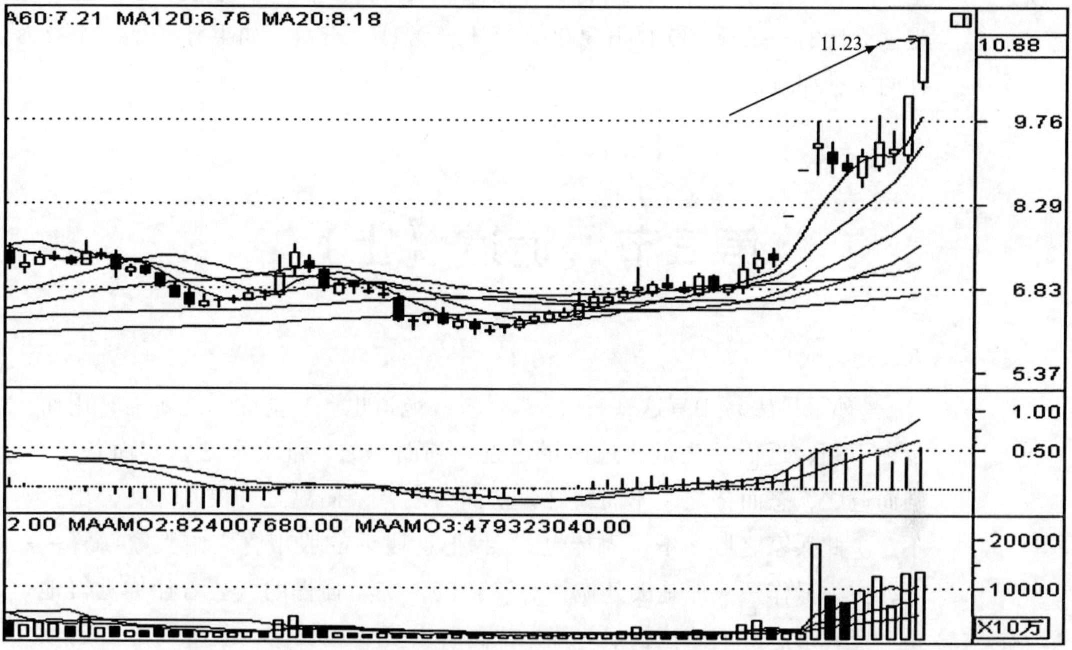

图 14－7　江苏吴中（600200），2011 年 3 月 14 日

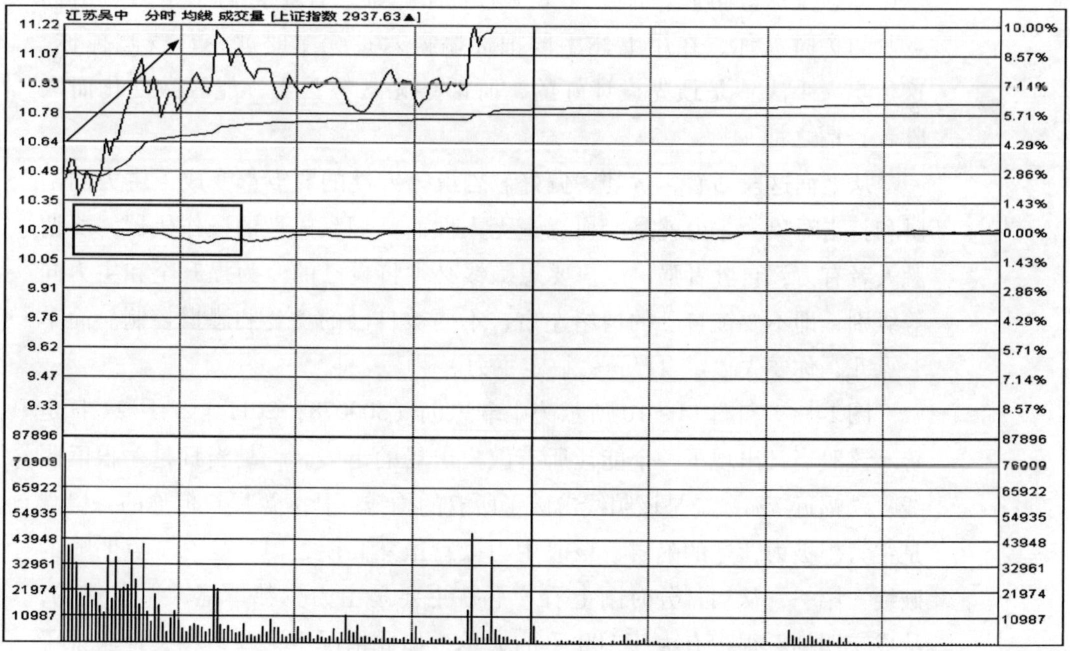

图 14－8　江苏吴中（600200）2011 年 3 月 14 日分时图

势，随后的回调分时均价线就是买点。有朋友会问，这会不会是诱多？一般来说，逆势上涨投入的资金非常大，既然大盘下跌能逆市飞扬，那大盘企稳时它会逆势下跌吗？虽然没理论保证这一点，但一般来说，主力极少爱这么玩的，杀敌500自损3000，这不合常理。当然，如果真遇见一个这样的主，那就认栽得了。

第三节　诡道（上）

《孙子兵法》中有这么一段："兵者，诡道也。故能而示之不能，用而示之不用，近而示之远，远而示之近。利而诱之，乱而取之，实而备之，强而避之，怒而挠之，卑而骄之，佚而劳之，亲而离之。攻其无备，出其不意。此兵家之胜，不可先传也。"我把这段话的股市含义给大家解释一下，主力操作短线那是极其诡诈和狡猾的，实力强悍的就装着让你觉得他是弱庄，形态好的该拉长阳的就先拉高后出货变成长阴，股价马上要启动的却用杀跌恐吓让你感觉上涨遥遥无期，股价行将下跌的却要长阳诱惑你让你感觉涨势再起，你生气了主力就激怒你，你不自信了主力就给你点儿甜头骄纵你，在用上述手段把你搞得六神无主时就一口气吃掉你。这种吃人手法不是预先设计好的，所谓兵无常势，要"能因敌变化而取胜者，谓之神"。

从上面这段话看，贪婪、偏好、恐惧等人性的弱点都变成了主力的陷阱和打击对象，主力就是冷血、毫无人性而又洞察人性的操作机器，所谓胜人者有力，自胜者强，散户要想赚钱必须将自己的修为提升至和主力同等级别，即不要被自己的情绪左右，不要被自己的贪婪和恐惧控制。简单一点儿，你要先搞定自己再去搞定主力。

图14－9和图14－10所示为中瑞思创（300078）2011年1月24日走势。该股当日出现了一个能让所有散户出局的走势。一是当日是一根巨阴线，跌幅近7%；二是该阴线击破了所有的均线，让人恐惧！但你的恐惧就是主力想极力营造的陷阱，该股主力操盘虽然高明，但至少有三点明显的破绽：第一，从当日分时图上看，下跌主要是主力少数单笔大单造成的，从成交明细看很少有大于100手的大单，如此情况下大跌，相反地验证了主力已经高度控盘的事实，另外也说明主力是假出货；第二，当日成交量

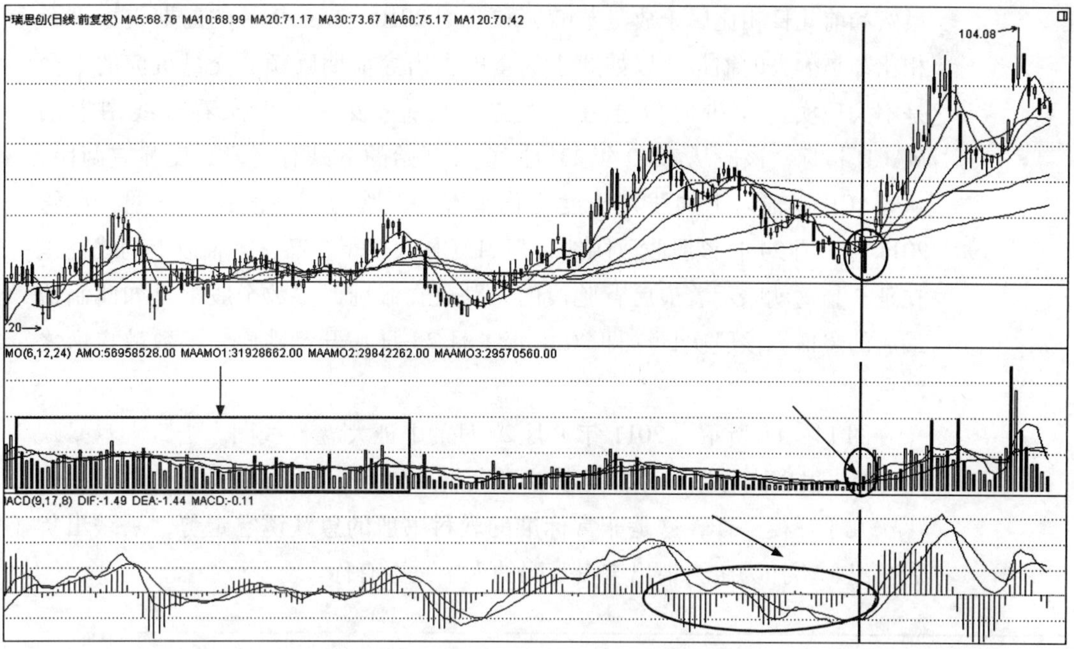

图 14-9 中瑞思创（300078），2011 年 1 月 24 日

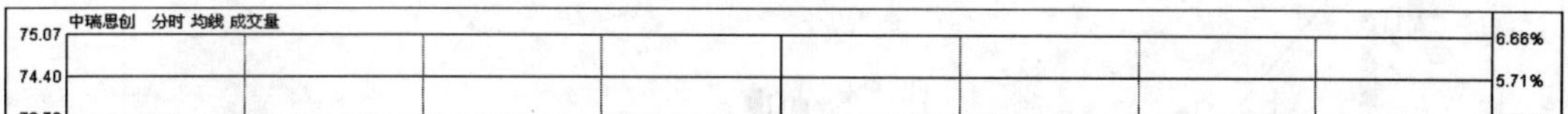

图 14-10 中瑞思创（300078）2011 年 1 月 24 日分时图

虽然和前几日相比属于放量范畴，和前期2010年4—9月的前期支撑平台相比却是大大的缩量，以如此小的量能去击穿前期巨额成交量沉淀的平台是不大现实的至少股价会有一次强力反弹；第三，大家看日线图上的MACD指标，该股从2010年11月26日开始的下跌有三段，反弹有两段，从MACD零轴以下的线柱长度变化来看，下跌力度一波比一波弱，尽管2011年1月24日该股收巨阴线，但MACD出现了金叉，零轴以上的线柱也在延长，这就暗示着最后背驰段的急跌就在眼前，多数个股都是如此制造最后的恐慌。该股次日（即2011年1月25日）开盘涨停，无数散户悔之晚矣。

图14-11所示为2011年1月20日的上证大盘K线图。当日大盘暴跌近3%，很恐怖的那一种，但细心的读者一看就知道和案例中瑞思创的诱空手法几乎一模一样，这是非常标准的教科书般的急跌诱空走势，杀跌出货者甚纵，不知为主力捐出宝贵筹码的人中是否有你。

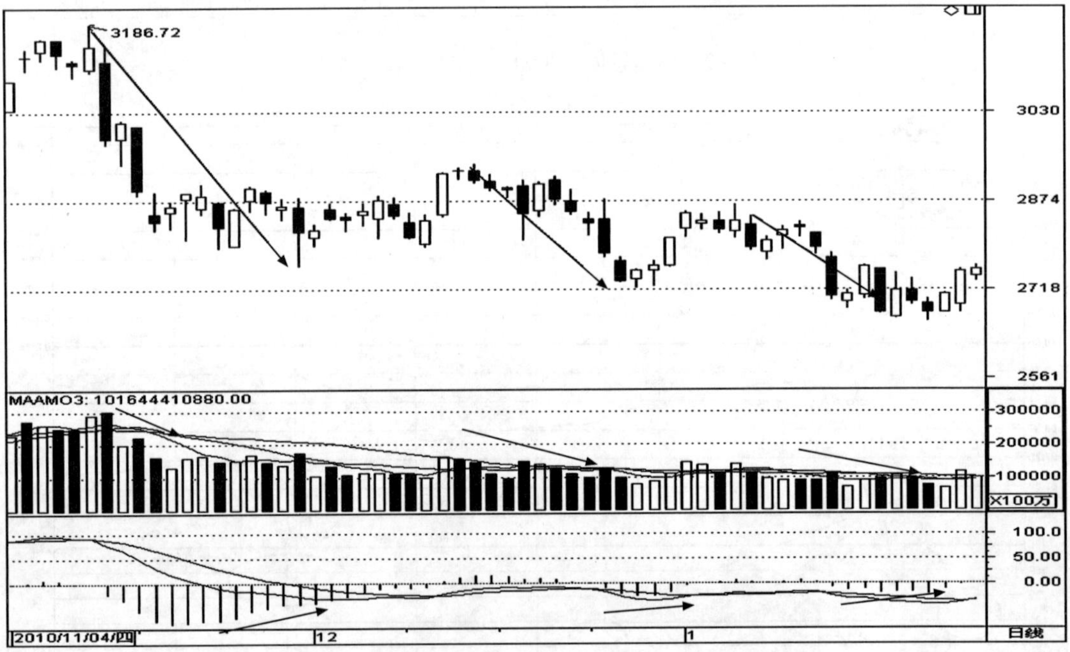

图14-11　上证指数2011年1月20日

图14-12和图14-13所示为中关村（000931）2011年1月25日走势。最后这一个案例就留给读者朋友思考吧。如果看了案例中瑞思创和上证指数你连这个图都看不明白，那我就白讲了。

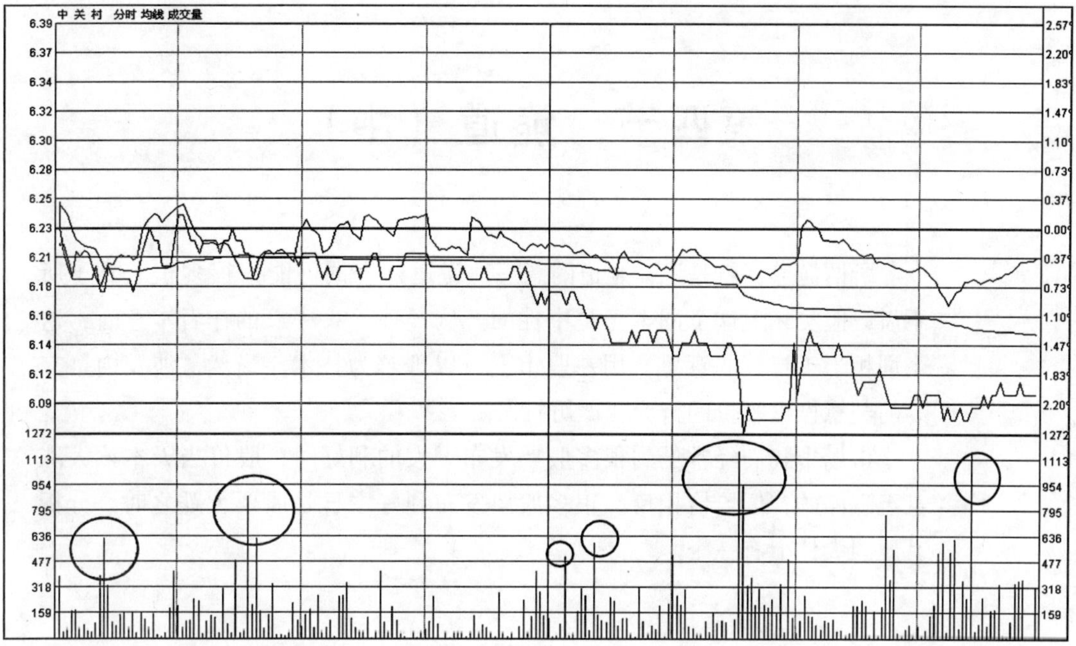

图 14－12　中关村（000931）2011 年 1 月 25 日分时图

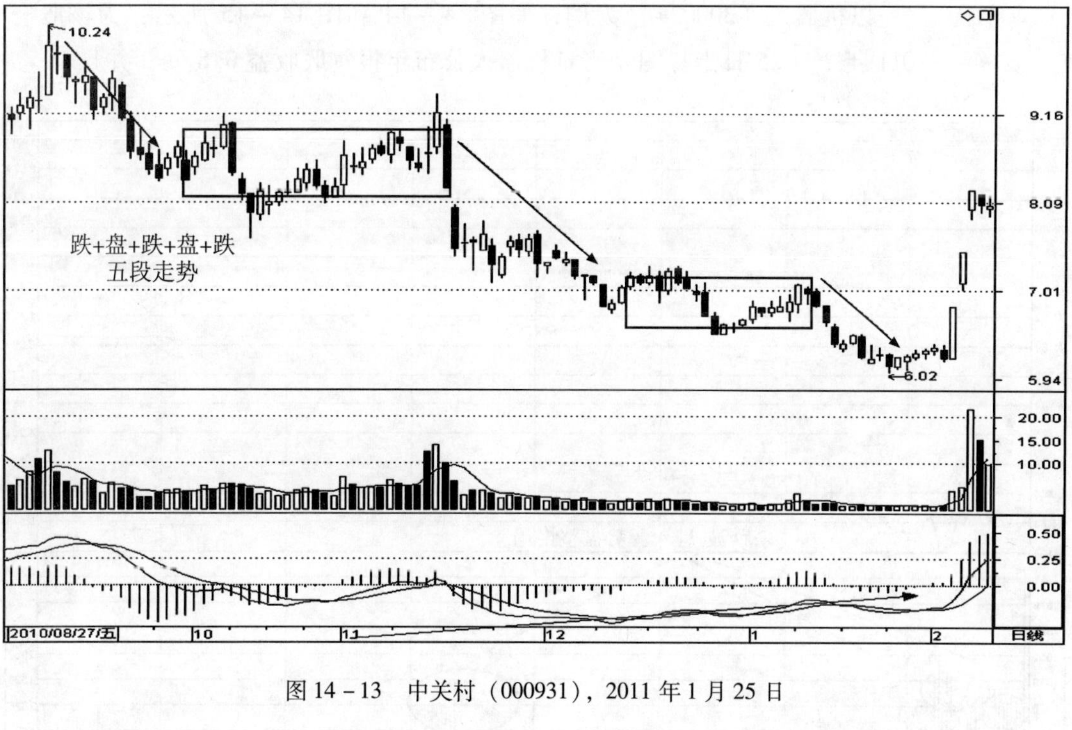

图 14－13　中关村（000931），2011 年 1 月 25 日

第四节　诡道（中）

所谓诡道，就是诡诈之道的意思。诡道这个词可能为很多正人君子所不齿，但实际上这个词本身是中性的。从《孙子兵法》的作者本意看，这个词相当于智慧的意思，用在股市上可以理解为技术。当然，涉及内幕交易的刻意操纵股价的行为要严厉打击。

市场中我们经常见到很多股票发布天大的利好时，股价当天本该大涨甚至涨停的，但恰恰相反，很多股票发布利好之日是股票大跌之时。分析其原因大体上有三个。

1. 股价阶段性见顶

以机器人（300024）为例，如图 14－14 和图 14－15 所示，为该股 2011 年 2 月 25 日走势图，当日机器人公布年报每股收益 0.8 元，并且 10

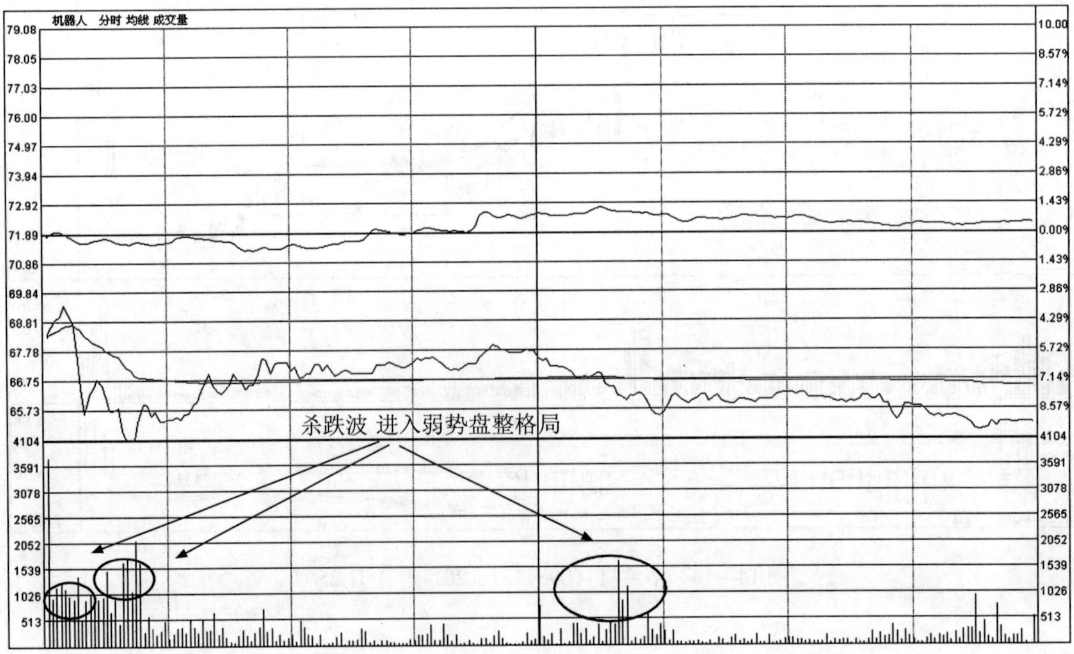

图 14－14　机器人（300024）2011 年 2 月 25 日分时图

送5转7派1，这本是个超级好的送股方案，但公布利好当日，该股低开5%开盘，收盘接近跌停！并且从分时图上看是比较有力度的杀跌波，股票很可能会陷入大幅度的调整或长时间的盘整。

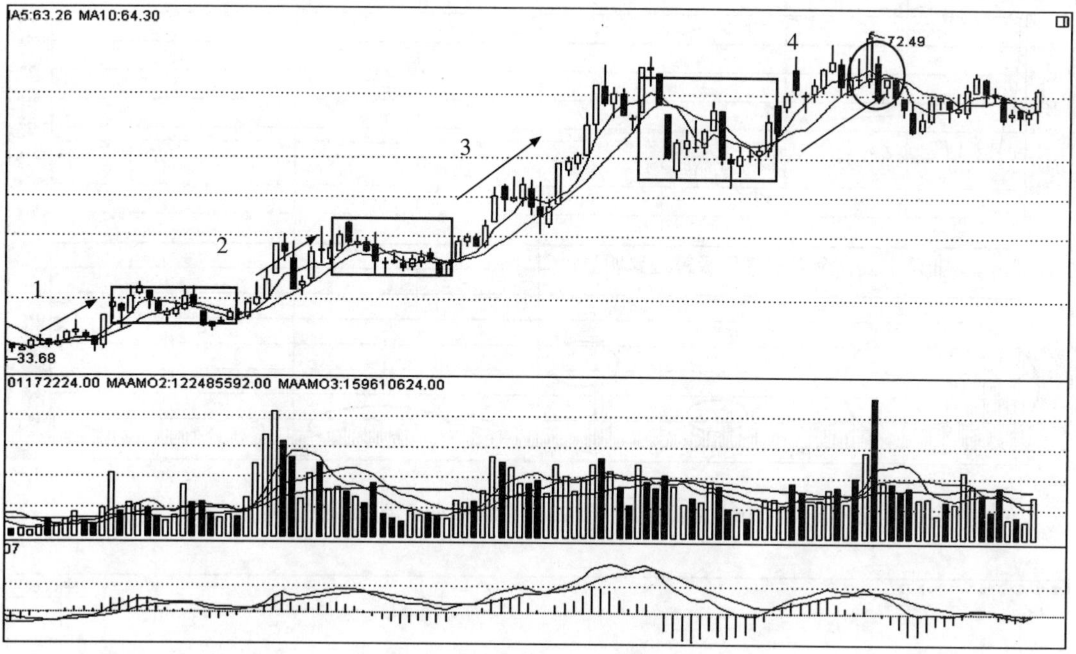

图14-15　机器人（300024），2011年2月25日

为什么会这样？我们来分析一下该股日线图（图14-15）。该股自2010年9月底至年报公布当日有四波上涨，从图中大家可以清楚地看到1+盘整+2+盘整+3+盘整+4，从上升的力度看，显然，1<2<3>4，所以第四段上涨属于很明显的背驰段，所以股价当天收盘一旦发现跌破操盘线就必须先大幅减仓。很多朋友会说，最近几日没见到机器人怎么跌啊？这是后话了，机器人当日大跌首先要预防的是随后的深度调整，至于股价最终选择了长时间盘整来代替深度调整，那是同期大盘走势相对较好的原因，至于当下的处理，大幅减仓总是没错的。

2. 重阻力区前的诱空

例如，濮耐股份（002225），如图14-16和图14-17所示。2011年3月18日刊登了公司收购海城市琳丽矿业有限公司100%股权的公告，对这

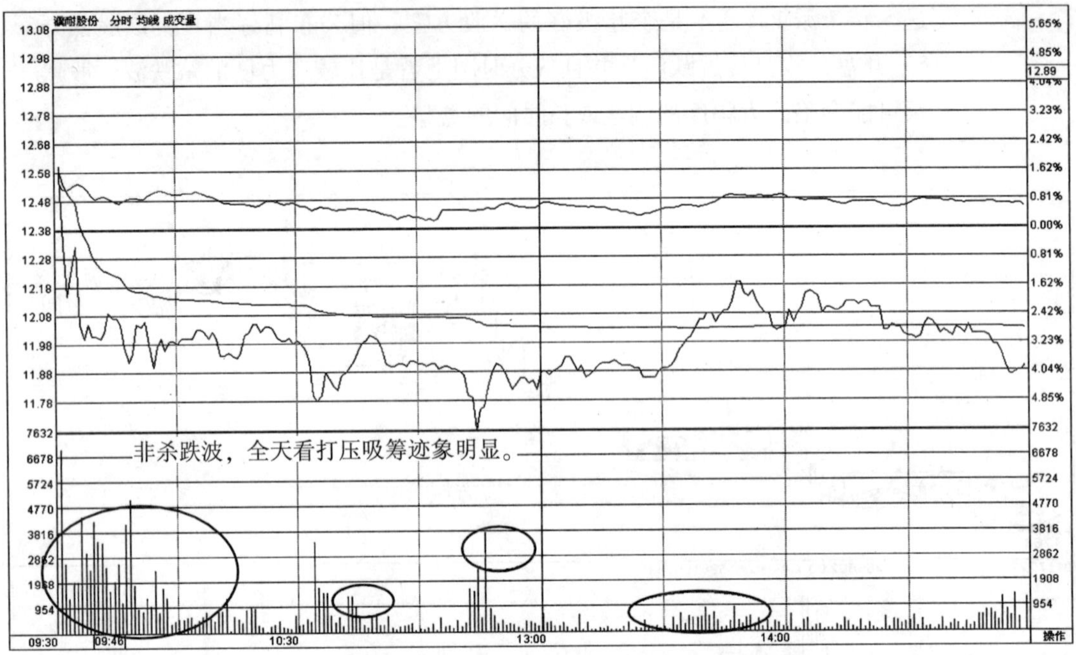

图 14－16 濮耐股份（002225）2011 年 3 月 18 日分时图

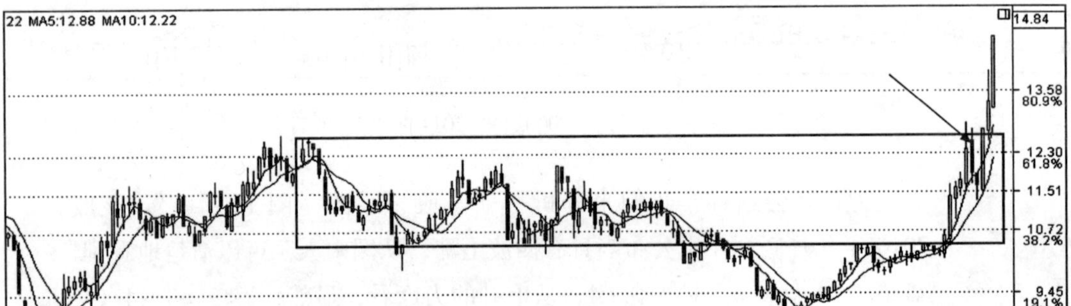

图 14－17 濮耐股份（002225），2011 年 3 月 18 日

个超级利好，股价当天不涨反跌，其实主力不弱，不过遇到了前期密集成交的套牢区，所以股价跌幅超过3%，从当日分时走势看杀跌力度很小，并未出现明显的持续的放量。另外，全天量能也不是很大，次日股价碰了下10日线就一飞冲天了（图14－17）。这是大家经常遇到的一种情况，在重大利好前为啥股价还下跌？这往往是碰到了前期密集成交的套牢区，此时追涨被套的概率是非常大的。

3. 长线主力非常不喜欢短线客打扰

由于主力控盘程度极深，所以每逢利好就大跌，遇到利空反而会大涨，这种逆向操作的手法就是为了绞杀短线客。

这样的股票很多，最典型的就是贵州茅台。该股大多时候都是见利好就跌。如2011年3月21日推出10送1派23元，当日就大跌，随后几日继续小幅度调整，但这只股票是个典型的长线牛股，没有耐心的投资者最好别碰。如图14－18和图14－19所示，它们分析起来很简单，分时并无明显的杀跌波和攻击性量能出现，从K线图看，成交量也不大。这种利好大跌的走势对某些短线客来说，可能会十分不利。

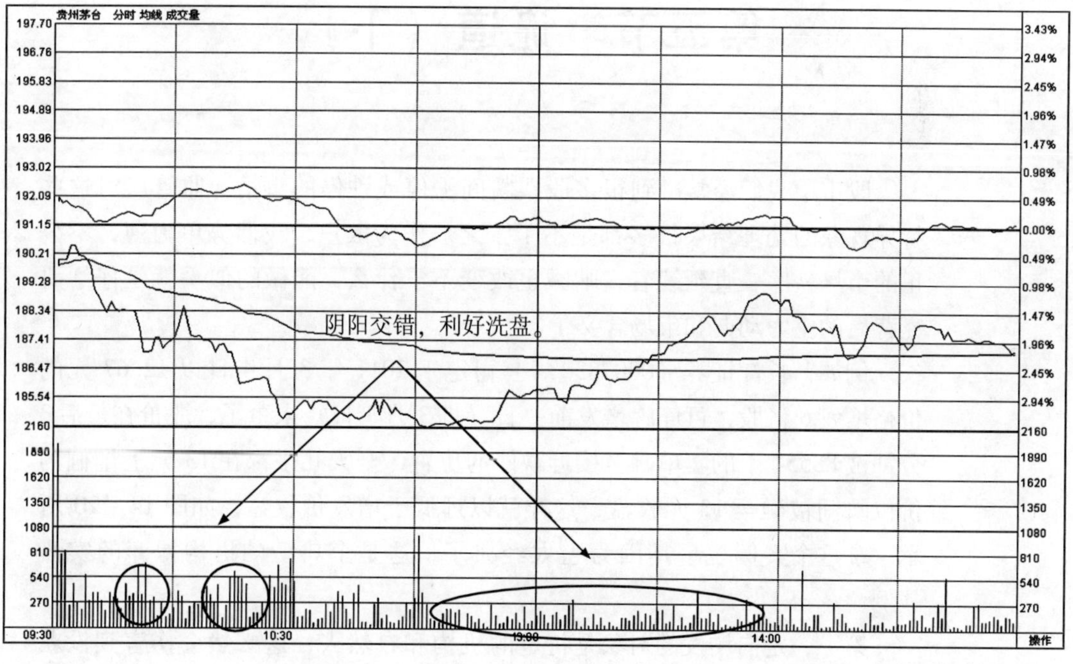

图14－18 贵州茅台（600519）2011年3月21日分时图

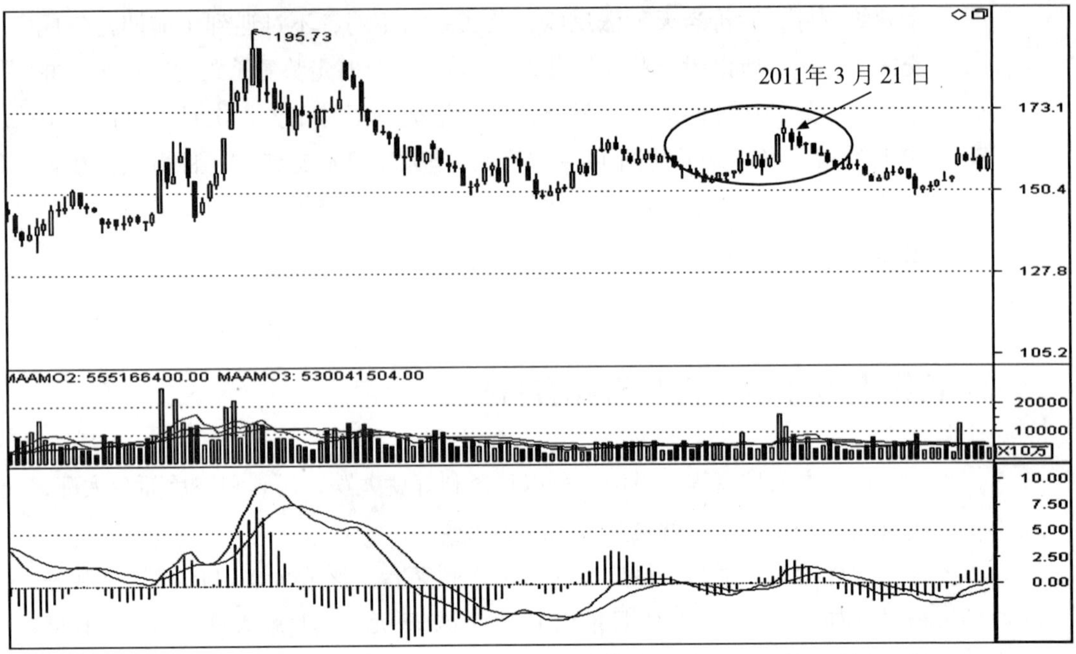

图 14 - 19　贵州茅台（600519），2011 年 3 月 21 日

第五节　诡道（下）

股市中我们经常碰到很多股票瞬间涨停或跌停的事情，监管层对这些特异现象的处理结果很多都是不了了之。作为散户，我们势单力薄，不公正的市场秩序一直延续着，呐喊也改变不了什么，能做的似乎就是仔细研究背后的主力动向和市场含义了。

例如，长江证券（000783）。公司定于 2011 年 3 月 4 日以 12.67 元的价格增发 6 亿股，可停牌增发前一日（即 3 月 3 日）来事了，股价在最后 3 分钟被 88554 手的卖单砸至接近跌停的位置，全天几乎都在 13 元上徘徊的价位瞬间被砸至 12 元收盘，这样就以远低于增发价收盘，如图 14 - 20 所示。拿这个案例说事是因为它太经典了，这是个典型的机构博弈的实盘战例。

第一，定向增发的对象是特定的机构和自然人，这必然会伤害到没获得增发机会的机构或大户的利益，因为增发价离现行股价（每股 13 元以

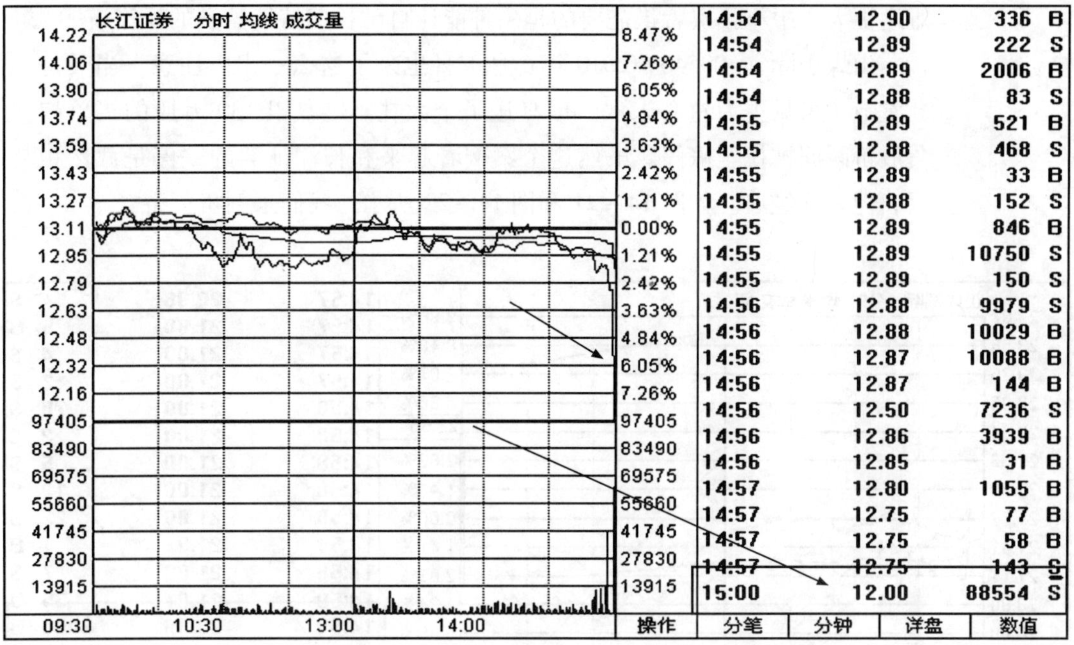

图 14－20　长江证券（000783）2011 年 3 月 3 日分时图

上）约有 5% 的收益，凭什么无端让他人获利，不满和怨愤最终使这些人尾盘酿制了如此大的阴谋，那就是让敢去申购的人统统无利可图。从这一点看，场内机构大获全胜，原本打算增发 6 亿股最终申购的只有 2 亿股。

第二，由于增发增加了股本，必然会摊薄未来的每股收益，这对中短线主力显然是不利的。从长江证券增发的用途看，将具体投向这几个方向：开展融资融券等创新业务、加大对子公司的投入、进一步加强营业网点建设，择机收购证券类资产、适度提高证券投资业务规模。这些项目见效至少需要两三个会计年度，中短线主力显然无法等待那么长时间。想在未来短时间内让公司收益配合自己的操盘，就必然要将增发的数量控制在低点。

第三，从纯操盘控制上讲，如果增发 6 亿获利股则必然会增加筹码收集难度，将股价打至低点就让自己处于有利位置，这样就使增发对象处于亏损状态，增发对象要么割肉要么自救，主力这样做无疑达到了自损 300 杀敌 5000 的效果。从目前长江证券一直在 12.67 元下方运行态势看，3 月 21 日解禁的增发股显然没占到便宜，如果卖出去的话，连手续费都不够。

从上述分析看，长江证券在消化掉这 2 亿股的浮筹后短线应该还有些向上空间。不过，从机构博弈的过程看，证券市场到处充满了血腥，所以短线难就难在这里，从近年不少热衷于短线的私募被清盘中也可见一斑。既然短线高手下场都如此“悲剧”，我想短线投机似乎对绝大多数散户而言难度更大，中小投资者最需要的是一种能让自己长期持续盈利的操作模式。

山煤国际（600546）2010年6月1日也来了这么一出。注意，当天是儿童节，可见主力童心未泯，尾盘送了个大礼。尾盘以130万股的买单扫货股价瞬间被拉至涨停。虽然这个案例看起来和长江证券的跌停是截然相反，但一样经典。如图14－21和图14－22所示，我们来剖析一番。

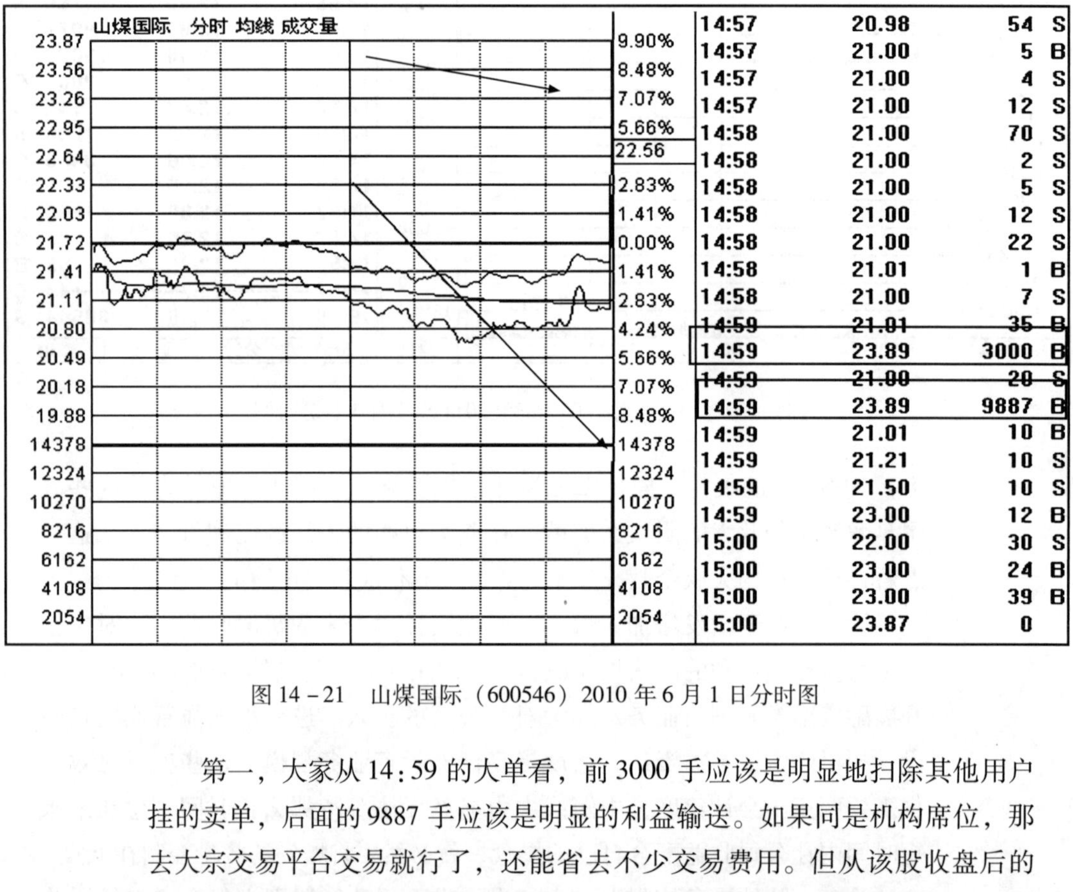

图14－21　山煤国际（600546）2010年6月1日分时图

第一，大家从14:59的大单看，前3000手应该是明显地扫除其他用户挂的卖单，后面的9887手应该是明显的利益输送。如果同是机构席位，那去大宗交易平台交易就行了，还能省去不少交易费用。但从该股收盘后的情况看，这9887手的卖方非常分散，应该是属于暗庄、游资之类，不去大宗交易平台很明显是怕自己操纵股价的行为败露。那时哪个“傻子”愿去以涨停的价格去买货？这很明显二者之间有明确的私下协议，买入者应该能获得不菲的补偿。

第二，股价拉至涨停后会使股价较长时间维持在相对高位，从随后几天的换手激增看，买入机构快速完成了建仓，这当然是卖方给予买方的对倒。随后股价以一个缩量坑砸出了历史大底，这个底属于明显的趋势背离。详细分析大家可以看前文（诡道（上）），随后股价在3个月快速翻倍，由16元涨至40元。

第三，从股价运作看（图 14－22），主力从建仓到拉升仅仅 4 个月，可见其时间之紧迫，在拉至 40.50 元的前几个交易日出现了两个近乎一字涨停的走势，可见其出货的急迫性，这个主力资金来源应该有问题，我猜测应该属于高息借贷资本。这也从另一方面验证了 6 月 1 日的涨停板扫货应该属于急切建仓的一部分。上述故事情节简单概括起来就是两个主力一个熬不下去急切出货，另一个急切建仓，二者狼狈为奸、各得所需，在证券市场上就演绎了这么一出似乎让人看不懂的秒杀闹剧。

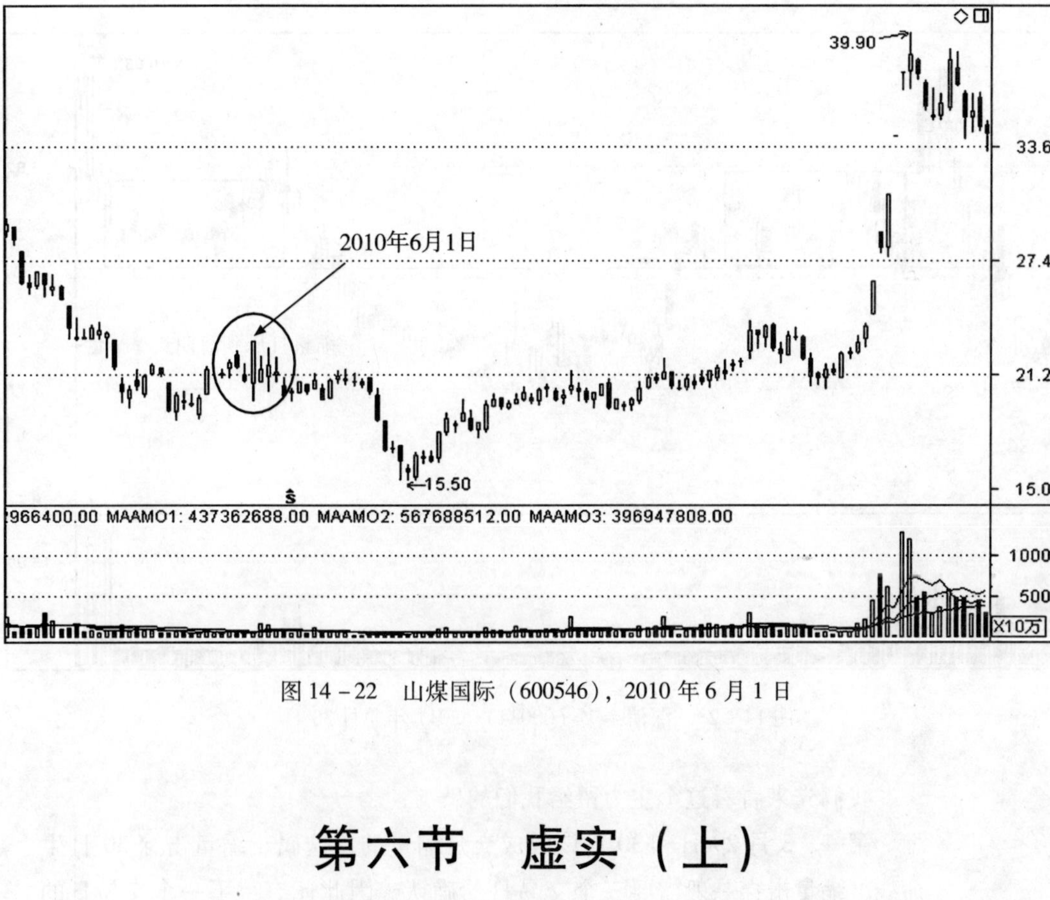

图 14－22　山煤国际（600546），2010 年 6 月 1 日

第六节　虚实（上）

《孙子兵法》虚实篇有这样一句话：“出其所必趋，趋其所不意。”翻译过来就是，行兵打仗要攻击敌人必经之地，而自己的行军布阵要选择敌人意想不到的方式。说得再简单一点就是要让你的敌人按套路出牌，而自己却“穿着美特斯邦威的 T 恤衫——不走寻常路”，就是致人而不至于人的

意思。要做到如此的关键就是通过虚实的拿捏来掌控住战略的主动权，主力把这招儿用在股市上同样能起到出奇制胜的效果。

如图 14－23 和图 14－24 所示，深信泰丰（000034）2011 年 1 月的一波拉升越过了前期阻力区域（2010 年 11—12 月），随后股价开始回调，2011 年 3 月 30 日股价再次试探 3 月 15 日和 17 日的低点。从技术分析看，这次比较严重，股价前日已经击穿了 30 日生命线，5 日线和 10 日线，已属于死叉状态，按正常的思路该股价应该顺势回调至下方的 60 日决策线和 120 日趋势线，但实际上会这样吗？

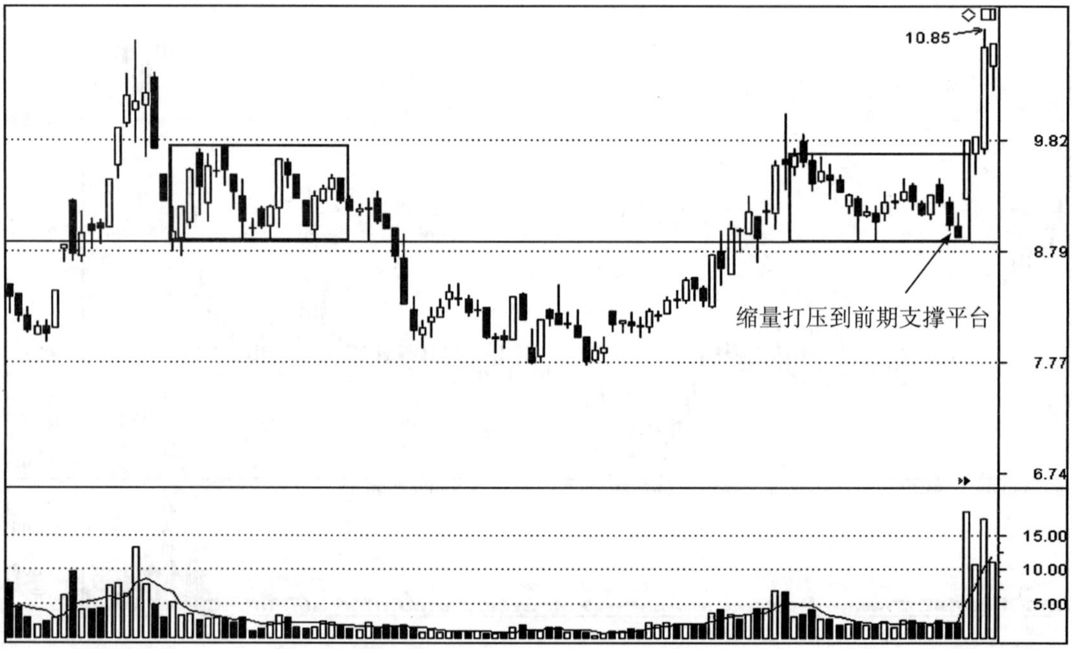

图 14－23　深信泰丰（00034），2011 年 3 月 30 日

我们先来看看这个主力留给我们的破绽：

第一，3 月 29 日和 30 日该股成交是缩量的，这属于缩量击穿 30 日生命线。缩量击穿一般需要三个交易日的确认，因此还有待下一个交易日的确认（图 14－23）。

第二，该股自 2011 年 1 月的上升趋势以来第一次试探 30 日生命线的支撑（注意是第一次），而且试探的是笔挺的生命线。如果诸位稍有些经验就会知道上升趋势中第一次试探重要的均线有 90% 以上的概率会构成买点（注意是第一次试探），第二次构成买点的概念就低一些，第三次、第四次往往就不具备支撑作用了。

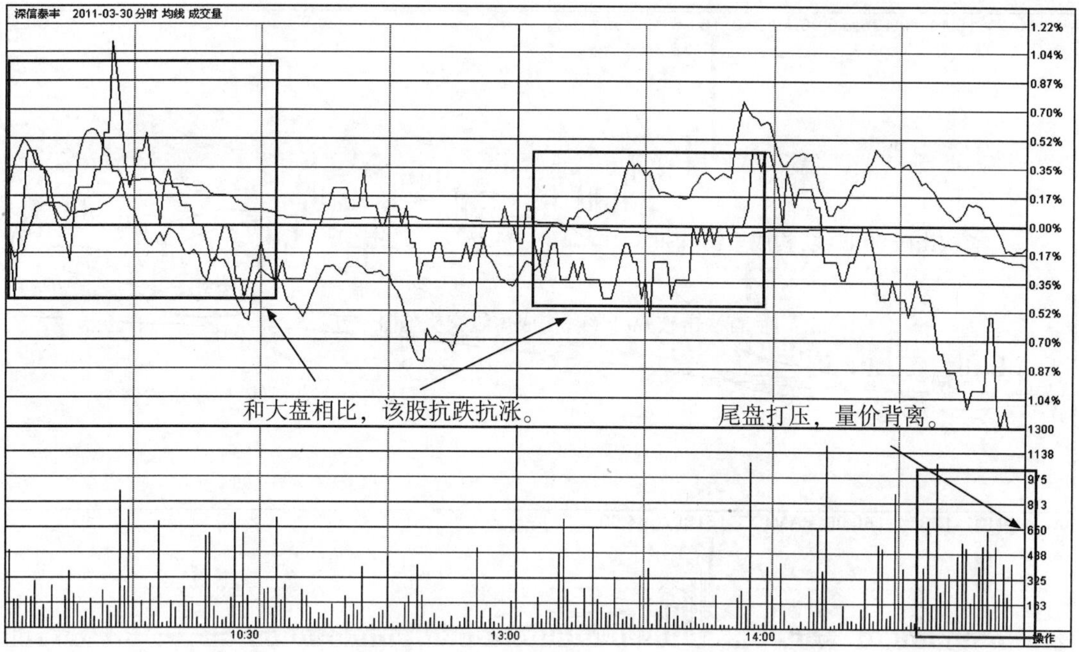

图 14－24 深信泰丰（00034）2011 年 3 月 30 日分时图

第三，我们来看看 3 月 30 日该股的分时走势。早盘大盘下跌该股横盘抗跌，下午大盘拉升创新高该股横盘抗涨，抗跌抗涨那自然是主力在吸筹了。如果再仔细观察一些分时，则并无密集型杀跌波出现，大多都是单笔大单打压所致。

第四，注意！该股 2010 年三季度就大幅盈利了，也就是马上就脱帽了，我曾经给大家分析过脱帽后个股往往都会有波行情。

记得当日我去参加亲人的婚礼，晚上用我朋友的笔记本电脑给我的学生做了如上简单回复。结果 4 月 1 日（愚人节）该股把散户愚弄了一把，高开一波涨停，这两天又连续大涨，出局者只能独自哀伤。

如图 14－25 所示，中航重机（600765）是个教科书般的案例，该股一波上升后三次回跌试探重要的均线，即 30 日生命线、60 日决断线、120 日牛熊线。我们说了，首次试探往往会构成陷阱式的买点，对这三次短线诱空我们结合当日分时图逐一分析。

在图 14－25 第一个椭圆中，该股 2010 年 11 月 19 日股价第一次回落到 30 日生命线，分时上出现了明显的短线抄底盘，这是短线买点，如图 14－26 所示。我们说过了首次回探是有效的，随后股价反弹至 11 月 25 日。

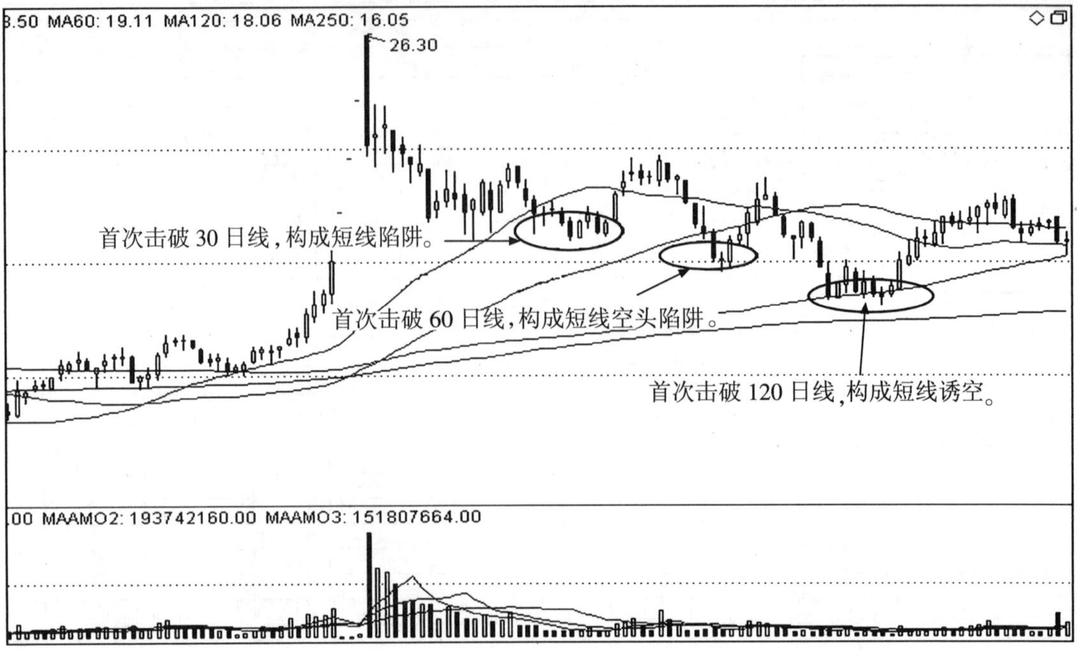

图 14－25　中航重机（600765），2010 年 11 月—2011 年 2 月

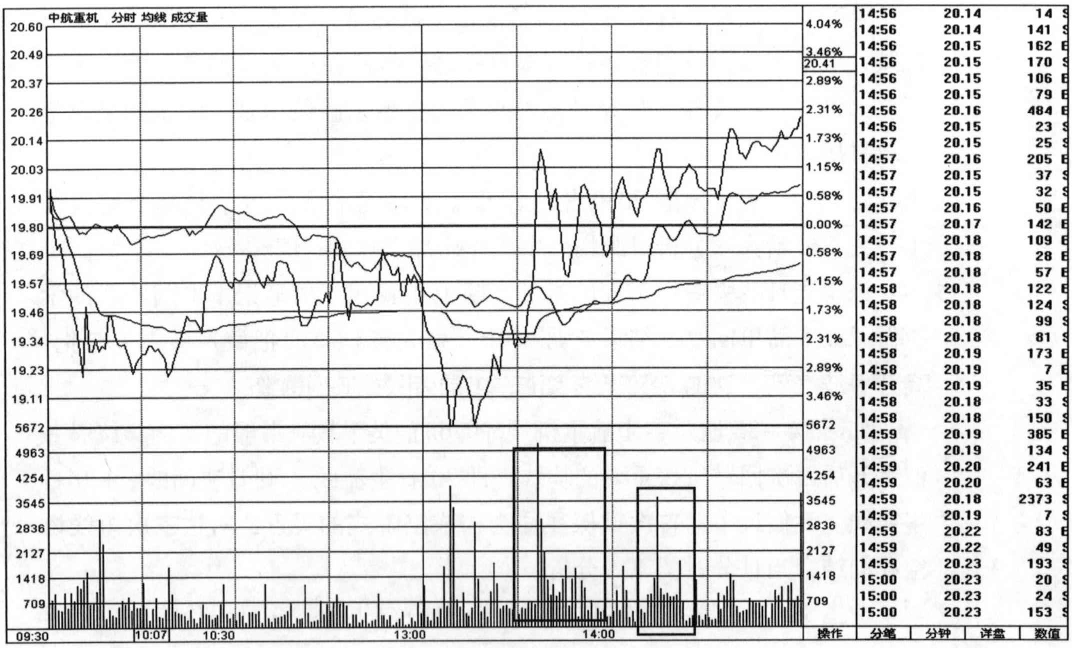

图 14－26　中航重机（600765）2010 年 11 月 19 日分时图

该股2010年12月28日首次缩量击穿60日线。注意：这是虚的，这是陷阱！首次缩量击穿笔挺的60日线往往都是陷阱，我们看该股次日（即12月29日）分时图，如图14－27所示，这和11月19日的图真像，同样的试盘波同样的抄底盘，当然也起到了同样的效果，随后股价展开了反弹，该反弹延续到2011年1月6日。

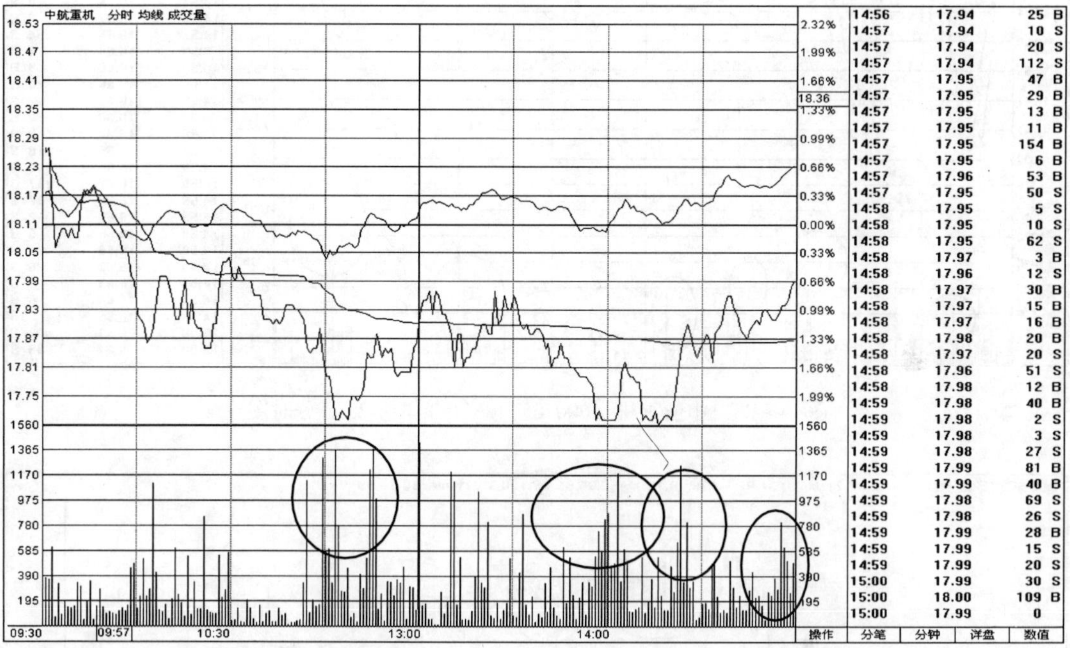

图14－27 中航重机（600765）2010年12月29日分时图

该股2011年1月25日首次击穿120日牛熊线，同样是缩量，再看看图14－28的分时图，同样如出一辙，但抄底力度更大，说明这波反弹的力度可能会更强！随后股价的反弹延续到2月21日，持续了一个月之久，反弹幅度30%！总结一下实战案例中航重机的关键词：缩量，首次试探，抄底盘。

横店东磁（002056），如图14－29所示，也是经典的如教科书般的典型走势。参照实战案例深信泰丰和中航重机就由读者朋友自己来分析吧。

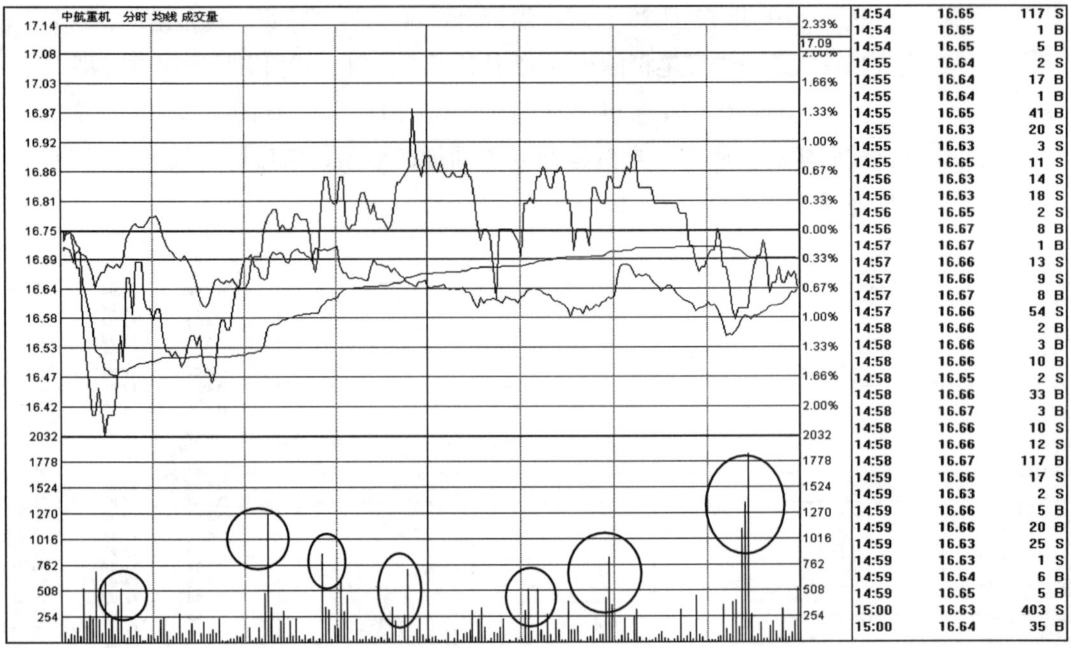

图 14－28　中航重机（600765）2011 年 1 月 25 日分时图

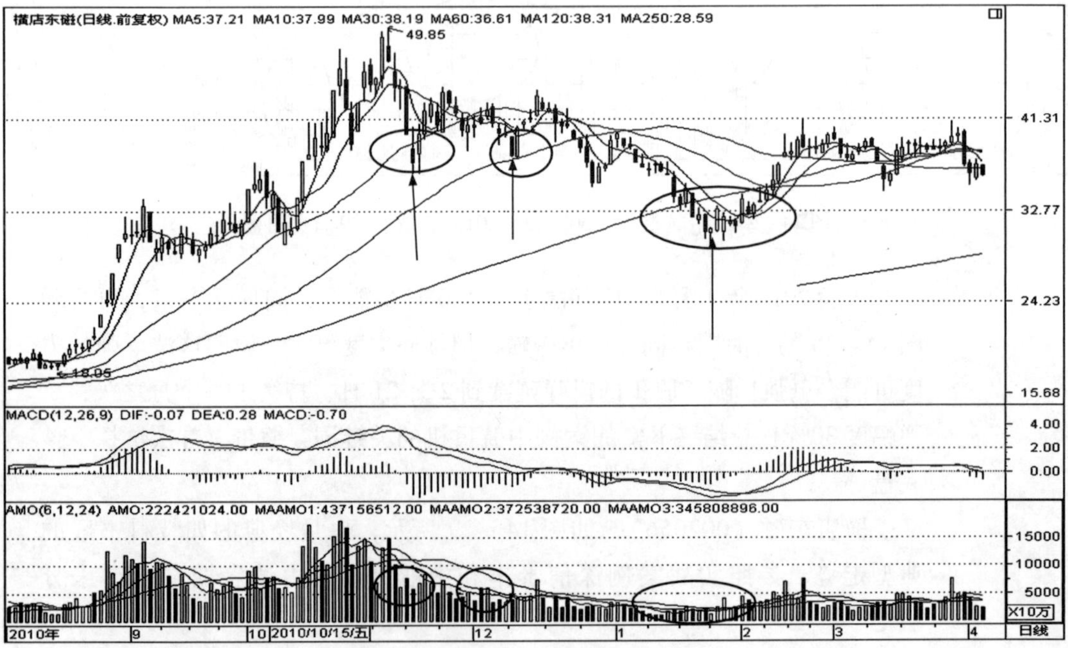

图 14－29　横店东磁（002056），2010 年 11 月—2011 年 4 月

第七节 虚实（下）

前一节说了股价首次缩量击穿重要均线大多都会有反弹，其实股价大幅下挫后首次缩量攻击重要的均线也多多少少会有阻挡。注意，这里有四个前提条件：

（1）股价大幅下挫，已被所有的均线压制。

（2）股价缩量攻击，至少是不放量攻击该重要均线。

（3）缩量攻击的是大角度向下倾斜的均线。

（4）必须是首次攻击，首次攻击遇阻的概率最大，第二次攻击及以后攻击遇阻概率越来越小。

下面以具体案例来分析首次缩量攻击重要均线遇阻。

如图 14－30 所示，广宇发展（000537）的股价大幅下挫后，首次攻击 30 日生命线遇阻，首次攻击 60 日线遇阻，首次攻击 120 线遇阻，首次攻击 250 日线（即 2011 年 4 月 8 日）同样遇阻。我们一起分析一下上面几次攻

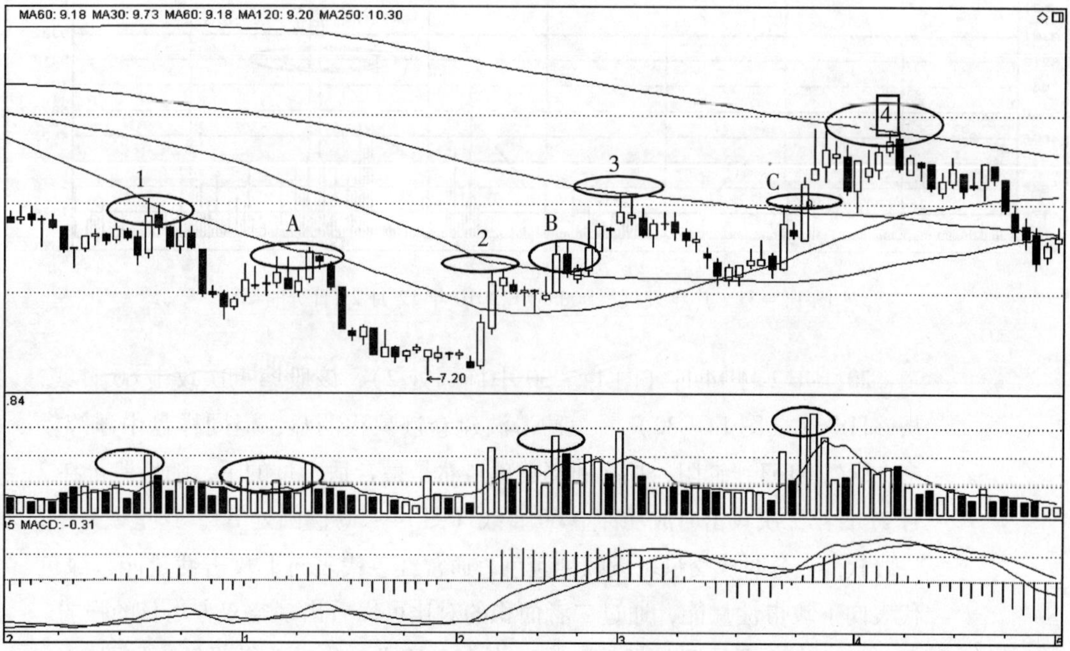

图 14－30 广宇发展（000537）

击时的分时走势图。

2010 年 12 月 21 日（图 14 – 30 中椭圆处 1），该股第一次攻击 30 日生命线，从分时走势看，如图 14 – 31 所示，该股当日量能逐步放大，但到最后一步（即攻击 30 日线）时量能变得非常单薄，且此时分时走势出现了背驰，分时上股价出现了尖锥形的逆转，从量能看此后空方也嚣张起来，从形态看该股当日并没放量，量能跟其 6% 的涨幅并不匹配，MACD 仍然只是 0 轴下的死叉，这一切都暗示这只是弱势反弹罢了。注意，该股第二次攻击 30 日生命线（图 14 – 30 椭圆处 A）同样受阻，第二次攻击无论从分时走势还是量能看都如出一辙。

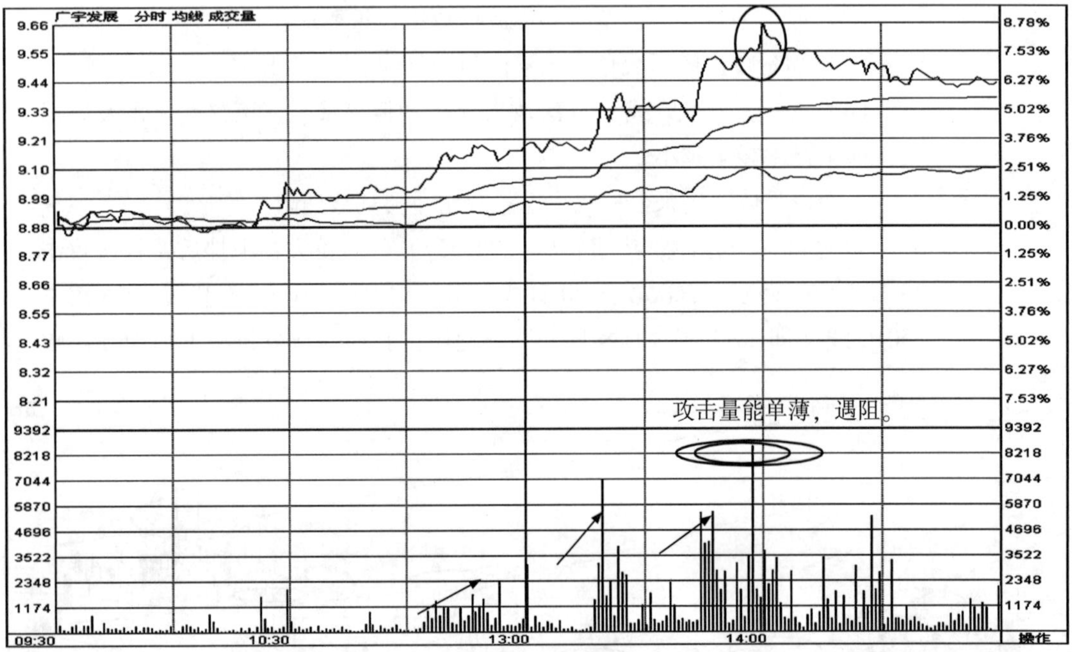

图 14 – 31　广宇发展（000537）2010 年 12 月 21 日分时图

2011 年 2 月 14 日（图 14 – 30 中椭圆处 2），该股第一次攻击 60 日线，从该日分时（图 14 – 32）看，冲击波建仓迹象很明显，但同样盘中浮筹较多，既然 60 日线遇阻，那么回档整理自然是最合适不过的了，随后股价在 2 月 21 日第二次攻击时成功冲上 60 日线（图 14 – 30 椭圆处 B）。这里说一下，一般软件上分时成交量可设两种颜色，通常红色代表向上攻击性量能，绿色代表向下攻击性量能，通过二者面积的对比可以看出多空双方当日的强弱。

2011 年 3 月 1 日该股第一次冲击 120 日线，分时看很明显，如图 14 – 33 所示。120 日线处出现了明显的大单打压，从分时看，空方狙击是非常

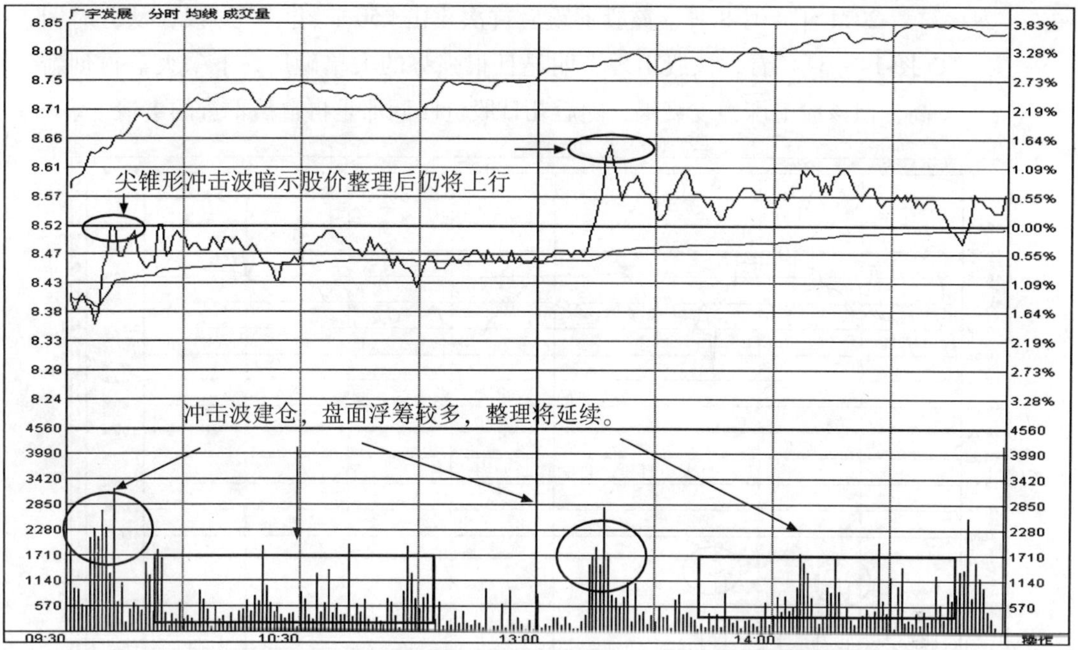

图 14－32 广宇发展（000537）2011 年 2 月 14 日分时图

强势的，随后的回调那自然也是情理之中的事情了。从形态看，该股当日收了一个放量流星线，这是短线见顶信号（图 14－30 椭圆处 3），回调几日随后该股第二次冲击 120 日线成功越过（图 14－30 椭圆处 C）。

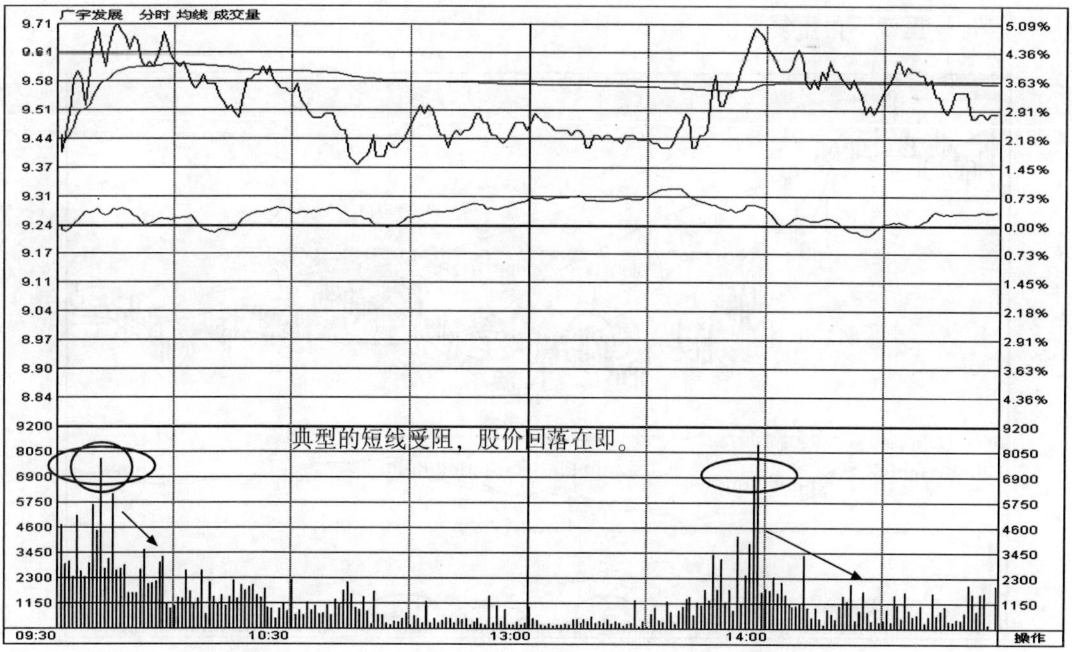

图 14－33 广宇发展（000537）2011 年 3 月 1 日分时图

2011年4月8日，该股下跌后首次攻击250日线——年线，从分时图（图14－34）看，该股出现了明显且很强势的大单砸压，下午大盘再创新高，但该股上涨力度衰竭，随后几日股价回调那是再自然不过的事情了。

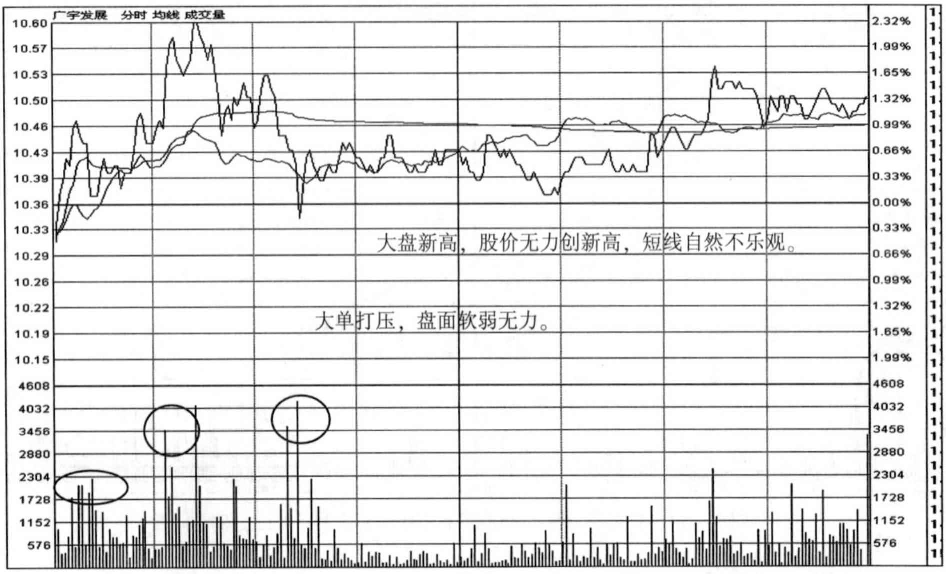

图14－34 广宇发展（000537）2011年4月8日分时图

另外一个案例是广宇集团（002133），如图14－35～图14－38所示。我已在各分时图上做了注解，读者朋友可以根据上一案例试着去分析，这里就不再重复了。

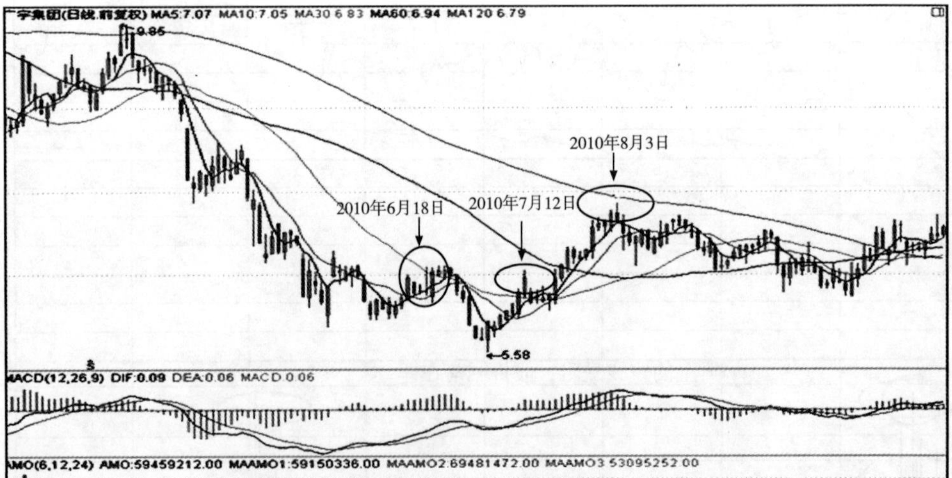

图14－35 广宇集团（002133），2010年6—8月

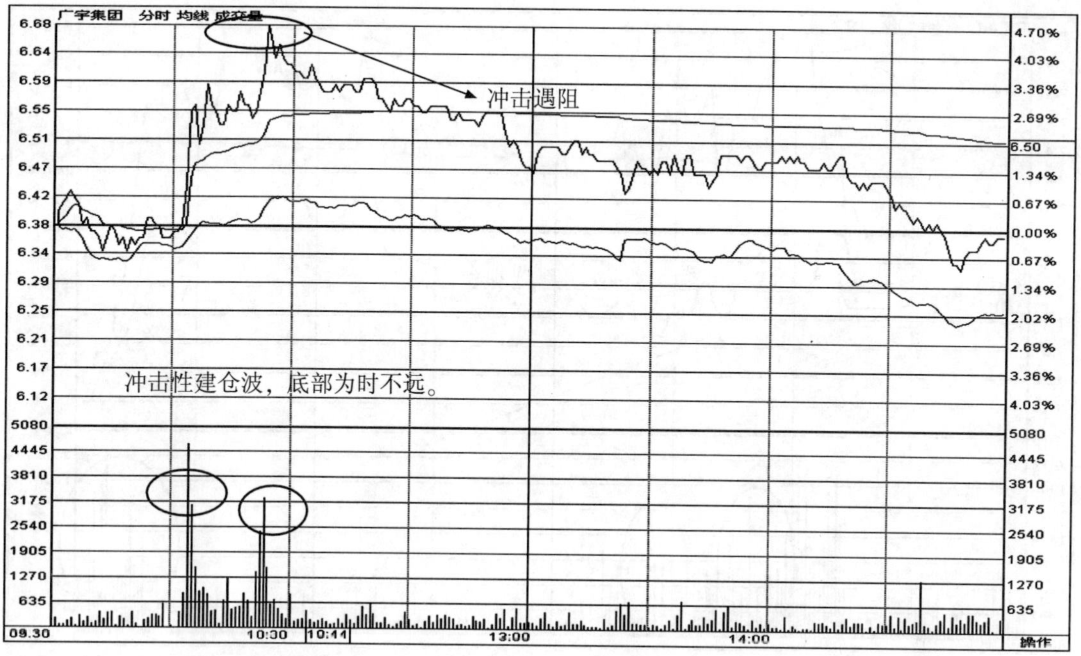

图 14－36 广宇集团（002133）2010 年 6 月 18 日分时图

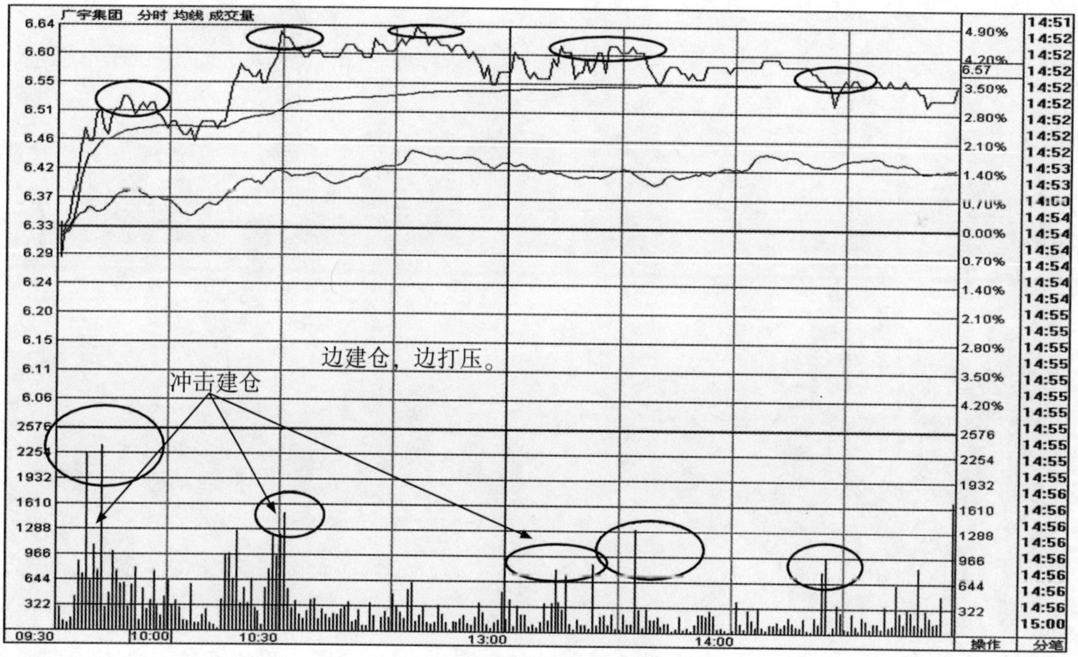

图 14－37 广宇集团（002133）2010 年 7 月 12 日分时图

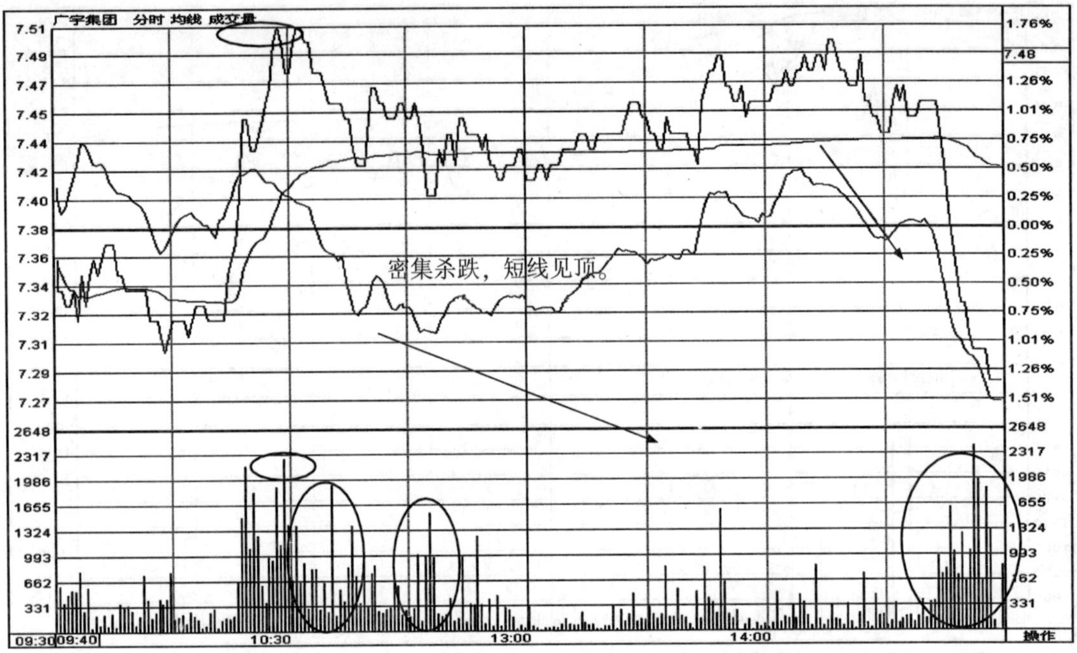

图 14－38　广宇集团（002133）2010 年 8 月 3 日分时图

第十五章

1 分钟图战法与 MACD

虽然 1 分钟图是最小的 K 线，1 根日 K 线含有 240 根 1 分钟 K 线，但它也有独到的战法，尤其与 MACD 结合使用，能让你更捕捉到稍纵即逝的机会。

第一节 1分钟图战法

1根日K线对普通投资者来说似乎没啥意义，但对职业投资者来意义很大。涨幅3%的股票经过职业操盘手滚动操盘收益可能被放大到3倍，所以分时图对职业操盘手也有研究的必要。在普通软件上和分时图最近的就是1分钟图了，1根日K线含有240根1分钟K线。因此实战中除非特别火爆的行情，如一字涨停或一字跌停，其他情况皆可视1根日K线为1分钟图的一个趋势。

1分钟图战法操作前提条件：

（1）日线5日线和10日线金叉，股价回落到5日线附近，MACD黄白线金叉，红柱延长。

（2）5分钟图双底背离，5分钟图、5周期和10周期线金叉，MACD黄白线金叉，红柱延长。

（3）1分钟图双底背离，MACD 0轴上黄白线金叉，MACD红柱。

以三元股份（600429）为例，该公司业绩似乎还没得到改善，但卖的是放心牛奶。如图15－1所示，从日线图上看有强势主力长期进驻其中，似乎在等公司基本面的配合，近期股价在2011年5月18日启动，是一个芙蓉出水的形态，股价5月23日冲高回落，5月24日缩量大阴线，正好触及5日线，我们一起来分析一下它为什么构成机会。

我们先看看5分钟图，如图15－2所示。

从5分钟图上看，从5月23日冲高涨停后的回落有A、B、C三波，其中B段相当于A段的背驰并不明显，但C段相当于B段的背离是非常明显的，而且是个黄白线和绿柱的双背离，双背离后一旦5周期和10周期线金叉，行情启动的概率可就大了。

保险起见，我们再观察一下1分钟图，如果1分钟图也是背离的，就可以考虑试探性介入。如图15－3所示，从1分钟图上看，自5月23日的回落A、B、C三段一背再背，似乎C段背离后如果MACD和5周期、10周期线双金叉就可介入，但为了防止变态的行情，实战中观察MACD 0轴上的金叉后再介入更安全。从图中看，安全介入点比第一介入点虽然价格高了些但更合理，因为0轴上的MACD金叉其后的力度往往更强。

图 15－1　三元股份（600429）2010 年 5 月 24 日

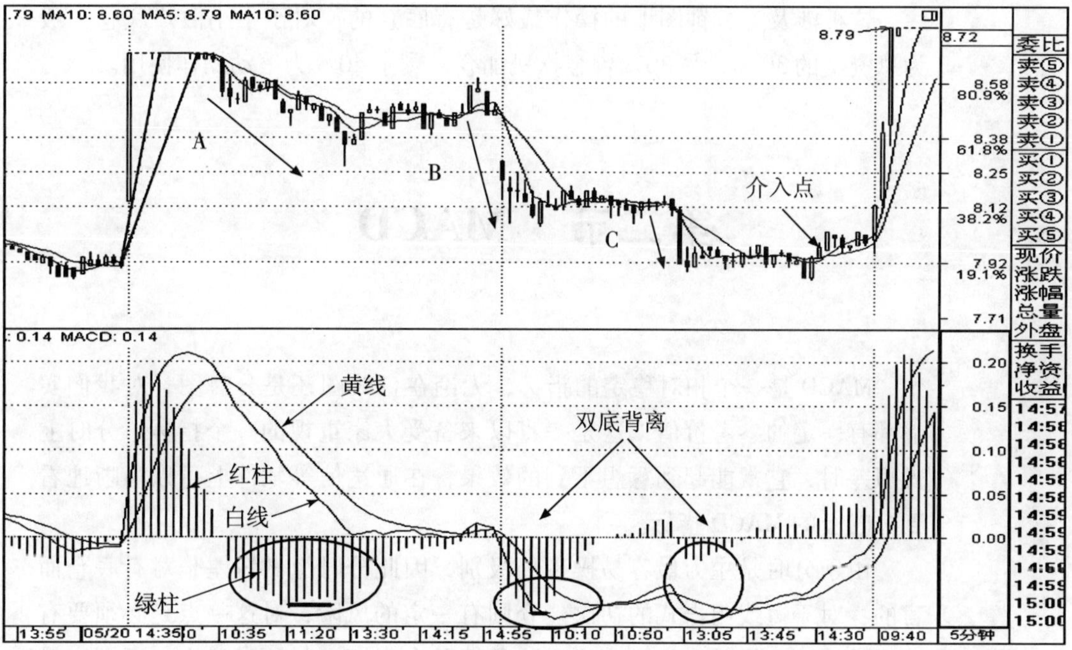

图 15－2　三元股份（600429）2010 年 5 月 23 日—24 日 5 分钟图

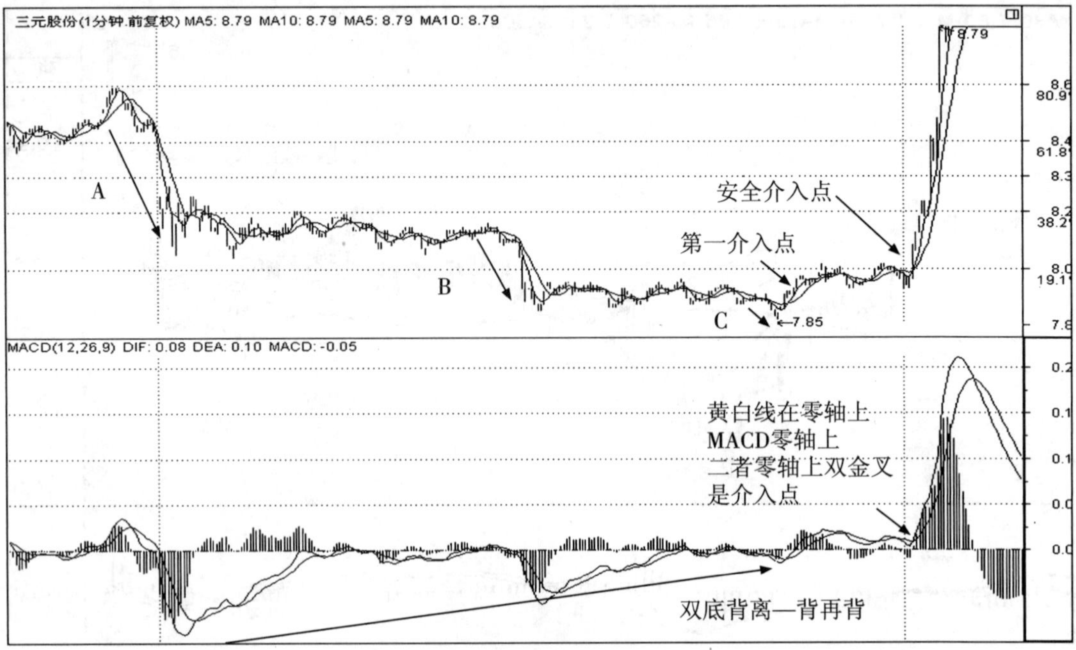

图 15－3　三元股份（600429）2010 年 5 月 23—24 日 1 分钟图

这种涉及 1 分钟图上的操作最好是有底仓的，对于中小散户底仓一般为总资金的 30%，另 30% 资金择机加仓，剩余 40% 为滚动操作使用。

第二节　MACD

MACD 是一个相对稳定的指标，无论在日线图还是分时图，对我们实战都有一定的参考价值，这是一直以来备受大家重视的一个指标。分时上做短差时，它常能起到意想不到的效果，在通达信等软件上可以清晰地看到分时上的 MACD 指标。

由于分时是主力最容易操控的级别，因此分时上做短差是对有底仓而言的，对于短线狙击式的初次建仓则有一定的风险，对这一点是必须要有清醒的认识。另外对大户来说，这种短差介入资金量不易过大，否则容易被主力反手操作，对资金量较小的散户倒是比较合适。

1 分钟图 MACD 使用的前提条件：

（1）股价日线 MACD 金叉，5 日线和 10 日线金叉，RSI 金叉。

（2）大盘处于震荡市或牛市环境。

以上条件（1）和（2）最好都具备，即系统和个股趋势处于可操作的环境之下，这样成功的概率更高一些。我们结合下面的实战案例一起看看。

图 15－4 所示为东光微电（002504）2011 年 6 月 3 日走势，从日线上看，MACD、5 日线和 10 日线及 RSI 已经形成金叉，大盘也触及 2650 点前期平台正面临反弹，即系统环境处于震荡市，个股趋势出现好转，这样分时图就具备了操作前提。

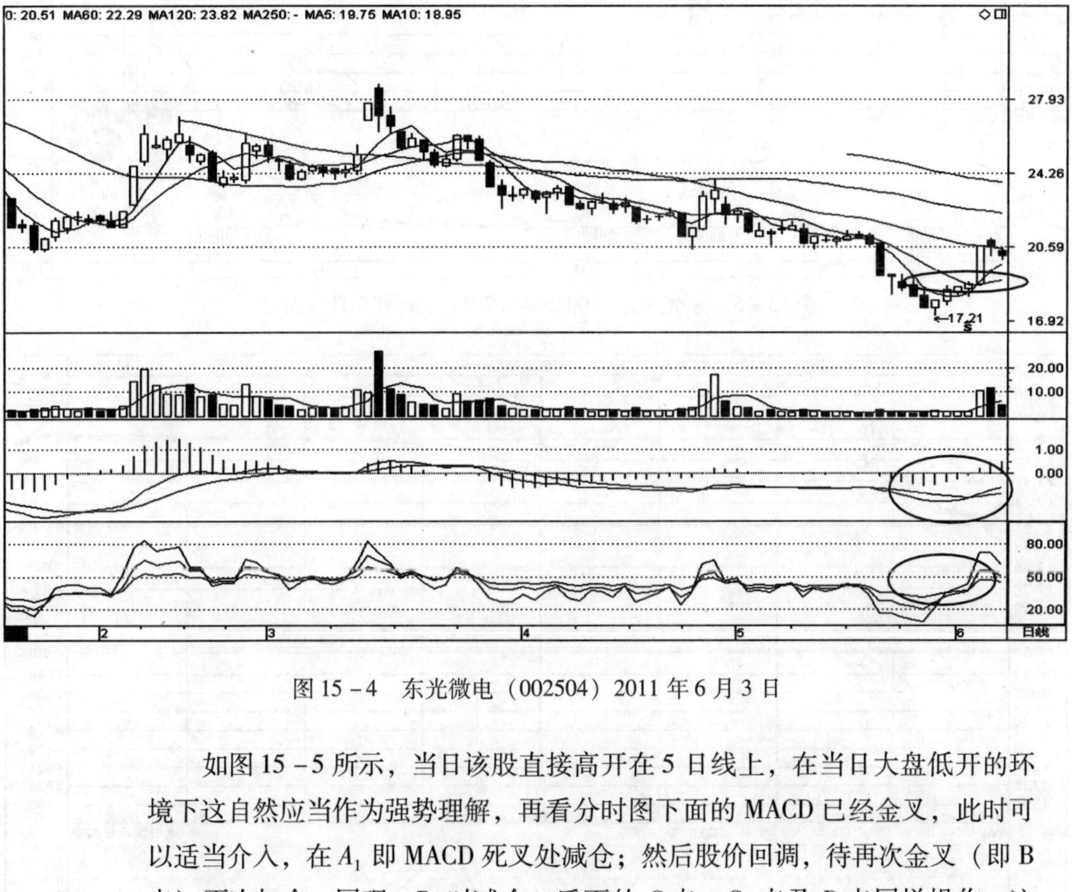

图 15－4　东光微电（002504）2011 年 6 月 3 日

如图 15－5 所示，当日该股直接高开在 5 日线上，在当日大盘低开的环境下这自然应当作为强势理解，再看分时图下面的 MACD 已经金叉，此时可以适当介入，在 A_1 即 MACD 死叉处减仓；然后股价回调，待再次金叉（即 B 点）再次加仓。同理，B_1 时减仓，后面的 C 点、C_1 点及 D 点同样操作。这样你当日获利总和 $=(A_1-A)+(B_1-B)+(C_1-C)+(D_1-D)$，大约是投入做短差资金的 13%，这样资金的利用效率就高了许多。这里需要注意的是，A、B、C、D 四点最好出现图 15－5 所示的量能放大状态，这样上涨的力度会更强一些。

图 15－6 所示为 2011 年 6 月 3 日常铝股份（002160）分时图，大家可以根据上一案例来自行分析。

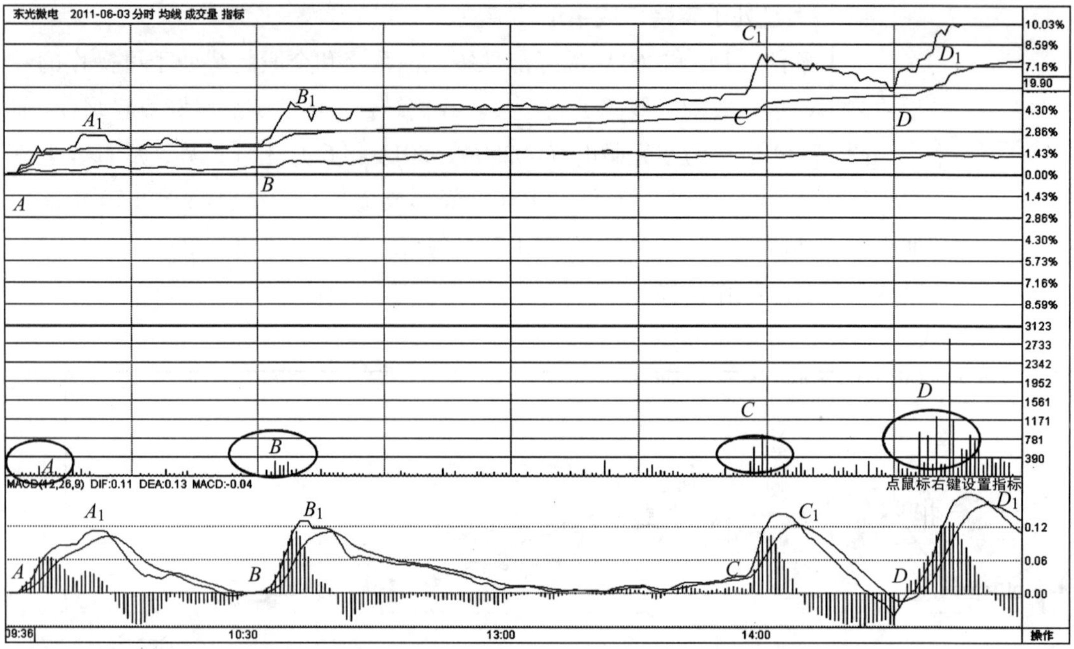

图 15－5　东光微电（002504）2011 年 6 月 3 日分时图

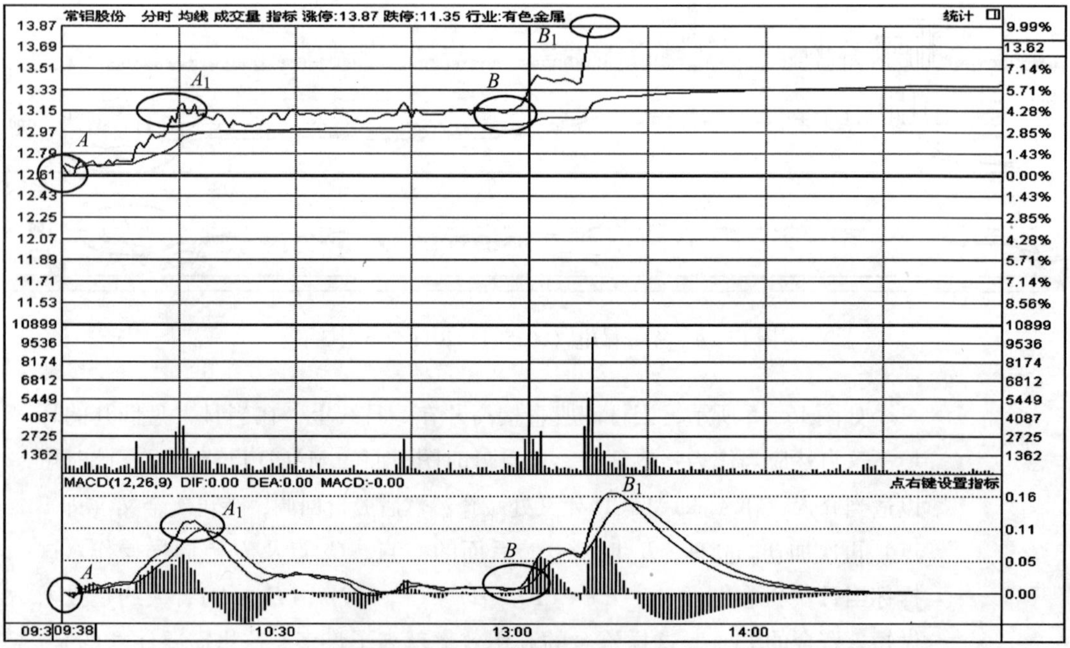

图 15－6　常铝股份（002160）2011 年 6 月 3 日分时图

最后要提示一下，分时图 MACD 使用上还有一些要注意的地方，一般来说，0 轴上 MACD 金叉往往比 0 轴下 MACD 金叉上涨的力度更强，稳定性也更高，这些需要大家在实战中不断摸索。

第十六章

终极篇

缺憾是操作的一部分，也是人生的一部分。因此，在股市中要不断地提高自己，且要学会接受失败。

第一节　缺憾

这世界上没有完美的东西，短线操作更是如此，无论水平多高的人都会或多或少留下不少缺憾，对此要持续改进但不可过于苛求，股市如此，生活也是如此。

细说起来，股票的分时操作和期货有很多相同点，由于期货是保证金交易，对分时要求更高，稍有不慎便财去空空，绝大部分期货交易最后都是要死人的，因此做股票的朋友一定要有清醒认识。分时操作是主力最容易操纵的走势环节，因此风险也是最大的，所以分时操作上一定要允许自己失败，只要你的成功率有 70%，就可以一试，不要苛求每次都成功，这种刀口嗜血的赚钱方式玩得就是心跳，失败很正常，主力的钱也不是那么好赚的。

一念天堂一念地狱，在大势走坏的情况下，个股今天涨停、明天跌停的走势多得很，这没啥好说的。一些长线主力股走的还规矩些，但游资敢死队操作的股不少就是这种今涨停明跌停的走势，更有甚者一天之内由涨停到跌停的走势，如伊利股份就是这样。如图 16－1 和图 16－2 所示，在 2011 年 6 月 13 日股权除权当天从涨停到跌停，还不知会套死多少短线客。

在一些主力介入极深的庄股中，也经常会出现极为诡异的盘口和走势，上面说的是从涨停到跌停，但一天内从跌停到涨停的个股也不少，如恒邦股份、梅花伞等个股都出现过这种情况。任何技术手法都可反向操作，散户和主力相比自然是蚂蚁和大象之间的较量，你动作稍大一点儿就会被大象踩死，因此失败不可避免。不要因为一次操作失败就气急败坏，或者是彻底否定自己，多练练，搞清自己所做个股的主力脾性，当练到有 70% 成功率概率时就可以和主力在分时上一较高下。

炒股是件很平常的事情，但股价的波动很容易引起人情绪的巨大落差，心理素质不好便会滋生很大的戾气，这对自己的身体是巨大的损伤，更有可能影响家庭幸福，所以在股市上长期厮杀时一定要锤炼自己的心态，要不断地提高自己，更要学会接受失败，缺憾是操作的一部分，也是人生的一部分，平时多读读《心经》，在股市中同样需要修身养性。

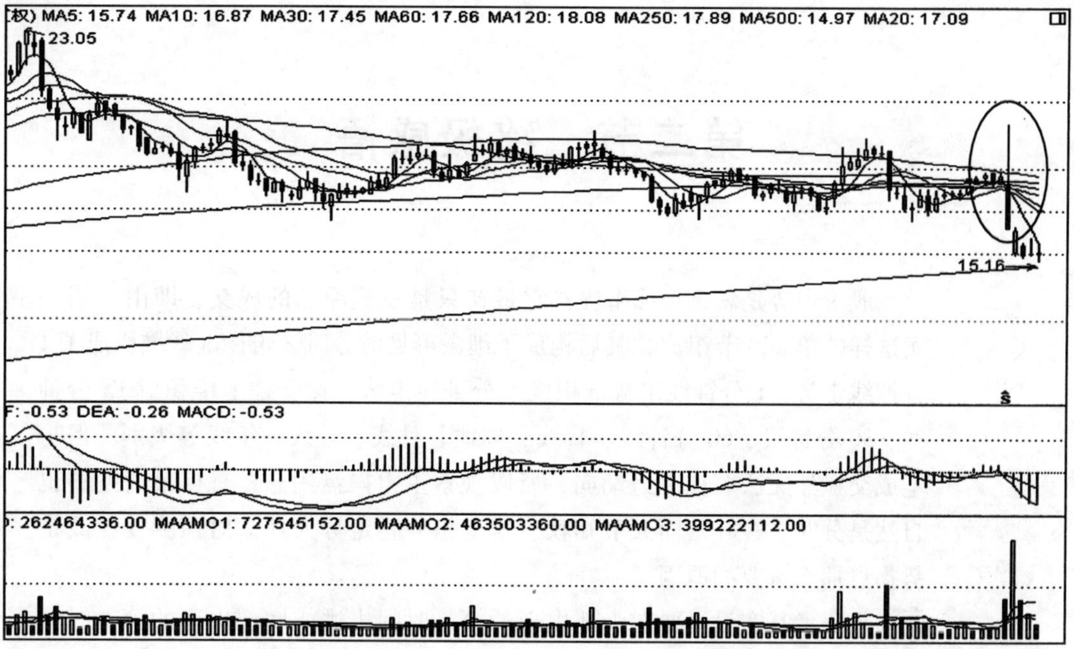

图 16－1　伊利股份（600887），2011 年 6 月 13 日

图 16－2　伊利股份（600887）2011 年 6 月 13 日分时图

第二节 终极感悟

股价走势是怎么一回事呢？它最初只是一笔原始的成交，即由一买一卖这样的单一环节组成，其后构成了细微可见的分时，再往上就堆积成了1分钟线走势，1分钟线走势堆积成5分钟线走势，逐步往上堆积成15分钟线、30分钟线、60分钟线、日线、周线、月线、季线、年线等级别。但一笔成交显然无法窥视主力动向，所以观察主力操盘用意，看得最清楚的也自然是分时。一叶落而天下知秋，这也是分时走势为什么对预测变盘或走势拐点那么重要的原因。

投资者其实没必要在头部出现的第一时间出逃或底部出现的第一时间抄底，资金量大的机构和大户建仓或逃顶需要一定的时间跨度（建仓需要足够的时间，逃顶也是如此），其选择，自然是买在底部区域或卖在顶部区域，股票其实大多在波段见顶20%之前已经在分时上出现了顶部信号，多空力量的此消彼长在分时上是看得很清楚的，此时对大户、机构而言显然要慢慢出货了。同理，底部也是如此。现在的股市正逐步迈入机构博弈时代，想在残酷鏖战中生存下来，无论是散户还是机构都有必要对此进行认真研究。

分时盘口细节所透露出来的是主力的操盘意图，所以研究好它能够让你更好地把握住股价运作方向。你可以不在分时上操作，但对分时盘口一定要有所关注，对分时盘口的拿捏可以更好地指导自己的操盘，这样才会让你与狼共舞时进退自如，而不至于乱了阵脚为狼所食。

后　记

A 股市场发展至今已经有 20 多年的历史了，无论是从最初的庄股时代，还是到现在的机构时代，不可否认的是拥有大资金的主力仍然是股价的引导者，特别是现在 A 股进入了全流通时代后，庞大的 A 股市场已经很难再支撑个股的全线上扬，结构性板块和局部个股的上涨将会是很长时间内 A 股市场的主要特色，那些没有主力参与的个股将会长时间死寂般匍匐在地。因此，关注主力动向、寻找有主力高度介入的个股与其共舞是散户盈利的较好选择。《赢家之道——涨停板战法与分时战法》着眼于主力资金运作方式，是笔者多年操盘经验的总结，书中内容都是笔者倾尽全力写出来的，希望在整个大势较弱的环境下能为中小投资者操盘带来帮助。本书的出版得到地震出版社刘素剑编审和其他工作人员的大力帮助，在此一并表示感谢。

对于书中涉及的选股公式、看盘系统公式的源代码及其使用设置，可以发邮件到笔者邮箱 610211951@qq.com 索取。

最后谢谢读者朋友长期以来对沧桑战神的支持，祝所有的读者朋友今后都能在股市投资中有所斩获。